乡村振兴书系

"十四五"时期国家重点出版物出版专项规划项目

产业振兴促进乡村全面振兴战略研究
——以西部地区为例

中国工程院"西部地区乡村全面振兴路径研究"课题组

◎刘永红　等　著

中国农业科学技术出版社

图书在版编目(CIP)数据

产业振兴促进乡村全面振兴战略研究 ：以西部地区为例 / 刘永红等著 . -- 北京 ：中国农业科学技术出版社，2025. 3. -- ISBN 978-7-5116-7356-5

Ⅰ. F327

中国国家版本馆 CIP 数据核字第 202528TT98 号

责任编辑　王伟红
责任校对　马广洋
责任印制　姜义伟　王思文

出 版 者　中国农业科学技术出版社
　　　　　北京市中关村南大街 12 号　　邮编：100081
电　　话　(010) 82105169（编辑室）　(010) 82106624（发行部）
　　　　　(010) 82109709（读者服务部）
网　　址　https://castp.caas.cn
经 销 者　各地新华书店
印 刷 者　北京科信印刷有限公司
开　　本　185 mm×260 mm　1/16
印　　张　20. 25
字　　数　450 千字
版　　次　2025 年 3 月第 1 版　2025 年 3 月第 1 次印刷
定　　价　86. 00 元

《产业振兴促进乡村全面振兴战略研究——以西部地区为例》

指导委员会

主　任：宋宝安

委　员：向仲怀　荣廷昭　康振生　张福锁　牟锦毅　李成云

著者委员会

主　著：刘永红

副主著：陈春燕　许钰莎　汪　君　何　鹏　蒋　俊　张东伟　沈　琦　金　涛

著　者（按姓氏笔画排序）：

王自鹏　王建连　任　慧　刘永红

刘海波　刘锦晖　许钰莎　李红霞

何　鹏　汪　君　沈　琦　宋　梅

张东伟　张丽丽　陈春燕　罗　琴

金　涛　郝艳睿　蒋　俊　谭　翔

前言
Preface

20世纪50年代以来，英国、美国、澳大利亚等发达国家普遍经历了城市化和逆城市化过程，乡村社会结构、经济形态、生态环境等经历了显著的变化和重构。部分发达国家都经历过农村衰退或者乡村危机迹象；不单我国存在“三农”问题，不少发展中国家，如印度、南非、巴西、墨西哥等新兴发展中国家也正出现或经历农村衰退或者农村危机迹象。因此，放眼全球，快速工业化、城镇化进程中乡村衰退已成为一个全球性趋势，乡村地区青壮年人口流失、经济衰退、农业效益低下、贫穷、城乡差距扩大化等问题不断凸显，严重制约了广大乡村地区的可持续发展，成为全球治理体系的一个重要方面。

为了扭转乡村衰退的趋势，实现乡村地区可持续发展，世界各国进行了各种尝试，例如，20世纪60年代在德国巴伐利亚州实施的通过土地规划与整理再造乡村的“巴伐利亚试验”；20世纪70年代在韩国推广的“新村运动”，以及在日本大分县兴起的“一村一品”运动；20世纪80年代以来，瑞典政府制定的一系列旨在实现瑞典乡村地区长期可持续发展的综合政策与措施；进入21世纪以来，中国政府积极推进“建设社会主义新农村”，并在2017年10月提出了乡村振兴战略。

党的十九大提出实施乡村振兴战略，是在认真总结新中国农业农村70年发展成就与经验，深刻认识世界现代化城乡发展规律基础上做出的重要决策。中国要强，农业必须强；中国要美，农村必须美；中国要富，农民必须富。解决“三农”问题、实现乡村振兴和城乡融合发展是实现“两个一百年”奋斗目标和中华民族伟大复兴中国梦的必然要求。自此，全面推进乡村振兴成为我国新时代“三农”工作的总抓手。

新时代乡村振兴战略不但是中国农业农村发展和现代化建设的历史必然，是解决“三农”问题的现实诉求，而且也依循了马克思主义城乡关系和乡村发展的思想。城市与乡村是一个有机整体，以劳动力、原材料、资金和信息等生产要素在两者间的流动与集聚为基础而紧密联系在一起。要素的流动与集聚又导致城市与乡村在经济、社会、资源环境等方面的变化。纵观世界发展史和乡村发展叙事中，存在一个有趣的现象，即言必提“城市”“城镇化”“工业化”。反观城市发展的诉求，却没有乡村的位置，城市规划中最多将乡村作为城市发展的资源池、后花园和经济腹地，一边倒的认知偏差导致城市与乡村、工业与农业的关系处理不当，因而产生诸多问题。

中华人民共和国成立以来，区域经济的发展经历了渐进式的演进历程，大体上可以分为新中国成立初期的平衡发展战略、改革开放后的非均衡发展战略以及21世纪以来的均衡发展战略三大阶段。虽然在21世纪初党中央提出了西部大开发战略，推动西部地区完成了脱贫攻坚、同步实现全面小康，但由于基础条件薄弱、历史发展欠账、人才科技不足，西部地区仍是中国农业现代化相对滞后地区，也是乡村振兴战略推动困难的地区。在向第二个百年奋斗目标迈进的新征程上，锚定建设农业强国目标，学习运用“千万工程”经验，加快西部地区现代农业建设，推动西部地区乡村产业高质量发展，是落实乡村振兴战略的重要引擎。

产业兴旺是乡村振兴的重要基础。只有产业兴旺了，农民才能有好的就业、高的收入，农村才有生机和活力，乡村振兴才有强大的物质基础。可以说，推动乡村产业振兴是构建城乡融合新发展格局的必然要求，是农民增收致富、走向共同富裕的必经之路，也是巩固拓展脱贫攻坚成果、增强农业农村农民内生发展动力的源泉。习近平总书记一直高度重视发展乡村产业，强调“产业兴旺，是解决农村一切问题的前提”，要“紧紧围绕发展现代农业，围绕农村一二三产业融合发展，构建乡村产业体系，实现产业兴旺”。

基于此，本书旨在从理论、实践和路径三个层面系统梳理西部地区产业振兴的基础、案例和经验得失，并提出相应的对策建议，以产业发展促进乡村发展这一逻辑结论来为产业振兴促进乡村全面振兴提供理论基础和方法参考。首先，站在乡村振兴战略本质上是为实现中国式现代化服务这一视角，对国内外乡村发展、农业农村现代化的理论演化和发展案例进行综述，总结了相应的经验启示；其次，分别对西部地区乡村产业发展现状与问题、乡村振兴实现度与障碍因子进行了分析与评估，找准产业振兴中的关键问题；再次，基于西部地区在我国现代化建设全局中的地位，选择了固本保供的粮食产业、助力农民增收与农业增效的特色产业、顺应未来趋势突出农业多功能的融合产业这三类进行深入分析研究，提出产业发展的对策建议；最后，总结出产业振兴促进乡村全面振兴的路径选择和政策建议。

本书是中国工程院战略研究与咨询项目“西部地区乡村全面振兴路径研究（2023-PP-03）”的研究成果，由作者及研究团队共同完成。限于作者的学识与能力，本书研究的深度与广度有待进一步深化。对书中的不足之处，还望广大读者和同仁不吝指正。

目录
Contents

第一章

国内外乡村发展理论综述

第一节 乡村发展理论

国际经验和乡村发展规律是全面理解和掌握产业振兴促进乡村振兴思想精髓的基本前提。从国际经验看，在推进现代化和城镇化过程中，乡村地区呈现衰退、消亡是普遍现象，许多国家过去上百年的乡村发展历程真实生动地诠释了这一过程。美国、英国、德国和法国等发达国家，在20世纪初就进入了城镇化的高级阶段，但长期以来人口持续向城镇转移的趋势并未改变，乡村人口外流造成农村房屋空置、土地弃耕、人口老龄化等问题，乡村产业发展乏力，空心化现象普遍，乡村发展的动力和活力日益不足（吴俊伯等，2025）。人口密度较大的日本，在城镇化和工业化过程中乡村人口持续减少，导致出现人口“过疏化”现象，1970—2000年，日本出现“过疏化”现象的村占日本乡村总数的比重从27%增加到46%，面积占比从31%上升到51%，乡村人口减少导致乡村社会活力丧失，乡村产业凋敝，人口老龄化、空心化现象严重，大量村庄衰退。

从城乡结构关系看，乡村发展往往与城市息息相关，乡村发展模式的变化实质上体现的是城乡关系的演化。在发展初期，城市与农村有着明显的功能界限，城市发展工业和服务业，农村发展农业。乡村定位是为不断扩张的城市提供基本品以促进城市经济的发展，属于“核心—边缘”结构中的边缘。因此乡村发展的动力主要来自外部，其发展主要依赖中心城市的带动。

19世纪马克思和恩格斯就对乡村发展问题进行了详细的论述，并指出城乡关系演进的基本趋势。20世纪60年代开始，西方发展经济学家根据发展中国家经济发展过程中的问题，构建了城乡经济结构转变的二元分析框架和区域发展理论。除城市经济学和发展经济学外，经济地理学和乡村社会学也成为乡村发展研究的主体，经济地理学侧重从地域分布、空间等方面分析乡村和城镇转型的各类问题，乡村社会学则将研究重点放在了乡村社会的变迁上，发展经济学侧重从经济结构转变来研究城乡问题，各领域研究内容也存在着交叉重叠。

一、马克思主义政治经济学相关理论

1. 马克思主义政治经济学农业发展理论

马克思主义政治经济学认为，农业兼具提供消费资料和部分原材料的重任，并从社会再生产角度阐释了农业是人类社会存在和发展的基础和关键，是国民经济赖以生存和进一步发展的基础和条件。农业劳动是其他一切劳动得以存在的自然基础和前提，所以农业生产中的劳动要具有一定的生产效率，只有达到满足自身需要外还能提供一定剩余产品的程度，才能使一部分劳动力从农业中脱离出来，实现社会分工。传统农业向现代农业的变革实质上是农业的商品经济形态逐渐取代自然经济形态的过程，它推动了农业生产专业化与区域化分工，并促进了服务业与农产品加工业的发展。马克思和恩格斯针对19世纪60年代在丹麦出现的农业生产合作社、巴黎公社起义和法德农民问题等情况，对社会主义计划农业、农民合作社、土地集体所有制条件下农业经营问题进行了深入分析与研究。马克思主义政治经济学认为，土地国有化是无产阶级政党在农业生产上实现合作制的前提，当农业发展到高水平阶段时，要改变土地私有制的生产关系，代之以公有制，从而使农业生产的广泛合作成为可能，同时需要妥善对待和争取农民群体的支持。合作社是社会主义计划农业主要的生产组织形式，具有基层调解作用，土地集体所有和土地国有是农业合作化运动的两种形式，除此之外，马克思和恩格斯还对农业合作社的性质、原则、组织形式、功能作用等进行了论述。

2. 马克思主义政治经济学城乡关系理论

马克思及恩格斯认为在资本主义社会之前，由于社会生产力水平低下，社会分工较为简单，城乡就业浑然一体；在资本主义生产方式和工业化发展中，城市由传统意义的军事防御城堡，逐渐转变为工业、商业和政治文化中心，最终工业取代了农业在国民经济中的主导性地位，城市随着分工的社会化逐步演变为区域经济、政治、商业中心，也使得资本雇佣劳动的生产方式在城市工业领域占据了主导地位。在这一演变过程中，各种有效生产要素向城市集聚，最终使城市成了与农村完全相反的另一种世界，从而使从事农业生产和工业生产的人们分为“两个不同的阶级”，这一城乡对立是传统城市化路径的必然结果。

同时，马克思和恩格斯在其理论中提出：城市和乡村之间的对立最终将会消除，农业和工业劳动者将不再是两个不同的阶级，而农业和工业的联合是解决城乡对立的“物质前提”，只有使工业生产和农业生产发生密切的内部联系，并使交通工具随着由此产生的需求扩充起来，才能使农村人口从农村脱离。马克思和恩格斯还指出，只有城市和乡村的融合，空气、水和土壤污染等城市病才能消除，将城市和农村生活方式的优点结合起来，才能避免二者的片面性和缺点。

城乡融合的过程实质是城市现代生产方式向乡村的扩展和对传统农业的改造。现代生产方式和生产要素向乡村和农业的扩展是生产力发展的必然趋势，先进技术最终也将大规模地像在工业中一样彻底地应用于农业，现代工厂制度也会出现在农业生产中。于是，农业不再是在自己内部自然而然地找到它自己的生产条件，农业生产服务由存在于农业内部向外在的独立生产部门转变。城乡一体化发展是人口流动和人的自身变化的过程，是资本主义生产方式进入农村和农业的过程，在冲破小农私有制的同时，推动了农民向城市就业的转移。

二、城乡关系理论

1. 乡村外生发展理论

刘易斯模型：二元经济结构模型最初由荷兰经济学家伯克（J. H. Boeke）在1953年提出，1954年美国经济学家阿瑟·刘易斯（Arthur Lewis）第一次从人口迁移的角度系统阐释了二元经济理论。该理论认为，发展中国家普遍呈现二元结构状态，一元是以工业产业为代表的现代部门，另一元是以农业产业为代表的传统部门，这两种性质不同的经济部门在劳动生产率、资本运用、生产规模、生产方式、生产效率、工资水平等方面都存在着显著差异。假设传统农业部门的劳动边际生产力为零，并且存在无限供给的农业劳动力，在工业部门高收益的吸引下，农业剩余劳动力会源源不断地向城市工业部门转移，并进一步诱发产业结构和整个经济社会的演变，推动区域城市化和现代化水平不断提高，直至农业剩余劳动力被工业部门完全吸收为止，最后社会经济结构由二元变为一元，从而消除城乡经济之间的各种结构性失衡（Lewis，1954）。美国发展经济学家古斯塔夫·拉尼斯（G. Ranis）和费景汉（John C. H. Fei）对刘易斯二元经济模型进行了补充和完善，将二元经济结构的演变进一步细分为三个阶段，论述了在经济社会结构转换过程中就业结构转换的条件和阶段，强调农业生产率的提高对农业劳动力向工业部门转移及工业部门扩张的重要意义，进一步揭示了二元经济发展中城乡劳动力配置的全过程（Fei et al.，1961）。乔根森（D. W. Jorgenson）对刘易斯—拉尼斯—费景汉模型的乡村剩余劳动力转移的假设提出质疑，尝试运用新古典主义分析方法，探讨农业部门发展如何支撑工业部门，以新的理论假设和角度创立了新的二元经济模型——乔根森模型。乔根森模型把刘易斯的剩余劳动力下的经济发展转变为农业剩余产品下的经济发展，其特点是强调两个部门之间生产的不对称性。他提出，农业剩余是劳动力从农业部门转移到非农部门的充分必要条件，因此经济发展的首要条件是农业剩余，其次是工业部门的扩张速度要足够快。而劳动力从农业部门向工业部门转移的速度取决于农业剩余的增长速度，即农业劳动生产率提高的速度，同时也取决于工业部门技术的进步状况，工业部门技术进步越快，其储蓄率就越高，经济增长速度也就越快，最终实现二元经济结构的转化。乔根森模型进一步突出了农业剩余在二元经济发展中的重要地位，强调最初就必须保持农业部门和工业部门之间的平衡发展（Sen，1966）。

20世纪60年代末，发展中国家普遍存在城市失业问题越来越严重与农村人口大量向城市地区流动并存的发展困境。托达罗（Todaro）修改了刘易斯模型的假定条件，即在城市工业部门不存在失业，任何有意愿从农业部门迁移到城市去的劳动力都可以在城市现代工业部门找到工作。托达罗提出在被分割的但同质的劳动市场上，用预期工资取代工资的均等，即人口在城乡之间流动是对预期收入差异做出的反应，而非对实际收入差异做的反应。劳动力对农村和城市部门中所获得的各种就业机会进行比较，从中选择一个能够实现预期收入最大化的机会。因此，劳动力是否选择迁移到城市寻找工作，关键取决于他们在一定时间内对城市部门就业的收入预期与当时农业农村部门普遍收入之间的比较，若前者大于后者，劳动力就会选择迁移到城市去寻找工作。在这样的条件下，托达罗认为仅仅依靠扩张城市工业并不能根本解决发展中国家城市中日益严重的“城市病”和失业问题，而解决这一发展困境的根本出路在于大力发展农村经济，提高农民收入，为此提出了促进农村综合开发的建议（Todaro，1969）。

西奥多·W. 舒尔茨也对刘易斯提出的无限剩余劳动力供给假设及其相关的二元经济结构理论进行了改进。他认为，传统农业之所以落后是因为农业部门生产规模小型化、资本稀缺、劳动力的文化和技术水平低下以及信息约束等多种因素，导致农业部门无法取得平等的获利机会，但农民本身是理性和有效率的，农业边际生产力为零的假设是不成立的。因此，舒尔茨认为农业和工业部门一样都是经济中的重要部门，农业对经济社会发展的贡献也是举足轻重的，重工抑农的政策是不可能推动工业化顺利发展的，也不可能实现经济社会现代化，反而会导致推行这一政策的地区国民经济比例失调、结构失衡，经济发展陷于停滞。推动二元经济结构向一元结构转化的一个重点是放在对传统农业的改造上，尤其体现在技术创新及其人力资本的培育和利用上（Schultz，1961）。

刘易斯、费景汉、乔根森等学者的二元经济模型阐释了一国在经济发展中人口和经济结构转化的过程，即城市化和工业化的过程。刘易斯理论阐释的“城市—工业”发展模式，主张以城市、工业为经济社会发展的主体，认为经济增长和现代化需要“城市—工业”加速的增长和向以城市社会为基础的社会转化，在发展中积极引导，最终使城乡发展趋于均衡。但这一模式被发展中国家广泛采用后，许多国家实施了严重的城市偏向政策，在政策上强化或扭曲了资源要素从农业农村部门向城市工业部门转移的过程，掠夺了农村的资源、资金和劳动力。托达罗、乔根森、舒尔茨等学者因此对原有理论进行了改进，对仅仅依靠城市和工业发展解决农业农村发展问题的方式提出了质疑，建议要保持工业和农业之间的发展平衡，改造传统农业，促进乡村整合开发，这也为乡村发展和振兴奠定了理论支撑。

2. 城乡空间关系理论

基于对经济增长非均衡运动规律的认识，佩鲁的空间增长极理论、缪尔达尔的积累因果理论、赫希曼的极化—涓滴效应理论、弗里德曼的“核心—边缘”理论等区域发展理论，从空间上阐释了城市与乡村的关系，并成为许多国家制定区域和城乡发展政策的理论依据。

（1）佩鲁的空间增长极理论。法国经济学家弗朗索瓦·佩鲁在20世纪50年代初，针对古典经济学家提出的均衡发展的观点，指出在现实中经济要素的作用完全是在一种非均衡的条件下产生的。他指出，增长并不是同时出现在所有的地方，它以不同的强度首先出现在一些增长极上，然后通过各种渠道向外扩散，并对整个经济产生不同的积极影响。增长极的作用机理主要体现在四个方面：一是技术创新与扩散，增长极通过不断的技术创新，不断创新技术、产品、组织和生产方法，一方面吸引其他地区的最新技术和人才，另一方面又将新技术扩散到其他地区；二是资本的集聚和输出，增长极能带来更好的投资环境，从其他地区和部门集聚大量资本，满足增长极对原材料、农产品等初级产品的需求，增长极又向其他部门和地区输出资本；三是规模经济效益，增长极中的企业和行业生产规模庞大，形成了规模经济，产生了内在经济效益，同时由于完善的基础设施及其他服务部门的建立，形成了显著的外部经济效益；四是集聚经济效果，增长极能促使产业、技术、资本、贸易和人口在区域上集聚，从而产生具有多种功能的经济中心，并通过与周围地区的紧密联系，利用吸引核扩散作用机制，推动地区整体发展。增长极理论揭示了区域空间的形成，在政策上强调城市在区域发展中的中心作用，是典型的非均衡发展理论（Perroux，1961）。

（2）缪尔达尔的积累因果理论。1957年缪尔达尔提出了“地理上的二元经济结构”理论，利用“扩散效应”和“回拨效应”将地理上的二元结构引入经济发展理论，阐释了城市中心地区对其外围和边缘农村地区的辐射作用和不利影响。指出城乡之间的众多差异会引起“积累因果循环”，造成城市地区发展更快，乡村地区发展更慢，使城乡差异以“马太效应”逐步增大，并同时产生扩散效应（利于乡村发展）和回波效应（不利于乡村发展），经过这一不均衡的发展，城市越来越繁荣，乡村越来越凋敝，最终形成“地理上的二元经济结构”（Myrdal，1957）。

（3）赫希曼的极化—涓滴效应理论。1958年赫希曼提出了极化—涓滴效应，与缪尔达尔的积累因果理论作出了类似的论述，认为要提高国民收入水平，首先要发展其内部一个或几个中心地区的经济，而中心地区会给其他地区带来负向增长的压力、拉力。但与积累因果理论结论相反，赫希曼认为，从长期看涓滴效应将缩小区域差异，一方面是由于增长中的中心地区会产生集聚不经济效应从而促使工业扩散，另一方面是极化效应比涓滴效应占优势，政府作为中均衡机制会予以纠正。极化—涓滴效应理论分析了发展中国家经济结构的特点，并在此基础上说明了其工业化道路的特殊形式（Hirschman，1958）。

（4）弗里德曼的“核心—边缘”理论。弗里德曼提出的“核心—边缘”理论将国民经济发展空间一体化过程看作是核心地区与边缘地区之间的“权威—依附”关系格局变动的结果。认为创新会从核心地区向边缘地区扩散，在区域发展过程中，必然发生经济空间结构的改变，经济增长逐步由核心区向边远地区扩散并实现空间一体化。该理论根据工业化发展程度将经济空间结构变化划分为四个阶段：前工业化阶段、早期工业化阶段、向工业成熟期过渡阶段和空间组织完全成型阶段，每个阶段核心区与边缘地区之间的关系均会发生变化，经过这四个阶段的发展，核心区与边缘地区将会结合起来，最终实现空间经济一体化目标（Friedmann，1966）。

（5）麦吉的 Desakota 概念。Desakota 是指在同一区域上同时发生的城市性和农村性行为，被用来表示在亚洲大城市之间交通走廊地带的农村地区发生的，以劳动密集型工业、服务业和其他非农产业区迅速增长为特征的，商品流和人流相互作用十分强烈的发展过程。该地区是由于城乡两大社会地理系统的相互作用与相互影响而形成的一种新的空间形态，是发展中国家根据自身特点实施的与传统发达国家“以城市为基础的高度集中的城市化道路”不一样的“以区域为基础、相对分散的城市化道路”（McGee，1988）。Desakota 既与传统意义上的“农村”不一样，也与通常意义上的“城市”不一样，既不是农村也不是城市，但却同时具有这两种社区的特征。

空间增长极理论、积累因果理论、极化—涓滴效应理论、“核心—边缘”理论，都强调区域经济增长的不平衡规律，这些理论均认为核心与外围之间的联系主要通过资源要素的流动发生，强调了城市的主导作用，将城乡经济联系与互动看成是以城市为中心的、自上而下的一种联系和互动，经济社会发展要以城市为中心，促进资源要素从城市到乡村流动带动乡村地区发展。

3. 乡村内生发展理论

利普顿认为，不发达国家之所以不发达的根本原因不在于外国侵占了这些国家的利益，也不是没有处理好资本家与劳动者之间的关系，而是没有处理好本国的城乡关系。主要表现在：城市与乡村存在明显差别，城乡差别集中表现为城市与农村利益上的矛盾与冲突，城市与农村的矛盾与冲突直接是由政府的一系列以城市为中心、自上而下的发展政策引起并加剧的。利普顿将这种由政府对城市过分倾斜的保护政策而引起的、非公平的、冲突型的城乡关系称为“城市偏向”的城乡关系。发展中国家城乡关系的实质就是城市集团利用自己的政治权力，通过“城市偏向”政策使社会资源不合理流入了自己的利益所在地区，而资源的这种流向不利于农村发展，其结果不仅不利于共同富裕，而且还引起农村地区内部的不平衡（Lipton，1977）。

科布内基认为，城乡关系不是一种孤立的现象，它很可能是社会基本结构作用的结果，是由阶级关系、政治制度等决定的，它只是依附于其他社会过程（如城市化）的一种关系。他认为“城市偏向”原因：一是在于低廉的食物价格及其他一系列不利于农村的价格政策，二是在于倾向于城市工业的投资战略及由此引起的乡村技术缺乏，三是乡村地区普遍存在的医疗、教育等基础设施落后。

朗迪勒里也提出了以乡村为基础，自下而上的发展理论。他认为精心设计的乡村发展目标如果将乡村与城市分离，完全采取自下而上的发展战略是不切实际的。强调了城乡联系的极端重要性，认为农业剩余产品的市场在城市，大部分的农业投入由城市机构提供，因农业生产率提高而释放出来的农村劳动力需要到城市寻找就业机会，社会、医疗、教育等服务设施也都由城市提供。因此，要促进社会经济的全面发展，其投资在地理上应分散，这就要求一个完整、分散的城镇体系，给各类人群进入市场和获得各种服务的机会。在相对分散的一些聚居区进行战略性投资，就可以为乡村人口提供自下而上发展的基本条件和自治的过程，中小城市的社会经济基础可以使乡村发生变化，因此可以找到一种城乡平衡的发展模式（Rondinelli，1985）。

斯多尔和泰勒则认为，自下而上的发展是以各地的自然、人文和制度资源的最大利用为基础，以满足当地居民的基本需求为首要目标的发展。这种发展模式是以基本需求和减低贫困为目标的、劳动密集的、小规模的、以内部资源为基础的、以农业为中心的、中心适当的而不是最高技术的发展，并据此提出许多以农村发展为中心的政策建议（Stöhr，1984）。

利普顿、科布内基、朗迪勒里、斯多尔、泰勒等以农村为基础、自下而上的发展理论和政策建议，认识到了自上而下的发展导致“城市掠夺农村，农村不断贫困”的现实问题，但忽视了城市对农村的辐射带动作用，提出的城市发展中心应是农村发展走向了城乡发展的另一极端。

三、产业发展理论

1. 共生发展理论

德贝里首次在生物领域提出了共生概念，认为不同物种会形成相互依赖、相互依存和互惠互利的生存模式，基本要素包括共生单元、共生环境和共生模式，其不同组合形成不同的共生关系，影响着不同物种间的物质交换和能量交换效果。Peter F. Stringer 等将共生概念引入到旅游业研究领域，黑川纪章在共生基础上提出了共生城市观，共生理论在经济社会领域得到迅速发展，包括区域共生、产业共生、企业共生等。

乡村产业和乡村发展融合优化路径和最终目标，就是要达到乡村地区的产村共生。因此，共生发展理论为产业促进乡村全面振兴提供了共生视角，将共生作为内生变量融入其中，使农业产业和乡村更加符合人与自然和谐共生的理念，为乡村全面振兴视域下的农业产业发展提供了理论方向，使产业促进乡村全面振兴路径具有现实性和科学性。

2. 产业集群理论

20 世纪 80 年代，美国麦克尔·波特创建了产业集群理论，对产业集群进行了较为规范的定义，指出产业集群是特定产业中互有联系的公司或机构集聚在特定地理位置的一种现象。产业链的上、中、下游企业或机构构成了集群，既包括产业原料供应商，也包括产业链下游的消费者、互补性产品的制造商及本产业有关的科技或原料等方面的企业。同时，创造性提出“钻石模型”来反映和比较竞争优势，其基本要素包括要素条件、企业的战略、结构与竞争、相关基础产业、需求条件及机会和政府，各要素使产业链中的企业、机构和消费者通过参与竞争，激发创新活力（Porter，1990）。产业在地理上的不断集中会形成产业集群，使各要素紧密整合，构成国家或地区的竞争优势，评价一个国家或地区产业竞争力的关键是国家能否形成有效的竞争性环境和创新。产业集群是推动区域经济发展的一种重要模式，通过某一产业在某个特定区域内整合集中资本、土地、劳动力等生产要素，并在该区域不断集群发展，形成动态演化趋势（Porter，1998）。农业产业兴旺和乡村全面振兴一马当先就是实现乡村产业在村庄的集群，以整合村庄各方资源，使各类主体有效集约融合资源，实现集群发展。产业发展和乡村全面振兴的路径构建也与产业集群理论息息相关，乡村地区要针对各地要素资源禀赋差异，尽可能发挥资源要素优势，在产业发展过程中推进优势产业集聚和集群，根据不同要素的比较优势，形成特色要素条件下的特色乡村产业，构建“一村一品”“一区一业”的要素发展格局，既突出产业优势又避免重复投资和同质化竞争，推动区域农业产业高质量发展。

3. 产业融合理论

农业产业融合理论得到普遍认可的是日本的六次产业理论，该理论从定性角度界定农业和其他产业融合形成的第六产业，是农业产业融合的理论成果。日本今村奈良臣 20 世纪 90 年代提出了“六次产业化”，即六次产业=第一产业+第二产业+第三产业，认为农业不仅包括传统农林牧副渔的生产，而且还包括农副产品加工制造的第二产业和农产品相关联的第三产业。“六次产业化”是农村地区三次产业总和，要提高农民收入，就必须采用产业链整合的方式（Imamura，1996）。两年后，今村奈良臣又将“六次产业化”的加法效应修改为乘法效应，即六次产业=第一产业×第二产业×第三产业，指出农业中三次产业的加总并未体现三次产业的相互延伸、融合等深层意义，而三次产业乘积既体现积累的过程，也蕴含三次产业间相互依赖、相互融合、相互制约的内在联系，充分表达了“六次产业化”的内涵。六次产业理论依据劳动对象和产业任务差异将国民经济总体分为六次产业，依次为：利用原始自然的第一产业，对自然资源进行初级加工及对加工后的初级产品进行再加工的第二产业，为其他产业及社会生活提供服务活动的第三产业，利用信息技术和知识创新资源的第四产业，发展娱乐文化活动的第五产业，依托第四产业的信息技术、传统农业与第二、第三产业延伸融合发展形成乡村新业态和新产业的第六产业（Imamura，1998）。

4. 交易成本理论

科斯在《企业的性质》中提出了交易成本理论，认为交易是通过价格机制产生的，发生交易产生的谈判和签约费用，也包括利用价格机制存在的其他方面的成本。1969 年，科斯对交易成本理论进行了补充，认为市场和企业天然是可以相互替代的两种资源配置机制，因为有限理性、机会主义、不确定性与小数目条件等提高了市场交易费用，也使企业作为节约交易费用的市场替代者的新型交易形式应运而生。交易成本使经济交易成为稀缺，因而要根据不同的交易契约特征进行科学的选择和安排，进而节约交易成本，实现资源优化配置（Arrow，1969）。

在乡村建设和农业发展领域，交易成本理论广泛应用于农村经济组织、农产品市场、农业合作社和农业供应链等领域。交易成本理论较好地解释了为什么乡村地区存在着各类不同形式的经济组织（合作社、家庭农场、村集体等），如家庭农场因内部交易成本低，更适合进行内部生产；合作社能减少市场交易成本和信息不对称，农民可以减少搜索、谈判、监督等交易成本，更适合协同合作。在农产品市场中，交易成本理论也得到了较好的体现，若交易成本较低，农产品更容易流通并定价，若存在信息不对称，市场中可能需要额外的中间商来减少交易成本。在农业供应链中，农产品流通涉及多个环节，如收获、加工、储运等，通过减少不同环节之间的交易成本，可以提高农产品供应链的效率与效益。因此，不难看出，交易成本理论在乡村建设和农业产业中具有普遍的应用场景，可以帮助解释农村经济组织、农产品市场、农业供应链等方面的现象和问题，为乡村建设和农业产业领域的决策和政策制定提供理论支撑，为产业促进乡村全面振兴路径设计和主体策略选择提供理论基础。

5. 产业组织理论

产业组织是企业、行业、市场这三者的组织形式及其相互关系。1890 年，马歇尔在《经济学原理》中提出的规模经济和垄断是一对矛盾的“马歇尔冲突”正是现代产业组织研究的核心内容之一。梅森、贝恩等建立的 SCP 范式，即市场结构、市场行为和市场绩效分析框架，标志着产业组织理论成为一门较完整的理论体系。产业组织理论主要针对企业行为模式、竞争状况、社会福利效果和政府监管措施等展开研究。产业组织理论认为，规模经济是决定市场结构的重要因素之一，追求规模经济可能导致垄断的产生，而垄断又有可能使价格机制受到人为因素的控制和扭曲，从而抑制竞争，使经济失去活力，导致资源配置的不合理、不科学。然而，现代生产的特点就是规模化生产，有利于生产要素资源配置效率的提高和社会福利的改善。因此，规模经济既是竞争的起点又是竞争的结束（Mason，1939；Bain，1959）。

影响我国农业产业竞争力的一个重要因素就是产业规模的大小。纵观世界农业发展的总过程，就是生产规模不断扩大的过程，发达国家的农业产业化大多走的是规模经济的道路。所以，我国乡村产业要实现集中化、专业化、一体化，不仅有利于扩大我国农业产业经营主体的规模，还有利于形成农业关联产业群体优势，即整个产业系统获得相应规模优势。因此，一方面要通过实施农业产业集中化、专业化获得农业产业的内部规模效益，另一方面也要发展农业产业一体化，以获得农工商产业系统带给农业的外部规模经济效益。通过此种方式，农业产业就有机会与工业、服务业均衡发展，农业产业的竞争力就会大大提高。

第二节　全球乡村发展模式演变

从发达国家的乡村发展脉络看，其乡村发展大致经历了从外生到内生、再到新内生的演化过程。在外生发展模式下，乡村的主要功能是生产农产品，其发展主要依靠城市的需求驱动，因此提高农业生产力、促进劳动力和资本在城乡间的流动，是乡村发展的关键。

一、动力模式变化：小农经济的回归

小农是早期乡村主要的生产和生活组织形式，舒尔茨在1964年指出，传统小农户具有合理且灵活分配资源的能力，能针对市场情况及时作出反应，早期小农经济表现出的效率低下并非源于要素配置效率不足或隐形失业等因素，而是由技术局限、生计模式和要素供给状况决定的。因此，推进农业农村现代化的关键在于引进现代农业生产要素，对农户进行人力资本投资，并非颠覆小农户。

自20世纪70年代以来，发达国家乡村发展逐步转变了规模化思路，向小农经济回归，其乡村建设逐步告别单一的、高度依赖外部投入的产业化发展模式，代之以由小规模农户组成的可持续、可再生的产业体系。以小农户为主体的乡村产业体系一方面对要素及资源利用具有较强的灵活性，另一方面赋予了区域内多样化的生产结构和生态景观。此外，以小农户为单位的生产结构兼顾了生产与生活的关系，保障了乡村必要的人口基数，避免了农业现代化发展中农业发展与乡村社会的脱节，有助于乡村社会空间的组织

与协调。

据联合国粮农组织对 81 个国家的数据分析，有 73%的农户土地面积小于 1 公顷，85%的农户土地面积小于 2 公顷（FAO，2020）。许多国家在工业化和城镇化的快速发展时期，都经历了农业从业人员老龄化、兼业化明显的阶段，其在发展和引导过程中呈现以下特征：一是注重保护小农利益。欧盟在农业共同政策（2014—2020 年）中，新增了对小农户的直接补贴，申请加入小农场直补的农场主每年能获得 500～1 250 欧元的固定补贴。智利设立了专门的部门为小农户提供生产技术、政策性融资、培训咨询等服务，满足了小农户 95%以上的贷款需求。二是扶持小农户发展。荷兰通过引导小农户发展设施农业，使小农户专注园艺作物等优势领域，打造产业精品，使小农户获得了稳定可观的收入。法国通过发展具有生态资源优势的产品、推行原产地保护制度、划定优势产区，促进了小农户葡萄种植等特色产业的发展。三是健全小农户服务体系。德国、法国等欧洲国家通过扶持农民自发建立的农业合作社以解决农业发展过程中的难题，目前有 90%的法国农民、98%的丹麦农民加入了农业合作社，几乎所有德国农民都是合作社成员。日本、韩国的农协组织不仅提供农业生产资料、农业机械服务和产品销售服务，还提供比市场价格更优惠的生活用品以及农业资金、农作物灾害保险等金融服务，满足了小农户生产生活中的各类需求，在乡村地区一直发挥着重要作用。四是引导老年农户退出土地。法国在 1962 年通过的《农业指导法补充法案》中规定，65 岁以上的农户如果放弃土地经营可以获得高额的补贴。英国《农业法》规定，对愿意放弃经营的小农场主发放 2 000 英镑（1 英镑≈9. 63 元）以下的服务金，或每年发放不超过 275 英镑的终身年金。韩国也在 1997 年推出了农民退休支付制度，若年满 65 岁的农民愿意将土地出售或出租给专业农民 5 年以上，可一次性获得每公顷 2 580 美元（1 美元≈7. 19 元）的补贴（刘洋，2021）。

二、空间尺度变化：网络化的组织连接方式

随着工业化和城镇化战略的推进，各地基于乡村空间，在功能形态、特征表现和路径模式上作出了多元的有益探索，乡村呈现空间多功能转变的态势（周国华等，2020）。乡村振兴是为应对乡村内部要素流失与衰退而提出的旨在促进乡村经济、社会、生态等全面复兴的战略，其核心目的是系统构建人口、土地、产业等多种要素的协调发展格局。扭转乡村人口流失、实现要素本地积累，逐步实现城乡融合发展。

由于城乡之间复杂多变的联系，无论在内生还是外生发展模式下，乡村发展都处于一系列不同范围的内外联系中，其发展必然嵌入城镇发展过程中。从其发展进程看，乡村发展从固有的城乡联系到如今全球化进程中的全球商品链，乡村发生联系的范围在不断扩大，涉及的利益主体也不断增多，日益趋近网络视角的适用条件。

依据网络的组织方式，乡村发展涉及的网络分为以产业为依据的垂直网络和以空间为依据的水平网络。垂直网络主要为农产品商品链分析，其分析内容包括农产品生产过程的特点、生产的社会经济组织构架、劳动力的管理和组织模式、农产品商品链中的科学技术作用、市场结构和分配机制。过去的农产品商品链结构很大程度受农产品自身属性的影响，如农产品的易腐烂属性，导致难以长期储藏和长途运输，但这种影响随着运输技术进步正逐渐弱化，目前网络视角更倾向于社会经济因素对农产品商品链的影响，如随着全球化力量的不断深化，商品链的结构也发生改变，越来越多的农产品商品链被大型跨国公司主导。同时，农产品网络的发展与其所处的社会背景密切联系、相互影响且共同演化，如在有机农业的影响下，农民和农村自然环境在农产品网络中的地位得到提高，乡村的自然人文环境成为提供高质量农产品的关键（李思梦，2024）。

三、资源组织变化：城乡要素流动进入“双向跨界窗口期”

西方发达国家城镇化起步早，城乡关系经历了分割与统筹融合的发展历程，其资源组织较早经历城乡失衡后不断融合发展的过程，其资源组织方式的经验对西部地区乡村建设具有一定的先导性与参照作用。其中，人口要素的流动，有助于紧密城乡关系，合理城乡布局；资本要素的流动，尤其是资本向乡村流动可以为乡村发展提供资金保障；土地要素的流动，对于集中土地进行规模化经营，提升乡村发展水平具有不可替代的作用。

在人口要素流动方面，美国采取了城乡居民双向自由迁徙制度，并规定居民是权利与义务的综合体，在合法身份下可以自由选择居住地，从而有效保障了人口要素在城市与乡村之间双向自由流动，提高城市化及郊区化水平（陈兆红，2019）。德国通过宪法赋予本国公民在工作、上学、社会保障等方面的权利，为保障人口要素自由流动，并未设置农业人口转化的政策门槛，并规定农民进城后，只要按章纳税，就能成为城市居民，享受与城市居民同等的待遇，有效解决了进城农民的融入问题。英国政府则通过法律保障了居民自由迁徙的权利，为农村富余劳动力转移扫清了障碍，同时积极创造条件，以增加就业机会等方式，加速人口要素在城乡间的双向流动（李敏，2018）。

在资金要素流动方面，为满足实现乡村产业规模化经营并推动现代化发展所需的资金，美国颁布了《农业信贷法》，建设了全国性农业信贷体系，为切实保护农民利益，还为农业发展提供诸如农业灾害、土地休耕等各类补贴。法国则实施了一系列农业补贴政策，不仅涉及良种推广、农机购置，还涉及乡村发展补贴、农产品质量补贴等。英国通过加大涉农的税收优惠，在农用土地遗产税、家庭农场个人所得税及公司所得税等方面给予减免的优惠。韩国为减轻农民负担，利用农协组织购买农业生产所需的农药和化肥等以低价出售给农民，以低于一般商业贷款的利率对农民农业投入实行政策性贷款。日本则积极落实支农补贴政策，基于农业生产者补贴及涉农税收优惠，设立专门机构，为乡村基础设施新建与改造、购买机械设备提供中长期高额贷款（郭琰等，2023）。

在土地要素流动方面，德国为扩大家庭农场面积与运营规模，放开了对土地出租、买卖的限制，发布农民卖地退休补贴政策，成功助力农业用地实现集中（张诗懿等，2023）。日本逐渐放松对土地的管制，努力为土地的规模化经营创造条件，颁布《农地法》《农业基本法》为加速土地流转提供了法律保障，建立“认证农业人”制度，保证优质土地供给给农业生产，加快农地流转速度、推动了土地及经营规模的扩大。法国为了盘活土地要素，成立了不以营利为目的、拥有土地优先购买权的土地整治公司，将乡村土地整治成标准农场低价保本出售，明确土地不可分割原则，同时采取一系列限制土地合并政策，有效避免了城市过度膨胀导致的农用土地减少。韩国为了置换闲置农地，提高农田利用率，给予年龄在65岁以上的老人无偿的土地补助。英国先后出台了《住宅、城镇规划条例》《城乡规划法》，建立由“中央、地区、地方”三级组成的城乡规划体系，强调中央管理、区域统筹、公众参与，基于田园城市构想加强生产空间、生活空间、生态空间协调和小城镇特色文化保护，形成了汇集城市职员、商人、医生、大学生、工人等城市主体与农村农民的城乡一体化共居环境（芦千文，2024；吴頔和夏侃，2024）。

四、乡村功能变化：多目标协同发展

全面推进乡村振兴要求均衡实现乡村的多重功能和乡村发展的多目标，乡村发展应在注重发挥农业农村多样功能的基础上，促进人与自然和谐共生。在第二次世界大战后，西方乡村发展经历了生产主义—后生产主义—多功能乡村的演化历程（刘彦随，2018）。20世纪70年代后，生产主义的、线性的、以产量和出口为导向的经济理性霸权受到挑战，生态可持续、食品质量和在地化等成为乡村发展的新趋势。80年代中期，国家间粮食自由贸易协定签订后，环保主义日益盛行，社会消费结构也发生了变化，“生产主义”框架下的发展模式受到批评，乡村发展向“后生产主义”演进，强调以消费为导向引导乡村发展，农业从以生产为导向向经济效益、社会保障和环境保护多目标为导向转变。随着乡村的发展，多功能性开始向乡村的其他部门延伸，社会各界逐渐意识到乡村是由社会经济和自然生态两个子系统构成的复杂地域系统，是人类重要的生产生活空间，是与城市不同而又相辅相成的另一种形态。

除乡村多元功能的物质供给外，人类对乡村生产、消费、生态等多种需求的变化推动了乡村地域功能的不断演变，乡村多功能转型本质上是人类的差异化需求在乡村空间利用的重新排序。对主体而言，多功能性使新型经营主体产生集体意识，增加收入并确定竞争定位，从而促进价值创造；农户也可以通过扩大、深化、重新整合“传统”活动来提高多功能。从区域层面看，多功能是在一定发展阶段的特定地域系统内，通过发挥自身潜能及其与其他系统共同作用所产生的对自然界或人类发展有益作用的综合特性，既包括特定地域系统要素对自身需求的保障功能，也包括对其他系统的支撑、协作功能（刘彦随，2018）。

五、发展策略变化：差异化推进策略

乡村差异化发展不仅是现阶段落实乡村振兴战略必须应对的现实问题，更是乡村振兴实施路径的主要研究视角，特有的自然环境、经济状况、人文特征等综合因素使目前我国的行政区划数量上有较大规模，加之复杂的行政区划和众多的乡村人口，要求各级部门必须摆脱原有笼统、模糊、浅层的乡村振兴发展适应性策略探讨，更不能仅仅按照地理区域将现有乡村振兴战略简单粗暴划分。

我国一直秉承以城镇化和工业化为主要方向的现代化发展理念，尤其是改革开放以来，在家庭联产承包责任制与社会主义市场经济体制改革的双重刺激下，村庄已经基本告别了传统乡土型社会保守、封闭与同质的特性，在与商品经济和城市日渐紧密的双向互动中，表现出城乡结构间和发展阶段中村庄内生性传统结构分化的时间与空间属性。因此，厘清不同类型村庄的发展需要，打破原有城乡二元结构，是现阶段在城乡发展不平衡的基本国情基础上实施乡村振兴战略的一个重要目标。结合地域分布、区域条件、人口和社会结构、产业状况等因素对村庄进行科学分类，在此基础上提出有针对性的治理方案，是有效摆脱发展困境和实现乡村振兴的重要途径。

第三节　我国乡村建设实践与特点

我国乡村建设起源于民国时期的乡村建设运动，其变迁过程与现代化发展相生相伴。我国现代化的起源是一个被动的过程，是资本主义政治体系对我国清末民初封建官僚政治体系的侵蚀和掠夺，由此产生了一系列以先进知识分子为先导、试图拯救国家于危难之际的乡村建设运动。由于缺乏相应的组织和民众基础，乡村建设运动最终走向了失败，但为我国种下了乡村建设思想的种子，开启了我国被动现代化的发展过程。之后在中国共产党的领导下，以农村为革命根据地，以广大农民群众为力量源泉，通过农村包围城市的革命道路，最终取得了胜利，其革命路线和革命方法也暗含了独特的乡村建设思想。

一、中华人民共和国成立后到改革开放前的乡村建设

中华人民共和国成立到改革开放之前，我国确定了“优先重工业”的发展目标，并对乡村社会进行了以社会主义改造为主要内容的乡村建设实践，以此稳定了新生的国家政权，同时应对了恶劣的内外环境。

1. 发展环境

中华人民共和国成立初期我国面临积贫孱弱的历史情境，从政治环境看，以苏联为首的社会主义国家阵营和以美国为首的资本主义国家阵营，开启了以军事力量攀比和对峙为特征的冷战格局，这种紧张的国际环境严重影响了我国新生政权的生存环境。同时，这样的外部环境严重影响和破坏了我国新生政权的稳定，这尤其体现在乡村地区，农业和农村发展不稳定，工业和经济也难以复兴，对于国家而言，维护和建设新生政权的物质基础极度匮乏。

从经济环境看，中华人民共和国成立初期我国刚从连年战乱和自然灾害中走出来，经济发展极度落后，重工业基础薄弱、工业规模小、技术装备落后、私营企业停滞不前，乡村社会灾民流离失所、农业生产水平低下、土地荒废、粮食歉收，棉花和粮食的最高年产量分别仅为 84. 9 万吨和 15 000 万吨。如此混乱无序的经济情境使得新生的国家政权无暇顾及乡村建设和乡村现代化发展。

从文化环境看，中华人民共和国成立初期，我国刚从半殖民地半封建的旧中国解放出来，原有的政治和经济状况严重制约了文化的建设与发展，教育水平的落后禁锢了国民的思想，民众素质偏低且人才匮乏，同时受西方列强奴化教育和殖民文化的侵蚀，我国文化情境整体处于长期积弱和萎靡不振的状态。此时大部分乡村地区依旧处于旧有的文化范式当中，农民群体的意识和思想观念仍旧被旧文化和旧制度束缚，缺乏投入新社会改造的主动性、积极性和创造性（李向振和张博，2019）。

2. 发展理念

中华人民共和国成立初期，国家不愿意也没有能力像西方发达国家那样通过对他国发动战争以达到资源掠夺和原始积累的目的，只能自力更生，利用两千多年传统农业社会的经验和优势，从农业、农村和农民中汲取资源支持工业化和现代化发展。当工业化和现代化发展到一定程度后，再通过“工业反哺农业，城市支持农村”弥补乡村社会短板。

这一时期，国家政权亟须从乡村社会汲取大量政治、经济和文化资源以支持国家政权建设和现代化发展。其中，政治资源包括农民群体对新生政权的正向支持和政治认同，经济资源是指乡村社会大量的人力、物力和财力，文化资源是指乡村传统文化精髓和有

理想、有抱负以及与社会主义价值观念和意识形态保持一致性的现代知识分子。此时对乡村社会的资源汲取是以可持续发展为导向的有限性汲取，在汲取资源同时对乡村社会的组织结构、民主政治、基础设施、经济制度、意识形态等进行全方位改造，是一种意识形态与实践理念相统一的执政战略。为了在最短时间内完成乡村建设和资源汲取的时代使命，先后通过以土地改革运动、农业合作化运动及人民公社运动为主要形式的乡村建设摧毁了家族制度和封建残余势力的经济基础、物质基础和文化基础，并通过生产关系和组织结构的变革开展了乡村社会改造与建设，不仅将乡村社会牢牢掌控在手中，甚至还主导了农民群体的衣食住行。

在中华人民共和国成立初期至改革开放前，宗族势力、乡贤士绅、第三方组织等非政府组织逐渐式微，乡村各级党政组织是这一时期唯一的乡村建设主体，“一元化”的正规建设主体是这一时期乡村建设的最大特点。土地改革运动通过颁发土地证、取消地方农业附加税及发展农副业生产等政策举措，废除了封建土地所有制，实现了“耕者有其田”，满足了农民群体的生产生活需求，激发了其劳动积极性，构建了新中国乡村经济体系的基础，乡村经济得以恢复和发展（吴祖泉，2015）。截至1952年底，全国粮食产量上涨到3 278.4亿斤（1斤=500克），棉花产量上涨到2 608万吨，较历史上最高年产量（1936年）分别增长了9.3%和53.6%（王春英和张艳梅，2017）。土地改革完成后，乡村社会的农业生产活动虽然有所改善，但分散小农的生产力水平依旧低下，因此我国通过相互衔接且逐步推进的方式，进行了互助组到初级农业生产合作社、再到高级农业生产合作社的转变，最终形成以集体所有制为核心的农业生产经营方式，这不仅确立了国家政权在乡村经济建设中的领导地位，更是将乡村经济的发展力量大规模组织到一起，使乡村建设的运行成本和农民群体的参与度达到一个较为理想的状态。截至1976年底，我国共兴修水库8.6万座，总库容达4 000多亿米^3，新建机井100多万眼，扩建堤防16.5万千米，灌溉面积从1 600万公顷增至4 733万公顷，解决了4 000多万农民的饮水问题（高啸等，2021）。

综上所述，这一时期的乡村面临着严峻的政治、经济和文化环境，以土地革命、农业合作化运动和人民公社运动为核心的乡村建设给乡村社会带来了革命性的改变，涉及乡村生产、生活的各个领域。

二、改革开放至新农村建设前期的乡村建设

中华人民共和国成立后确立的“一元化”乡村各级党政组织严格秉持着“国家式”的发展理念，从乡村社会汲取了大量资源，用以支持“优先重工业”的发展目标，然而人民公社体制发展到后期，其固有制度缺陷逐渐暴露，如歪曲农民的政治参与、激化了

乡村的社会矛盾、妨碍了乡村的正常分化等，更为重要的是人民公社体制下固化的城乡二元结构也已成为乡村建设的阻碍和掣肘，乡村社会发展停滞不前。因此，中央政府以家庭联产承包责任制改革为核心，开启了我国第二轮乡村建设热潮，这一阶段的乡村建设实践以 1978 年改革为起点，2005 年新农村建设为终点。此时的乡村社会处于基础稳固的政治情境、结构优化的经济情境以及需求多元化的文化情境中，乡村建设发展迅猛，但“二元化”的“乡政村治”体制在一定程度上呈现“弱政府”的状态，自上而下贯彻“以经济建设为中心”的发展目标，乡村社会发生了翻天覆地的变化（杨虎涛和方敏，2023）。

1. 发展环境

从政治环境看，改革开放后，我国乡村政治建设呈现出新态势，政府部门为了强化对乡村政治建设的引导，继续深化了乡村基层党建工作，促进了基层政权组织执政质量与领导能力的提升，稳固了这一时期乡村建设的政治情境。这一时期，乡村村民自治制度成为乡村民主政治建设的主要载体，1982 年新修订的《中华人民共和国宪法》规定“农村按居住地设立的村民委员会是基层群众性自治组织”，以国家根本法的形式确定了村民自治的地位和性质，村民自治制度也在不断的实践中优化了乡村政治秩序，开创了中国特色社会主义乡村民主政治建设道路。同时，在改革开放初期，乡村民主政治建设主要聚焦在民主选举方面，初步赋予了农民群体政治权利，1994 年《全国农村村民自治示范活动指导纲要（试行）》将民主政治建设内容丰富为民主选举、民主决策、民主管理、民主监督，保障了农民群体的知情权、选举权、参与权和监督权。协商民主作为一种政治过程也在乡村社会得到推广，与民主选举、民主决策、民主管理、民主监督相融合，形成了乡贤理事会、当权议事会、民主恳谈会、四议两公开等诸多载体，扩展了乡村民主政治建设的实现形式（刘守英和王一鸽，2018）。

从经济环境看，改革开放后，家庭联产承包责任制实现了农村生产力的解放，农业现代化导向进一步夯实了乡村经济基础，一大批乡镇企业的兴起也大大推进了乡村工业发展，乡村经济结构持续优化，乡村政治、文化、社会建设等急需的物质基础在一定程度上得到保障。一是，乡村的所有制结构实现了从“三级所有，队为基础”到“以公有制为主体，允许其他经济并存发展”的格局转变，乡村中的服务业、运输业等二三产业开始回春。二是，在经营制度上由“大锅饭”模式转变为家庭联产承包责任制下的“大包干”模式，大大提高了农民群体从事农业生产的积极性。三是，在生产结构上突破了只愿意从事农业生产的思维模式，走上了“农林牧副渔同时并举，农工商业综合经营”的道路，丰富了乡村建设的道路和途径，改善了农民群体的生活。四是，在分配制度上实现了“平均分配”到“按劳分配和多种分配方式并举”的突破，内含着“允许一部分人先富，但不能造成两极分化，逐步实现共同富裕”的先进思想。五是，在政策制定上，从重视农业基础地位向农业是战略重点进行转变，从关心农民群体的物质利益向鼓励农民群体勤劳致富进行转变，从发展农村经济向农村全面进步进行转变（张京祥等，2014）。

从文化环境看，改革开放以后，乡村社会的边界和城乡之间的壁垒逐渐松动。市场经济发展不仅带来了大量的西方文化和城市文化，也使得以儒家、道家和佛家等为代表的传统文化悄然活跃，最终使得乡村社会的文化情境发生了重大变化，多元化成为这一时期乡村文化建设的重要特征。首先，国家主流文化依旧在场。乡村文化虽然突破了以往政治本位的绝对领导态势，但国家主流文化也并非完全缺席，爱国主义、集体主义和社会主义的文化价值观念依旧在场且发挥着重要作用。其次，市场经济浪潮带来了个人主义文化的流行。个人主义作为一种新的价值体系，主要强调个人的利益和自由，反对权威对个人的支配，注重对个人生活的尊重。在这一时期，个人本位价值逐渐取代了社会本位价值和国家本位价值。再次，乡村优秀传统文化逐渐复兴。改革开放以后，随着中央政府的政策放开和基层政权组织发展经济目标的牵引，一系列民俗文化呈现出繁荣景象。优秀的传统文化在满足农民群体文化需求的同时，也增强了乡村社会的凝聚力。最后，城乡壁垒的松动带来了大量的城市文化。城市文化是市民群体的价值取向、精神面貌和生活方式的总和，包括了民主政治、法治思维、合理竞争等现代文化，城市文化大量地涌入乡村社会，受到了广大农民群体的崇拜和认可，并逐渐成为引导性文化，改变了乡村文化的现有格局。

2. *发展理念*

随着我国现代化工业基础的初步奠定，乡村地区也以家庭联产承包责任制为核心掀起了第二轮乡村建设热潮，这一时期乡村社会的政治、经济、文化环境均发生了巨大变化，乡村建设趁此时机得以迅猛发展，但同时也存在重政治和经济建设、轻社会和文化建设等现实问题。

建设主体转变：国家政权逐渐从乡村社会中退出，不再直接插手乡村建设的各项事务，乡村各级党政组织统筹协调乡村社会的基础设施建设、公共服务供给、农民纠纷调解、社会保障体系完善等各类事务。乡镇政府与村民委员会结合形成的“乡政村治”体制（“乡政”指乡镇政权组织，包括乡镇政府、乡镇党委、乡镇人大等；“村治”指村民委员会自治，即农民群体进行自我管理、自我教育、自我服务的群众性自治组织），成为乡村地区代表国家政权的最基层单位，也成为乡村社会最主要的建设主体。同时，随着市场化改革的推进和家庭联产承包责任制的确立，加之国家政策的放宽和多元文化的涌入，宗族势力、新乡贤、市场企业和第三方组织等非政府组织也趁此得以复兴和发展，共同参与到乡村建设中来，但其在乡村建设中的作用还十分有限（徐勇，2002）。

“弱政府”特征的乡村建设：“弱政府”的概念起源于政府与市场的相对关系，即政府和市场谁在发展中占据主导地位，从政策文本和这一时期的乡村建设实践看，包括县乡在内的基层政权组织都在一定程度上呈现出“弱政府”状态。第一，从政策文本看，乡镇政权组织与村民委员会之间的关系从管理与被管理的关系，转换为指导与被指导的关系；第二，从法律条文看，乡镇政权对乡村社会和农民群体而言，不再拥有人民公社时期在体制经济活动内的随意调遣和行为控制等权力；第三，从地方实践看，农民群体对于乡镇政权组织和村民委员会组织依附性趋于弱化，村民委员会只能尊重农民群体政治参与的自愿选择；第四，在“乡政村治”体制下，乡镇政权组织对村民委员会的合法权利来源于农民群体的赋权（郁建兴和高翔，2009）。

以经济建设为中心的发展目标：在改革开放到新农村建设前这段时期，家庭联产承包责任制的确立使得家庭再次成为乡村社会和农业生产的基本单位，这不仅与传统农业的生产规律相契合，也在很大程度上解决了农业生产中监督与激励不足的难题，激发了农民群体的生产积极性。同时，从整个社会的发展看，政府对经济结构的发展重心作出了调整，从重化工业为主转变为轻化工业为主，推动了部分农业地区转型发展乡镇企业，促使乡村大量闲置劳动力转移到工业中。乡村建设进入高速发展时期，乡村社会的面貌和农民群体的生产生活发生了翻天覆地的变化，农村基础设施、民主法治、人居环境、社会保障等方面都取得了明显进步（孔祥智和刘同山，2013）。

三、新农村建设至今的发展理念

随着改革开放的持续深入和乡村建设的不断推进，乡村基础设施、文化教育、医疗卫生、社会保障、人居环境等方面都发生了巨大变化，然而在以经济建设为中心的发展目标下，乡镇政权组织“重经济、轻社会”的建设取向弊端逐渐暴露，如农民群体负担过重、农村经济发展缓慢、村民自治功能异化等，并最终在21世纪初形成了引发社会各界广泛关注的“三农”问题。

在此情况下，我国开始实行“工业反哺农业，城市支持农村”的发展战略，并通过农村税费改革、社会主义新农村建设、美丽乡村建设、一事一议财政奖补、精准扶贫、实施乡村振兴等一系列的顶层设计，开启了我国新一轮的乡村建设热潮。这一阶段乡村建设以2005年的社会主义新农村建设为起点，持续至今且仍在继续推进（冯留建和王宇凤，2020）。

1. 发展环境

政治环境：从乡村政治环境看，尽管乡村社会在整体上保持稳定，但内部矛盾却层出不穷，如群体性事件不断发生、农民群体信访数量激增、“弱者的武器”使用泛滥以及乡村治理存在隐患等。自1993年农民群体的信访总量出现回升以后，持续上涨了10余年，2003年更是出现了“信访洪峰”。据资料统计，从2003年1月1日至2003年11月26日，国家信访局共收到上访信件52 852封，其中，重信19 483封，新信33 369封，较2002年同期增长了1/5；接待来访次数17 063次，较2002年同期增长了1/3。其中，针对乡镇政权组织和村民委员会的信访构成了当时农民群体的信访主流。农民群体的反抗形式大多为装糊涂、偷懒、假装顺从、开小差、装傻卖呆、诽谤、怠工等，这些又被称为“弱者的武器”。这种反抗形式以个人为行动单位，利用隐蔽的策略不与权威发生正面冲突，因此其使用频率极高，有泛滥的倾向。虽然不一定会导致乡村社会骚乱，也不会威胁基层政权稳定，但却在一定程度上蚕食了乡村社会对于基层政权组织的认同感，有可能引发大规模的乡村群体性事件。与此同时，农村税费改革及其配套的乡镇体制改革降低了乡镇政权组织的治理能力与治理动力。在“资源下乡”背景下，乡村基层干部不再关心乡村社会和农民群体的各项事务，部分干部甚至与市场主体和政府官员勾结为利益共同体，共同俘获国家的项目资源。综上所述，从20世纪90年代起，乡村社会就一直处于矛盾激增的政治情境当中，这在一定程度上影响了农民群体对于基层政权组织合法性与合理性的认同，以及乡村建设实践的最终成效。

经济环境：经过上一轮如火如荼的建设，乡村社会经济总量呈上升趋势，但仍存在农业生产效率不高、农民增收不稳定、农民负担过重及农村公共服务供给不足等问题。改革开放后，城镇就业机会增多，大量农村青壮年外出务工，以老人和妇女为主的传统农业不仅面临土地细碎化、基础设施不完善等现实困境，更因缺乏组织载体和自身能力限制难以对接市场化生产和社会化服务，从而严重制约了我国农业生产效率的提升。我国农民群体的人均纯收入从1978年的133. 57元增长到2002年的2 476元，增长了17. 5倍，但呈现出阶段式增长、不持续性增长及不稳定增长等特征，部分年份甚至出现了徘徊停滞或持续下跌的状况。在收入增长不持续的情况下，农民负担却日益加重，据资料统计，1988—1992年，全国农民群体的人均纯收入按照当年的价格计算，年增长率为9. 5%，而同期包括“三提五统”费用和农业税费在内的农民群体负担的年增长率却为16. 7%，农民群体的收入增长速度比农民群体的负担增长速度慢了43%。1986—1992年，农民群体负担占农民群体人均纯收入的百分比分别是13. 75、14. 25、15. 35、15. 71、16. 19、16. 74以及18. 21，呈持续性上涨趋势。与此同时，乡村公共服务和基础设施供给仍然游离于国家制度之外。

文化环境：这一阶段的文化环境虽然保持着多元化发展的良好态势，但是仍然存在传统文化衰败、总体发展水平滞后、市场管理存在漏洞和城市文化的冲击与消解等方面问题。一是农村传统文化日渐衰变。随着乡村地区青壮年人口的大量外流，使乡村独特的风俗习惯、庆典仪式等传统乡村文化失去了传承的土壤。同时，在功利主义的支配下，传统的“熟人社会”出现了瓦解，农民家庭之间不再是温情脉脉，而是对利益的追逐，部分地区甚至出现了赌博、贩毒等极端恶劣的情况。二是乡村地区文化水平相对落后，受环境和资源约束，乡村地区教育的师资水平、文化队伍相对落后，影响了乡村学龄儿童的教学质量，文化馆、图书馆等设施作为乡村文化建设的物质载体也普遍存在设施陈旧、配置率低、新质率低等问题，无法满足农民日益多元的精神文化需求。三是城市文化对乡村文化造成较大冲击。与乡村文化相比，城市文化在行为方式、思维方式、生活方式等方面都具有一定优越性，处于主流文化地位，市场经济发展使城市文化大量融入乡村，不仅对处于边缘的、非主流的乡村文化产生了强势冲击、消解和改造，还对乡村文化进行了过度解构，消弭了乡村文化的自信（吴理财和解胜利，2019）。

2. 发展思路

“多元化”的建设主体：这一时期乡村建设的主体为代表国家政权的“二元化”的“乡政村治”体制，政府对乡村社会的态度实现了从“汲取”到“给予”的转变，不仅将公共服务等在内的诸多乡村建设内容纳入了体制供给范围，更是加大了医疗卫生、文化教育、社会保障等乡村社会急需资源的投入力度，还通过发放粮食直补、良种补贴、土地整理补贴、农机购置补贴等多种形式的农业补贴增加农民务工收入。这一时期，除政府组织外，以宗族势力、新乡贤、涉农企业、第三方组织等为代表的非政府组织也在乡村迅速兴起，并在全国各地进行了大量的乡村建设实践，他们的乡村建设实践既满足了乡村社会和农民群体的愿景，也在一定程度上缓解了政府组织的压力，并与政府组织形成了互助、互补、合作与制约的良好协助关系，他们共同构成了乡村社会“多元化”的建设主体，并逐渐形成了“多元共治”的建设格局（高啸等，2021）。

“强国家”和“大社会”的建设状态：自 2004 年开始，从逐年发布的中央一号文件可以看出，党中央领导的农村税费改革、社会主义新农村建设、美丽乡村建设、一事一议财政奖补、精准扶贫、乡村振兴、农业强国、“千万工程”等一系列的乡村建设实践，在给乡村社会带来巨大发展的同时，也表现出各级政府在乡村社会有效的执政能力和高度的行政权威，具有制度合理、规模适度、治理有效、能力充分等特征，体现了乡村建设“强国家”状态。随着现代文化的发展、民主精神的培育、农民权利意识的觉醒和法律法规的持续完善，包括农民群体在内的社会各界在乡村建设中的参与性与主体性日益提高，各类非政府组织也积极参与到乡村建设实践中，“大社会”的状态在乡村建设中日益盛行，国家与社会之间的良性互动与相互依存关系已见雏形（王名等，2014）。

以城乡一体化发展为目标：新农村建设至今，中央政府在正视国家与社会关系的基础上，更为科学地理顺了国家权力、社会权力及农民权力之间的关系，更加合理地疏通了国家现代化建设、农村经济社会发展及农民个体进步之间的内在逻辑，为城乡一体化与农业农村现代化协同发展奠定了基础。

第四节　国内外乡村发展理论演化及实践对西部地区的启示

从国内外乡村发展理论及实践看出，乡村振兴并非一蹴而就，是一个不断发展、长期累进的建设过程。乡村振兴是一个系统性和综合性的建设过程，包含了乡村政治、经济、社会、文化、生态、建筑等各方面的复兴与重构；乡村振兴是在“公民利益至上”的基础上而展开的一系列制度安排，是政府追求公平正义的一系列政策举措。

西部地区在构建合理、科学、有效的乡村建设模式中，不能简单直接照搬照抄发达国家和地区的乡村建设典型经验和具体做法，西部地区具有其特殊性，必须突出各地特色，符合乡村实际，需要在明确西部地区乡村建设现实情形和主要特点的基础上，对乡村建设进行科学评估与定位，最终明晰现阶段西部地区更适宜的乡村建设模式。

一、小农户的重要地位

综合评判国内外小农户的发展历程和相关理论，尽管不同地区不同阶段小农户存在一定差异，但其在工业化和城镇化发展过程中也呈现出一些共有特征，值得西部地区借鉴参考。小农经济是全球农业发展最基本的组织形式，具有不可替代的比较优势。无论是发达国家还是发展中国家，都越来越重视小农户在农业发展、社区治理及生态环境保护等乡村建设中的功能作用，农户家庭始终是农业生产经营的基础和最主要载体，农户经营是全球农业经营最基本、最普遍的组织形式，具有强大的普适性。小农户以家庭为基本生产经营单位，以家庭成员为主要劳动力，具有产权关系清晰、治理结构单一、利益关系直接、监督成本较低等特点。在农产品生产过程中，小农户既能保证最大产出，也能有效降低生产成本，相对于其他主体具有不可替代的优势。小农生产与消费合一的属性，决定了他们可以自己生产自己所需的粮食，形成了国家粮食安全的战略基础。以巴西为例，小农户和家庭农场生产了58%的奶类，50%的鸡肉和59%的猪肉，70%的大豆和87%的木薯。对于部分欠发达地区，小农户更是国民经济增长的重要动力，撒哈拉以南的非洲地区70%的就业机会，40%的出口商品及33%的国内生产总值都是小农户创造的。东南亚小农国家精耕细作对土地资源的可持续利用和生态系统保护都有积极的作用。

因此，针对农村人口过度流失、城乡收入差距持续扩大、农业分散粗放经营等问题，许多国家采取了加大农业支持保护力度、增加农民收入、鼓励农民联合与合作等政策举措对小农户进行扶持。

二、处理好城乡关系

城与乡在地域上是矛盾的统一体，城乡关系也是影响乡村全面振兴的关键因素，城乡融合是生产力与城乡关系在空间、结构、质效上表现出的一种发展状态或价值取向。城乡关系和城乡融合发展一直是国内外乡村发展的重要议题，在处理城乡关系上也形成了较多的模式、经验，对处理好西部地区城乡关系和促进乡村全面振兴具有较高的借鉴价值。处理好城乡关系是激发城乡经济活力、推动高质量发展、构建新发展格局和实现共同富裕的重要基础，因此，应充分吸收改革开放以来的经验，合理借鉴发达国家的实践经验，加快构建和谐包容的城乡关系，构建城乡联动的全面振兴格局。协调城乡关系应是由政府主导，尤其在改善乡村弱势地位、提高农民收入等方面，政府作用十分重要，应强化西部地区各地政府的主体责任，督导各级政府履行职责，为城乡融合发展提供重要的制度支撑和组织保障。发达国家对乡村建设和农民利益十分关注，许多地区均多措并举缩小城乡收入与生活质量差距，西部地区应借鉴其发展经验，遵循城乡共建、共治、共享的发展理念，以农民利益为出发点，推进基本公共资源与服务向农村延伸，加快城乡基本公共服务制度并轨和标准统一。同时，城乡融合发展既要注重以高质量发展为基础的经济效率，也要从制度上增进城乡资源要素配置的公平性，打造城乡和谐的发展环境，努力实现更高水平的公平正义。

三、遵循乡村功能演进规律

在第二次世界大战以后，西方许多乡村地区经历了“生产主义—后生产主义—多功能乡村”的演进，线性的、以产量为导向的乡村农业生产受到生态保护、食品安全和在地化等新趋势的挑战，乡村农业产业更强调以消费为导向，农业以生产为导向转向以经济效益、社会效益和环境保护的复杂组合为导向。随着城乡关系和乡村功能的进一步演化，乡村发展的多功能性日益被重视，认为乡村是由社会经济和自然生态两个子系统构成的复杂地域系统，更加强调乡村社会空间异质性、多样性和非线性特征，乡村发展从以生产为导向转变为注重多种产业融合的发展模式（朱欣怡等，2024）。

随着西部地区乡村的发展，乡村的多功能属性日益显现，农林采摘、乡土体验、绿色康养和特色乡村等新业态不断涌现，农产品加工、职业农民培育、农产品有机生产等乡村产业新功能也不断拓展（孙潇，2024）。因此，西部地区乡村发展和产业振兴应根据不同区域乡村和产业特点进行分区分类，结合乡村基础条件，挖掘乡村资源价值，因地制宜制定区域协同优化政策，构建同一空间规划体系下乡村多功能协同优化方法，形成分工协作、错位发展的良好局面。为顺应乡村多功能发展的演化规律，西部乡村发展应更加强调乡村的基础设施配套、公共服务、特色价值挖掘、经营资源整合、新型经济主体培育等，制定差异化的功能引导政策。

四、多元化的乡村建设主体

发达国家的经验和我国的乡村建设实践基本都是依托当地的自然环境、资源禀赋、政府推动、经济水平、城乡合作、发展机遇等优势，形成多样化的乡村建设模式，产生了可观的经济效益和社会效益。

一是政府部门的核心作用。古今中外在乡村建设中，政府均发挥着主导性作用，对于改善农村弱势地位、缩小城乡差距、提高农民收入等具有不可推卸的责任。政府部门对于乡村建设的支持，首先体现在通过制定相关法律法规、出台各类政策章程，从制度层面对乡村进行宏观指导与整体调控。如日本的《农林渔业金融公库法》、德国的《土地整理法》、荷兰的《空间规划法》、加拿大的《农村协作伙伴计划》等，均从长远目标、具体方式和实现途径上对乡村发展进行了规划和管控。同时，各级政府在物力、财力上对乡村建设提供支持，如日本建立了农产品价格风险基金，韩国在新村运动后投入20亿美元设立新村建设基金，德国政府也向边远的欠发达乡村提供专项经济补助，荷兰、瑞士、法国、美国及加拿大也都在乡村治理过程中给予了大量财政扶持。

二是农民协会的重要作用。农民协会在推动各地乡村发展中也扮演着重要角色，对于维护农民权益、提高农民收入、促进农业现代化等具有重要作用，是推动国家与社会稳定的重要主体。而农民协会具有多样化特点，根据发展形势、组织机制及效益，可以将各国农民协会划分为不同类型，如政府推动型的日本农协、市场主导型的法国农协、网络协作型的德国农协、综合多元型的美国农协、集约经营型的荷兰农协及互助合作型的韩国农协。

三是先发主体的推动作用。发达城市、大型企业和高等科研院校作为推动乡村发展的重要力量，通过城乡间建立互利合作模式，大型企业利用项目开拓农村市场、科研院校为农民提供农业培训指导来实现促进和繁荣乡村的目的。例如，瑞士的城市通过帮扶形式与乡村结成互助合作协议，投资新建医院、学校、公共交通等农村公共基础设施。法国许多大型国有企业通过投资项目下乡的方式，实现了工业、农业、商业三大产业的真正联合，极大地推动了农业发展和乡村建设。

四是农民群众的主体作用。乡村建设是以农民为核心的社会建设工程，鼓励村民尤其是乡村精英积极参与到乡村建设中，不仅有利于充分发挥村民在乡村建设中的基础作用，实现乡村社会自治、善治的目标与任务，也有利于农民维护自身权益，促进乡村社会繁荣。例如，在美国的乡村建设中，每部法律法规都需要公民的积极参与，只有在广泛邀请村民积极参与的基础上形成的法律和政策才是有效的。瑞士乡村管理主要实行村民自治，村民委员会由1名村长和4名委员组成，全面组织村民参与到农村公共事务治理与乡村社会经济建设中。

五是农村金融的保障作用。纵观西方发达国家的乡村建设的经验可以发现，健全、完善的农村金融机构在国家乡村建设中扮演着助推者的角色，这类机构对吸引农民存款、加大基层公共产品投入、帮助降低农民生产风险、提供村民信贷资金支撑等方面发挥着重要作用。例如，日本的农村金融体系对农产品改良、乡村道路维修、乡村居民活动场所兴建等生产性基础设施建设提供贷款，同时对维持和稳定农林渔业的经营、改善农林渔业条件所需资金提供贷款，极大增强了农产品的竞争能力。荷兰农业合作银行以相对低廉的利率为农民办理农业信贷用于农场经营，帮助农民承担了市场风险。

审视西部地区乡村建设现状，主要呈现以下特点：首先，政府在乡村建设中发挥的作用虽然已经初步显现，但是需要进一步对政府的角色、职能权限和功能边界进行准确定位。其次，乡村建设中农民的主体地位没有得到很好的重视，需要结合国外乡村治理经验进行保障和维护。再次，农民协会在乡村建设中的作用也没有得到应有的重视，农民协会在乡村建设中大多是被虚置的组织，其功能作用没有充分发挥。最后，城市、学校、企业及农村金融机构等主体在乡村建设中是被忽视的群体，需要进行改进和完善。为了更好地推进乡村社会发展，结合西部地区乡村现实情况、主要特点、发达国家乡村发展经验和我国的乡村发展历程，西部地区乡村建设需要从传统的“政府单一主体为中心”向政府、村民、农民协会、高等院校、城市、企业和金融机构等多元主体共同参与转变，构建“有限政府、农民主体、依托农协、社会参与”的多中心乡村建设模式，通过合作建设提升乡村建设的整体效益。

第二章

国内外乡村产业发展典型模式与经验

第一节　国外乡村产业发展典型模式与经验

一、日本“一村一品”发展模式

（一）模式概况

日本人多地少、自然灾害频发、农业资源非常稀缺，其农业的突出特征为精耕细作，属于小农生产模式。从20世纪60年代起，日本乡村人才短缺、资本外流、产业萎缩，开始进入空心化、老龄化阶段，城乡之间的差距越来越大，在此背景下，为激发农村地区活力、发展地方经济，1979年，大分县知事平松守彦提出“通过在各市町村培育各自的特色产品，实现地方的活性化”，即“一村一品”运动。“一村一品”模式以一个或若干村为单位，充分利用本地自然资源禀赋、劳动力、产品工艺技术等，以自立自强地发展家乡经济的精神在每个村至少生产出一种全日本乃至全世界名列第一的产品。“一村一品”以“立足本地、放眼世界，独立自主、锐意创新，培养人才、面向未来”为基本理念，开发具有本地特色的产品，并使这些产品走向国内外市场。“一村一品”运动以特色产品为发展核心，对优化各地的产业结构、改善生产投资环境、提高民众的凝聚力、发扬地区传统文化方面都起着重要作用，是振兴地方经济、消除贫困和缩小城乡差距的重要举措。

（二）模式经验

一是坚持“自下而上式”推动机制。在“一村一品”运动中，农民是发展的主体，主动地探索当地特色农产品并发展成产业，农作物种植品种的选择及农产品的销售模式构建完全由乡村在自主探索中展开，以大分县为例，“农产品直销所”是其自主构建的主要销售模式，包括路旁直销型、产地直送型、本地经营型三种类型。在整个过程中，地方政府仅起到推动作用，不会主动干预农民的探索过程，是一种“自下而上式”的运动，绝大部分成效来源于农民的积极性。发展过程中出现的失败由农村社会自主承担，在探索中不断总结经验、汲取教训。

二是注重对农民的教育和培训。“一村一品”运动中，日本通过完善教育指导模式，开办各类农业技能培训班，建立符合农民需求的补习中心，提高农民的综合素质。紧抓农村年轻人的培养和教育，“一村一品”运动中有三次大规模的发展运动，其中第二次主要为培养人才的新人运动，不惜成本送年轻人出国考察和学习，使年轻人成为“一村一品”运动的主要力量。

三是重视产业链的打造。“一村一品”运动中，深入挖掘产业价值，进行全产业链开发，打造农产品品牌，创新营销模式并结合乡村旅游等新业态，提升乡村产业整体价值。例如，日本马路村以柚子为特色产品，从柚子的采摘、筛选、清洗，到榨取、提炼、配制成柚子果汁、果酱等产品，再到包装、销售，均在村内进行，打造了一个以柚子为核心的产品生态圈，形成“农产品种植+加工+农旅融合”的整体发展模式。

四是充分发挥农业组织的作用。“一村一品”运动以打造产业为关键，注重延长产业链，在组织方面，主要依托效率极强的农协对农民的生产、集中采购、统一销售、社会服务和权益保障进行一体化组织，为“一村一品”运动注入了强大活力。

二、韩国“新村运动”

（一）模式概况

韩国与日本相似，也存在人多地少、农业资源禀赋较为稀缺的国情。20 世纪 70 年代，韩国经济发展水平不高，农民占全国人口比重 70%左右且以小农耕种为主，城乡差距较大，农业发展落后，农村贫困问题严重。因此，韩国于 1970 年 4 月开始实施以“勤奋、自助、合作”为宗旨的乡村建设运动，即“新村运动”。“新村运动”自上而下进行组织动员，由韩国民政部负责计划和执行，中央其他部门作为支持性机构，前期以基础设施建设为主，主要改善农村环境和提高农民生活质量；中期以提高农民收入为主，实施农民增收计划，推动农民科学种田以及发展养殖业；后期政府以出台配套政策为主，降低政府直接干预的力度，倡导发扬和传承奋斗的新村精神，推动农村走上内生增长的道路。

“新村运动”的中期即第二阶段，以发展农业生产和促进农民增收为主，主要完善农田水利、市场渠道等建设，发展养殖业和畜牧业，推广农业新技术和高产优质品种，创办村办企业发展非农产业，增加就业机会等。韩国的乡村产业发展主要借鉴了日本“六次产业化”的发展思路。主要采取了以下措施：第一，政府引导乡村创办农产品加工工厂，形成乡村工业园区，推动一二三产业融合，发展集农产品生产、加工、销售等为一体的现代农业经营模式；第二，以各地农村或农民作为改革的主体，整合当地的自然资源、人力资源、文化资源，推动产业的升级改造，优化农业发展的路径（年猛，2022）。

（二）模式经验

一是重视农民需求。充分发挥农民的主体作用和首创精神，激发农民内生动力，是实现乡村可持续发展的关键。“新村运动”从村民看得见、摸得着的环境整治入手，随后才逐渐转向“提升村民收入”和“振兴村民精神”，是一种“从外向内”的建设方式。运动中实施的工程大部分是村民迫切期待的，其参与愿意较为强烈，破解了“政府干、村民看”的被动局面。后期，具有强烈“官方主导性质”的乡村社会开发建设工程逐渐丧失了初期的活力，韩国政府结合实际情况，筛选出符合乡村实际的工程建设项目，采取“村民自主决定”“号召村民广泛参与”的办法，通过政府投入和村民自筹资金的模式有序推进乡村建设。实现了政府侧重政策、技术和资金支持，村民侧重劳动力等投入，让“ 新村运动”重焕生机（张会吉，2024）。

二是坚持分类指导。“新村运动”中，政府以村庄道路、居住环境、农田设施、社区生活和居民收入五个维度的定量指标作为依据，把3万多个村庄动态地划分为基础村、自助村和自立村三类，对不同类型的村庄确定针对性的发展项目，并运用奖勤罚懒的差异化激励机制，激发村民参与发展的积极性。

三是强调村庄能人的挖掘与培训。在“新村运动”的过程中，韩国基本每个村庄都推选了新村事业指导者，作为引领农村发展的指挥手。新村事业指导者需要围绕全村发展，选择性开发一些具体项目，并动员村民参与。韩国政府重视对新村领导人的培训和教育，采取定期组织研修，邀请专家讲学等方式，提升新村事业指导者的农业生产技能与领导能力。

三、荷兰高科技发展模式

（一）模式概况

荷兰地处欧洲西北部，国土面积仅41 526千米^2、约为中国重庆市的一半，是世界上人口密度最大的国家之一，属于温带海洋性气候，夏季平均气温16~17℃，冬季为2~3℃，平均年日照1 600小时，50%的国土海拔低于1米。荷兰人多地少、温度较低、光照不足、地势较低，农业生产条件较为局限。然而，荷兰在不利的农业生产条件基础上实现了农业的发展壮大，成为世界第二大农产品出口国，其花卉、蔬果出口量居世界第一；乳制品出口仅次于德国和新西兰，居世界第三；动植物油出口仅次于中国和印度，居世界第三；肉类出口排在美国、巴西和德国之后，居世界第四。从2020年开始，荷兰农产品出口额接连突破千亿美元大关，连续保持全球亚军地位（韩叙，2023）。

在荷兰国家发展战略*NL2040*中，再次明确农业和小城镇是荷兰未来发展的重心。荷兰的高科技农业，体现在通过运用先进的温室技术、水肥技术以及农艺技术，开展农作物的精耕细作，不断提高农作物的生产效率。荷兰现代农业发展的科技含量世界领先，在现代设施农业领域成为欧洲乃至全球高科技农业发展的典范，并形成了以高附加值温室作物和园艺作物为基础的完整农业生产体系（李江龙等，2024）。同时，荷兰依托小城镇促进了由农业驱动的城乡互动。荷兰的城市体系，以小城镇为主，人口约为 1 781 万，共分布在 390 个城镇中；其中，人口超过 20 万的城市只有 6 个，而人口低于 10 万的小城镇则有 361 个，人口占比约为 65%。荷兰发展小城镇是发展现代农业，联系城乡经济的关键纽带；小城镇是城与乡之间的要素流动中心、信息集散中心、休闲服务中心。

（二）模式经验

一是高度重视科技兴农。为了克服资源匮乏劣势，荷兰引入先进的科学技术，采用玻璃温室农业、生物防控技术、电子信息技术等先进的装备和技术发展农业生产。以花卉产业为例，在研发育种环节，每种花卉都设有专业的育种公司进行专门研发；在生产环节，采用现代化的温室栽培技术，利用电脑控制生产，播种、栽种、收获和包装的各个流程均采用机械化作业；在储存和销售环节，拥有专业的冷库储藏技术；在运输环节，荷兰发达的航空物流为花卉的流通提供了快速便捷的途径（廖菁和邹宝玲，2022）。

二是农业生产高度集约化专业化。荷兰农业采取专业化生产、多品种经营的发展模式，专业化体现在育种研究、育苗生产、种苗销售、设施配置、田间管理、销售、加工、储运与售卖等生产经营全过程。荷兰农业发展呈现出典型的集群成链式发展态势。通过大范围植入信息技术、智能机器人、温室节能测控、生物技术等，智控农业产业链过程，构建起“从农田到餐桌”的完整、高效的农业产业链。并在产业链基础上打造农业产业集群，形成从产品研发、生产组织、市场营销到仓储物流等高效完整的产业链网络，各个环节分工明确，形成高度相互依赖的共生企业群落。打造了不少经典模式，如集政策实施、技术研发普及、人才培养、教育投入、企业孵化等多功能于一体，建设全产业链覆盖的知识创新平台“食谷”；如政产学研用金等部门基于地域特色，以交通枢纽为依托共同打造贯通全产业链高度集中的空间集群“绿港”（汤成，2024）。

三是强调政府管理一体化。荷兰的农业行政机构具有强大的职能，其职责范围覆盖农业产业的各个环节，并延伸到资源循环和温室气体管理等方面。其施政理念为“自然包容”，倡导服务型管理，通过打破政府部门和产业相关领域间的互动屏障，与更多利益相关主体建立合作，横向上同基础设施与环境部、教育文化科学部、社会事务与就业部、经济事务和气候政策部等部门协同合作；纵向上建立政府、科研、企业、银行、社会组织等高度专业化分工的一体化联合体；通过各主体的相互协商、妥协，保持步调一致，以此推动规划、政策、产业动态协调。

四是以小城镇为核心推动城乡互动。自 1950 年至今，荷兰在国家空间规划层面，一直贯彻实施抑制城市蔓延与大力发展小城镇的战略，推动小镇合并为市镇（由 1 015 个降至 390 个），通过集约发展，为农业腾挪出更多的土地，便于开展规模化种植。同时荷兰推动城镇之间建立特定领域协作，形成小城镇协同发展集群，实现共同繁荣。

五是以小城镇为依托推动农业现代化。荷兰的小城镇是农业科技创新的重要基地，通过三螺旋机制（政府、企业、大学合作推动技术落地），小城镇成为农业科技应用的前沿，促进了农业科技的转化和应用。同时，小城镇是荷兰农业工业化和一体化的重要节点，依托小城镇，实现以农业为核心，把二三产业融合到产业链中，以城市和周边小城镇为中心的都市圈，成为从事现代农业生产、加工、销售的重要承载区，带动多领域的协同发展（华高莱斯，2023）。

四、德国数字农业模式

（一）模式概况

德国国土面积 35. 8 万千米^2，约有 50%的土地用于农业。尽管总人口约 8 300 万，但农业从业人口占全国总劳动人口的比重仅为 2%，农户不足 60 万户。然而，伴随着农业从业人员不断减少，德国农业生产效率却持续提高。据统计，1950 年德国 1 个农业生产者产出的农产品只能养活 10 人，到现在可以养活 150 人。这与德国发展数字农业、推动小规模农业转型为因地制宜和效率更高的数字化现代农业产业密不可分（袁威，2023）。

德国作为高度发达的工业化国家，基于“工业 4. 0”的理念，在现代农业领域通过推行“数字农业”解决方案，使其农业的生产效率得到大幅提升。德国数字化农业发展模式主要通过云计算、大数据、物联网等新一代信息技术的运用，实现了对天气、土壤、降水、温度、位置信息等田间数据的实时监测与数据的精准处理和分析，处理后的数据通过信息网络传输给智能农机并指挥其开展相应的精细化农田作业，从而实现了农作物的科学化种植（李江龙等，2024）。

德国一方面利用数字技术优化生产要素配置、降低农业投入成本、提高生产效率，并获得高质量的农业产出，保持农业产业竞争优势；另一方面，德国充分利用数字技术将农业生产、粮食安全等延伸到全产业链，整合并融入社会生活的全过程中。在保障农业产能和粮食安全的同时，实现生态环境、人类健康和社会经济的长期稳定可持续发展。

（二）模式经验

一是推进关键核心技术创新。德国依托农业科研机构，促进产学研合作，推动农业传感器、农用机器人、遥感卫星等所使用的前沿技术、核心技术、关键技术实现集中攻关。德国不断优化农业传感器及精准软件技术，持续探索数字农业模式。

二是完善机构职能和数字基础设施。德国不断调整数字农业发展政策和机制，强化农村通信网络基础设施建设及升级改造。德国从2018年开始强化对数字农业工作的重视，粮食和农业部将数字农业列为优先工作事项，发布《农业数字政策未来计划》，为进一步发展数字农业提供了体系化政策框架。

三是提供数字农业系统性解决方案。数字农业的高效化和便捷化程度，依赖于农业生产者的数字化意识、能力，也依赖于农业生产设施设备操作简便性和合理性。在教育培训方面，德国推出“数字战略2025”，提出到2025年，力争让每一名学生都具备信息科学、算法和编程等方面的基础知识，并将农业作为数字化教育的重要内容。此外，为农业生产者提供农业物联网、农业电商、农业大数据等方面的线上培训和技术指导。创新数字农业信息服务模式，为了方便农业生产者使用数字农业技术，不少公司都开发、提供了可视化交互的应用指导软件。

四是以农业现代化推动产业的“逆城市化”。德国出台法律，推动小规模农户退出后的土地流转集中、发展农业规模经营，提高农业生产率、推进农产品直销，推动完善乡村基础设施、提高乡村生活水平。通过完善产业基础设施和功能区布局规划，增强小城市和镇对大企业的吸引力，增加乡村就业机会，形成了产业和人口的“逆城市化”发展趋势，促进了城乡的均衡协调发展。

五、以色列精准农业模式

（一）模式概况

以色列位于西亚地区，其国土面积的67%为沙漠，耕地面积仅占国土面积的16%，适宜农业生产的土地偏少。半干旱性气候、降水少、淡水资源极度缺乏，农业资源及气候条件非常不利于农业生产。然而，在农业资源禀赋先天不足的背景下，以色列以5%的农业人口养活了700万的总人口，农产品自给率高达95%。主要农作物有小麦、玉米、棉花、柑橘、葡萄、蔬菜和花卉，其果蔬、花卉大量出口，占领了欧洲40%的市场份额，有“欧洲冬季厨房”之称。以色列棉花单产居世界第一，水果和蔬菜单产水平位居世界前列。截至2015年，以色列一个农民可以养活约400人，而在1995年和2000年，一个农民分别只能养活15人和90人。以色列还向60多个国家出口农产品、农资装备以及农业生产技术，是联合国粮农组织指定的向发展中国家推广技术的国家之一（洪宇等，2024）。

（二）模式经验

一是注重科技创新。以色列注重发展先进的节水灌溉技术，积极发展海水淡化技术、废水循环利用技术、雨水收集技术等水资源综合利用技术，不再依赖于天然湖泊的水源。以色列还实现了育种开发技术及水肥一体化技术的精确化。该国致力于分子育种和基因编辑技术研发，并培育了大批具有抗病虫害、耐盐碱和耐旱等特点的新品种，推动农作物抗逆性和产量的提升。以色列的水肥一体化技术，在节约水资源的情况下实现了高效的农业生产，该技术通过先进的传感器，精准监测土壤湿度和作物需水量，实现精准灌溉，同时将肥料和水一体化，提高肥料利用效率（洪宇等，2024）。

二是强大的农业科研、教育和推广体系。以色列实行由全国农业科技管理委员会统筹领导的科研组织管理模式，该委员会的成员包含农业部、农业研究机构、农业推广服务机构、农民组织代表，其职责为制定全国农业科技方针、科研主攻方向，及审查并批准全国农业科学技术方案等。以色列农业技术推广的成功离不开法律、资金、人才、教育四方面的支持保障。政府大力支持农业研究与开发，并出台了《鼓励产业研究与开发法》；以色列主要的农业技术推广经费来自财政拨款，每年高达数亿美元，农业技术推广经费占 GDP 的比例位居世界前列；人才方面，农业的发展得益于专家型的技术推广人员和优秀的劳动者；政府重视农业教育，地方农业技术推广中心经常举办农业技术培训班，提升农民的职业素养和掌握先进技术的能力。

三是高度集约化的生产组织。以色列 95%以上的土地为国家所有，农业生产经营形式主要采取基布兹和莫沙夫两种。基布兹又被称为集体农庄，是一种生产经营高度组织化的模式，其所使用的土地都属于国家，从国家租赁土地，集体统一组织和管理农业生产、劳动力、收支、文教、卫生、治安等。莫沙夫则是以家庭为基本生产单元的村庄，既是行政村又是合作社，使用的土地与基布兹一样向国家租赁，生产经营单位为农户，生产资料及收入均归农户所有，教育、医疗、文化、产品供销等统一由集体供应。基布兹和莫沙夫这两种农业生产组织形式占据了以色列农业资源和农业劳力的95%以上，再加上二者之间还存在多种形式的再联合、再合作，因而使得整个农业生产经营具备极高的组织化程度（李晓纬，2017）。

六、法国生态农业发展模式

（一）模式概况

法国地处欧洲西部，国土面积的2/3 是平原，气候适宜，土壤肥沃，为农业发展提供了得天独厚的条件。法国是农业生产大国，在欧盟排名第一，同时也是全球重要的农产品、食品出口国，多项农产品产量居欧盟首位或排在世界前列，如谷物、牛肉、糖、水果与蔬菜、鱼糜等产量居欧盟首位；奶与奶制品产量居欧盟第二位；禽肉产量居欧盟第三位；亚麻产量居世界第一位；葡萄酒产量居世界第二位；马铃薯和酿啤酒用大麦芽出口额居欧盟首位（海外科学传播中心，2023）。

法国是发展高标准生态农业的主要代表国家。生态农业是按照生态学原理和经济学原理，运用现代科学技术成果和现代管理手段，以及传统农业的有效经验建立起来的，能获得较高的经济效益、生态效益和社会效益的现代化高效农业。在20世纪三四十年代，受到欧洲整体农业生态化发展的影响和带动，法国开始大力发展生态农业。法国主要通过制定完善的法律制度、建立绿色生态标准体系、提供政府财政补贴以及开展相关技术培训等措施，将生态农业法律化、制度化、组织化，以不断强化生态农业的竞争优势（年猛，2022）。

（二）模式经验

一是构建完善的支持政策体系。法国1985年正式将生态农业写入法律，形成了一套完整的生态农业管理体系，设立了生态农业未来发展基金、生态农业专项补贴等专项配套资金。政府还通过提供补贴和收入损失补偿，激发农民向生态农业转型的动力。例如，农户在促进生态农业转型期间的税收抵免额度从之前的2 500欧元增至3 000欧元；农业部门设置500万欧元专项资金，对生态农业农场遭受污染的农民进行补偿（刘玲玲，2022）。在发展生态农业过程中，法国政府加快出台并落实新法规，确保相关法规条例符合欧洲法案的内容；通过一系列措施确保本国的生态农业转换符合欧洲农业的发展需要，如组织生态农业年度会议，制定并实施卫生和动植物检疫法规；要求认证机构提供统计数据，以满足生态农业信息系统的需要。

二是注重研究与创新。为应对全球面临的自然、社会挑战，如食物与营养安全、生态环境保护和气候变化以及农村贫困和农业人口外流等，法国越来越重视生态农业的发展，不断强化生态农业领域的研究与创新。2018年，法国提出生态农业优先研究计划，旨在研究构建有益于环境和人类健康的农业系统，并由法国未来投资计划提供3 000万欧元资金支持。2019年2月，法国发布了名为“不同的栽培和保护方式”的优先研究计划指导原则，提出了一个清晰的方案规划图，以便研究人员能够提出新的替代方法，用以保护植物。法国强调在作物栽培与土壤、杂草和害虫相互作用方面加强研究、加深认识，以实现利用更多的生物多样性工具，在植物、农业地块和整个农村环境层面上激发自然防御机制，建设高效可持续农业（张莉等，2019）。

三是加强从业人员培训。法国依托国家教育系统和数字化网络下的传播系统，对本国生态农业经营者和技术人员开展相关培训。法国对农民的培训重点在于向农户和农场主等生产主体传播农业生态学知识，以及传授新的农艺、畜牧业技术等，保证生态农业的理念、技术在基层能够传播和实施。一方面，通过各农业类院校及其他相关的农业技术培训机构等，提供种植业、林业、畜牧业等方面的专业培训，培训内容涵盖农业生产、景观开发、农业食品等各类生态学、农学知识与应用。另一方面，由法国农业、兽医和林业研究联合体利用网络平台提供开放的在线课程，对农业从业者开展生态农业培训（张莉等，2019）。法国政府还建立了农业商会和全国农业商会网络为农民提供服务，前者为向法国农民提供种植和养殖等技术服务的官方机构；后者加强对农民的咨询与培训（张莉等，2020）。

四是以生态农业引领乡村"复兴"。法国生态农业在多个方面对乡村经济发挥着积极影响，包括：从事生态农业的人员与传统农业相比，具有年轻化的特点，有效缓解了部分乡村地区老龄化的趋势；生态农业具有高附加值，能有效改善部分乡村的经济水平和从业农民的收入；由生态农业衍生出的一系列体验式的新产业新业态，如农场采摘、生态牧场参观、农产品就地销售等，有效地推动了乡村产业多元化发展。生态农业助推法国乡村从单一的农业生产承载空间转换为生产、居住、旅游、生态等多样化的功能空间，推动乡村功能的"复兴"。

第二节 国内乡村产业发展典型模式与经验

一、浙江"千万工程"

（一）模式概况

2024 年中央一号文件将"千村示范、万村整治"工程（简称"千万工程"）写入标题，指出要学习运用"千万工程"蕴含的发展理念、工作方法和推进机制，把全面推进乡村振兴作为新时代新征程"三农"工作的总抓手。"千万工程"是习近平总书记在浙江工作时亲自谋划、亲自部署、亲自推动的一项重大决策，从农村环境整治入手，由点及面、迭代升级，21 年持续努力造就了万千美丽乡村，造福了万千农民群众，创造了推进乡村全面振兴的成功经验和实践范例。截至 2022 年底，浙江全省 90%以上村庄达到新时代美丽乡村标准，创建美丽乡村示范县 70 个、示范乡镇 724 个、风景线 743 条、特色精品村 2 170 个、美丽庭院 300 多万户；完成 47 511 个农村生活污水处理设施标准化运维，建有 6.7 万座农村公厕，资源化利用率、无害化处理率、垃圾分类行政村覆盖面均达 100%（李鑫涛，2024）。

21 世纪初，随着浙江乡镇企业迅速发展，浙江乡村出现空心化、环境脏乱差等问题，影响到农民生活的幸福感，时任浙江省委书记的习近平同志于 2003 年亲自部署并推动实施了“千万工程”，从全省选择 1 万个左右的行政村进行全面整治，将其中 1 000 个左右的中心村建成全面小康示范村。“千万工程”启动之初由政府主导，以农村河流水域污染防治为重点，以厂矿和重度污染企业及产业治理为抓手，大力实施农村污染防治。在推进的过程中，统筹兼顾农房改造、农村基础设施建设。2011 年进入政府引导农户参与阶段，以《浙江省美丽乡村建设行动计划（2011—2015 年）》正式实施及《浙江省深化美丽乡村建设行动计划（2016—2020 年）》深入推进为标志。此阶段提出建设宜居、宜业、宜游美丽乡村，从村庄建设、产业定位、社会管理等方面着手，提升农村人居环境。2021 年“千万工程”进入农户主动参与阶段，印发《中共浙江省委浙江省人民政府关于高质量推进乡村振兴争创农业农村现代化先行省的意见》，提出高质量推进乡村振兴，全面促进农业高质高效、乡村宜居宜业、农民富裕富足，实现从农村环境改造到农村全面发展的提档升级。推动农村自然生态、文化旅游资源的全域联动激活，把资源优势转化为经济发展红利，把自然资源转化为农民增收资本，充分激发农民参与乡村治理的主动性和创造性。该阶段旨在改善生存环境的同时，推动乡村经济更好更快发展，促进农民致富，缩小城乡收入差距（王成军等，2024）。

（二）模式经验

一是坚持以农民为主体。“千万工程”以建设生态宜居的美丽乡村，让广大农民过上富裕幸福生活为出发点和落脚点，坚持尊重农民意愿，尊重农民主体地位和首创精神，让农民成为乡村发展、建设、治理的参与者和受益者。通过加强农村基础设施和公共文化服务建设，全面整治农村人居环境，从污水治理、垃圾处理、道路硬化、厕所改造等与农民生活密切相关的小事着手，显著改善农村群众生活条件，创设了“河小二”“池大爷”“塘大妈”等岗位，通过“幸福积分制”“垃圾分类积分制”等软约束形成激励，极大地调动了农民群众参与的主动性、积极性，充分发挥了农民群众在乡村治理中的主体作用。

二是以绿色发展为本底。“千万工程”合理开发利用农村的自然、生态、文化、产业等资源，在实施过程中始终坚持“绿水青山就是金山银山”的发展理念，持续将生态环境优势转化为生态农业、生态工业、生态旅游业等生态经济的优势，推动农村生态文明建设与文化、经济、社会建设有机融合发展。

三是赓续发扬传统农耕文化。“千万工程”注重保留原汁原味的乡愁乡韵，还注重对乡土文化进行活态传承。对农耕文化的经济、政治和文化价值进行了充分挖掘。在经济价值上，浙江省重视做好乡村产业的“土特产”文章，为特色农产品赋予历史文化内涵，实现产品使用功能与文化功能相融合，提升特色产业附加值。在政治价值上，浙江省在乡村建设中注重发挥新乡贤的作用，巧妙利用传统乡规民约中的德治、法治和自治成分，动员广大农民投身建设之中。在文化价值上，浙江省将传统道德观念同社会主义核心价值观相结合，以农耕文明作为乡村“铸魂”工程的重要素材，培育当地良好的社风、乡风、家风和民风，改变农村的精神面貌。

四是促进城乡融合发展。构建了“以工促农、以城带乡”新型城乡关系，以城乡统筹规划引领城乡一体化建设，推动城市基础设施和公共服务向农村延伸，不断缩小城乡差距。不断优化农业产业结构和区域布局，推进农业产业规模化、专业化和集群化发展，大力发展休闲农业、乡村电商和文化创意等新业态，促进产业融合发展，进而推动城乡融合、加快推进农业农村现代化发展。

二、贵州特色田园乡村·乡村振兴集成示范试点

（一）模式概况

2021 年 3 月，为深入推进贵州巩固拓展脱贫攻坚成果同乡村振兴有效衔接，贯彻落实习近平总书记考察贵州时提出的“在乡村振兴上开新局”重要指示精神，贵州立足本省实际，在全省范围内开展特色田园乡村·乡村振兴集成示范试点，总体目标是到 2025 年探索出一条西部地区推进农业农村现代化和乡村振兴的贵州路径。贵州印发了《贵州省特色田园乡村·乡村振兴集成示范试点建设方案》，确定了 50 个自然村寨（片区）为第一批省级特色田园乡村·乡村振兴集成示范试点村，用 3 年时间，以示范点为“小切口”“小环境”，打造特色产业、特色生态、特色文化，塑造田园风光、田园建筑、田园生活，建设美丽乡村、宜居乡村、活力乡村，展现产业兴、生态美、乡风好、治理优、百姓富的贵州特色田园乡村（佚名，2024a）。在试点村选择上，按照“区位适宜、规模适度、条件适中、组织坚强”的标准，从贵州乡村振兴引领示范县、重点推进县、夯实基础县中分别选择一定数量的县，采取自愿申报、分级审核、实地考察、竞争性确定的方式，综合确定试点地区和试点村。

（二）模式经验

一是坚持规划引领。编制集成示范试点村“多规合一”“一方案两规划”，规划围绕

优化生产、生活、生态空间，明确村庄定位，综合考虑近期与远期、整体与局部的关系，依托试点村自然禀赋，聚焦试点村产业、生态、文化，突出乡村美丽、宜居、活力。规划注重保留村庄特色风貌，充分尊重群众意愿，发挥村民主体作用。此外，政府为示范点配备驻村规划师，确保规划项目落实落地。

二是培育乡村特色产业。立足示范点资源禀赋和产业基础，引导每个示范点发展1~2个特色产业，选择效益好、竞争力强的主导产业，优化产业布局、发挥比较优势。培育涉农企业、合作社、家庭农场，推进补链延链，强化一二三产业融合，打造特色品牌，构建完善的特色产业链条，充分利用融入成渝双城经济圈和东西部协作机遇开拓产品销售市场，实现产业价值提升。

三是强化生态宜居建设。围绕村民最关心最直接的现实问题，大力开展农村人居环境整治行动，以改厨、改厕、改圈、环境整治为抓手，加快提升村容村貌。推动基础设施补短，实现示范点村村通客运班车，户户通硬化路，饮水安全得到巩固提升，新一轮农村电网升级改造全覆盖，4G网络全覆盖。提质升级公共服务，合理利用闲置房屋，建设农家书屋、儿童之家、农村互助幸福院、农民文体广场等，村民生活实现便利化。

四是凝聚发展合力。试点村坚持政府主导、村民主体、市场参与的组织模式，坚持“乡村振兴为群众而兴、乡村建设为群众而建”的发展理念，在基层党组织引领下，让村民全面参与到议事协调、产业发展、公益事业、乡村治理等事务中，确保试点建设符合农业发展、顺应农民意愿。探索“三分三动”机制（三分：群众分类、建设分步、责权分担；三动：党员带动、乡贤带动、能人带动），构建“政府补一点，群众出一点”的“以奖代补”激励机制，推动形成公共基础设施部分由政府投资建造，农房升级和庭院改造部分由政府补助、农民自筹建设。

三、河南漯河“三链同构”食品产业集群

（一）模式概况

食品产业是链接田间地头和市民餐桌的重要环节，是推动乡村产业振兴的重要抓手。河南省漯河市是“中国食品名城”“中国食品装备名城”“中国生态食材食品示范城市”，食品产业是漯河市的主导产业、优势产业、特色产业，总规模超2 000亿元，占河南省的1/5、全国的1/50。漯河市食品企业超7 000家，其中在漯河市设立生产基地的世界五百强企业21家、全国五百强企业32家。漯河市食品产业拥有18个大类、50多个系列、数千个品种，形成了以双汇等企业为代表的肉类加工产业集群，以卫龙、南街村等企业为代表的粮食深加工产业集群，以可口可乐、统一等企业为代表的饮料产业集群，以中大

恒源、高旗生物等企业为代表的果蔬加工产业集群，年产肉制品680万吨，日产休闲面制品3 500吨，其中麻辣面制品、肉制品、冷鲜肉单品产量均位居全国前列（张培奇等，2023）。漯河市探索形成“三链同构、农食融合”发展模式，强龙头、补链条、兴业态、树品牌，基本实现了食品工业原料基地化、产品系列化、销售网络化、产业集群化、配套体系化，以食品产业带动农产品生产、加工增值，提高农业特色产业质效，形成了质量高、效益好、结构优的乡村产业高质量发展路径。

（二）模式经验

一是围绕食品产业需求，打造原料供应基地。漯河市围绕食品企业原料需求，形成“龙头企业+标准化种养基地”模式，大力推动高标准农田建设，建设优质小麦、大豆、花生、辣椒等八大高效农产品生产基地。漯河市建成3个全国绿色食品原料（小麦）标准化生产基地，87个产品通过绿色食品认证，10个农产品入选全国名特优新农产品名录。基地农产品直接销往漯河市当地食品企业，持续提升农产品就地加工转化率。通过农产品生产基地的打造，有效提升了食品原料的产量和品质，吸引食品企业纷纷落户。

二是加强上下游合作，促进全链条发展。漯河市紧抓“粮头食尾”“农头工尾”，培育发展农业产业化联合体，促进一产往后延、二产两头连、三产走高端，打造链条完整的农业全产业链。以粮食产业为例，漯河市以食品工业需求为导向，推动面制品生产企业、面粉加工企业、粮食仓储企业、粮食专业合作社、农科院和育种专家等相关主体深度合作，形成专种专收专储专用和优粮优价联结模式。目前，漯河市已培育7个小麦产业化联合体和1个玉米产业化联合体，联合专业合作社和家庭农场82家、食品企业32家，联合体内种植户亩均增收100元以上。依托产业化联合体，采取“龙头企业+合作社+基地+农户”等模式，产业链各环节主体都能获得稳定的收益。

三是坚持“一群多链、聚链成群”。漯河市围绕食品及关联产业强链延链补链，提升产业韧性和安全水平。为形成食品产业生态，横向打通食品产业与装备制造、造纸、医药、盐化工、物流等产业的联结，聚力现代食品、新材料和先进制造3个市级产业集群11个产业链，大力推进创新型示范园区建设，串珠成链、聚链成群、组链成网（李连凡，2024）。

四是强化创新赋能，搭建科技成果转化平台。漯河市成立中原食品实验室，先后吸纳了12名院士，组建了23支科创团队，采用“企业下单、科学家接单”模式，已与16家企业签订技术合作协议，和31家企业共建了协同创新中心，为280多家食品企业提供技术服务。打造食品加工中试基地，新产品从实验室到企业生产车间，仅需不到1个月的时间。累计帮助各类企业搭建国家级、省级研发平台132家，食品企业每年研发新产品

300个以上；企业建设省级工程研究中心11个、博士后工作站5个、院士工作站1个。此外，漯河市大力推动河南食品科创园项目，加速构建“实验室+研究生院+孵化器+中试基地+产业基金+产业园区”的全链条科研转化体系（万川明，2024）。

四、陕西袁家村“村集体组织带动”模式

（一）模式概况

袁家村位于陕西省咸阳市礼泉县，入选第一批全国农村集体经济发展典型案例，先后被评为中国十大美丽乡村、中国十佳小康村、全国文明村镇、国家特色景观旅游名村、中国乡村旅游创客示范基地和国家4A级景区。袁家村以乡村旅游为突破口，搭建农民创业平台，推动产业发展和农民增收，探索出一条旅游助力乡村振兴的新道路，充分体现了农村集体经济组织在基层党组织领导下，积极盘活集体资产资源、引领集体成员实现共同发展的作用。2007年发展乡村旅游之初，袁家村有户籍人口62户共计286人，至2021年有1 300多人到袁家村投资开店，保障了3 000余人的稳定就业，乡村旅游综合年收入达10亿元，年均接待游客600万人次，农民人均纯收入达10万元（罗建章等，2024）。

袁家村于2007年7月全面启动“关中印象体验地”发展规划，在乡村旅游发展初期，主要围绕农家乐和作坊街进行建设。于2009年建成了小吃街，开业时经营商户达66家，逐渐成为袁家村吸引游客的支柱。2011年，袁家村响应“旅游兴县”“建设大唐旅游文化名县”的政策号召，为满足游客的夜间娱乐活动需求，建成酒吧一条街。2013年，袁家村与周边9个村合并组建袁家大社区，明确了“一村带九村”的发展思路，逐步形成了集原生态农业观光、关中农耕文化体验、农家休闲度假、康体娱乐和生态娱乐为一体的综合性休闲旅游示范区，实现了以第三产业带动第一、第二产业发展的转型。2015年，袁家村旅游产业进入快速发展期，逐步建成回民街、清真寺、祠堂街和书院街。同年，袁家村实施进城出省“走出去”战略，以农民合作社的形式在西安、宝鸡、咸阳等大中城市开设袁家村城市体验店。截至2022年底，袁家村共有工艺饰品店26家、股份合作社14家、酒吧茶馆17家、客栈酒店11家、康庄老街特色小吃82家、祠堂街小吃39家、回民街小吃46家和其他店铺3家，基本形成农家乐、作坊街、小吃街、祠堂东街、酒吧街、回民街、书院街和酒店住宿八大产业集群，先后成立了14家股份制合作社和8家“前店后厂”的实体子公司（李卓等，2024）。

（二）模式经验

一是坚持党支部引领。袁家村在发展乡村旅游的初期，并不具备资源禀赋优势，但在村领导班子的带领下，不断思考村庄发展转型的方向，最终决定将村庄原生文化、地区传统文化和现代都市文化引入袁家村，并确定了打造“关中印象体验地”的发展思路。同时，袁家村集体经济组织围绕一家一户小农办不了、办不好或办了不划算的重点领域，发挥了集体经营在生产服务上的优势。在村党支部的带领下组织动员村民参与村庄建设，确保村庄发展的民主化与科学性（李卓，2024）。此外，袁家村集体经济组织发挥社区内嵌威权作用，制定了股份合作社交叉入股、节制大户、食品卫生安全监督等系列规则，特别是制定并实施了系列调和家庭经营和集体经营潜在利益冲突的规则（周振，2023）。

二是聚焦“三变”改革。袁家村以乡村旅游为突破口，坚持把壮大村集体经济作为主线，实现资源变资产，资金变股金，村民变成股民，按股分红，充分激发了群众的内生动力和参与积极性。由村集体投入 2 000 万元，注册成立了袁家村旅游发展公司，按每股 20 万元，将公司股权量化分给全村 62 户群众，集体占股 38%，群众持股 62%。同时，引导农民进入创业平台，加入合作社，先后探索出了：基本股、混合股、交叉股、调节股、扶贫股 5 种股份制模式，实现村民共同参与，共享成果。

三是推动三产融合发展。袁家村以发展民俗旅游、农家乐、庭院经济为起点，逐渐发展壮大，推动了第三产业的快速发展，第三产业发展又反推“前店后厂”和加工企业的发展，加工业的发展壮大，促进了种养殖基地和订单农业的形成，带动了第一产业规模的不断扩大，最终形成了“三产带二产促一产”的发展状态。截至 2023 年 6 月，袁家村共有菜籽油、豆腐、醪糟、酸奶、醋等食品股份制加工企业 10 家，停车场、观光小火车、客运公司等服务企业 6 家，建成菜籽、玉米、大豆、甘薯、蔬菜等优质农产品和养殖基地 28 个（王友谊，2023）。

四是不断提升品牌价值。随着知名度的提升，袁家村调整发展战略，在礼泉县内部，提出了“一点促全域、一村带十村”发展战略，邀请周边 10 个村庄的村民进入袁家村经营小吃店和参与股份合作，共享袁家村发展红利；在县域外部，实施“进城出省”战略，“进城”指投资开办省内进城店，袁家村的投资者以合作社为载体联合起来对外投资进军西安高端商业综合体，村集体提留 20%的收益，“出省”指省外品牌输出项目，品牌输出涵盖乡村振兴项目的规划、设计、建设、招商、运营等，以轻资产运作方式撬动了当地政府和企业的重资产投资（罗建章等，2024）。

五、山东寿光“农产品标准化”模式

（一）模式概况

山东寿光市作为全国最大的蔬菜生产基地，蔬菜种植面积达 60 万亩（1 亩≈666.7 米^2，15 亩=1 公顷），年产值 110 亿元，年交易额 200 亿元，是全国乃至亚洲最大的蔬菜集散中心、价格形成中心；自主研发并获得植物新品种权保护的蔬菜品种达到 205 个；农村居民人均可支配收入达到 30 303 元，城乡居民收入优于全国、全省平均水平。近年来，寿光市围绕蔬菜产业高质量发展，紧抓“标准化”这一关键，充分发挥标准的基础性、战略性、引领性作用，创新“标准化+”工作机制，引领寿光蔬菜产业加速迈向千亿级，蔬菜产业带动能力持续升级。

（二）模式经验

一是推进标准研发。寿光市依托国家技术标准创新基地（蔬菜）、国家蔬菜标准化区域服务与推广平台等 27 项国家级、省级标准化试点示范项目，引进落户全国蔬菜标准化技术委员会、山东省农业标准化技术委员会、全国绿色食品科技成果转化试验站等权威科研院所，成立了专家委员会，奠定创新人才基础。寿光市围绕设施蔬菜种苗繁育、种质资源保护利用、蔬菜病虫害精准鉴定等关键技术难题，与企业开展深度合作，研制推广立体栽培、无土栽培等 30 多种新模式和大棚滴灌、臭氧抑菌等 300 多项国内外新技术，实现了“设施蔬菜药肥双减”等绿色标准化生产关键技术突破，累计授权专利 199 件、软件著作权 97 件。寿光市持续优化标准供给结构，融合专利形成技术标准，将专利技术嵌入标准应用，启动了 126 项国家、行业和地方标准研制，形成了 14 大类、182 个品类的蔬菜标准数据库，发布了从“一粒种子”到“一桌好菜”的 5 项全产业链行业标准。

二是做强全产业标准。在种业方面，寿光市组建了山东蔬菜种质资源技术标准创新中心，建成山东省最大的蔬菜种质资源库，收集种质资源 2.5 万份，自主研发蔬菜新品种 205 个，国产种子市场占有率由 2010 年的 54%提升到 70%以上，成为国家级蔬菜种业创新基础建设重要基地。在物流方面，寿光市有全国投资规模最大、功能最齐全、设施最完善的大型农产品综合批发物流园区，为了统筹解决市场交易难题，完善包装贮运标准规范，形成了“培训—指导—认定—服务”标准化物流模式，蔬菜年交易量 900 余万吨、交易额 100 亿元，辐射全国 20 多个省份，获评全国供应链创新与应用示范市。

三是加强标准推广。寿光市加强国际出口蔬菜标准比对分析，与韩国及中亚等国家和地区进行蔬菜质量标准化指标参数互认，引进欧盟等标准参数，每年出口欧美、日韩、俄罗斯等国家和地区蔬菜达 200 多万吨。寿光市成功注册“寿光蔬菜”地理标志集体商标，配套制定发布《“寿光蔬菜”区域公用品牌管理规范》、地理标志产品种植标准。已拥有蔬菜类商标 162 件，其中，地理标志证明商标 17 件，80%以上的园区蔬菜以品牌形式进入北京、上海等 20 多个地区（桑宏香，2024a）。寿光市突破区域界限，引导寿光市农业企业和人才走出去，建设设施蔬菜园区，推广种植管理技术，已在四川、江西、内蒙古等省（区）认定标准化基地 65 个，常年有 8 000 多位技术人员在全国各地建设大型蔬菜基地或指导蔬菜生产。寿光市还加强对外合作，已有 30 多家企业、合作社开展了农业领域的对外业务，覆盖日本、韩国、俄罗斯、印度、乌兹别克斯坦等 30 多个国家和地区，年交易额近 30 亿元（桑宏香，2024b）。

第三节　国内外乡村产业发展典型模式对西部地区的启示

西部地区包括 12 个省（区、市），总面积占全国约 72%，总人口占全国约 27%，面积广阔、人口密度相对较低，拥有丰富的自然资源和多样的生态环境，具有广阔的发展空间和强大的发展潜力。西部地区是我国粮食生产战略后备区、重要的畜产品产区、关键的生态安全屏障、促进民族团结的主阵地、传统农耕文明发源区，在维护我国生态安全、水安全、能源资源安全、国防边境安全等方面具有重要战略地位，在全国改革发展稳定大局中举足轻重。然而，受发展基础和自然地理条件等因素影响，西部地区发展不平衡、不充分问题依然严峻，巩固脱贫攻坚任务依然艰巨，与东部地区发展差距依然较大，生态环境脆弱，维护民族团结、社会稳定、国家安全任务依然繁重，仍然是我国全面建成小康社会、实现中国式现代化的薄弱环节。为进一步形成大保护、大开放、高质量发展新格局，提升区域整体实力和可持续发展能力，奋力谱写西部大开发新篇章，西部地区需要结合自身资源环境条件及发展基础，借鉴国内外发展乡村产业的成功经验，探索出具有西部地区特色的乡村产业发展路径。

日本、韩国、荷兰、以色列等国都存在与我国西部地区同样的农业资源禀赋稀缺等问题，均需兼顾生态环境保护和农业发展；浙江、贵州、河南漯河等地在发展过程中也面临着与西部地区相似的产业发展背景与困境，因此，国内外乡村产业发展经验可以为西部地区提供参考。纵观国内外典型乡村产业发展模式，可以发现乡村产业发展的关键在于探索适合本地的路径，共性的发展经验主要集中在以下几点：以农民为主体，重视农民需求；培育乡村特色产业，打造全产业链；注重研发创新，构建成果转化体系；强化政府职能，完善支持政策。西部地区可借鉴国内外典型乡村产业发展的共性经验，推动西部地区产业振兴，为实现全面振兴夯实基础。

（一）因地制宜选择产业发展模式

第一，发展规模化经营与精细化耕作并举。西部地区地域广阔，气候、资源禀赋、产业发展基础差异大，在产业发展中需根据实际情况推进规模化经营与精细化耕作，具体而言，有条件的地区通过土地流转促进农业经营的规模化，在人均耕地少的地区允许并引导小农户家庭经营的发展。

第二，推动环境保护与产业发展齐头并进。西部地区生态环境脆弱，水资源相对缺乏，要始终贯彻“绿水青山就是金山银山”的发展理念，合理开发利用农村的自然、生态、文化等资源，将生态资源优势转化为经济优势，实现经济增长和生态保护双赢。比如，可借鉴以色列精准农业模式，采用高效节水灌溉技术，提高水资源利用效率，对农作物进行精细化管理；借鉴法国生态农业模式，降低农业对区域生态环境的负面影响；有条件的地区，可借鉴荷兰、德国等发达国家的农业发展经验，试点高科技农业、数字农业。

（二）坚持农民主体原则

第一，以农民需求为出发点。国内外乡村产业发展实践表明，尊重农民主体地位是产业振兴的关键因素。在制定乡村产业发展政策及发展规划时，应以农民群众实际需要为出发点，广泛征求农民意见，在产业发展过程中给予农民自主实施空间，提升农民参与度，让农民成为乡村产业发展的参与者和受益者。

第二，加强对农民的教育和培训。发展乡村产业需要大量懂农业的人才，不仅需要具有农业种养殖管理经验的人才，也需要掌握运用现代农业装备、技术的人才，还需要拥有现代农产品加工、营销等专业知识的人才。一方面，需不断挖掘、培育致富能手、能工巧匠、返乡能人，发挥能人推动乡村产业发展的“头雁”作用。另一方面，通过农业技术推广部门、农业科研院所开展线下农业技术培训及线上网络教育等形式，持续培育高素质农民和农村实用人才，提升农民推进乡村产业高质量发展的综合能力。

第三，发挥乡村产业联农带农作用。培育家庭农场、农民合作社、农业企业、农业产业化联合体，夯实乡村产业联农带农的基础。坚持互利共赢的原则，完善新型农业经营主体与农户的联结模式和利益分配方式，鼓励采用“企业+基地+农户”“企业+集体经济+农户”“企业+合作社+农户”等模式，开展股份联结、订单联结、劳务联结等，形成紧密的利益联结机制。

（三）培育乡村特色产业

第一，做好“土特产”文章。深入借鉴日本“一村一品”发展模式，根据各地资源禀赋，充分挖掘农耕文化价值，开发具有地域特点、传承当地乡土文化的独具优势的产品，提升产业附加值。立足西部地区生态、文化的独特优势，促进农产品由价格竞争向差异化竞争转变，突出农产品特色化、优质化和功能化。

第二，推动产业链升级。学习借鉴河南漯河食品产业集群和山东寿光蔬菜产业标准化发展模式，围绕各地乡村主导产业发展实际与需求，推动农业生产，并进行纵向一体化延伸，补齐特色农产品加工、冷藏保鲜、品牌营销短板，构建产前产中产后紧密协调的产业链体系，实现一二三产业深度融合。规划布局特色农业产业带，在产业链发展基础上，推动产业化集群发展，打造区域品牌。

第三，发展乡村新产业新业态。在赓续发扬传统乡土文化和保护农村生态环境的基础上，促进一产“往后延”、二产“两头连”、三产“走高端”，开发乡村生态新价值、乡土产业新功能，培育乡村新产业新业态。推动“农业+”乡村产业发展，如“农业+加工流通”形成的中央厨房、直供直销、预制菜等新业态，“农业+教育”形成的教育农园、亲子体验、研学示范等新业态，“农业+旅游”形成的休闲农业、观光农业等新业态，“农业+康养”形成的康养农业新业态，“农业+多种元素”形成的田园综合体、农业主题公园等新业态。

（四）发挥农业科研创新的支撑作用

第一，注重研发创新。根据西部地区各省（区、市）资源条件、农业发展特点以及农业科技及装备薄弱环节、技术瓶颈加大研发力度，推动政府、科研院所、农业企业等主体高效合作，形成产学研用协同创新机制。推进关键核心技术和重要农业装备集中攻关，尤其关注农产品的上下游供应链、农产品加工等关键环节。加强现代生物技术、信息技术等在农业中的研发运用，推动乡村产业生态化、智能化、信息化转型。

第二，构建农业科技成果转化体系。搭建农业科技成果转化平台，让各个创新主体在平台上发挥更大作用，促进研发单位与企业协同合作、高效对接，使研发、生产与销售一体推进，缩短科技成果从实验室到田间地头的转化周期，提升转化效率。改造提升农业技术推广队伍，鼓励科技人才下乡助力，创新教育和推广模式，围绕主导产业发展需求，引进新品种新技术，培养本土人才。

（五）强化政府支持引导

第一，加强政策支持。构建完善的产业发展支持政策体系，为乡村产业的发展提供全面的人才、资金、土地、政策等要素保障。强化规划引领，制定乡村产业发展规划和实施方案。强化部门配合，建立政策、规划实施协调推进机制，落实落细各项任务。强化分类指导，可参考借鉴韩国“新村运动”经验，系统梳理乡村产业发展情况并对乡村进行分类，针对不同类型的乡村确定有针对性的发展政策、项目、路径，做到因地因村因业具体指导。

第二，强化资金投入。加强产业发展资金支持，强调政府引导、市场运作、社会参与，形成多元化投入格局。加强对基础设施建设的投入，推动高标准农田、水利、道路、通信网络等与乡村产业发展密切相关的基础设施建设及改造升级。

第三，重视党建引领。吸收陕西袁家村等地农村集体经济组织发展成功经验，在乡村基层，通过党支部引领，统筹整合各类涉农政策、资金、项目、人才等，聚集产业发展资源。村集体、村干部带头，做给群众看、带着群众干，充分凝聚各类主体的合力，努力提高农民的组织能力、治理能力，激发农民内生动力。

第三章

乡村振兴背景下西部地区乡村产业发展环境分析

第一节　西部地区乡村产业发展成效与机遇

一、西部地区乡村产业发展成效

（一）西部地区农业重要性日益凸显

西部地区耕地面积 4 815. 38 万公顷，占全国的 37. 66%。农林牧渔业总产值由 2013 年的 25 580. 4 亿元增长至 2022 年的 47 142. 05 亿元，增长了约 1 倍，且增速高于全国平均水平，农林牧渔业总产值占全国的比重由 27. 45%增至 32. 15%，上升了 4. 70 个百分点。农作物总播种面积为 5 803. 88 万公顷，占全国的 34. 14%，较 10 年前增长了 8. 71%，比全国平均增速高近 5 个百分点。有效灌溉面积快速上升，从 2013 年的 18 611. 66 万公顷增至 2022 年的 22 927. 71 万公顷，增幅 23. 19%，远高于全国平均 10. 85%的增幅。农业机械总动力增长较快，由 2013 年的 26 043. 55 万千瓦增长至 2022 年的 30 486. 64 万千瓦，增长了 17. 06%，比同期全国增速高 11 个百分点。

一是粮食生产占有重要地位。2022 年西部地区粮食播种面积达到 3 463. 05 万公顷，占全国粮食播种面积的 29. 27%，较 2013 年增加 1. 16%。其中，稻谷播种面积 590. 72 万公顷，占全国稻谷播种面积的 20. 06%；小麦播种面积 444. 56 万公顷，占全国小麦播种面积的 18. 90%；玉米播种面积 1 345. 47 万公顷，占全国玉米播种面积的 31. 24%；豆类播种面积 374. 33 万公顷，占全国豆类播种面积的 31. 51%；薯类播种面积 504. 85 万公顷，占全国薯类播种面积的 70. 26%。2013—2022 年，西部地区粮食产量从 16 373. 48 万吨上升到 17 916. 59 万吨，增长了 9. 42%，占全国总产量的 26. 10%。其中，稻谷产量从 4 294. 56 万吨下降到 4 059. 04 万吨，下降了 5. 48%；小麦产量从 1 983. 27 万吨下降到 1 934. 71 万吨，下降了 2. 45%；玉米产量从 7 344. 32 万吨上升到 8 663. 14 万吨，增长了 17. 96%，较全国平均增幅高 6. 39%；豆类产量从 532. 25 万吨上升到 728. 55 万吨，上升了 36. 88%；薯类产量从 1 804. 39 万吨上升到 1 924. 74 万吨，增长了 6. 67%（表 3-1）。从粮食播种面积和产量看，西部地区在全国粮食安全格局中具有不可替代的作用，是维护保障区域粮食供给和稳定全局粮食安全的重要组成部分。

二是油料生产快速发展。2022 年西部地区油料播种面积 472. 86 万公顷，较 2013 年下降 1. 46%，占全国油料播种面积的 35. 98%。其中，花生播种面积 75. 36 万公顷，占全国油料播种面积的 16. 09%，较 2013 年增长了 16. 20%，较全国平均增幅高约 10 个百分点；油菜籽播种面积 322.18 万公顷，占全国油菜籽播种面积的 44.42%，较 2013 年增长 4.96%，增幅比全国平均水平高 4 个百分点。油料产量 1 115.17 万吨，占全国油料产量的 30.52%。其中，花生产量 215 万吨，占全国花生产量的 11.73%；油菜籽产量 714.83 万吨，占全国油菜籽产量的 46.02%，较 2013 年增长了 22.41%，比全国平均增幅高 9 个百分点（表 3-2）。西部地区油料的播种面积及产量发展迅速，尤其是油菜籽产业在全国的地位越来越突出。

表 3-1　2022 年西部地区粮食产量及占全国总产量比重情况　单位：万吨（%）

地区	粮食	稻谷	小麦	玉米	豆类	薯类
内蒙古	3 900.63（5.68）	90.21（0.43）	126.39（0.92）	3 098.36（11.18）	259.71（11.05）	111.81（3.76）
广西	1 393.15（2.03）	1 028.07（4.93）	0.79（0.01）	280.4（1.01）	27.25（1.16）	53.74（1.80）
重庆	1 072.84（1.56）	485.24（2.33）	6.28（0.05）	256.37（0.92）	43.45（1.85）	273（9.17）
四川	3 510.55（5.11）	1 462.28（7.01）	249.71（1.81）	1 046.22（3.77）	145.39（6.18）	550.4（18.49）
贵州	1 114.64（1.62）	395（1.89）	28.86（0.21）	299.79（1.08）	45.14（1.92）	293.95（9.87）
云南	1 957.96（2.85）	464.67（2.23）	59.51（0.43）	1 026.17（3.70）	109.83（4.67）	234.58（7.88）
西藏	107.34（0.16）	0.48（0.00）	18.85（0.14）	2.83（0.01）	1.32（0.06）	0.37（0.01）
陕西	1 297.89（1.89）	73.33（0.35）	429.78（3.12）	616.81（2.23）	37.11（1.58）	104.41（3.51）
甘肃	1 264.99（1.84）	1.5（0.01）	296.87（2.16）	664.22（2.40）	37.5（1.60）	222.64（7.48）
青海	107.27（0.16）	0	36.91（0.27）	14.83（0.05）	3.48（0.15）	27.59（0.93）
宁夏	375.83（0.55）	23.66（0.11）	27.27（0.20）	276.63（1.00）	3.89（0.17）	32.59（1.09）
新疆	1 813.5（2.64）	34.6（0.17）	653.49（4.74）	1 080.51（3.90）	14.48（0.62）	19.66（0.66）
西部地区	17 916.59（26.10）	4 059.04（19.47）	1 934.71（14.05）	8 663.14（31.25）	728.55（30.99）	1 924.74（64.65）

数据来源：《中国统计年鉴 2023》

表 3-2　2022 年西部地区油料产量及占全国总产量比重情况　单位：万吨（%）

地区	油料	花生	油菜籽
内蒙古	169.98（4.65）	13.64（0.74）	36.97（2.38）
广西	76.48（2.09）	71.68（3.91）	3.58（0.23）
重庆	70.85（1.94）	14.42（0.79）	54.73（3.52）
四川	433.81（11.87）	78.53（4.28）	354.14（22.80）
贵州	105.57（2.89）	9.77（0.53）	94.73（6.10）
云南	63.48（1.74）	8.51（0.46）	53.88（3.47）
西藏	4.68（0.13）	0.01（0.00）	4.67（0.30）
陕西	56.34（1.54）	11.69（0.64）	35.92（2.31）

（续表）

地区	油料	花生	油菜籽
甘肃	61.32（1.68）	0.14（0.01）	36.53（2.35）
青海	30.89（0.85）	0	30.76（1.98）
宁夏	4.54（0.12）	0	0.44（0.03）
新疆	37.23（1.02）	6.61（0.36）	8.48（0.55）
西部地区	1 115.17（30.52）	215（11.73）	714.83（46.02）

数据来源：《中国统计年鉴2023》

（二）西部特色产业发展持续助力脱贫增收

经过八年脱贫攻坚接续奋斗，我国农村贫困人口全部脱贫，绝对贫困得以消除，2013—2020年，西部地区568个贫困县全部摘帽，农村贫困人口累计减少5 086万人，减贫人口占全国减贫人口的51.4%，年均减少636万人。发展特色产业作为贫困地区脱贫攻坚的根本出路，对西部地区如期全面完成脱贫攻坚任务作出了巨大贡献，也为进一步促进脱贫人口持续增收打下了坚实的基础。

一是西部地区水果产业发展优势不断凸显。2022年，西部地区果园面积694.14万公顷，占全国的53.36%，且较2013年增长了40.32%，增幅较全国高23个百分点。其中，苹果园面积117万公顷，占全国苹果园面积的59.82%，面积较2013年增长了17.67%；柑橘园面积146.17万公顷，占全国柑橘园面积的48.79%，面积较2013年增长了84.69%；梨园35.57万公顷，占全国梨园面积的38.88%，面积较2013年下降了3.37%；葡萄园面积36.82万公顷，占全国葡萄园面积的52.21%，面积较2013年增长了9.89%。2022年西部地区水果产量12 696.19万吨，占全国水果产量的40.57%，产量较2013年增长了79.94%，增幅较全国高42个百分点。其中，苹果产量2 252.45万吨，占全国苹果产量的47.35%，较2013年增长了69.86%；柑橘产量3 145.36万吨，占全国柑橘产量的52.39%，较2013年增长了191.10%；梨产量617.61万吨，占全国梨产量的32.06%，较2013年增长了40.50%；葡萄产量740.1万吨，占全国葡萄产量的48.13%，较2013年增长了50.57%（表3-3）。

二是西部地区茶产业发展迅速。西部地区2022年实有茶园面积174.66万公顷，占全国茶园面积的51.48%，较2013年增长46.68%；茶叶产量145.59万吨，占全国茶叶产量的43.56%，较2013年增长96.93%，茶叶种植面积和产量增幅均高于全国平均水平。

三是西部地区畜牧业稳定增长。2022年西部地区肉类产量2 978.42万吨，占全国肉类产量的31.93%，较2013年增长16.74%，增幅较全国高近9个百分点。其中，猪肉产量 1 779. 89 万吨，占全国猪肉产量的 32. 12%，较 2013 年增长 9. 26%，增幅较全国高 10 个百分点；牛肉产量 340. 97 万吨，占全国牛肉产量的 47. 47%，较 2013 年增长 37. 40%，增幅较全国高 20 个百分点；羊肉产量 312. 68 万吨，占全国羊肉产量的 59. 61%，较 2013 年增长 31. 08%，增幅较全国高 3 个百分点；禽蛋产量 534. 02 万吨，占全国禽蛋产量的 15. 45%，较 2013 年增长 29. 93%，增幅较全国高 11 个百分点（表 3-4）。

表 3-3　2022 年西部地区水果、茶叶产量及占全国总产量比重情况　单位：万吨（%）

地区	水果	苹果	柑橘	梨	葡萄	茶叶
内蒙古	175. 54（0. 56）	32. 14（0. 68）	0	8. 43（0. 44）	4. 58（0. 30）	0
广西	3 402. 46（10. 87）	0	1 808. 04（30. 11）	50. 78（2. 64）	72（4. 68）	10. 77（3. 22）
重庆	593. 28（1. 90）	0. 58（0. 01）	363. 56（6. 06）	33. 8（1. 75）	13. 25（0. 86）	5. 3（1. 59）
四川	1 380. 5（4. 41）	90. 75（1. 91）	563. 21（9. 38）	98. 89（5. 13）	54. 21（3. 53）	39. 28（11. 75）
贵州	698. 87（2. 23）	31. 54（0. 66）	107. 02（1. 78）	53. 3（2. 77）	41. 14（2. 68）	26. 62（7. 97）
云南	1 289. 05（4. 12）	71. 65（1. 51）	247. 74（4. 13）	84. 56（4. 39）	101. 32（6. 59）	53. 39（15. 98）
西藏	3. 14（0. 01）	0. 73（0. 02）	0. 07（0. 00）	0. 17（0. 01）	0. 41（0. 03）	0. 01（0. 00）
陕西	2 240. 78（7. 16）	1 302. 71（27. 38）	55. 46（0. 92）	108. 07（5. 61）	89. 08（5. 79）	10. 04（3. 00）
甘肃	965. 46（3. 08）	475. 88（10. 00）	0. 26（0. 00）	26. 28（1. 36）	26. 74（1. 74）	0. 18（0. 05）
青海	2. 77（0. 01）	0. 46（0. 01）	0	0. 48（0. 02）	0. 02（0. 00）	0
宁夏	271. 73（0. 87）	32. 15（0. 68）	0	1. 48（0. 08）	20. 87（1. 36）	0
新疆	1 672. 61（5. 34）	213. 86（4. 50）	0	151. 37（7. 86）	316. 48（20. 58）	0
西部地区	12 696. 19（40. 57）	2 252. 45（47. 35）	3 145. 36（52. 39）	617. 61（32. 06）	740. 1（48. 13）	145. 59（43. 56）

数据来源：《中国统计年鉴 2023》

表 3-4　2022 年西部地区肉类产量及占全国总产量比重情况　单位：万吨（%）

地区	肉类	猪肉	牛肉	羊肉	禽蛋
内蒙古	284. 05（3. 04）	73. 66（1. 33）	71. 87（10. 01）	110. 25（21. 02）	62. 59（1. 81）
广西	454. 94（4. 88）	262. 65（4. 74）	14. 94（2. 08）	4. 31（0. 82）	29. 32（0. 85）
重庆	205. 27（2. 20）	149. 96（2. 71）	7. 95（1. 11）	6. 89（1. 31）	50. 5（1. 46）
四川	685. 72（7. 35）	478（8. 63）	38. 58（5. 37）	27. 43（5. 23）	175. 5（5. 08）
贵州	241. 03（2. 58）	178. 85（3. 23）	22. 84（3. 18）	4. 68（0. 89）	33. 57（0. 97）
云南	521. 6（5. 59）	393. 17（7. 10）	43. 61（6. 07）	21. 72（4. 14）	43. 28（1. 25）
西藏	28. 63（0. 31）	1. 79（0. 03）	21. 35（2. 97）	5. 1（0. 97）	1. 09（0. 03）
陕西	132. 09（1. 42）	101. 56（1. 83）	8. 93（1. 24）	10. 2（1. 94）	63. 62（1. 84）

（续表）

地区	肉类	猪肉	牛肉	羊肉	禽蛋
甘肃	142.65（1.53）	67.91（1.23）	27.18（3.78）	36.52（6.96）	21.63（0.63）
青海	40.98（0.44）	6.3（0.11）	21.88（3.05）	12.38（2.36）	1.49（0.04）
宁夏	36.77（0.39）	9.03（0.16）	12.47（1.74）	12.48（2.38）	13.21（0.38）
新疆	204.69（2.19）	57.01（1.03）	49.37（6.87）	60.72（11.58）	38.22（1.11）
西部地区	2 978.42（31.93）	1 779.89（32.12）	340.97（47.47）	312.68（59.61）	534.02（15.45）

数据来源：《中国统计年鉴 2023》

（三）现代化产业体系构筑日趋完善

一是乡村产业链逐步健全。西部地区立足特色资源发展乡村特色产业，推动茶叶、中药材、花卉、食用菌、畜牧、乡村旅游等特色经济快速发展，通过产业集群建设、现代农业产业园建设、地方公用品牌培育等提质升级，逐步建立起包含品种研发、标准化种养、精深加工、仓储物流、金融服务等全产业链条体系，比如秦巴山区的茶叶、六盘山区的枸杞、黄土高原的苹果等一系列西部地区优质“土特产”，走向了全国，走出了国门。

二是乡村产业新功能新业态日益拓展。在特色产业的发展过程中，西部地区以农业为基础和依托，借助产业渗透、产业交叉和产业重组方式，推进农业与旅游、教育、文化、康养等产业深度融合，大力开发乡土产业新功能、乡村生态新价值，发展生态观光、教育体验、休闲度假等，促进乡村一二三产业深度融合发展。例如，四川省都江堰市培育田园文创、农耕体验、乡村民宿，打造七里诗乡等沉浸式、体验式消费场景，拥有“三江里弄文创产业带”“花蕊故里文化体验带”等乡村休闲新地标。重庆市酉阳土家族苗族自治县花田乡何家岩村盘活闲置资源，将乡宿、乡游、乡娱等业态嵌入农户，建设农家餐厅、高端民宿、无人便利店、咖啡厅等，打造复合型乡村新业态（佚名，2024b）。

二、西部地区乡村产业发展机遇

西部地区乡村产业发展，要用好用足国家西部大开发战略、“一带一路”倡议等国家战略部署，抓住现代信息技术等新技术、农旅融合等新业态发展带来的新机遇。

一是西部地区的重要战略地位为乡村产业发展带来重大政策机遇。西部地区作为国家战略腹地和关键产业备份区，在西部大开发战略、长江经济带、黄河流域生态保护和高质量发展等战略推动下，凭借地理区位、资源优势和产业基础，成为承接东部产业转移的关键区域。东部的资金、技术及劳动密集型产业向西转移，为西部带来了资金、技术和就业机会，推动区域协调发展。同时，西部地区曾是脱贫攻坚战的主战场，国家进一步巩固拓展脱贫攻坚成果、接续推动脱贫地区发展和乡村全面振兴的一系列政策，为西部地区乡村提供了财政、金融、项目、人才等支持，为西部地区乡村产业发展提供了有力保障。

二是基础设施、物流通道建设为西部乡村产业发展创造了更多市场机会。西部大开发战略的深入实施、“一带一路”的持续快速推进，西部地区在国家对外开放格局中地位更加凸显，同时，随着西部陆海新通道上升为国家战略，将建成经济、高效、便捷、绿色、安全的西部陆海新通道。现代化交通运输业的发展为西部农产品打破交通成本的束缚，缩短与市场间的距离，为提升农产品物流效率提供了基础保障条件。

三是我国构建的全国统一大市场为西部乡村产业更好融入国内国际双循环提供了便利。全国统一大市场的建设是促进国内循环有效落地的一种手段，能够部分调节市场波动，有效打通农业流通体系的“最后一公里”。有助于打通制约农村发展与经济循环的关键堵点，以更大市场活力凝聚更大发展合力；能够以标准化、一体化的市场手段盘活农村闲置的资源要素，拓展乡村产业；最大限度地提升农业商品价值，助力实现乡村整体提档升级。西部地区需要明确自身在统一大市场中的分工和定位，使乡村产业发展主动积极融入全国统一大市场的建设中。

四是新业态、新模式和新技术为西部乡村产业发展带来新动能。新一轮产业革命和技术革命方兴未艾，生物技术、人工智能在农业中广泛应用，5G、云计算、物联网、区块链等与农业交互联动，互联网+农业、智慧农业、电子商务等新模式不断涌现，促进了西部地区农牧业全产业链和价值链的转型升级，为西部地区乡村产业实现跨越式发展和弯道超车提供了可能。同时，随着乡村新产业新业态不断发展，通过充分利用乡村多元资源要素，创新打破传统产业边界和业态模式，进一步延伸产业链条、推进融合发展，助推西部地区实现乡村产业高质量发展。

第二节　西部地区乡村产业发展面临的问题与挑战

一、自然资源条件约束

西部地区地域广阔，地形复杂多样，气候条件恶劣、自然灾害频发、生态环境敏感脆弱，是我国水土流失、土地石漠化荒漠化最严重的地区。一是地形、气候复杂多样。西部地区处于我国大地貌格局中的第一和第二级梯上，地势高，地理单元组成复杂，地形以高原、山地为主，平原偏少，复杂的地理环境使得西部地区交通不便，农业生产难度大、效率低。西部地区涵盖了多种气候类型，主要包括温带大陆性气候、高原山地气候以及部分亚热带和热带气候区域，存在暴雨洪涝、干旱高温、寒潮、风沙等多种气象灾害，增加了农业生产的成本和风险，2022 年西部地区受灾面积 543.51 万公顷，占全国总受灾面积的 45.02%，成灾面积 226.21 万公顷，占全国成灾面积的 51.73%。二是耕地资源有限。西部地区拥有巨大的土地资源，但能够满足人类直接生存发展要求的有效土地资源并不丰富，人均耕地只有全国平均水平的 1.39 倍，重庆、四川、广西、陕西等省份人均耕地还低于全国平均水平。西部地区虽然耕地总量占全国总量的 37.66%，但耕地多属于旱地，耕地等级及质量多数偏低，其中西北地区耕地基本为旱地，西南地区则耕地资源不足，重庆、四川、广西人均耕地不到 1 亩，且多数为坡地。三是水资源时空不均、结构性短缺。西部地区为我国主要大江大河的发源地和中上游，水资源占有一定优势，拥有量占全国总量的 46.6%，但其中的 83.4%分布在西南地区。西北地区水资源拥有量仅占全国的 7.9%和西部地区的 17.6%，相当一部分地区处在干旱区内。西南地区由于降水相对集中，是我国比较典型的干旱与洪涝灾害并发地区，同时由于山地众多，水资源利用难度大，从而在时空上存在着结构性短缺的特征。

二、市场区位不利

一是区位劣势。西部地区处于我国内陆，自身市场容量有限且与主要消费区距离较远，加上基础设施不完善，使得农产品运输成本和交易成本较高、时效较长，加大了西部地区农产品特别是生鲜农产品销售的难度。二是市场化程度相对较低。西部地区国有经济比重大，非国有、特别是非公有制经济所占比重较小，民营经济发展慢，市场主体不活跃。同时，受制于地理区位、开放理念、制度约束等诸多因素的限制，西部地区的营商环境与东部沿海地区有较大差距，存在开放程度低、行政效率较低、审批事项过多、服务水平较弱等问题，直接或间接制约着乡村产业的发展。

三、基础设施薄弱

在西部大开发战略和脱贫攻坚的实施过程中，通过中央政府的转移支付和补贴政策，建成青藏铁路、西气东输、西电东输等标志性工程，西部地区的基础设施条件得到大幅度改善，但与东部和中部地区相比，仍存在较大差距，薄弱的基础设施制约了西部地区乡村产业发展的速度和规模。一是路网密度小、连通性差，缺乏大规模、高效率的对外通道。2022 年西部地区的铁路营业里程为 6.3 万千米，占全国的 40.70%，但鉴于西部地区地域面积广，单位面积的铁路营业里程仅为 91.67 千米/万千米^2，远低于全国的平均水平（160.59千米/万千米^2）。西部地区公路里程为231.86万千米，占全国公路总里程的43.30%，单位面积公路里程仅为3 373.65千米/万千米^2，同样远低于全国平均水平（5 555.17千米/万千米^2）。二是信息化基础设施落后，限制了乡村产业的数字化转型。西部地区的邮政营业网点数量仅占全国总数量的27.88%，单位面积农村快递投递路线及单位面积邮路总长度均低于全国平均水平；西部地区单位面积光缆线路长度为29 373.27千米/万千米^2，远低于全国平均水平（61 807.13千米/万千米^2）。三是农田基础设施建设薄弱，制约了农业生产效率。西部地区2022年有效灌溉面积为2 292.77万公顷，仅占耕地面积的48%，低于全国的耕地灌溉面积占比（55%），更远低于东部地区和中部地区有效灌溉面积占耕地面积的比例（东部、中部耕地灌溉面积占比分别为81%、71%）。同时，西部地区已建设的高标准农田规模较小，且因工程设施老化等问题，有半数以上高标准农田需要改造（陈正等，2023）。

四、巩固拓展脱贫攻坚成果任务重

西部地区是脱贫攻坚阶段最具“代表性”的贫困区域，贫困人口基数大、在贫时间长、贫困程度深、脱贫边际成本高，是中国打赢脱贫攻坚战、全面消除绝对贫困的主要发力点（汪三贵等，2022）。在西部地区实现全面脱贫目标后，仍然存在大量农村低收入人口，进入巩固拓展脱贫攻坚成果同乡村振兴有效衔接阶段，持续提升西部地区农村居民收入依然是工作的重中之重。2022年，西部地区城镇居民人均可支配收入42 008元、农村居民人均可支配收入16 452元，西部地区农村居民人均可支配收入较全国低18.28%，西部地区城乡收入比为2.55∶1，而全国、东部地区及中部地区的城乡收入比分别为2.45∶1、2.13∶1、2.26∶1，由此可见，西部地区农村居民收入水平仍处于全国最低，城乡收入差距依然较大，西部地区提升农村居民收入水平及缩小城乡差距任重道远。

五、城乡要素流动不畅

畅通城乡要素流动，解决好“人、地、钱”问题，对乡村产业发展至关重要，当前，我国城乡二元结构的矛盾仍然较为突出，相比东部地区，西部地区城乡发展不平衡、农村发展不充分、城乡之间生产要素流动不畅等问题依然存在。西部地区城乡之间的人才、土地、资金、技术等要素流动仍面临诸多障碍，一是劳动力双向流动存在制度障碍。城乡户籍制度、土地制度限制了劳动力的自由流动，呈现乡村向城市单向流动的局面，而进城农村劳动力还未能充分平等地享有城镇基本公共服务，真正融入城市生活的难度较高；人才下乡激励机制尚不健全，城市下乡人口权益未能得到充分保障，致使乡村振兴对高层次人才的需求未能得到有效满足。二是土地要素的流动性不足。进城农民承包权的退出机制尚不健全，农村集体产权开放性不够使得乡村闲置的耕地及宅基地利用效率不高。土地市场化难以推进，农村宅基地、农村集体经营性土地难以入市，土地要素未能在城乡间形成高效流转的局面。三是资金有效供给不足。乡村金融市场发育不完善、融资渠道有限，同时，长期形成的城乡壁垒导致社会资本在向农村流动的过程中需要承担更高的成本及风险，通常难以在农村地区获得预期收益，导致资金难以有效投入乡村。此外，县域是城乡融合发展的关键枢纽，承担着连接城市、服务乡村、形成城乡要素流动渠道、构建城乡产业协调互补发展格局的重要责任，然而，当前在西部地区的县域范围内，县城与农村的联系薄弱，县城带动作用不强，促进城乡要素流动的功能仍有待强化。

第三节　西部地区乡村产业发展群众基础与政策条件

一、西部地区乡村产业发展群众基础

1. 内生动力持续培育，农户参与积极性提高

人是社会实践的主体，人的主观能动性是解决各种难题的根本动力。内生发展强调以我为主，注重自下而上的参与，进而生发出自力更生的发展能力。推动乡村产业振兴不能过度依赖行政资源，需要强化农民的主体作用，增强农村地区与农民群众的内生发展动力。在我国一系列政策的推动下，西部地区乡村产业得到了快速发展，通过发展特色农业、农产品加工业、乡村旅游业等产业，创造大量的就业岗位，吸纳农村剩余劳动力，拓宽了农民增收渠道，提高了农户的生活水平。比如，在脱贫攻坚阶段，中央坚持“扶贫必先扶志”，不断激发贫困地区和贫困群众的内生动力，获得了显著成效。广大干部进村入户宣传脱贫攻坚政策和精神，依托产业扶贫、就业扶贫、技能培训等“造血式”扶贫举措，助力贫困群众发展了特色产业、稳定了就业岗位、增强了就业技能，在提高了收入的同时，激发了群众的发展动力，摆脱了“等靠要”的不良思想。

2. 教育培训成效显著，农户发展能力增强

教育、技能培训是农民参与乡村产业发展能力的核心，西部地区通过基础教育、职业教育和技能培训为农民群众提供更多学习的选择权和主动权，不断赋能农民人力资本积累和内生动力提升，充分激发了农民群体的潜力与动力。

在教育方面，西部大开发战略实施以来，通过实施西部地区“两基”攻坚计划、深化农村义务教育经费保障机制改革、农村教师特岗计划等重大举措，西部地区基础教育取得了跨越式发展和历史性成就。1999—2022 年，西部地区教育总投入从 1999 年的 693.15 亿元增加至 2022 年的 8 724.02 亿元；“十四五”教育强国推进工程中央预算内投资中，分配给中西部地区的比例超过 93%。学历为本科及以上的小学专任教师占西部小学专任教师总数的比例从 2003 年的 1.93%上升为 2022 年的 68.62%。西部地区普通高中在校生人数由 1999 年的 243.73 万人增加到 2022 年的 793.59 万人。同时，普职结构更加均衡，2000—2022 年，西部地区高中阶段中等职业学校（机构）在校生人数占比从 21.68%提高到 33.98%（赵丹和王怀锋，2024）。

在培训方面，开展高素质农民培育，面向家庭农场经营者、农民合作社带头人和种养大户等重点群体开展全产业链培训；实施乡村产业振兴带头人培育“头雁”项目，将新型农业经营主体带头人培育为乡村产业振兴“领头雁”，切实发挥其引领带动作用；不断完善职业学校面向社会开展职业技能培训相关政策举措，面向包括农民在内的各类重点群体，灵活运用数字化、项目制、开放式等多种形式，开展职业技能培训（农业农村部，对十四届全国人大二次会议第 8326 号建议的答复，农办议〔2024〕272 号），着力提升农民技术技能水平和综合素质，加快构建有文化、懂技术、善经营、会管理的高素质农民队伍。

3. 新型经营主体带动有力，农户组织化程度提高

新型农业经营主体具有以市场化为导向、以规模化为基础、以专业化为手段、以集约化为标志的特征，能够优化集成利用各类先进生产要素，是带动小农户、培育农业农村新动能、实现乡村产业振兴的主体力量。到 2023 年底，全国农民合作社、家庭农场分别超过 222 万、400 万个，农业社会化服务组织超过 107 万个，全国县级以上农业产业化龙头企业超过 9 万家。利益联结机制也愈发紧密，联农带农助农效益明显，涌现出“家庭农场+合作社+龙头企业+农户”“农业社会化服务组织+农户”等多种经营模式以及“订单收购+分红”“农民入股+保底收益+按股分红”等多种利益联结方式，各农业生产经营主体联合合作、优势互补、利益共享的紧密联结机制初步形成（来晓东和谭智心，2024）。

一是农业龙头企业迅速崛起，联农带农能力增强。龙头企业作为新型农业经营主体中的引领者，通过撬动社会资本投入来丰富农村新业态，辐射带动农民参与到乡村产业发展中并提高自我发展能力。根据农民日报社《2023 新型农业经营主体发展评价》课题组发布的中国农业企业 500 强（销售额在 11 亿元以上的农业企业）相关数据，在农业 500 强企业中，西部地区 76 家，占总数的 15.20%。西部地区农业企业在设施农业和绿色发展方面表现突出，西部地区的设施农业资产规模在东中西部地区中最大，平均每家企业拥有 9. 56 亿元的资产；西部地区企业的绿色生产投入水平快速增长，在绿色生产方面的投入最多，平均每家企业投入 1. 31 亿元（郭芸芸等，2023）。在联农带农方面，农业企业以“企业+农民合作社（家庭农场）+小农户”等形式，引导带动小农户发展专业化生产；农业企业通过提供就业岗位、订单合作、股份合作等多样化方式与农户联结，带动农户增收；此外，通过农业企业开展的种植、养殖、加工等技术培训，提升农户经营发展能力。

二是西部地区农民合作社不断发展壮大，助农增收作用明显。农民合作社是农民组织化的核心载体，不仅可以帮助小农户提高市场谈判地位，还为农户提供诸如农资采购、农产品销售和信息共享等方面的公共服务，此外也是一个具有促进成员情感交流功能的平台，激励农民参与社区活动和经济社会活动，对农民更好地发挥主体性作用具有极为重要的意义。截至 2023 年 10 月底，中国农民合作社 500 强中西部地区有 106 个，合作社在册成员数达 212 个，越来越多的 500 强合作社选择加入联合社，合作社社均经营收入为 2 270. 65 万元。在盈利能力方面，西部地区社均可分配盈余为 336. 13 万元。西部地区合作社资产总额与固定资产金额分别为 1 989. 97 万元和 809. 55 万元，且西部地区合作社平均资产总额与固定资产增速较快，近两年年均增长率分别达到 20. 66%和 16. 15%，高于东部地区的 5. 60%、8. 28%和中部地区的 14. 46%、7. 42%。西部地区合作社业务从单一种养殖环节逐步延伸到技术、仓储、加工、销售等多个环节，开展农产品加工，投资兴办企业，有效提升了合作社的带动能力，合作社社均农产品加工销售收入为 988. 62 万元。西部地区合作社顺应农产品电商发展趋势，积极开展电子商务，近两年农产品电商销售额迅速增长，合作社社均电子商务销售额为 154. 36 万元，较前一年增长 44. 81%。西部地区合作社通过盈余返还、统一采购和销售等多种形式带动农户与脱贫户，有效发挥了助农增收的作用，合作社社均按交易量或交易额返还的金额达到 161. 51 万元（高杨等，2023）。

4. 农村集体经济快速发展，推动农民农村共同富裕

习近平总书记在 1992 年发表的《摆脱贫困》中指出：集体经济是农民共同富裕的根基，是农民走共同富裕道路的物质保障。农村集体经济是社会主义市场经济的重要组成部分，它以利益为纽带把分散的农户组织起来，通过发展多种形式的适度规模经营，以适应市场经济的发展趋势，实现小农户与大市场的有效对接。集体经济将集体优越性与个人积极性较好地融合起来，实现“集体强”和“农民富”的有机统一，其功能主要体现在促进产业发展以增加农民就业机会与优化农民收入结构、改善农民福利与防止两极分化。发展新型农村集体经济是实现农民共同富裕的重要途径，是构建乡村产业发展群众基础的重要支撑。

近年来，中央持续加大政策支持和资金扶持力度，推动包括西部地区在内的各地农村集体经济发展。一是实施扶持集体经济发展项目。2018—2022 年，中央财政扶持 9.5 万个村发展壮大集体经济，推动乡村产业发展。2019 年农业农村部印发《关于进一步做好贫困地区集体经济薄弱村发展提升工作的通知》，指导集体经济薄弱地区因地制宜盘活土地资源发展乡村产业。2023 年中央组织部、财政部、农业农村部联合印发文件，明确提出从 2023 年至 2027 年，通过中央财政衔接推进乡村振兴补助资金，继续支持发展新型农村集体经济。二是加强东西部协作和对口支援。我国积极探索构建财政优先保障、山海协作帮扶、社会积极参与的多元投入机制，支持西部地区发展新型农村集体经济。深入推进东西部协作和中央单位定点帮扶，广泛动员社会力量参与帮扶，深入推进“万企兴万村”行动，引导更多民营企业到脱贫地区投资兴业、带动就业。2022 年东部省份实际向西部地区投入财政援助资金 230.9 亿元，2 633 家东部企业到协作地区投资，一批劳动密集型产业落地脱贫地区，3 740 家民营企业与国家乡村振兴重点帮扶县建立对接关系，实施帮扶项目 3 601 个，有效推动了农村地区特别是脱贫地区集体经济的发展［农业农村部，关于政协第十四届全国委员会第一次会议第 01815 号（经济发展类 208 号）提案答复的函摘要，农办案〔2023〕111 号］。

农业农村部数据显示，目前全国乡、村、组级农村集体经济组织 96 万个，2021 年全国村集体经济组织总收入 6 684.9 亿元，村均 122.2 万元，其中经营收益 5 万元以上的村占总村数的 59.2%（高原，2024）。西部地区农村集体经济也取得了快速发展，农村集体经济组织日益健全，农村集体经济发展模式和治理机制不断创新，在带动农户参与乡村产业发展方面起到了巨大作用。以四川为例，截至 2023 年底，四川省已登记赋码发证的农村集体经济组织共 51 439 个，全年实现农村集体经济总收入 143.5 亿元（彭惊，2024）。其中四川省成都市郫都区战旗村 2022 年的村集体资产达 11 179 万元，集体经济收入 680 万元，村民人均可支配收入 3.85 万元。村民中的中青年一多半在村内就业，外来人在本村就业者过百，战旗村已经基本上实现了集体共富（杨团，2024）。在发展集体经济中，战旗村创新产业结构，根据本村原有产业特点，引进和升级产业内容，引进各类高新技术生产加工企业，形成了从生产到加工再到销售的完整产业链，全面带动村集体经济高速发展。通过发展产业，扩大产业规模，还能解决就业难题，战旗村 80%左右的劳动力可以在本地实现就业，一方面提高村民可支配收入，另一方面在相同收入的条件下，相比较城市生活性价比更高、幸福感更强（罗琴棋，2023）。

二、西部地区乡村产业发展政策条件

在改革开放后，东部沿海地区实现快速发展，西部与东部的差距逐步扩大，到脱贫攻坚阶段，全国 832 个摘帽贫困县中有 568 个在西部，并且“三区三州”深度贫困地区全部位于西部，为提高西部地区的经济社会发展水平，国家出台了一系列政策。2000 年，国务院召开西部地区开发会议，提出了实施西部大开发战略的初步设想。同年，国家开始实施对西部地区重点支持计划，制定了包括增加资金投入、改善投资环境、扩大对外对内开放、吸引人才和发展科技教育等共计 16 个方面的重点支持政策。西部大开发战略自此全面展开（重庆市中国特色社会主义理论体系研究中心，2024）。国家出台了西部大开发的一系列政策，包括《“十五”西部开发总体规划》《关于进一步推进西部大开发的若干意见》《西部大开发“十一五”规划》《关于深入实施西部大开发战略的若干意见》《西部大开发“十二五”规划》等。进入新时代，以习近平同志为核心的党中央统揽全局，推动西部大开发形成新格局，出台了《推动共建丝绸之路经济带和 21 世纪海上丝绸之路的愿景与行动》《西部大开发“十三五”规划》《关于新时代推进西部大开发形成新格局的指导意见》《关于实现巩固拓展脱贫攻坚成果同乡村振兴有效衔接的意见》《西部大开发“十四五”实施方案》等，深入推动共建“一带一路”、脱贫攻坚与乡村振兴有效衔接，西部地区迎来发展新机遇，大保护、大开放、高质量发展的西部大开发新格局初步形成。但西部地区在发展中仍面临不少困难和挑战，因此，2024 年 8 月，中共中央政治局召开会议，审议《进一步推动西部大开发形成新格局的若干政策措施》，提出要立足功能定位和产业基础，做强做大特色优势产业，着力提升科技创新能力，推动传统产业转型升级；要坚持高水平保护，深入推进美丽西部建设，统筹推进山水林田湖草沙一体化保护和系统治理，深入开展环境污染防治，推进绿色低碳发展。要持续提升发展内生动力，提升开放型经济水平；要因地制宜推进新型城镇化建设，扎实推进乡村全面振兴，巩固拓展脱贫攻坚成果，确保农村人口不发生规模性返贫致贫。由此可见，西部地区的发展具有显著的政策优势，昔日偏僻的西部地区走到了改革开放的前沿，这些都是西部地区发展特色优势产业难得的有利条件和千载难逢的机遇。

此外，国家持续加大对西部地区的投入，为乡村产业的发展提供支持。第一，在农村基础设施投入方面。一是巩固扩大西部地区财政投入。对西部地区中央财政转移支付资金和中央预算内投资稳步增长，重点保障稳定粮油生产、高标准农田建设等资金需求，2022 年，对西部地区安排高标准农田建设、农村人居环境整治资金 377. 99 亿元，较上年增长 2. 6%。二是加大西部地区金融保险支持。加大信贷支持力度，截至 2022 年底，实现西部地区重大项目资金投放达到 560 亿元；持续推进农业经营主体信贷直通车服务，截至 2022 年底，对西部地区累计提供信贷申请服务 6. 04 万户次，实现授信 149. 2 亿元。三是拓宽西部地区多元投入渠道。推动西部地区进一步提高土地出让收入用于农业农村比例，推动扩大地方政府债券资金用于支持乡村基础设施及公共服务体系、乡村产业发展及产业园、农产品仓储保鲜冷链物流设施等重大项目建设。第二，在农业科技投入方面。一是强化财政支持力度。通过现代农业产业技术体系建设专项、国家科技计划、基本科研业务费、农业科技创新能力条件建设专项等渠道，强化农业科技创新财力保障。二是支持企业创新发展。支持农业科技领军企业牵头承担国家重大科技任务。谋划布局一批农业农村部企业重点实验室。实施高新技术企业所得税优惠、研发费用加计扣除、科技成果转化税收优惠、设备器具一次性税前扣除等系列税收优惠政策。三是加强农业科技人才队伍培养。围绕生物育种、智慧农业等关键核心技术领域，聚焦“高精尖缺”，每年遴选支持一批领军和青年人才。第三，在加大欠发达地区投资力度方面。做好巩固拓展脱贫攻坚成果同乡村振兴有效衔接工作，中央财政持续加大资金投入力度。2022 年，中央财政衔接推进乡村振兴补助资金 1 650 亿元、同比增加 85 亿元，2022 年，新增发放脱贫人口小额信贷 945. 45 亿元，同比增长 25. 62%，“富民贷”贷款余额 116 亿元。第四，在金融扶持方面，中央财政持续加大普惠金融发展支持力度，通过融资担保、贷款贴息、农业保险等方式，引导撬动金融资源更多流向小微企业和“三农”主体，更好地服务乡村振兴。包括发挥政府性融资担保增信作用，加大贷款贴息力度，强化对金融机构服务“三农”的激励约束，出台《关于金融支持新型农业经营主体发展的意见》等政策。第五，改善农业投资环境。已连续 3 年出台《社会资本投资农业农村指引》，引导社会资本更好地服务乡村振兴，明确社会资本投资农业农村重点领域，提出创新投入方式、打造合作平台、营造良好环境等具体措施（农业农村部，对十四届全国人大一次会议第 2771 号建议的答复，农办议〔2023〕148 号）。(表 3-5)

表 3-5　西部地区乡村产业发展系列政策

政策	出台时间	出台部门	相关政策内容
《进一步推动西部大开发形成新格局的若干政策措施》	2024 年	中共中央、国务院	要立足功能定位和产业基础，做强做大特色优势产业，着力提升科技创新能力，推动传统产业转型升级
《西部大开发“十四五”实施方案》	2021 年	国务院西部地区开发领导小组	深入实施乡村振兴战略，做好新时代“三农”工作。培养新型农民，优化西部地区农业从业者结构。以建设美丽宜居村庄为目标，加强农村人居环境和综合服务设施建设。在加强保护基础上盘活农村历史文化资源，形成具有地域和民族特色的乡村文化产业和品牌。推动农村一二三产业深度融合，提高农牧业现代化水平，促进农牧业全产业链、价值链转型升级。加快推进高标准农田、现代化生态牧场、粮食生产功能区和棉油糖等重要农产品生产保护区建设，支持发展生态集约高效、用地规范的设施农业。加快高端、特色农机装备生产研发和推广应用

（续表）

政策	出台时间	出台部门	相关政策内容
《“十四五”规划和2035年远景目标纲要》	2021年	中共中央	实施脱贫地区特色种养业提升行动，广泛开展农产品产销对接活动，深化拓展消费帮扶。在西部地区脱贫县中集中支持一批乡村振兴重点帮扶县，从财政、金融、土地、人才、基础设施、公共服务等方面给予集中支持，增强其巩固脱贫成果及内生发展能力。坚持和完善东西部协作和对口支援、中央单位定点帮扶、社会力量参与帮扶等机制，调整优化东西部协作结对帮扶关系和帮扶方式，强化产业合作和劳务协作
《关于实现巩固拓展脱贫攻坚成果同乡村振兴有效衔接的意见》	2020年	中共中央、国务院	支持脱贫地区乡村特色产业发展壮大。注重产业后续长期培育，尊重市场规律和产业发展规律，提高产业市场竞争力和抗风险能力。以脱贫县为单位规划发展乡村特色产业，实施特色种养业提升行动，完善全产业链支持措施。加快脱贫地区农产品和食品仓储保鲜、冷链物流设施建设，支持农产品流通企业、电商、批发市场与区域特色产业精准对接。现代农业产业园、科技园、产业融合发展示范园继续优先支持脱贫县。支持脱贫地区培育绿色食品、有机农产品、地理标志农产品，打造区域公用品牌。继续大力实施消费帮扶
《关于新时代推进西部大开发形成新格局的指导意见》	2019年	中共中央、国务院	推动农村一二三产业深度融合，促进农牧业全产业链、价值链转型升级。加快推进高标准农田、现代化生态牧场、粮食生产功能区和棉油糖等重要农产品生产保护区建设，支持发展生态集约高效、用地规范的设施农业。构建分类考核、财税、金融、产业、用地、人才、帮扶等政策支持体系
《西部大开发“十三五”规划》	2017年	国务院	大力发展特色优势农业，完善农业基础设施，优化特色农业结构布局，大力发展安全农产品生产，完善现代农业服务体系，推动农业经营方式创新
《推动共建丝绸之路经济带和21世纪海上丝绸之路的愿景与行动》	2015年	国家发展改革委、外交部、商务部	“一带一路”给西部地区带来新的重大发展机遇，包括拓展相互投资领域，开展农林牧渔业、农机及农产品生产加工等领域深度合作等
《西部大开发“十二五”规划》	2012年	国务院	加快建立生态补偿机制，加大生态建设力度，加强环境保护，从源头上扭转生态恶化趋势。加大农业农村建设投入力度，切实改善农民生产生活条件，建设农民幸福生活美好家园。加强城镇化与城乡统筹等
《关于贯彻落实〈中共中央　国务院关于深入实施西部大开发战略的若干意见〉的意见》	2010年	国土资源部	加强国土资源调查评价、加大土地政策支持力度、强化耕地保护和节约集约用地、推进优势矿产资源开发利用、加强地质灾害防治和地质环境保护、加快构建符合西部实际的国土资源管理新机制
《关于深入实施西部大开发战略的若干意见》	2010年	中共中央、国务院	要坚持以工促农、以城带乡的方针，改善农业基本生产条件，加强农村基础设施建设，提高农民收入水平，完善农村基本经营制度，积极推进城镇化

（续表）

政策	出台时间	出台部门	相关政策内容
《西部大开发“十一五”规划》	2007 年	国务院	“十一五”期间努力实现西部地区经济又好又快发展，人民生活水平持续稳定提高，基础设施和生态环境建设取得新突破等目标。在农业方面提出大力发展特色农牧产品加工业
《关于进一步推进西部大开发的若干意见》	2004 年	中共中央、国务院	以增加农民收入为中心，加快农业结构调整，大力发展特色农业、旱作节水农业和生态农业。发挥西部地区气候多样化和生物多样性的优势，积极发展棉花、糖料、水果、肉类、奶类、毛绒类、花卉、中药材等特色农产品及其深加工。建立健全农产品市场体系。支持一批龙头企业、生产基地、农产品加工中心和市场流通基础设施建设，推进农业产业化经营
《“十五”西部开发总体规划》	2002 年	国务院	要加大农业基础设施建设力度，充分发挥农业资源优势，调整和优化农业和农村经济结构，稳步提高农民收入，为西部大开发打好基础
《国务院关于实施西部大开发若干政策措施的通知》	2000 年	国务院	国务院制定了实施西部大开发的若干政策措施，包括增加资金投入、改善投资环境、扩大对外对内开放、吸引人才和发展科技教育的政策

第四章

产业发展视角下西部地区乡村振兴阶段分析

通过实施乡村振兴战略，可以补齐消除农村发展中存在的短板和障碍，推动农业农村现代化进程。那么，目前乡村振兴战略实施情况如何？实施过程存在哪些问题？应做出怎样的调整与改进？鉴于此，本研究将聚焦乡村振兴发展实际，在遵循乡村振兴战略总要求、把握乡村振兴科学内涵的基础上评价乡村振兴发展水平，探究不同地区的乡村振兴发展水平是否存在差距，明晰西部地区各省份乡村发展各维度的演变趋势。

当前学界从不同方面对乡村发展水平进行了测评，分别从“物质文明、精神文明和地域特征”（何茜，2023）“和谐村庄、发达农业和新型农民”（洪惠坤等，2023）“村庄整洁、管理民主和生产发展”等方面构建了评价体系（许润达等，2024），测评方法涵盖了层次分析法、专家打分法、灰色关联度，探讨了乡村发展的演变特征、关键问题和突破方向，为了解和推动乡村和农业产业发展提供了理论依据和实践指导。但同时，乡村发展和农业产业具有一定特殊性：首先，乡村振兴是一个动态的、不断演化的发展过程，要求相关研究和评价体系要具有创新和与时俱进的思维，要及时反映最新的政策导向和发展要求；其次，我国地域广阔，东部、中部、西部的乡村发展存在较大差异，在对乡村振兴和产业发展进行评价时应考量不同地区差异性的量化评估；最后，随着乡村的进步和农业农村的不断发展，各个时期乡村振兴推进成效及问题各不相同，需及时、准确对乡村振兴发展情况进行评价，明确不同地域、时期乡村发展情况。

因此，需要构建科学、系统、全面的指标体系，对我国各地区农业农村发展情况进行实时评价，既要体现新思想、新理论、新方法，也要兼顾不同地区、不同阶段、不同维度发展特性，实时、准确反映各地农业农村发展实际，以期为优化政策设计、提升资源效率和促进城乡融合提供关键依据。

第一节　指标体系与研究方法

一、指标选取原则

1. 系统性与整体性原则

在构建乡村振兴评价体系过程中，首先，要充分领会相关文件精神，把握新阶段我国乡村发展的实际农情，紧扣乡村五大振兴，既要关注乡村整体发展状态，又要体现农民群体在乡村发展中的主体地位，并且充分考虑农业农村的多维性和系统性特征，对乡村振兴5个方面的演进规律和推进程度进行度量。其次，乡村振兴测评指标体系构建要全面反映乡村振兴的重点任务，明确其阶段特征，避免在指标设置中遗漏重要信息，充分发挥指标体系作为乡村振兴发展规律及状态的“晴雨表”和“指挥棒”功能。

2. 可比性和可操作性原则

选择乡村振兴评价指标体系中的具体评价指标应注重相关指标的可比性和操作性，各指标不仅应能在时间、空间层面和统计内涵上进行对比分析，还要充分考虑数据的实用性和可获得性，优先考虑已有的政府统计指标或纳入统计制度支撑的指标。

3. 导向性与科学性原则

乡村振兴评价是指导乡村振兴政策的有效工具，在评价过程中需要明确评价的目标与导向，即评价的目的是什么，评价结果应该对应何种政策建议，确保评价过程和结果始终围绕乡村振兴的总体目标和重点任务。同时，在评价过程中要确保评价的科学性，基于客观、真实的数据和事实，运用科学的方法和工具进行评估，确保评价结果客观、准确、可信，通过科学严谨的评价，更好地掌握乡村振兴战略实施的实际效果。

4. 历史性与创新性原则

对乡村振兴各维度进行评价时要充分考虑乡村发展的历史背景和现状，尊重乡村的传统文化和乡村发展的历史积淀。充分考虑各地区乡村发展的历史演变和发展脉络，以及各类乡村发展的优劣势，为乡村振兴提供历史性的支撑和延续。我国乡村建设有着丰富的历史经验，能在新时期为全面推进乡村振兴建设提供有效借鉴，增强其历史底蕴。同时，中国式现代化是我国发展的全新理念和实践，建设社会主义现代化强国过程中，也具有新的风险和挑战，因此开展乡村振兴战略评价也要注重创新理念和方法，积极借鉴国内外先进经验，结合乡村振兴发展目标和实际情况，提出创新性的评价指标和方法，也可以借鉴城市、工业发展评价的经验，结合乡村、农业的特点和需求，进一步优化形成科学、全面、系统的评价体系。

二、指标体系构建

根据乡村振兴内涵要求，本书乡村振兴指标体系共设置产业兴旺、生态宜居、乡风文明、治理有效、生活富裕 5 个测度维度，共包含 30 个具体指标（表 4-1）。

其中，产业兴旺维度主要从生产条件、经营效益、多功能性、可持续性等方面进行考量，选取了机械化水平、有效灌溉面积占比、财政支农力度、人均耕地面积、固定资产投资、人力投入力度、劳动生产率、土地产出率、农业科技化水平、农业社会化服务能力、农业保险深度、农林牧渔结构性协调度、农产品出口率 13 个评价指标。生态宜居主要从自然环境、人工环境和社会环境进行考量，设置了万元农业 GDP 耗水、化肥施用强度、农药施用强度、森林覆盖率、水土流失、成灾率 6 个具体指标，其中除森林覆盖率外其余 5 指标均为逆向指标。乡风文明主要从乡村居民医疗、养老、文化消费情况进行考量，设置了医疗状况、养老状况、教育文化娱乐支出占比和乡村文化站覆盖率4个具体指标。治理有效从乡村自治组织情况考虑，设置了乡村自治组织覆盖率和基层自治组织服务能力2个指标。生活富裕从乡村居民收入水平、收入结构、生活质量三方面出发，包括人均可支配收入、工资性收入占比、财产性收入占比、恩格尔系数、人均消费支出5个指标。

表4-1　乡村振兴测评指标体系

序号	一级指标	二级指标	指标说明	单位	数据来源
1	产业兴旺	机械化水平	农业机械总动力/第一产业就业人数	千瓦/人	中国农村统计年鉴
2		有效灌溉面积占比	有效灌溉面积/耕地面积	%	中国农村统计年鉴
3		财政支农力度	农林水事务支出/农林牧渔业增加值	%	中国农村统计年鉴
4		人均耕地面积	耕地面积/乡村人口	亩/人	中国农村统计年鉴
5		固定资产投资	分地区农林牧渔业固定资产投资增长率	%	中国统计年鉴
6		人力投入力度	第一产业就业人数/乡村就业人数	%	中国农村统计年鉴
7		劳动生产率	第一产业增加值/第一产业就业人数	元/人	中国统计年鉴
8		土地产出率	第一产业增加值/耕地面积	元/亩	中国统计年鉴
9		农业科技化水平	R&D经费支出额/地区生产总值	%	中国科技统计年鉴
10		农业社会化服务能力	农林牧渔专业及辅助性活动产值/农林牧渔业总产值	%	中国农村统计年鉴
11		农业保险深度	农业保费收入/农林牧渔业增加值	%	保险统计年鉴
12		农林牧渔结构性协调度	畜牧业产值/种植业产值	%	中国农村统计年鉴
13		农产品出口率	农产品出口总额/农业生产总值	%	中国农村统计年鉴
14	生态宜居	万元农业GDP耗水	农业用水量/农林牧渔业增加值	米^3	中国农村统计年鉴
15		化肥施用强度	化肥施用量/耕地面积	千克/公顷	中国农村统计年鉴
16		农药施用强度	农药使用量/耕地面积	千克/公顷	中国农村统计年鉴
17		森林覆盖率	森林覆盖率	%	中国统计年鉴
18		水土流失	水土流失治理面积	万公顷	中国农村统计年鉴
19		成灾率	成灾面积/耕地面积	%	中国农村统计年鉴

（续表）

序号	一级指标	二级指标	指标说明	单位	数据来源
20	乡风文明	医疗状况	农村村卫生室乡村医生数量/乡村人口	%	中国农村统计年鉴
21		养老状况	农村特困人员救助供养机构数/乡村人口	个/万人	中国农村统计年鉴
22		教育文化娱乐支出占比	农村居民教育文化娱乐支出/农村居民总消费支出	%	中国统计年鉴
23		乡村文化站覆盖率	每万人乡村文化站数量	个/万人	中国农村统计年鉴
24	治理有效	乡村自治组织覆盖率	村委会数量/乡村人口数	个/万人	中国社会统计年鉴
25		基层自治组织服务能力	村委会工作人员数量/村委会数量	人/个	中国社会统计年鉴
26	生活富裕	人均可支配收入	农村居民人均可支配收入	元	中国农村统计年鉴
27		工资性收入占比	农村居民工资性收入/农村居民人均可支配收入	%	中国农村统计年鉴
28		财产性收入占比	农村居民财产性收入/农村居民人均可支配收入	%	中国农村统计年鉴
29		恩格尔系数	农村居民恩格尔系数	%	中国农村统计年鉴
30		人均消费支出	农村居民人均消费支出	元	中国农村统计年鉴

三、数据来源与研究方法

1. 数据来源

本研究样本为2000—2022年全国范围内31个省（区、市）（港澳台数据未统计）。研究使用的所有数据均来自2001—2023年《中国统计年鉴》《中国农村统计年鉴》《中国社会统计年鉴》等，其中部分指标数据为整理计算所得。

2. 数据处理

现有指标计量单位不统一，水平相差较大，因此要对各项原始变量进行标准化处理。指标标准化，即数据的无量纲化处理，是综合比较不同指标数据的前提，能解决各项指标数据量纲和数量级不统一问题，也是实现不同测评对象指数横向、纵向可比的基础。考虑标准化方法选择中的变异性、差异性和稳定性原则，鉴于乡村振兴测评体系中个别重要指标数值差异性较小等因素，本文采用极差标准化法反映各指标的真实得分。具体方法如下：

$$\text{正向指标：} X'_{ij} = \frac{X_{ij} - \min[X_j]}{\max[X_j] - \min[X_j]} + 0.0001 \qquad \text{式 4-1}$$

$$负向指标：X'_{ij} = \frac{\max[X_j] - X_{ij}}{\max[X_j] - \min[X_j]} + 0.0001 \quad 式 4-2$$

其中，X'_{ij} 为标准化处理后的第 i 个省份第 j 个指标的值。为避免下步计算出现问题，统一对所有指标进行非零化处理。

3. 研究方法

从现有关于农业农村和乡村振兴领域的评价研究来看，采用综合赋权法能有效确保测度的系统性和准确性，而根据权重数据的不同来源和确定流程，又可以进一步分为主观权重、客观权重和综合权重法，各类赋权方法均具有其优劣势和具体应用的适宜性。其中，层次分析法等常用的主观赋权法可以有效利用专家在评价领域的相关知识和经验，通过此类方法确定的各项指标权重大小较为符合数据的真实表现，不会出现与现实情况偏离较大或相悖问题。但主观赋权法也存在主观随意性强和各类不确定性因素等缺点。以主成分分析和熵权法为代表的客观赋权法主要依据数据本身之间的联系来确定各指标权重，能在一定程度上克服主观赋权法的随意性缺陷，但由于缺乏对指标实际含义的充分考量，有可能出现权重设置与实际情况不符等问题。因此，综合考虑，本研究通过主客观综合赋权法来对乡村振兴指标体系中的各项指标权重进行权重设计。

首先，采用主观赋权法进行赋权，利用层次分析法确定指标体系中各指标权重，该方法首先通过对同一层次各指标两两比较得到指标相对重要性，并构造判断矩阵，在计算出指标权重后进行层次排序和一致性检验，是一种定性与定量相结合的分析方法。具体操作步骤如下：

构建判断矩阵是层次分析法的关键环节，通常采用九级标度法对同一层次的指标进行两两比较，判断每一指标的相对重要程度。本研究邀请多名专家对每项指标的重要性进行打分，并将指标 i 与指标 j 重要性比较结果记为 C_{ij} ，由 C_{ij} 构成判断矩阵，判断矩 A 阵格式如下：

$$A = \begin{bmatrix} C_{11} & C_{12} & ... & C_{1j} \\ C_{21} & C_{22} & ... & C_{2j} \\ .. & .. & ... & .. \\ C_{i1} & C_{i2} & ... & C_{ij} \end{bmatrix} \quad 式 4-3$$

在构建判断矩阵的基础上，利用和集法计算指标权重的近似值，计算公式如下（对判断矩阵的每一列元素做归一化处理）：

$$C_{ij} = \frac{C_{ij}}{n} \quad ij = 1,\ 2,\ 3\cdots,\ n \quad 式 4-4$$

将归一化处理后的判断矩阵按行相加：

$$w'_i = \sum^{n} C_{ij} \quad ij = 1, 2, 3, \cdots, n \qquad \text{式 4-5}$$

对向量 $W' = (W'_1, W'_2, W'_3, \cdots, W'_n)$ 做归一化处理：

$$W_i = \frac{W'_i}{n} \quad i = 1, 2, 3, \cdots, n \qquad \text{式 4-6}$$

得到的 $W_i = (w_1, w_2, w_3, \ldots, w_n)$ 即为所求特征向量的近似解。

根据模糊检验法则，当 CR≤0.1 时，矩阵通过一致性检验，因此需要计算随机一致性比率 CR，公式为：

$$\mathrm{CR} = \frac{\mathrm{CI}}{\mathrm{RI}} \qquad \text{式 4-7}$$

CR 为判断矩阵的随机一致性比率，CI 为判断矩阵的一致性指标：

$$\mathrm{CI} = \frac{\lambda_{\max} - n}{n - 1} \qquad \text{式 4-8}$$

$$\lambda_{\max} = \frac{1}{n}\sum_{i=1}^{n}\frac{(AW)_i}{W_i} \qquad \text{式 4-9}$$

其中，$(AW)_i$ 为矩阵 A 与矩阵 W_i 的乘积，n 为矩阵 A 的指标数。

其次，采用客观赋权法进行赋权，熵值法基本思路是解决物理学中熵的概念，根据数据变异程度来确定权重，能客观准确地评价研究对象，为了比较不同年份各地乡村振兴发展水平，对熵值法进行了改进，加入了时间变量，使分析结果更加科学合理，具体操作步骤如下。

设定有 k 个省份，n 个年份，m 个指标，则 $X_{\theta ij}$ 为第 θ 年省份 i 的第 j 个指标值，

确定指标权重：

$$Y_{\theta ij} = \frac{X_{\theta ij}}{\sum_{\theta}\sum_{i} X_{\theta ij}} \qquad \text{式 4-10}$$

计算熵值：

$$S_j = -r\sum_{\theta}\sum_{i} Y_{ij}\ln(Y_{\theta ij}) \qquad \text{式 4-11}$$

$$r = \ln(kn) \qquad \text{式 4-12}$$

计算差异系数：

$$G_j = 1 - S_j \qquad \text{式 4-13}$$

计算权重：

$$W_j = \frac{G_j}{\sum_{j} G_j} \qquad \text{式 4-14}$$

最后，通过组合赋权法确定各指标最终权重（表 4-2），通过主观赋权和客观赋权的

合理组合能够有效规避二者的劣势，发挥各自优势，从现有文献看，关于主客观组合赋权的研究成果较为丰富，组合方式大致可以分为乘法合成法、加法合成法和极差最大化等方法。其中乘法合成法主要通过对主客观权重的乘积和归一化实现；加法合成法通过对主观和客观两种权重的不同偏好决定合成的具体比例，一般采用加权平均的方法进行组合；极差最大化法以权重合理取值区间为约束条件，以结果区分度最大为目标函数进行组合权重求解。本文主要采用加法合成法来进行组合赋权，通过对指标权重合理性的考量，以 6∶4 的比例确定主观和客观权重合成系数进行线性加权。

表 4-2 乡村振兴评价体系权重表

序号	一级指标	指标	层次赋权权重	熵值赋权权重	组合权重
1	产业兴旺（0.483 7）	机械化水平	0.030 7	0.037 3	0.033 3
2		有效灌溉面积占比	0.030 7	0.030 8	0.030 7
3		财政支农力度	0.018 4	0.069 1	0.038 7
4		人均耕地面积	0.039 3	0.071 4	0.052 1
5		固定资产投资	0.030 7	0.042 9	0.035 6
6		人力投入力度	0.018 4	0.016 7	0.017 7
7		劳动生产率	0.069 7	0.023 8	0.051 3
8		土地产出率	0.069 7	0.049 4	0.061 6
9		农业科技化水平	0.089 4	0.038 2	0.068 9
10		农业社会化服务能力	0.030 7	0.039 1	0.034 1
11		农业保险深度	0.007 6	0.040 8	0.020 9
12		农林牧渔结构性协调度	0.007 6	0.026 0	0.015 0
13		农产品出口率	0.005 2	0.051 8	0.023 8
14	生态宜居（0.089 6）	万元农业 GDP 耗水	0.007 9	0.008 3	0.008 1
15		化肥施用强度	0.023 6	0.011 2	0.018 6
16		农药施用强度	0.023 6	0.008 7	0.017 7
17		森林覆盖率	0.004 3	0.033 4	0.016 0
18		水土流失	0.003 8	0.007 0	0.005 1
19		成灾率	0.011 9	0.042 5	0.024 1
20	乡风文明（0.097 7）	医疗状况	0.022 2	0.014 6	0.019 1
21		养老状况	0.022 2	0.033 4	0.026 6
22		教育文化娱乐支出占比	0.037 2	0.027 5	0.033 3
23		乡村文化站覆盖率	0.012 4	0.027 8	0.018 6
24	治理有效（0.138 8）	乡村自治组织覆盖率	0.091 2	0.045 8	0.073 1
25		基层自治组织服务能力	0.063 8	0.068 6	0.065 7
26	生活富裕（0.190 3）	人均可支配收入	0.092 5	0.043 4	0.072 9
27		工资性收入占比	0.030 8	0.020 2	0.026 6
28		财产性收入占比	0.019 9	0.027 3	0.022 8
29		恩格尔系数	0.024 8	0.009 7	0.018 7
30		人均消费支出	0.059 6	0.033 6	0.049 2

通过以上主观与客观相结合的赋权方法，形成了乡村振兴五大维度和各指标权重，由表 4-2 可知，产业兴旺、生态宜居、乡风文明、治理有效和生活富裕五大维度权重分别为 0.483 7、0.089 6、0.097 7、0.138 8 和 0.190 3。产业兴旺的权重占比最大，表明乡村振兴中农业产业高质量发展是决定性因素，要将产业兴旺作为乡村振兴的首要任务。生活富裕维度权重占比位居第二位，说明农民生活水平对乡村是否振兴起到关键作用，其后分别为生态宜居、治理有效和乡风文明，说明在推进乡村振兴战略过程中，首先看中的是物质水平的提升，其次过渡到精神层面，这也与马斯洛需求层次理论不谋而合，也进一步说明，尽管乡村发展取得了一定成效，但农民、农业、农村发展的物质保障能力依然有待加强，在深入推进乡村全面振兴过程中，最为紧迫的任务依然是通过产业高质量发展提升农民群众的物质生活水平。

为了找到影响乡村振兴水平的主要障碍因子，本研究使用障碍度模型进行分析，主要步骤如下：

$$R_{ij} = 1 - Y_{ij} \qquad \text{式 4-15}$$

计算 Q_j 值：

$$Q_j = \frac{R_{ij} \times S_j}{\sum_{j=1}^{m} R_{ij} \times S_j} \qquad \text{式 4-16}$$

其中，Y_{ij} 表示原始指标的标准化值；R_{ij} 为相应指标的标准化值与 1 的差距，表示指标偏离度；S_j 表示指标 j 的准则层与指标层权重的乘积，即指标 j 的重要性；Q_j 表示指标 j 影响乡村振兴发展的障碍度，Q_j 越大代表指标 j 对乡村振兴的障碍程度越高。

第二节　全国乡村振兴发展水平评价分析

根据上节测评体系与权重核定，针对 2000—2022 年我国四大地区的乡村振兴发展情况进行了详细测评，测评结果如下。

一、全国乡村振兴发展水平分析

2000—2022 年，我国乡村振兴指数从 0.220 1 上升到 0.777 9，上升了 2.53 倍，表明随着美丽乡村及乡村振兴战略的实施，我国乡村发展水平得到了稳步提升，农业产业、乡村环境和农民生活水平均有了较大改善。

就乡村振兴五大发展维度看，不同维度呈现各异的发展态势。就产业兴旺看，2000—2022 年全国产业兴旺指数从 0.092 8 上升到 0.829 0，上升了 7.93 倍，上升趋势明显，是推动乡村振兴的关键因素。农业产业高质量发展在乡村发展中的重要性日益凸显，表明乡村发展与农业产业发展之间存在较为明显的相关性，乡村产业高质量发展是推动乡村振兴的主要动力。2000—2022 年，我国机械化水平（劳均农业机械总动力）从 0.73 千瓦/人提升到 1.51 千瓦/人，劳动生产率从 0.2 万元/人提升到 1.20 万元/人，土地产出率从 1.15 万元/公顷增长到 6.91 万元/公顷，农业产业的机械化水平、生产效率均有了大幅提升，支撑乡村产业向高质高效发展转型。

从生态宜居维度看，生态宜居指数总体呈现阶梯抬升的发展态势，从 2000 年的 0.411 2 抬升到 2022 年的 0.801 2。其发展大致可划分为两个阶段，第一阶段为 2000—2010 年，生态宜居指数从 0.411 2 抬升到 0.700 3，年均增速达到 5.47%，此阶段随着生态环境和公共服务条件的改善，乡村环境得到了明显提升，大力支撑了产业发展和农民生活水平提升；第二阶段为 2011—2022 年，全国生态宜居指数增速相对平缓，从 0.726 9 提升到 0.801 2，年均增速 0.89%，此阶段的乡村环境经过上一阶段的快速发展，建设难度越来越大，各项指标高位推进日渐困难。

从乡风建设看，我国乡风文明指数经历了先跌后升的发展趋势，2000—2009 年，乡风文明指数从 0.421 9 下降到 0.270 9，此阶段仍处于美丽乡村建设的初级阶段，乡村发展中的精神文明建设还未受到应有的重视；2010—2022 年乡风文明指数从 0.275 7 上升到 0.599 6，增长了 117.48%，此阶段随着乡村建设不断推进，在乡村产业及基础设施不断完善的基础上，乡村精神文明建设日益受到重视，乡村文化娱乐水平不断提升，这也反映了马斯洛需求层次理论中先满足物质需求再满足精神文明需求的需求演进理论。

从乡村治理情况看，治理有效指数从 2000 年的 0.636 1 增长到 2022 年的 0.839 8，多年来基本保持在 0.65~0.85，基层组织覆盖率和基层自治组织服务能力保持缓慢增长的发展态势。

从农民收入情况看，乡村生活富裕指数增速明显，2000—2022 年从 0.046 4 上升到 0.683 0，年均增速达到 25.1%，是乡村振兴 5 个维度中发展速度最快的，表明随着乡村产业、基础设施、公共服务、文化娱乐等条件的改善，农民收入及生活质量不断提升，成为支撑乡村发展的重要基础（表 4-3）。2000—2022 年我国农村居民人均可支配收入从 2 282 元提升到 20 133 元，提升了 8.82 倍，同期农村居民人均消费支出从 1 714 元提升到 16 632 元，提升了 9.70 倍，恩格尔系数也从 48.3 降到 33.0，农村居民的收入水平、消费水平均有大幅提升，为乡村全面振兴奠定了良好的物质基础。

表 4-3　2000—2022 年我国乡村振兴发展情况

年份	产业兴旺	生态宜居	乡风文明	治理有效	生活富裕	乡村振兴
2000	0.092 8	0.411 2	0.421 9	0.636 1	0.046 4	0.220 1
2001	0.098 1	0.432 7	0.367 4	0.636 6	0.055 6	0.221 0
2002	0.103 1	0.490 2	0.358 4	0.629 3	0.078 3	0.231 1
2003	0.119 2	0.443 5	0.377 0	0.619 4	0.109 3	0.241 0
2004	0.119 1	0.515 0	0.310 4	0.599 8	0.108 6	0.238 0
2005	0.246 4	0.526 8	0.348 9	0.632 5	0.140 6	0.315 0
2006	0.261 4	0.517 0	0.358 5	0.637 4	0.183 0	0.331 1
2007	0.268 4	0.517 1	0.317 5	0.642 7	0.213 3	0.337 0
2008	0.301 0	0.541 7	0.282 3	0.646 0	0.230 0	0.355 2
2009	0.341 7	0.611 3	0.270 9	0.686 1	0.265 3	0.392 2
2010	0.407 1	0.700 3	0.275 7	0.692 4	0.299 9	0.439 8
2011	0.492 2	0.726 9	0.276 8	0.716 6	0.326 6	0.491 9
2012	0.513 3	0.753 2	0.285 4	0.696 7	0.345 9	0.506 2
2013	0.542 9	0.765 9	0.324 6	0.719 1	0.352 3	0.529 8
2014	0.579 2	0.761 9	0.364 7	0.732 9	0.421 8	0.566 1
2015	0.609 0	0.725 6	0.396 2	0.736 7	0.450 6	0.586 3
2016	0.648 6	0.736 8	0.424 5	0.746 9	0.480 0	0.616 3
2017	0.678 5	0.748 9	0.442 4	0.738 8	0.521 3	0.640 3
2018	0.725 6	0.741 6	0.462 6	0.736 0	0.545 9	0.668 7
2019	0.746 2	0.770 4	0.484 2	0.757 5	0.588 9	0.694 5
2020	0.766 4	0.761 5	0.525 9	0.818 0	0.623 6	0.722 6
2021	0.810 8	0.788 9	0.557 5	0.816 1	0.662 2	0.756 7
2022	0.829 0	0.801 2	0.599 6	0.839 8	0.683 0	0.777 9

从产业兴旺、生态宜居、乡风文明、治理有效、生活富裕五大维度在乡村振兴总体中的占比看，各维度发展指数平衡性不断提升。2000—2005 年治理有效指数相对较高，随着乡村城镇化和现代要素的不断流入，乡村产业、公共服务和基础设施不断改善，乡村生态宜居和产业兴旺指数得到提升，发展相对均衡。而随着乡村振兴的实施，生活富裕和乡风文明等发展状况也得到了全面提升，乡村振兴五大维度发展日益均衡（图 4-1）。

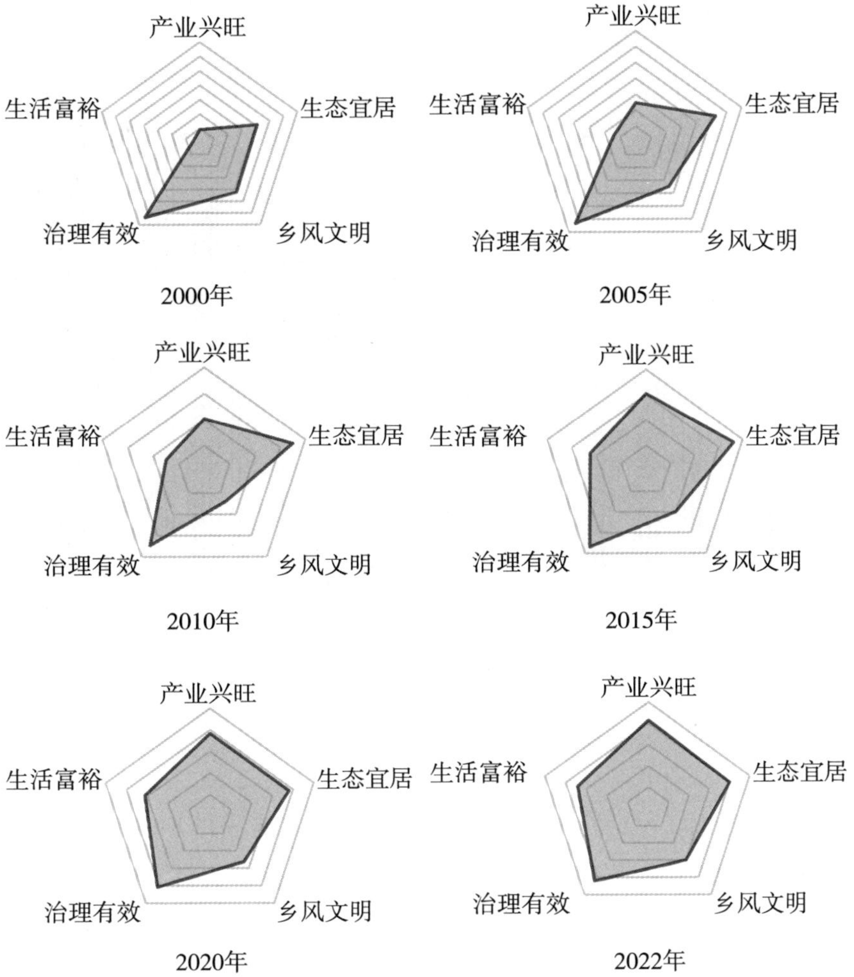

图 4-1　我国乡村振兴发展情况

二、全国区域层面乡村振兴发展水平分析

从我国四大地区的乡村振兴发展指数的比较情况看，2022 年乡村振兴发展水平最高的是东部地区，指数达到了 0.843 9，东北、中部和西部地区紧随其后，指数分别为 0.776 0、0.774 7 和 0.717 0。就发展速度看，发展速度最快的地区为东北地区，其乡村振兴指数从 2000 年的 0.202 5 上升到 2022 年的 0.776 0，增长了 283.21%，中部地区发展速度略低于东北地区，指数从 0.211 8 增长到 0.774 7，增长了 265.77%，东部地区和西部地区分别增长 230.68%和 240.13%（图 4-2）。

从产业发展情况看，2022 年我国四大地区中产业兴旺指数最高的为东部地区，发展指数为 0.884 2，其次是东北地区，发展指数为 0.829 0，再次为中部地区，发展指数为

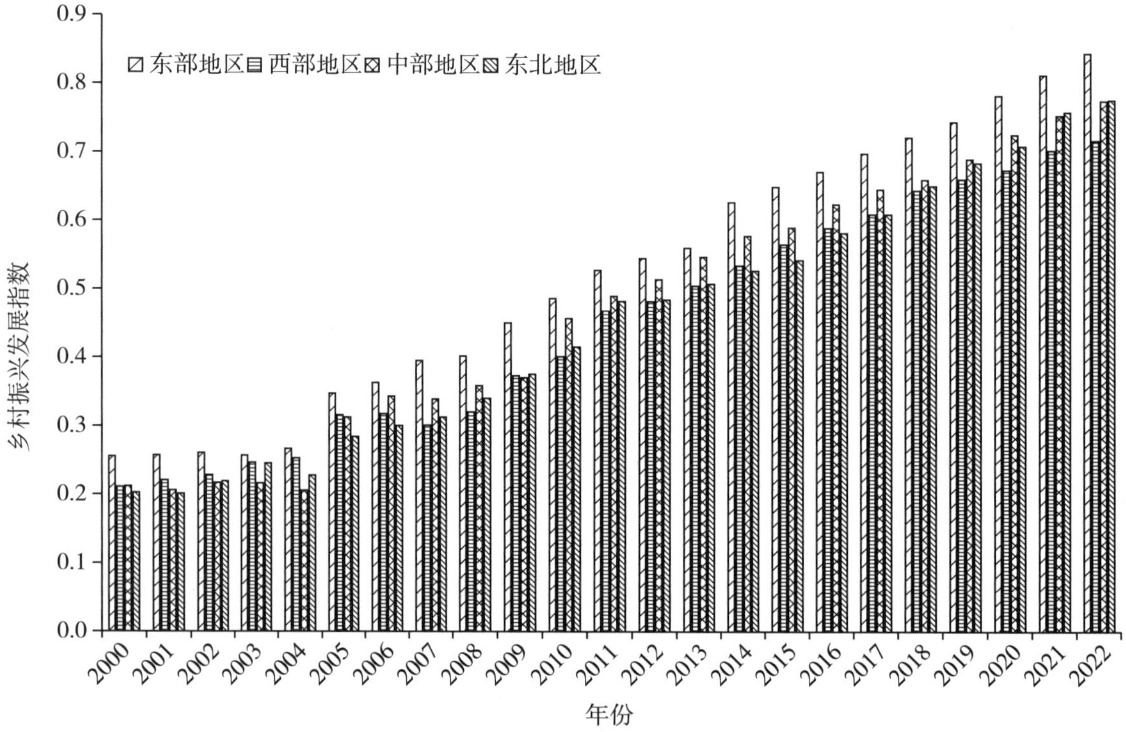

图 4-2　我国各区域乡村振兴发展指数

0. 816 7，最后为西部地区，其发展指数为 0. 759 7，东部地区和东北地区依靠其独有的自然资源和社会条件优势，农业产业在生产效率和生产效益上均具有一定优势，农业产业现代化发展水平较高。从各地区农业产业发展速度看，东北地区产业发展速度最快，2000—2022 年，产业兴旺指数增长了 12. 06 倍，其后依次为中部地区、东部地区和西部地区，分别增长了 10. 59 倍、6. 27 倍和 5. 69 倍（图 4-3）。

从生态宜居维度看，2000 年生态宜居指数最高的区域为中部地区，生态宜居指数为 0. 475 2，其后依次为东北地区、东部地区和西部地区，生态宜居指数分别为 0. 431 3、0. 396 8 和 0. 341 7。经过 20 余年的乡村环境、公共服务和基础设施改善，各地区乡村环境发生了巨大变化：东部地区依靠优越的经济基础，农业产业发展更加绿色化，医疗养老环境也显著提升，生态宜居指数在 2022 年达到 0. 871 3，位居四大区域之首，西部地区依靠独特的生态资源优势，农业绿色发展水平较高，支撑其生态宜居指数在 2022 年达到 0. 798 9，中部地区和东北地区生态宜居发展速度相对缓慢，2022 年生态宜居指数分别为 0. 779 9 和 0. 754 8（图 4-4）。

从乡风文明发展状况看，2000 年东部地区、中部地区、西部地区和东北地区乡风文明指数分别为 0. 579 4、0. 434 3、0. 374 9 和 0. 298 9，其发展轨迹也基本遵循全国乡风文

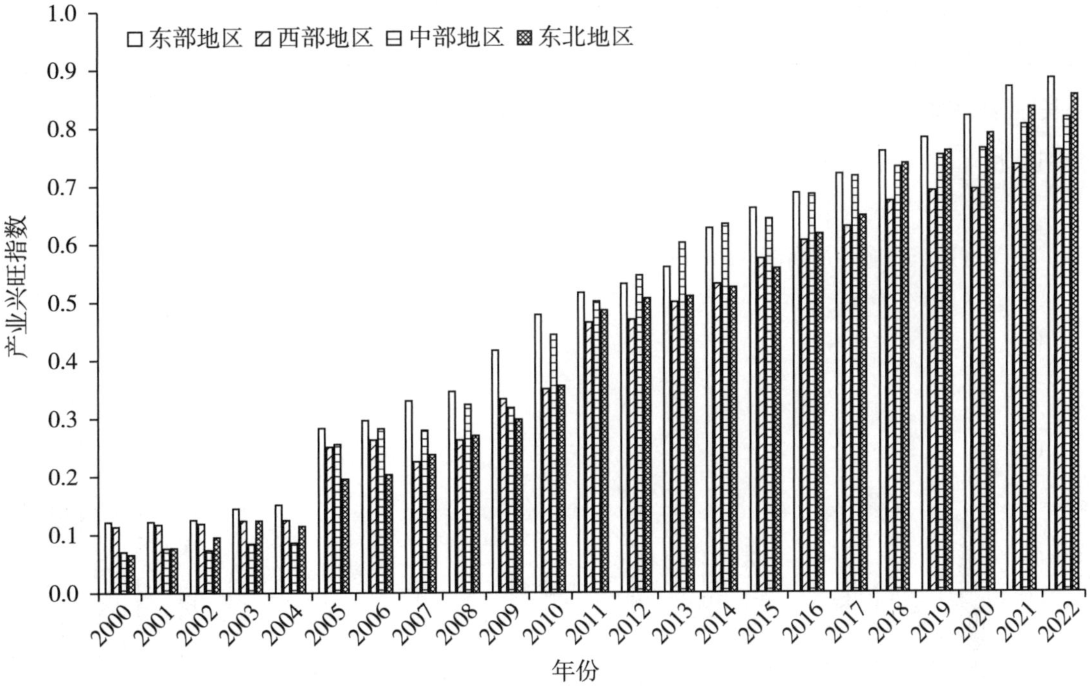

图 4-3　我国各区域产业兴旺指数发展态势

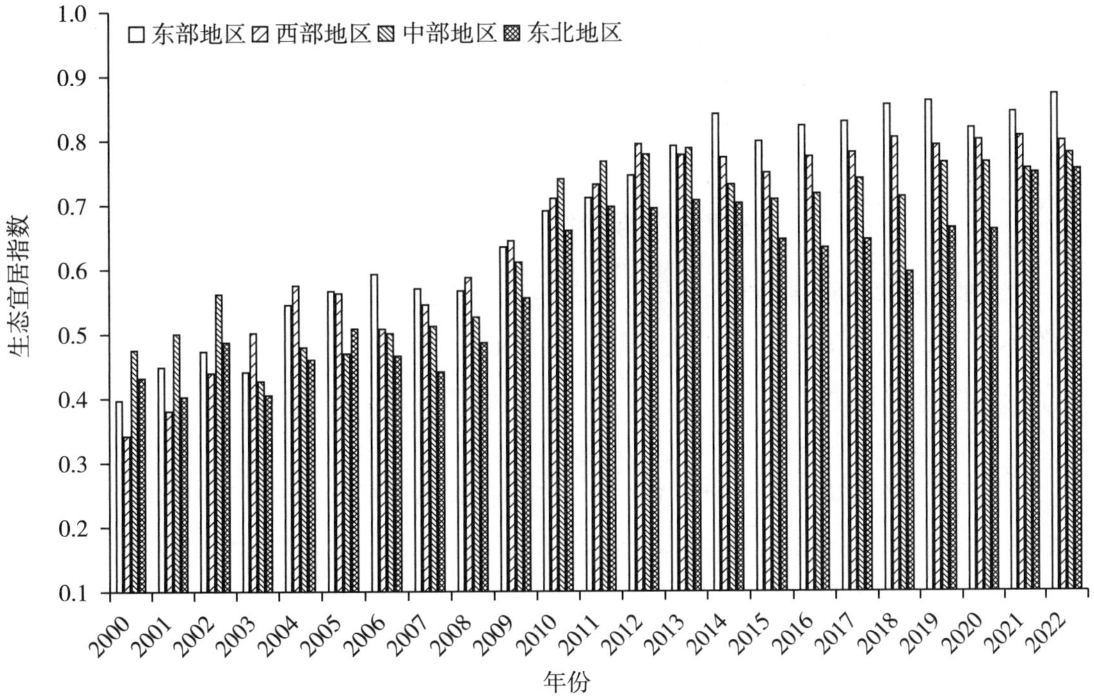

图 4-4　我国各区域生态宜居指数发展态势

明指数先降后升的变化规律。2022 年东部地区、西部地区、中部地区和东北地区乡风文明指数分别为 0. 663 4、0. 595 7、0. 554 8 和 0. 584 7，各区域中东北地区发展速度最快，增长了 95. 6%，西部地区位于第二位，增长了 58. 9%，其后依次为中部地区和东部地区，分别增长了 27. 8%和 14. 55%（图 4-5）。

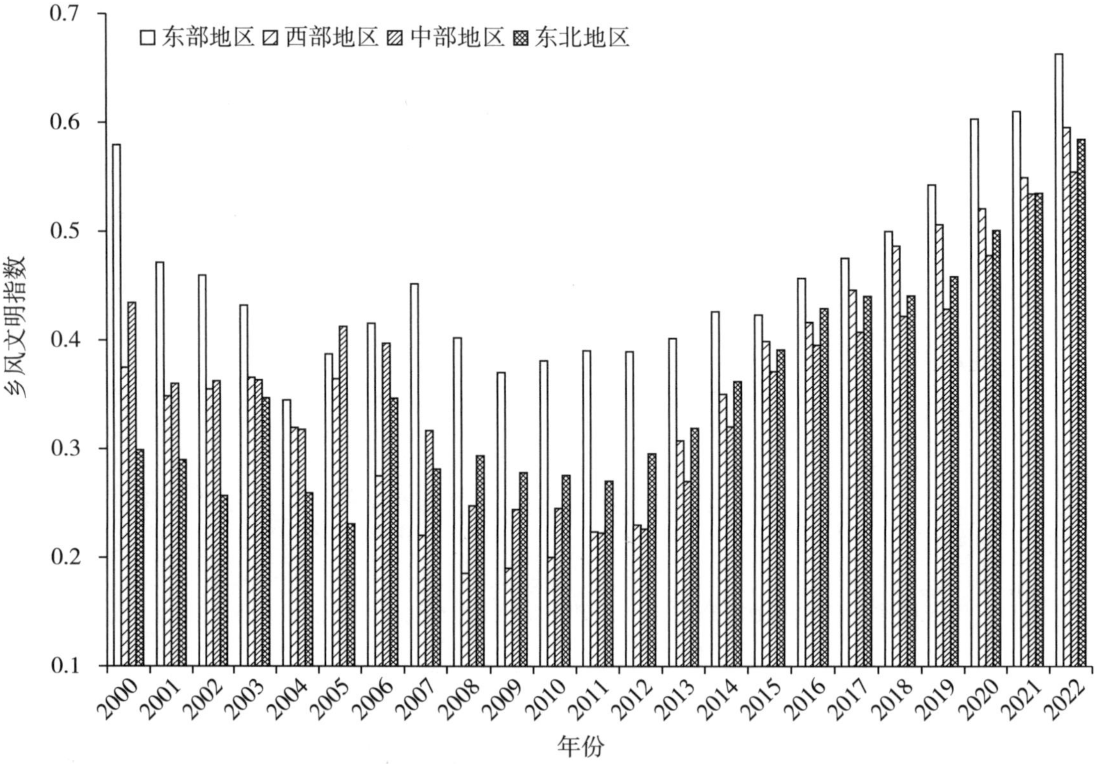

图 4-5　我国各区域乡风文明指数发展态势

从治理有效状况看，2000—2022 年中部地区、东部地区、西部地区和东北地区治理有效指数依次从 0. 642 1 上升到 0. 908 1、0. 686 7 上升到 0. 960 5、0. 566 1 上升到 0. 703 4、0. 649 5 上升到 0. 787 3，分别增长了 41. 4%、39. 9%、24. 3%和 21. 2%（图 4-6）。

从生活富裕指数看，四大地区的农民生活水平均有了较大提升，其中中部地区增长速度最快，生活富裕指数从 2000 年的 0. 018 8 提升到 2022 年的 0. 680 8，增长了 3 521. 28%；东部地区增速位居第二位，2022 年生活富裕指数达到 0. 735 7，指数水平位于四大地区之首；东北地区 2022 年生活富裕指数为 0. 673 8，位居第三位；西部地区以 0. 641 6 的得分位居第四位（图 4-7）。

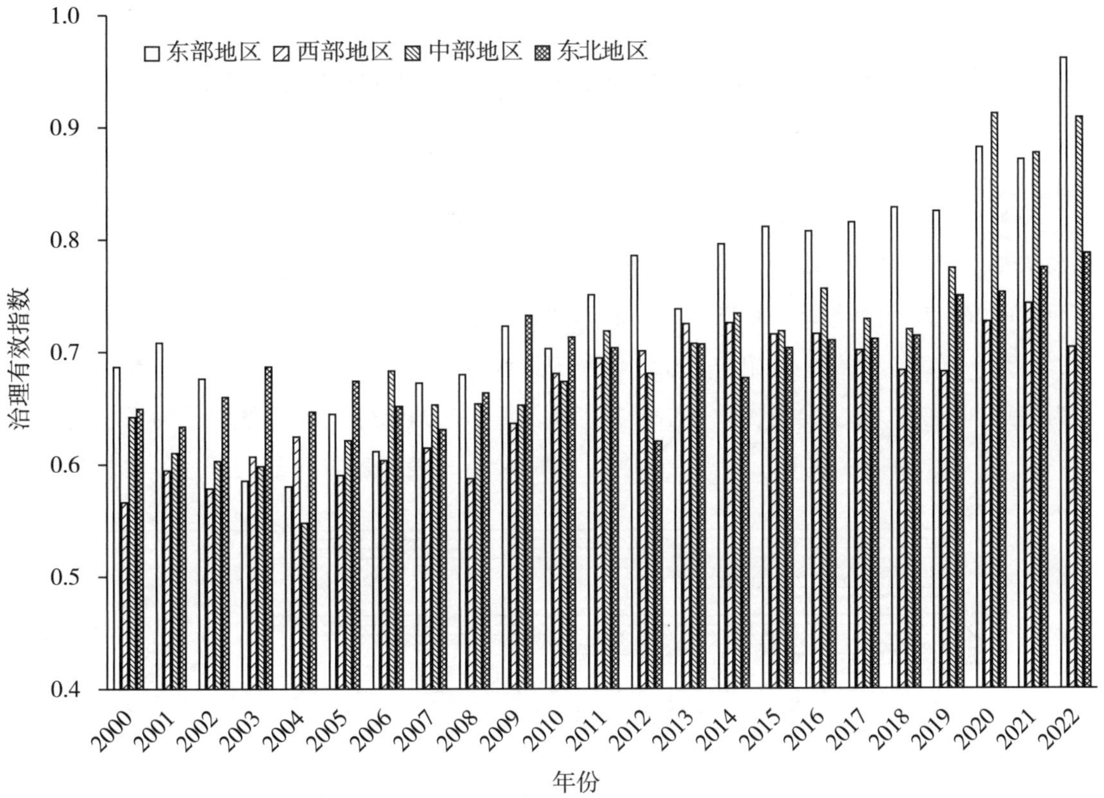

图 4-6　我国各区域治理有效指数发展态势

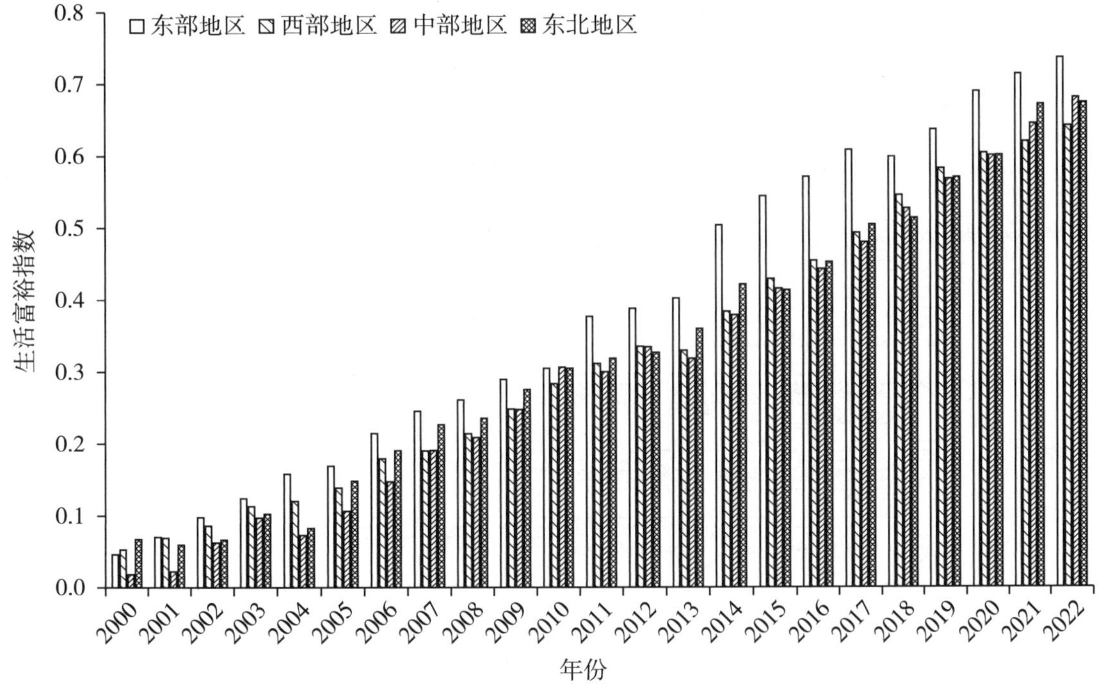

图 4-7　我国各区域生活富裕指数发展态势

第三节　西部地区乡村振兴发展水平评价分析

2000—2022 年，西部地区乡村振兴发展指数从 0.210 8 上升为 0.717 0，年均增速达到 5.72%。2000 年西部地区乡村振兴发展指数排名前三位的省份分别为四川（0.268 9）、陕西（0.268 2）和青海（0.257 3），低于西部地区平均值的省份共 6 个（内蒙古、广西、贵州、云南、西藏、甘肃）。2022 年西部地区乡村振兴发展指数排名前三位的省份分别为四川（0.787 7）、内蒙古（0.765 7）和广西（0.745 3），低于平均值的省份有 6 个（贵州、云南、西藏、陕西、青海、新疆）（图 4-8）。表明随着西部大开发、乡村振兴等

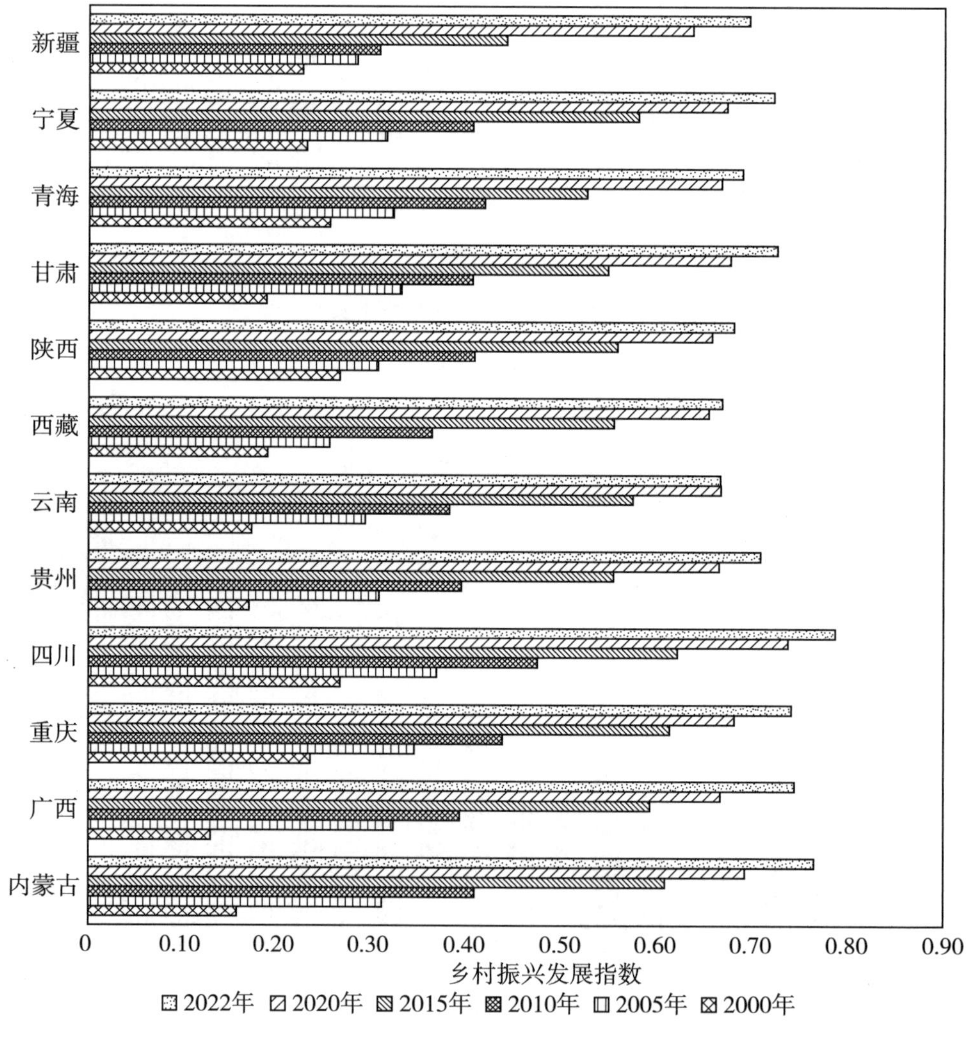

图 4-8　2000—2022 年西部 12 省份乡村振兴发展指数

战略的实施，西部地区乡村发展整体水平有了较大提升。同时也反映出西部地区内部各省份乡村发展状况存在一定差异，如青海、陕西、新疆、新疆等西北地区乡村发展指数在西部地区排名呈现下滑态势，此类地区亟须立足本地农情，探索适宜高寒、民族地区的乡村发展模式。

从产业兴旺维度看，2000—2022 年西部 12 个省份产业兴旺单项得分整体呈现上升趋势。产业兴旺指数从 0. 113 6 上升到 0. 759 7，增长了 5. 69 倍，表明大部分省份的产业基础得到了良好的发展，农业生产效益与生产效率均有了明显提升。从西部地区内部情况看，2000 年产业兴旺指数排名前三位的省份分别为四川（0. 257 2）、青海（0. 225 7）、新疆（0. 204 1），2022 年产业兴旺指数排名前三位的省份变化为四川（0. 890 4）、重庆（0. 832 5）、内蒙古（0. 800 2）。从发展速度看，2000—2022 年，西部地区产业兴旺指数发展最快的省份依次为内蒙古、广西和甘肃，分别增长了 26. 91 倍、21. 08 倍和 19. 77 倍（图 4-9）。

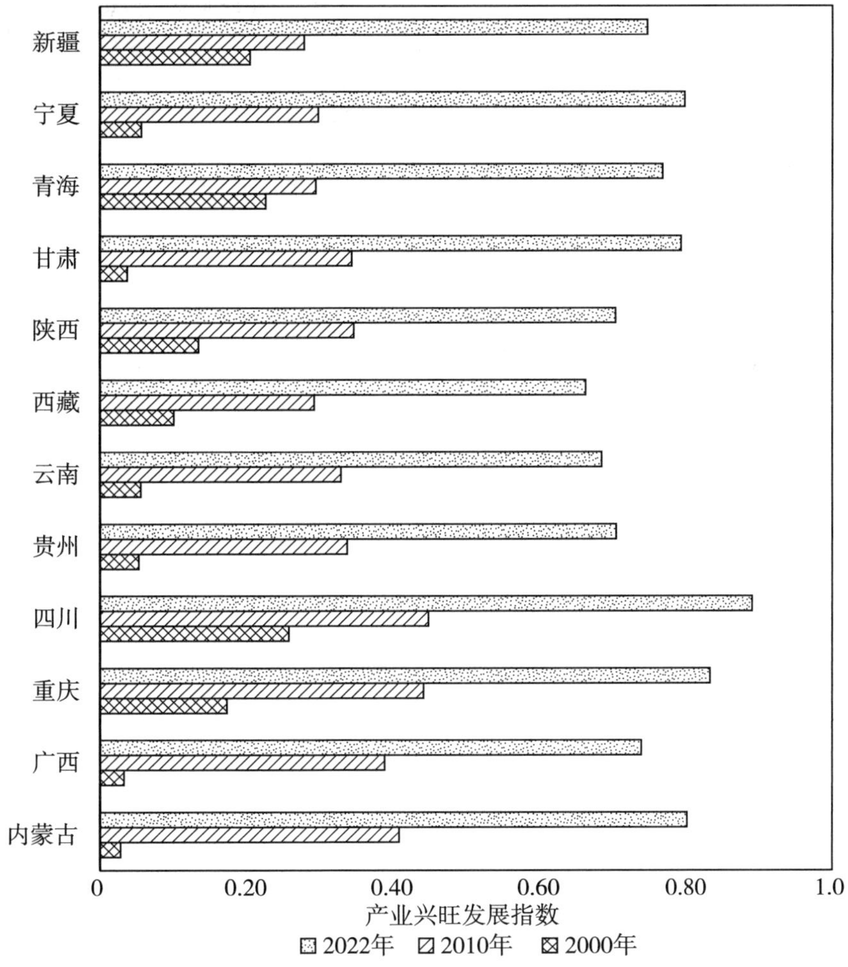

图 4-9　2000—2022 年西部 12 省份产业兴旺发展指数

从生态宜居维度看，西部地区基于良好的生态环境，生态宜居指数具有较好的本底，近年来保持缓慢增长的发展态势，各地区由于乡村建设方式的差异呈现出各异的发展态势。2000 年低于均值的省份共 6 个，包括广西（0.209 7）、重庆（0.300 7）、四川（0.316 3）、宁夏（0.309 0）、西藏（0.333 0）、内蒙古（0.359 7），生态宜居条件最好的为甘肃、陕西和贵州，生态宜居指数分别为 0.396 9、0.388 0、0.384 4。2022 年生态宜居指数低于平均值的省份变化为 7 个，分别为贵州（0.741 7）、陕西（0.744 7）、甘肃（0.755 5）、新疆（0.779 2）、宁夏（0.787 1）、西藏（0.793 0）和广西（0.794 7），生态宜居指数排名前三位的省份依次为内蒙古（0.898 2）、四川（0.867 1）和重庆（0.810 4）。从西部地区整体状况来看，各地区生态条件相似，农业绿色和乡村公共服务发展水平较为均等，各省份生态宜居指数差异较小，最大值与最小值之间仅有 0.16 的差距，发展速度也基本相当，年均增速基本维持在 3%～5%（图 4-10）。

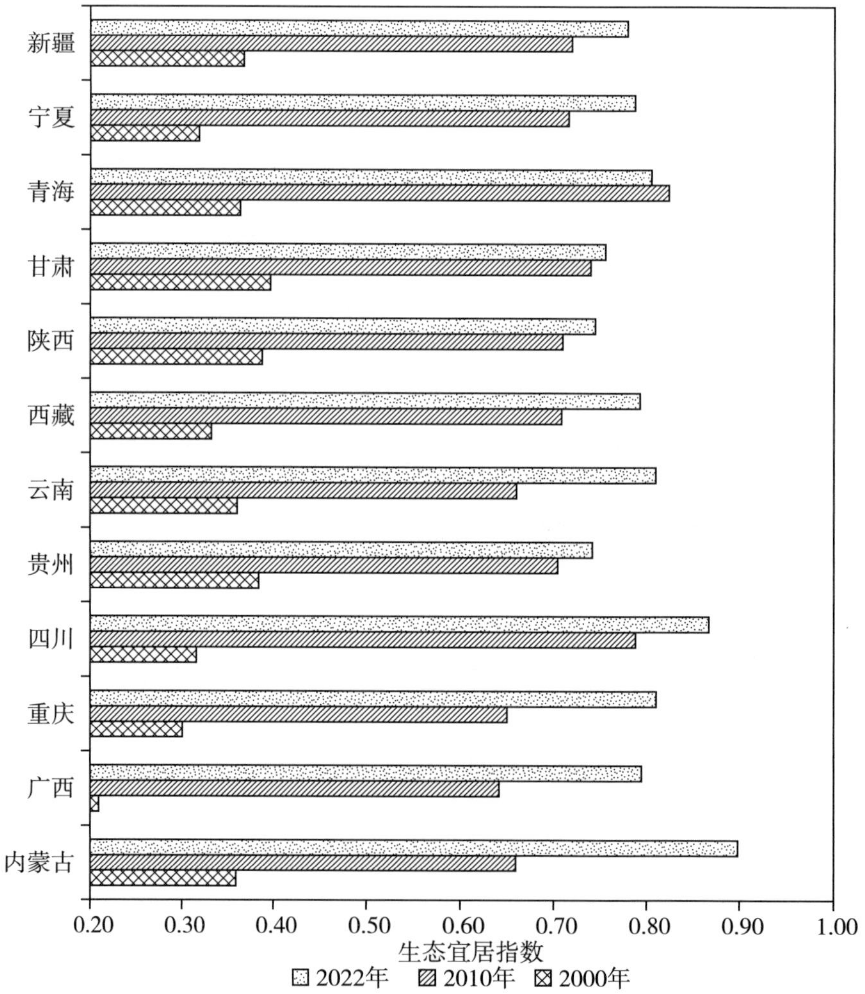

图 4-10　2000—2022 年西部 12 省份生态宜居指数

从乡风文明维度看，西部地区各省份乡风文明建设大致呈现先降后升的发展趋势，各地区乡风文明建设水平差异性较大。2000 年乡风文明指数排名前三位的省份分别为内蒙古（0.544 5）、宁夏（0.537 6）和陕西（0.482 8），2022 年排名前三位的省份变化为广西（0.752 6）、贵州（0.749 4）和内蒙古（0.683 7）（图 4-11）。

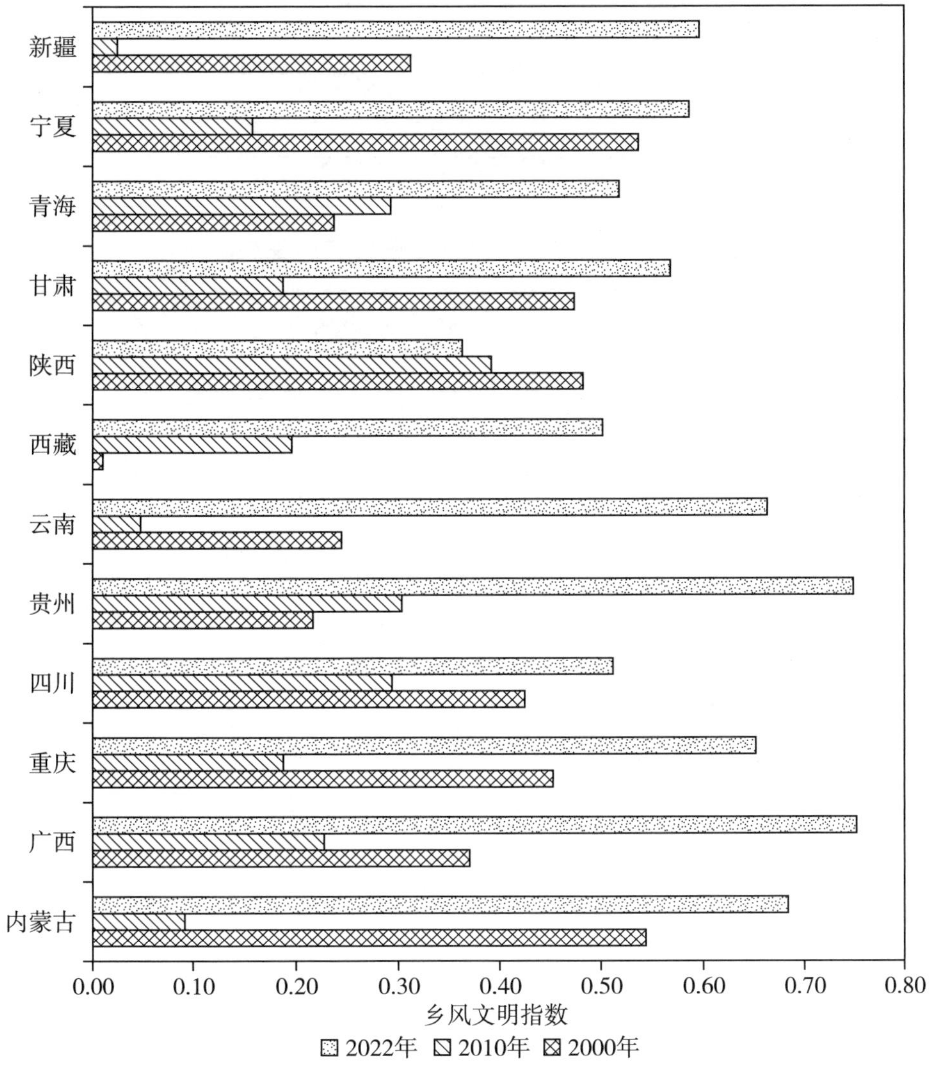

图 4-11　2000—2022 年西部 12 省份乡风文明指数

从治理有效维度看，西部 12 省份乡村治理水平差异性较小，基本维持平稳发展状态，年均增速维持在 3.5%以下，甘肃、宁夏和重庆治理有效指数还出现了负增长，表明随着城镇化和工业化推进，乡村老龄化程度加重，基层治理组织面临复杂的乡村环境，在工作人员数量和质量上还较为欠缺。2022 年治理有效水平相对较高的省份分别为陕西（0.858 3）、内蒙古（0.784 0）和广西（0.784 0），排名后三位的省份分别为青海

（0. 564 7）、云南（0. 567 2）和重庆（0. 567 2）（图 4-12）。

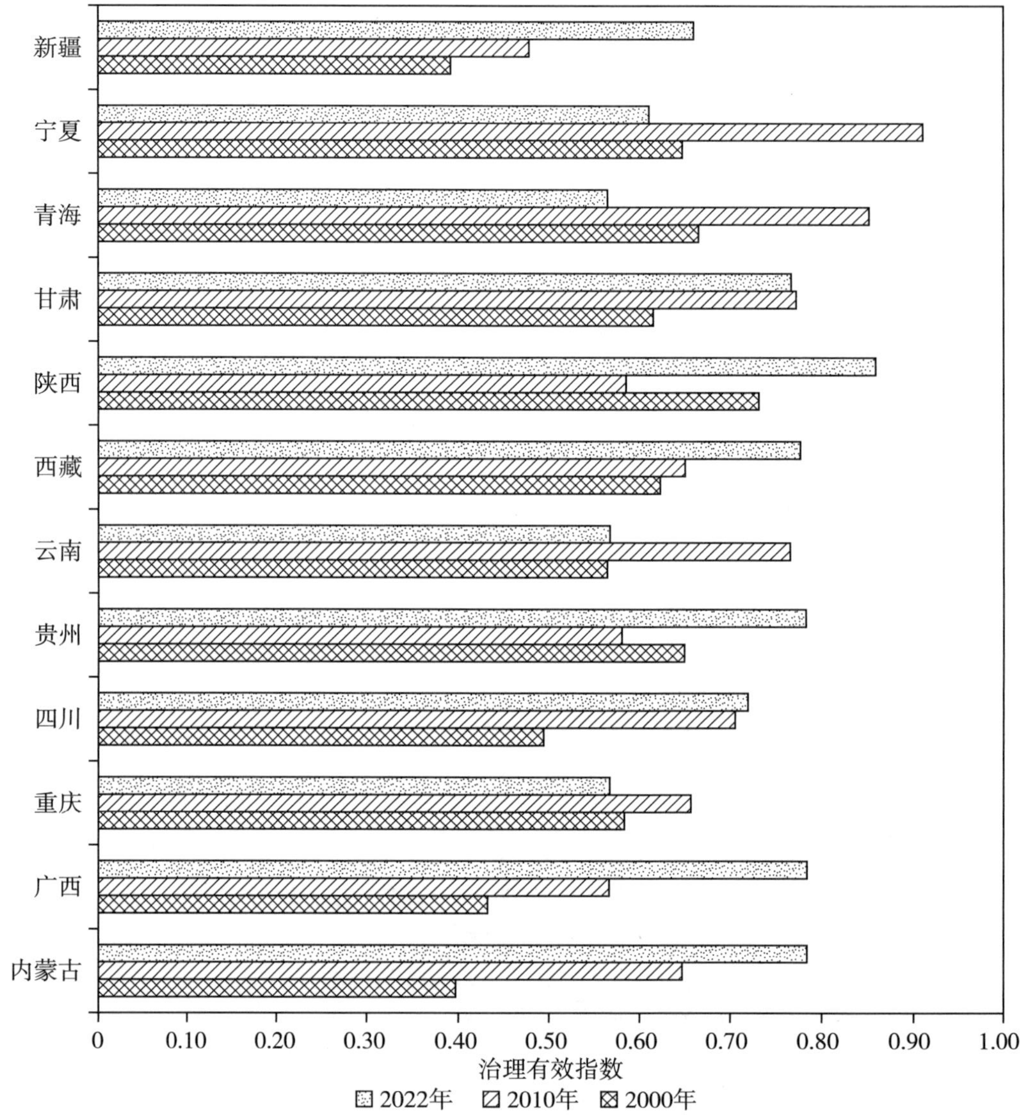

图 4-12　2000—2022 年西部 12 省份治理有效指数

从生活富裕维度看，随着脱贫攻坚、西部大开发、乡村振兴等重大战略的实施，西部地区农民收入水平有了较大改善，消费状况也明显提升，各省份生活富裕指数增长趋势明显。2022 年西部地区生活富裕指数排名前三位的省份为广西、四川和重庆，分别为 0. 709 1、0. 679 9 和 0. 653 2，得分低于平均值的省份共 7 个，分别为西藏（0. 634 9）、贵州（0. 634 0）、云南（0. 631 6）、陕西（0. 629 3）、青海（0. 620 2）、新疆（0. 612 8）和甘肃（0. 597 2）。从生活富裕指数的增速看，增速较快的省份分别为广西、贵州和青海，年均增速达到 51. 20%、50. 44%和 50. 29%（图 4-13）。

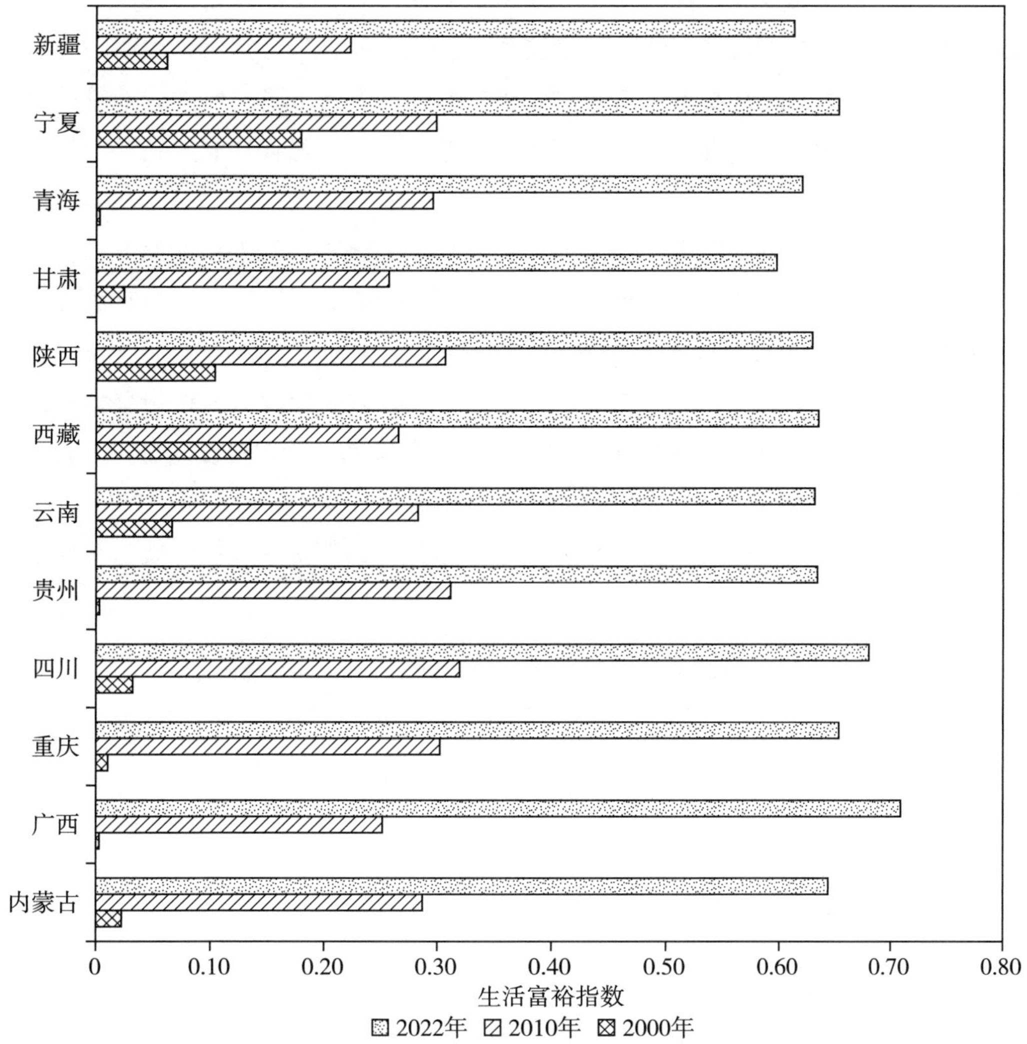

图 4-13 2000—2022 年西部 12 省份生活富裕指数

第四节 西部地区乡村振兴障碍度测评

为进一步了解乡村振兴和产业促进乡村全面振兴中的现实短板与突破口，本研究运用障碍度模型对西部地区乡村振兴和产业兴旺主要障碍因子进行诊断，进一步辨析制约乡村和农业产业高质量发展的现实因素。

一、乡村振兴五大维度障碍因子分析

2020 年，西部地区乡村振兴五大维度指标障碍度排序为产业兴旺＞生活富裕＞治理有效＞乡风文明＞生态宜居，2022 年治理有效障碍度抬升、生活富裕障碍度下降，各维度排序变化为产业兴旺＞治理有效＞生活富裕＞乡风文明＞生态宜居，表明随着生存生活改善，农民生活水平显著提升，对乡村发展的制约度有所下降，但同时随着城镇化水平提升，乡村老龄化程度加深，乡村治理难度不断加大，治理有效成为制约乡村发展的第二大因素。

产业兴旺维度的障碍度在考察期内基本稳定在 75%~80%，表明产业兴旺与乡村振兴之间存在较大的关联性，产业发展也是制约乡村振兴的最关键因素。生态宜居维度对乡村振兴的障碍度从 2000 年的 1.68%提升到 2022 年的 2.31%，表明乡村生产生活环境对乡村发展的制约度有所提升。乡风文明与治理有效维度在观察期内对乡村振兴的障碍度分别提升了 52.42%和 133.93%，表明西部地区乡村文化及基层治理建设还有待加强。生活富裕维度障碍度从 2000 年的 12.71%下降到 2022 年的 5.52%，下降了 56.57%，表明随着城镇化进程的推进，乡村居民生活水平有了显著提升，成为支撑乡村发展的重要推动力（表 4-4）。

表 4-4　2000 年、2010 年和 2022 年西部地区乡村振兴障碍度　　单位：%

维度	2000 年	2010 年	2022 年
产业兴旺	79.23	77.28	79.29
生态宜居	1.68	1.76	2.31
乡风文明	2.48	3.10	3.78
治理有效	3.89	6.25	9.10
生活富裕	12.71	11.61	5.52

二、西部地区各指标障碍因子分析

就各具体指标对乡村振兴发展的障碍度分析看，观察期内不同指标的障碍度呈现各异的变化趋势。2000 年西部地区乡村振兴障碍度排名前五位的指标分别为土地产出率、农业科技化水平、劳动生产率、人均耕地面积和财政支农力度，2022 障碍度排名前五位的指标变为农业科技化水平、乡村自治组织覆盖率、财政支农力度、固定资产投资和农产品出口率。从观察期内乡村振兴主要制约因素的变化可以看出，产业发展仍然是制约西部地区乡村振兴的主要因素，农业科技化水平是西部乡村产业发展亟须提升的主要因素，各地区需加快科技成果转化，打破农业科技运用的“最后一公里”。同时，2022 年障碍度分析显示财政支农和固定资产投资成为阻碍乡村发展的主要因素，表明政府及社会对农业农村投资的力度还有待提升，与城市建设相比，乡村各类投资仍显不足，资金投入成为农业产业和乡村发展的重要制约因素。乡村自治组织覆盖率指标对乡村振兴的障碍度从 2000 年的 1.82%上升到 2022 年的 8.77%，提升了 381.87%，表明乡村自治组织服务能力还有待提升，村委会管理和组织能力仍需强化（图 4-14）。

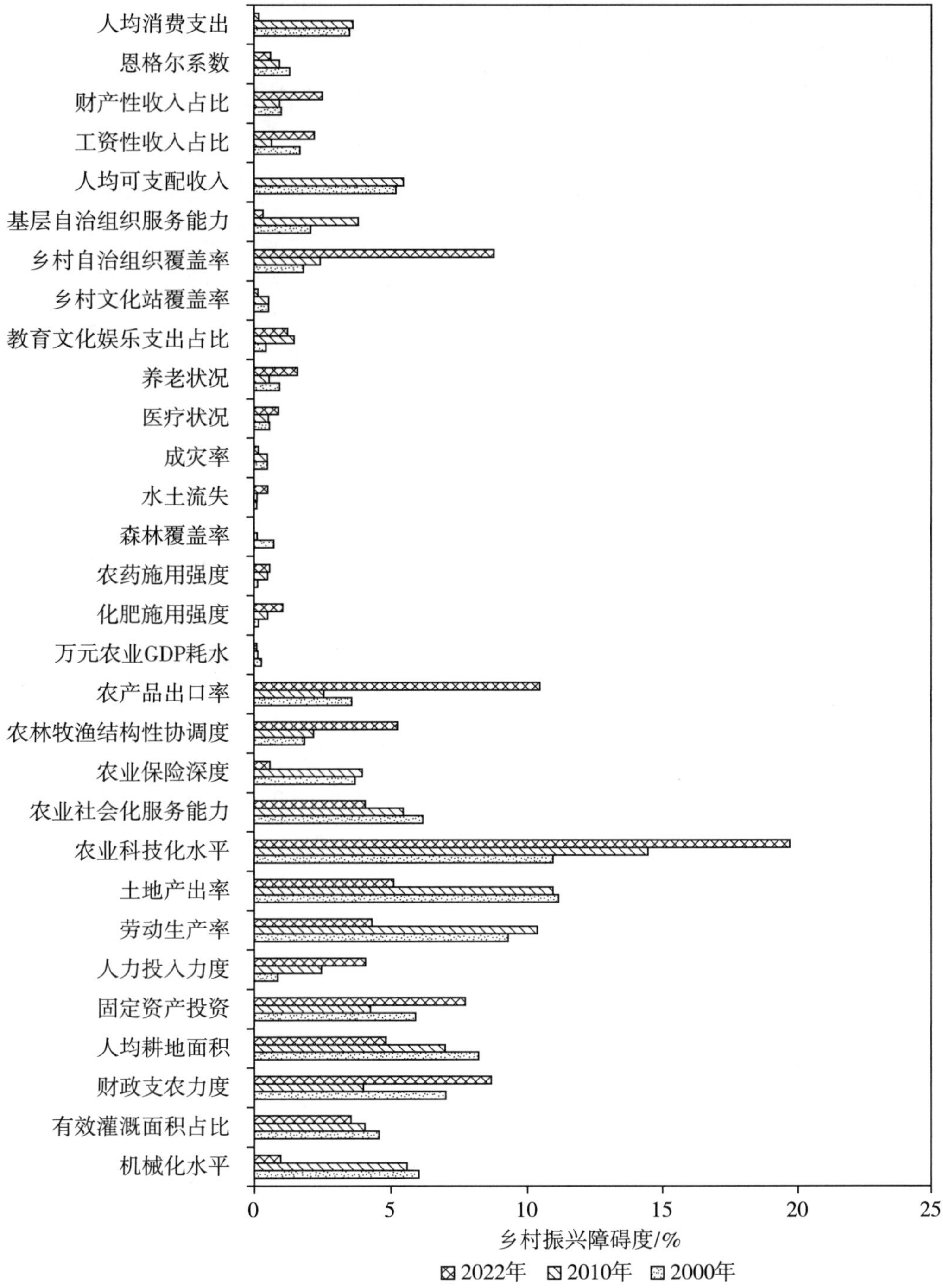

图 4-14　2000 年、2010 年和 2022 年乡村振兴各指标障碍度分析

三、西部地区产业兴旺维度障碍度分析

根据障碍度诊断模型计算西部12省份2000—2022年产业兴旺障碍度值，按照单项指标障碍度均值大小由高到低排序，并筛选出各省障碍度均值居于前三的指标，以此对影响西部地区产业高质量发展的障碍因子进行诊断分析。

2000年西部地区产业兴旺的第一障碍因子集中在农业科技化水平和劳动土地产出率上，其中内蒙古、广西、贵州、云南、西藏和新疆6省的第一障碍因子为农业科技化水平，障碍度分别为11.87%、11.45%、10.92%、11.48%、12.45%和12.02%；重庆、四川、陕西、甘肃、青海、宁夏6省的第一障碍因子为土地产出率，障碍度分别为10.85%、11.79%、11.28%、11.31%、11.95%和11.17%。第二障碍因子集中在土地产出率、农业科技化水平和劳动生产率上，其中内蒙古、广西、贵州、云南、西藏、新疆的第二障碍因子为土地产出率，其障碍度分别为10.72%、10.91%、10.31%、10.91%、11.44%和11.36%；重庆、四川、甘肃、青海、宁夏第二障碍因子则为农业科技化水平，障碍度分别为10.56%、10.42%、10.67%、11.42%和10.73%；陕西第二障碍因子为劳动生产率，障碍度为9.41%。第三障碍因子集中在劳动生产率和人均耕地面积上，其中内蒙古、广西、重庆、四川、贵州、云南、西藏、甘肃、青海、宁夏和新疆第三障碍度均为劳动生产率，障碍度分别为8.94%、9.09%、9.05%、9.83%、8.50%、9.09%、9.54%、9.43%、9.96%、9.31%和9.47%；陕西省第三障碍因子为人均耕地面积，障碍度为9.27%（表4-5）。

2022年西部地区12省份的第一障碍因子均为农业科技化水平，障碍度在24%~46%，表明现阶段农业科技仍然是阻碍西部地区农业产业发展的根本原因。第二障碍因子集中在农产品出口率、人均耕地面积、财政支农力度和固定资产投资上，其中重庆、四川、云南、西藏、甘肃、青海6省第二障碍因子为农产品出口率，障碍度分别为12.27%、12.64%、13.40%、15.60%、12.20%和10.86%；广西、贵州、陕西3省第二障碍因子为人均耕地面积，障碍度分别为12.30%、11.38%和14.82%；内蒙古和宁夏为财政支农力度，障碍度为9.18%和9.34%；新疆为固定资产投资，障碍度为14.02%。第三障碍因子则集中在固定资产投资、财政支农力度、农产品出口率和农林牧渔结构协调度上，其中内蒙古、重庆、四川、贵州、青海、宁夏6省第三障碍因子为固定资产投资，障碍度为8.70%、11.51%、10.32%、11.12%、9.88%和9.11%；云南、西藏、甘肃3省第三障碍因子为财政支农力度，障碍度为12.17%、10.53%和8.53%；陕西和新疆2省第三障碍因子为农产品出口率，障碍度为11.96%和11.15%；广西第三障碍因子为农林牧渔结构性协调度，障碍度为7.60%（表4-6）。

表 4-5　2000 年西部地区产业兴旺障碍度分析

单位:%

障碍因子	障碍度											
	内蒙古	广西	重庆	四川	贵州	云南	西藏	陕西	甘肃	青海	宁夏	新疆
机械化水平	5.81	5.91	5.88	6.38	5.45	5.91	6.20	6.11	6.12	6.40	6.05	6.15
有效灌溉面积占比	3.70	5.45	2.26	2.15	5.15	5.45	5.51	5.44	5.64	4.50	5.58	3.90
财政支农力度	6.73	6.85	6.81	7.40	6.47	6.85	7.18	7.08	7.10	7.50	7.01	7.13
人均耕地面积	8.85	8.92	8.63	9.48	8.02	8.58	7.29	9.27	9.40	5.16	8.49	6.08
固定资产投资	6.20	6.31	6.27	6.76	5.96	6.31	0.00	6.52	6.54	6.91	6.32	6.57
人力投入力度	1.75	2.25	0.16	0.46	1.45	0.00	0.00	1.81	0.00	0.43	0.77	1.18
劳动生产率	8.94	9.09	9.05	9.83	8.50	9.09	9.54	9.41	9.43	9.96	9.31	9.47
土地产出率	10.72	10.91	10.85	11.79	10.31	10.91	11.44	11.28	11.31	11.95	11.17	11.36
农业科技化水平	11.87	11.45	10.56	10.42	10.92	11.48	12.45	7.30	10.67	11.42	10.73	12.02
农业社会化服务能力	5.93	6.04	6.01	6.52	5.70	6.04	6.32	6.24	6.26	6.61	6.18	6.29
农业保险深度	3.64	3.64	3.68	4.00	3.50	3.34	3.88	3.75	3.81	3.98	3.79	3.49
农林牧渔结构性协调度	2.59	0.85	1.16	2.36	1.69	2.65	2.72	2.15	1.43	1.98	1.67	1.03
农产品出口率	3.95	4.22	2.46	1.92	3.99	4.00	4.09	3.94	4.38	2.72	4.13	2.99

表 4-6 2022 年西部地区产业兴旺障碍度分析

单位:%

障碍因子	障碍度											
	内蒙古	广西	重庆	四川	贵州	云南	西藏	陕西	甘肃	青海	宁夏	新疆
机械化水平	0.00	0.70	0.77	1.13	1.34	1.91	0.00	0.96	0.00	0.50	3.75	0.73
有效灌溉面积占比	6.20	4.80	9.33	6.96	0.00	0.00	0.00	5.03	2.35	5.43	0.00	1.97
财政支农力度	9.18	7.25	9.03	6.86	10.53	12.17	10.53	4.82	8.53	7.81	9.34	8.50
人均耕地面积	0.01	12.30	2.95	6.96	11.38	5.95	0.01	14.82	0.01	0.01	0.01	0.01
固定资产投资	8.70	1.88	11.51	10.32	11.12	0.00	0.00	7.82	6.45	9.88	9.11	14.02
人力投入力度	0.70	6.58	0.00	0.00	3.23	2.05	9.55	4.38	4.49	5.02	4.74	8.01
劳动生产率	0.00	0.00	0.37	0.35	1.70	0.00	0.00	0.00	0.00	0.00	1.27	0.00
土地产出率	0.00	0.00	0.00	0.00	0.00	0.00	0.00	0.00	0.00	0.00	0.00	0.00
农业科技化水平	38.07	32.24	24.76	31.76	30.26	34.15	45.79	24.05	34.67	33.27	35.19	33.80
农业社会化服务能力	0.00	0.00	0.00	0.00	0.00	0.00	0.00	0.00	0.92	0.00	0.00	0.00
农业保险深度	0.00	0.00	0.00	0.68	0.00	1.27	0.00	0.00	0.00	0.00	2.13	3.01
农林牧渔结构性协调度	3.38	7.60	7.32	8.98	7.33	5.20	7.52	7.57	0.86	4.63	0.00	1.93
农产品出口率	6.68	7.21	12.27	12.64	4.88	13.40	15.60	11.96	12.20	10.86	8.24	11.15

综上，2000—2022 年西部地区产业兴旺排名前三的障碍因子的障碍度从 30%左右上升到 50%左右，同时障碍因子分布呈现出从集中到分散的变化趋势，表明通过前期建设，乡村产业的科技、技术短板得到改善，劳动生产率明显提升，阻滞产业高质量发展的制约因素向资金、土地和产业发展结构转变，并且成为制约产业高质量发展的关键因素，产业发展进入多要素融合和高质量驱动的第二阶段。

第五章

西部地区粮食产业发展典型案例研究

西部地区粮食播种面积和产量分别占全国的 29.27%和 26.10%，其粮食和重要农产品供给是全方位夯实我国粮食安全根基的重要组成部分，西部地区粮食安全是否稳定、粮食供应是否充足将直接影响我国粮食安全大局。西部地区作为玉米、豆类、薯类的主要产区和青稞、藜麦、小米、燕麦等杂粮的中高端优势产区，其粮食产能提升对新增千亿斤粮食意义重大。在 2009 年实施的第一轮“千亿斤粮食产能提升行动”中，西部地区全力夯实“藏粮于地、藏粮于技”物质基础，稳住面积、主攻单产，实现粮食面积、总产、单产“三增”局面，供应了优质的西部粮，为国家粮食安全作出了积极贡献。

第一节　粮食产业发展的主要优势与现实问题

一、主要优势

在发展环境上，党的十八大以来，党和政府相继实施脱贫攻坚、乡村振兴、新时代西部大开发、全面推进乡村振兴和农业强国等重大战略，持续加大对西部农业农村发展投入，助推西部农业发展和粮食产业进入新的历史阶段。新时期，随着国际、国内形势的变化，全球产业链和价值链的重构为西部粮食产业高质量发展营造重要机遇，“一带一路”倡议的政策效应为西部粮食产业高质量发展创造了共赢环境，经济“双循环”战略的提出为西部粮食产业高质量发展提供了政策环境。从国际环境看，西部地区是丝绸之路经济带的核心区域，连接着广大的“一带一路”合作伙伴，自古以来西部地区就与中亚国家在粮食领域展开了诸多合作，现阶段西部地区与邻国间在技术、资本、劳动力等方面具有互补性，区域间要素自由流动、资源高效配置和市场深度融合，为西部地区粮食产业发展提供了良好的外部条件。从国家战略看，国内大循环是实现经济“双循环”战略目标的关键，西部农村地区拥有低成本的粮食生产要素、庞大的内在需求和消费市场，是畅通内循环的重要区域。同时，中东部地区先进的技术、雄厚的资本和成熟的粮食产业发展模式等要素将持续向西部地区转移，成为倒逼西部粮食产业升级、结构调整、模式创新和政策优化的强劲动力。伴随着全面推进乡村振兴和新时代西部大开发战略的进一步深入，西部与中东部地区间农业资源要素流通障碍将进一步打破，人才、资金、技术和数据等生产要素将在区域间自由流动，在外部环境上为西部地区粮食产业高质量发展提供了难得的机遇。

从内部条件看，西部地区在发展特色粮食产业方面具有得天独厚的自然优势。一是气候条件独特，利于错季粮食作物生长。西部地区大部分地区海拔较高，日照充足，与平原地区气候具有较大差异，独特的气候和资源条件利于发展其他地区无法模仿的天然错季粮食产业。二是生态环境条件优越，利于高品质粮食产品生长。粮食产品具有较强的自然环境依附性，西部大部分地区热量充足、光照强，昼夜温差大，利于有机质和糖分积累，有冰雪融水作为灌溉水源，塑造了肥沃的土壤和优越的生态自然环境，病虫害相对较少，有利于无公害、天然型、生态型绿色农产品生长。如天山山麓、昆仑山山麓、阿尔泰山山麓属于典型的季风气候，年平均气温 24.3℃，四季如春，日照充足，平均年降水量为 1 676 毫米，土壤肥沃、水源充足，发展名特优粮食作物具有得天独厚的条件。内蒙古、贵州和甘肃的马铃薯，内蒙古和陕西的小米均在全国处于优势地位。三是自然条件独特，利于粮食特色品牌打造。西部地区独特的自然条件、广阔的消费潜力为粮食特色品牌创建和优化奠定了良好的基础。甘肃省围绕“陇上好粮油”全面提升粮油产品绿色化、优质化、特色化，推动了甘肃省粮食产业转型升级；陕西省以“陕西好粮油”区域公用品牌为引领，协同打造了“关中优质小麦”“榆林荞麦”“汉中洋县黑米”“商洛玉米”等特色子品牌。四是生物资源丰富且多样，利于优化粮食品种结构。生物多样性是人类赖以生存的基础，在维护生态功能、应对气候变化、保障生态安全等方面具有十分重要的作用，是生态安全和粮食安全的重要保障。西部地区独特的气候条件和生态资源利于生物物种资源生长和发育，野生和珍稀物种多、经济利用价值高，有利于优化粮食作物品种结构。如黄土高原地区是我国杂粮生产的优势区，主要作物包括糜、黍、小麦、莜麦、荞麦、大麦等。五是历史文化悠久，利于粮食产业融合发展。西部地区是我国华夏文明的源头，我国认定的 55 个少数民族中，有近 50 个少数民族世居在西部地区。秦汉以来，东西部文化在此交汇融合，形成了多源发生、多元并存、多维发展的多民族地方文化，增强了农业产业发展的文化基础，利于粮食产业拓展产业功能，探索融合发展道路。

二、现实问题

西部大多数省份既是经济欠发达地区，也是地处边陲的内陆多民族地区；既是我国粮食和重要农产品生产基地，也是农业发展比较落后、农业生产条件比较恶劣的地区。因此，西部地区粮食产业高质量和可持续发展面临着较多考验和挑战，不仅资源禀赋、基础设施、科技创新等未良好支撑粮食产业增产稳产，在生产成本、比较效益、产业融合、资金支持等方面也落后于中东部地区。

1. 自然资源禀赋局限性明显，粮食生产受水土资源约束大

2021 年西部地区耕地面积 72 230.55 万亩，占全国耕地总量的 37.66%，水资源总量

为 16 067. 5 亿米^3，占全国水资源总量的 50%以上（表 5-1），耕地资源及水资源在全国具有一定规模优势，但耕地、水资源在西部内部分布存在较大差异，与其他地区相比，农业生产资源存在较强的短板约束。从水资源来看，西部地区水资源丰富，占全国总量的 54. 21%，但是农业用水量相对不足，占比不足全国农业用水总量的 40%。同时，各地区之间水资源空间分布不均情况突出，如西南六省总面积占西部地区总面积的 38%，水资源总量占比达到 76. 75%，而西北六省总面积占西部地区总面积的 62%，但水资源总量占比仅为 23. 25%，水资源总量最多的西藏是水资源总量最少的宁夏的 474 倍（图 5-1），水资源地域差异较大。从耕地资源看，西部地区地形地貌复杂，拥有全国超过半数的山区县和黄土高原县，沟壑、丘陵、盆地等地形较多，耕地分散，大多数耕地耕种难度大、投入成本高、风险可控性较差，粮食作物发展条件相对其他地区局限性明显。西部地区多年来粗放型的生产方式给农业生态环境造成较大压力，农业生产中农药化肥不合理施用、超环境承载能力放牧和过度开垦等现象普遍，土壤肥力受损，耕地质量不容乐观。如四川、重庆、贵州、云南等西南地区稻田土壤酸化、潜育化，部分水田冷、烂、毒问题突出，山区耕地土层薄、地块小、砾石含量多，土壤有机质含量低，季节性干旱严重；陕西、甘肃、宁夏、青海、新疆、西藏等西北地区耕地贫瘠，土壤盐渍化、沙化和地膜残留污染严重，地力退化明显，土壤有机质含量低，保水保肥能力差，干旱缺水。

表 5-1　2005—2021 年西部地区水资源和农业用水量及占全国比重

年份	水资源		农业用水	
	西部地区总量/亿米^3	西部地区占全国比重/%	西部地区总量/亿米^3	西部地区占全国比重/%
2005	15 349. 1	54. 71	1 406. 7	39. 29
2006	13 214. 7	52. 17	1 410. 1	38. 48
2007	14 418	57. 09	1 389. 3	38. 60
2008	15 751. 2	57. 41	1 391. 3	37. 98
2009	13 449. 6	55. 62	1 385. 6	37. 22
2010	15 328. 8	49. 60	1 375. 8	37. 29
2011	13 506. 2	58. 07	1 382. 3	36. 92
2012	15 291. 3	51. 78	1 495. 8	38. 33
2013	15 079. 2	53. 94	1 485. 6	37. 88
2014	15 165. 9	55. 62	1 486. 2	38. 41
2015	14 552. 9	52. 04	1 493. 8	38. 78
2016	15 503. 7	47. 75	1 469. 2	38. 99
2017	16 328. 2	56. 77	1 454. 9	38. 63
2018	16 152. 8	58. 82	1 427. 3	38. 65
2019	15 570. 9	53. 62	1 436	39. 00

（续表）

年份	水资源		农业用水	
	西部地区总量/亿米^3	西部地区占全国比重/%	西部地区总量/亿米^3	西部地区占全国比重/%
2020	16 999.5	53.79	1 410.8	39.05
2021	16 067.5	54.21	1 455.4	39.94

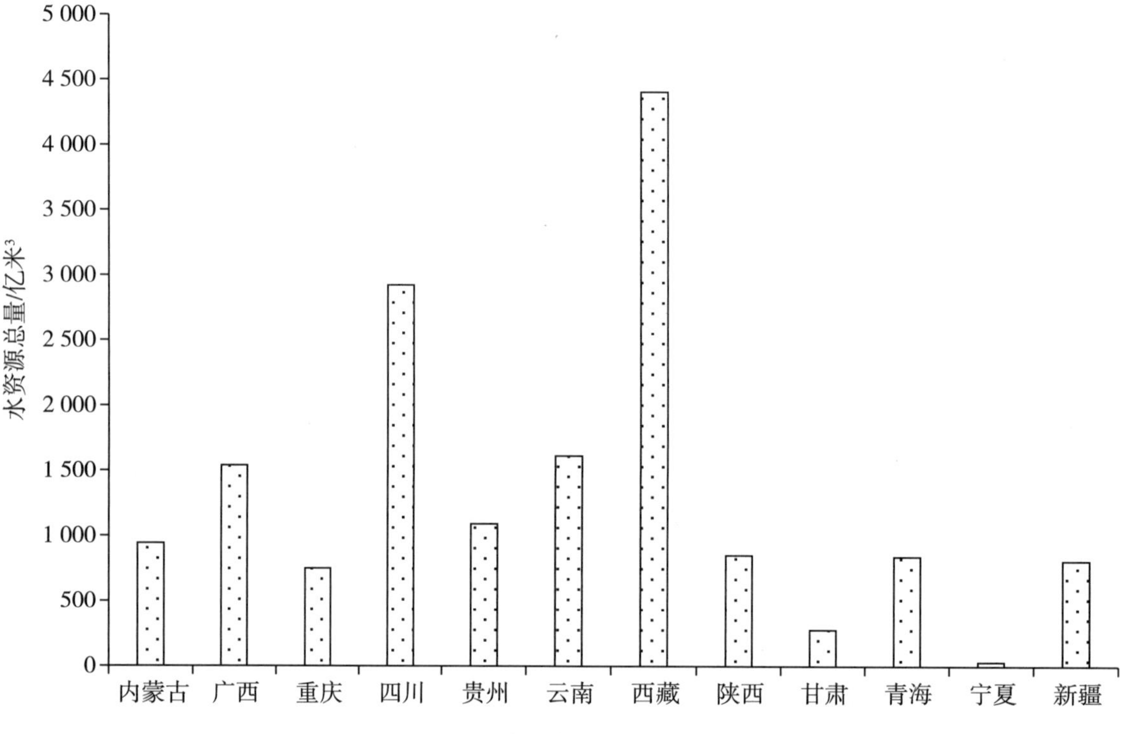

图 5-1　2021 年西部地区水资源情况

2. 基础设施建设难度更大，生产标准化和规模化进程缓慢

西部地区农业生产条件复杂，农田水利建设成本较高，农业基础设施建设进程相对滞后，阻碍了粮食生产标准化和规模化进程。一是高标准农田占耕地比重低于全国水平，对粮食产业的支撑力不足。西部地区高标准农田建设面积为 28 445 万亩，占耕地面积的 40%，低于全国 52%的平均水平。同时，与其他地区相比，西部地区高标准农田建设难度更大、投入更高，维护成本也相对较高，随着优质耕地资源被逐渐被开发，未来高标准农田建设与维护难度将不断加大，基础设施支撑粮食产业高质量发展难度也将进一步拉大。二是农田水利设施建设和管理难度大，已建成基础设施效果不如东中部地区。西部地区与中部及东部地区相比农田水利设施建设难度大，农田灌溉系统既要满足农田灌溉需求，还要满足湿地、林地、草地和湖泊的补水需要，补水、供水设计难度大，水利设施建设成本高。同时，受地形复杂、气候恶劣等因素影响，已建成农田灌溉系统存在管

道易损毁、堵塞，管护不到位等问题，使农田灌溉系统无法达到理想应用效果。2021 年西部地区实际耕地灌溉面积 26 335.35 万亩，占耕地面积的 36.46%，较全国平均水平低 11.18 个百分点（图 5-2）；节水灌溉类机械仅为 57.7 万套，占全国 22.40%，远不如中东部地区。三是农业电力设施对粮食增产支撑效应不明显。农业电力设施是其他农业基础设施（尤其是农田水利设施）发挥作用的“先行基础设施”，但西部地区农业电力等基础设施建设难度大、成本高，农村电力基础设施相对薄弱，多数变压器老化失修且性能较差，生产性供电设施存在供电水平低、设备维修质量不高、养护责任不明确等瓶颈，难以适应良田排灌动力和生产用电量日益增长的需求。2021 年西部地区农村用电量为 1 655.2 万千瓦时，仅占全国的 24.57%。

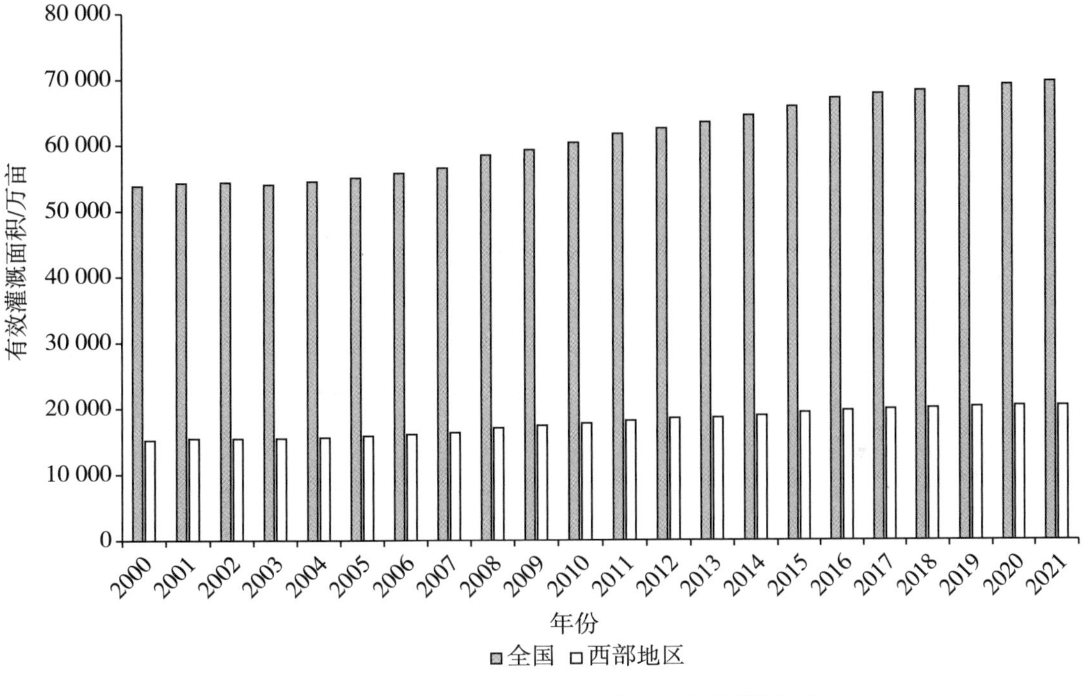

图 5-2　2010—2021 年全国及西部地区有效灌溉面积

3. 粮食生产成本高于全国平均水平，种粮利润空间更窄

与全国其他地区相比，西部地区耕地细碎化、粮食生产小规模特性更为突出，较小的经营规模导致粮食生产者不具备与农业生产资料提供者和粮食收购经纪人、企业讨价还价的能力，粮食生产主体获得的利润增值极其有限。一是，从生产成本看，受制于资源、技术等因素制约，西部地区粮食生产成本较全国平均水平更高。2020 年西部地区 3 种粮食（水稻、小麦、玉米三大主粮，后同）平均总成本为 1 127.16 元/亩，高于全国平均水平，其中 3 种粮食平均生产成本为 954.43 元/亩，较全国平均水平高 73.24 元/亩；直接费用为 370.59 元/亩，较全国平均水平低 80.64 元/亩；人工成本为

569.81元/亩，较全国平均水平高156.65元/亩；土地成本为172.74元/亩，较全国平均水平低66.08元/亩（表5-2）。不难看出，由于机械、生物等物质投资相对较弱，西部地区粮食生产对劳动力依赖程度更高，人工成本占粮食总成本比重高达50.88%，受此影响，粮食生产成本居高不下。二是，从粮食生产利润看，受粮食成本不断上涨和粮食生产价格“天花板”双重影响，西部地区粮食生产利润空间已降为负值，严重影响了各类种粮主体的积极性。西部地区粮食销售价格长期低于全国平均水平，2020年西部地区3种粮食平均销售价格为109.33元/50千克，较全国平均水平低13.05元/50千克，3种粮食平均净利润降为-33.66元/亩，利润率为-2.12%，净利润和利润率已连续8年降为负值。受此影响，粮食生产仅能依靠政府补贴获益，农业经营者倾向于种植经济效益更高、生长周期更短的经济作物，这种趋势导致农村地区基本农田出现了较为严重的“非粮化”现象，甚至出现了部分农户弃耕抛荒，2021年西部地区流转耕地非粮化比例达到61.53%，较全国平均水平高19.63个百分点（表5-3）。

表5-2　全国及西部地区3种粮食平均生产成本及利润情况

指标	地区	2005年	2010年	2015年	2020年
总成本/（元/亩）	全国	425.05	672.63	1 090.10	1 120.01
	西部地区	441.36	651.18	1 073.63	1 127.16
生产成本/（元/亩）	全国	363.03	539.35	872.34	881.19
	西部地区	395.26	563.40	934.80	954.43
人工成本/（元/亩）	全国	151.42	226.86	447.30	413.16
	西部地区	202.94	292.33	587.51	569.81
土地成本/（元/亩）	全国	62.02	133.28	217.76	238.82
	西部地区	46.10	96.10	138.83	172.74
直接费用/（元/亩）	全国	203.61	303.93	411.18	451.23
	西部地区	186.01	255.92	336.37	370.59
净利润/（元/亩）	全国	122.55	227.22	19.49	46.73
	西部地区	61.30	158.12	-146.10	-33.66
成本利润率/%	全国	27.65	32.76	1.15	3.91
	西部地区	10.65	18.81	-11.02	-2.12
平均出售价格/（元/每50千克）	全国	67.29	103.24	116.17	122.38
	西部地区	63.41	90.03	100.49	109.33

表 5-3　2021 年全国各地区耕地流转非粮化情况

地区		家庭承包耕地流转总面积/亩	流转用于种植粮食作物的面积/亩	流转耕地非粮化率/%
东部地区	北京	2 673 569	339 870	87. 29
	天津	2 000 899	1 232 962	38. 38
	河北	27 000 611	14 709 588	45. 52
	上海	1 497 312	773 457	48. 34
	江苏	33 682 192	20 934 240	37. 85
	浙江	10 731 546	4 809 315	55. 19
	福建	5 113 973	1 860 091	63. 63
	山东	43 567 609	22 810 633	47. 64
	广东	18 612 813	7 274 385	60. 92
	海南	292 062	43 734	85. 03
	合计	145 172 586	74 788 275	48. 48
中部地区	山西	8 075 406	4 550 588	43. 65
	安徽	37 845 691	26 318 520	30. 46
	江西	17 138 129	11 019 414	35. 70
	河南	35 192 284	24 328 873	30. 87
	湖北	23 226 917	12 066 515	48. 05
	湖南	24 090 735	15 988 475	33. 63
	合计	145 569 162	94 272 385	35. 24
西部地区	内蒙古	39 896 968	25 092 621	37. 11
	广西	10 136 823	1 723 651	83. 00
	重庆	14 152 383	4 883 587	65. 49
	四川	26 782 123	8 020 118	70. 05
	贵州	10 941 714	2 249 120	79. 44
	云南	12 741 149	2 584 958	79. 71
	陕西	12 905 622	2 730 912	78. 84
	甘肃	12 339 804	4 556 706	63. 07
	青海	2 037 639	958 239	52. 97
	宁夏	3 251 651	1 598 690	50. 83
	新疆	11 892 618	6 030 101	49. 30
	合计	157 078 494	60 428 703	61. 53

（续表）

地区		家庭承包耕地流转总面积/亩	流转用于种植粮食作物的面积/亩	流转耕地非粮化率/%
东北地区	辽宁	17 624 928	11 453 942	35.01
	吉林	28 261 029	23 778 919	15.86
	黑龙江	63 272 387	58 879 441	6.94
	合计	109 158 344	94 112 302	13.78
全国		556 978 588	323 601 668	41.90

4. 粮食产业发展面临源头性缺位困境，产品附加值偏低

西部地区粮食产业大多处于产业发展的初级阶段，粮食生产仍然以小农户为主，农业产业链短、产品附加值低、深加工有限等严重制约了西部粮食农业的纵深发展，粮食加工及产业融合发展水平还比较落后。一是，西部地区人才自生性不足导致粮食产业基础人才源头性缺位，种粮主体产业效益提升困难。青壮人员的大量流出造成西部农村“空心化”“老龄化”现象突出，现有农村人口受教育水平限制，对新技术、新理念接受程度较低。根据第七次全国人口普查公报数据，西部地区甘肃、青海、云南、西藏四地每10万人中，小学教育程度总人数高于其他教育层级；重庆、内蒙古、四川、甘肃、陕西乡村大龄劳动力占比分别为53.20%、52.94%、48.83%、48.66%和47.91%，均高于全国平均水平（图5-3）。西部地区乡村人口特性直接影响了粮食产业从业人员适应时代发展、接受新型粮食产业发展模式的效率，“内培”基础较差，粮食产业人才面临源头性缺位困境，难以提升粮食生产发展活力。二是，西部地区粮食产业尚未形成具有强竞争力和影响力的品牌。依靠其独特的自然条件，西部粮食产业初步培植了具有一定地方特色的粮食产业品牌，但挖掘和讲好品牌故事的能力尚且不足，农产品上下游产业链品牌服务体系未构建完全，缺乏丰富多样的产品方案和品牌推广方案，导致尚未形成一批延伸产业链、提高附加值、辨识度高和叫得响的特色粮食产业品牌。例如，延安小米、河套高筋粉、定西马铃薯等已有的地域特色粮食产品及地理标志产品，目前尚停留在原料及粗加工阶段，在“文”“特”上做的文章十分有限，围绕这些农产品品牌的推广、跨界融合和周边产品开发还存在短板。三是，西部地区粮食产业融合发展仍处于探索阶段，产业与文化旅游的融合程度、产业配套及服务条件等都有待进一步提升。特别是粮食产业自身产业需求弹性低、季节性强、生产周期长和自然条件要求高等原因，使得西部地区粮食产业融合发展更容易受制约，服务产品的内容相对简单低端、同质化竞争严重，亟须新鲜内容增加游客渴望度和重游率，尚无热点内容和独特产品拉动消费经济增长，粮食产业融合发展的市场需求与实际供给之间还存在较大差距。

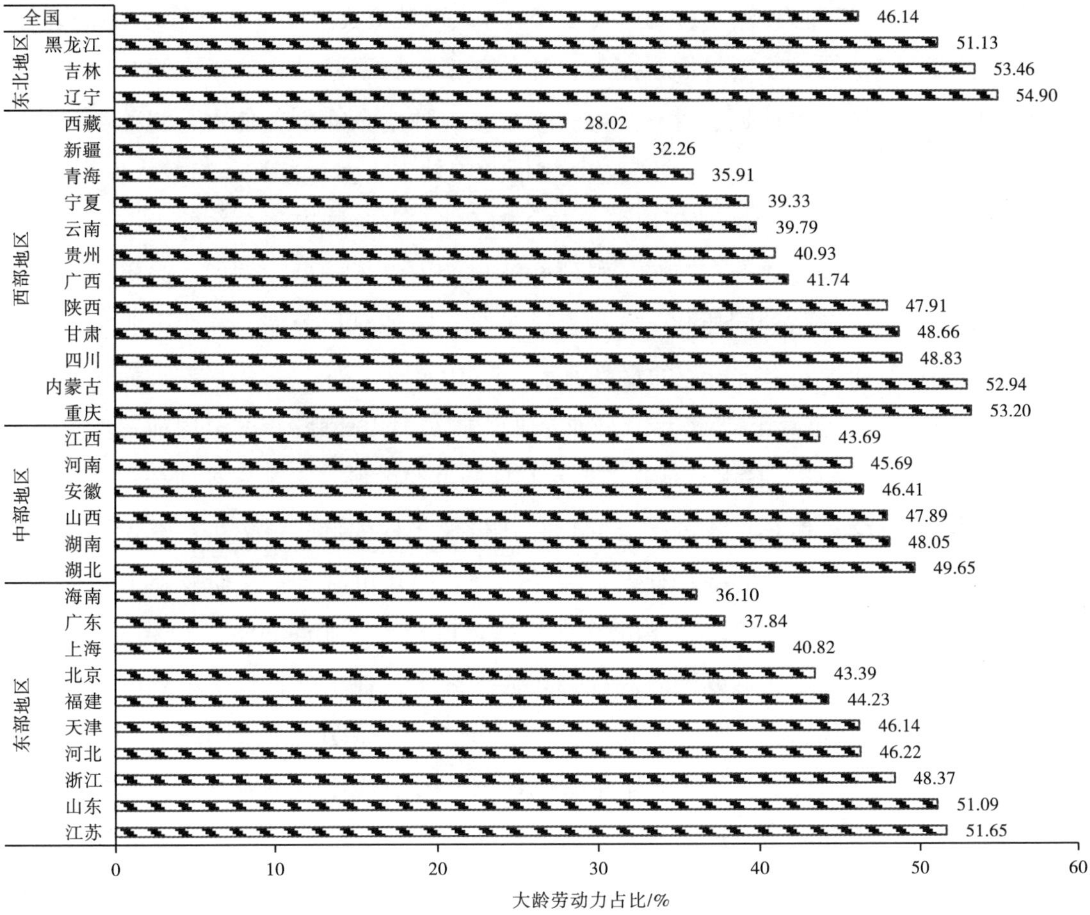

农村大龄劳动力占比：45~65 岁农村人口占 15~65 岁农村人口比重。

图 5-3　我国分区域、分省份农村劳动力老龄化状况

5. 粮食产业科技支撑不足，产业竞争力不敌中东部地区

西部大开发以来，西部地区在提高农业科技水平方面取得了很大进步，但仍存在投入相对不足、基础研究薄弱、创新能力低、技术大面积推广难等问题。在粮食种业、耕地质量、智慧农业、农机设备、绿色发展等粮食产业基础性前沿性研究和关键核心技术等方面存在短板。一是粮食产业科研投入相对不足。2020 年西部地区研究与试验发展内部经费总量为 3 212. 94亿元，而东部地区为 15 968. 28 亿元，西部地区仅为东部地区的 20. 12%，西部地区仅陕西省在研究与试验发展内部经费投入强度上达到了 2. 41，达到了全国 2. 40 的平均水平。二是农业机械化水平明显低于全国平均水平。西部地区受自然条件制约，农业机械化程度较低，部分农户仍使用传统手工工具，利用人力和畜力从事农业生产。2021 年西部地区劳均农机总动力为 4. 3 千瓦/人，仅占全国平均水平的 68. 25%；

机耕率、机收率、机播率分别为 74.40%、42.69%、43.79%，较全国平均水平低 1.58 个、17.53 个和 20.25 个百分点（表 5-4，图 5-4）。三是粮食产业种业竞争力不强。西部地区受制于经济、社会、环境等因素制约，种业创新和发展基础相对于全国其他地区还有一定差距，在种质资源挖掘、育种生物技术水平、种业企业创新能力、制种基地建设水平等还存在一定劣势，种业竞争力与发达地区及国外先进水平相比还有较大发展空间。2020 年西部地区农业植物新品种权申请总数 1 218 件，占全国申请总数的 16.3%，总授权 318 件，占全国授权总数的 13.2%，科研和产出能力整体偏低。例如，四川作为西部地区的农业大省，选育品种同质化、突破性品种少、制种面积萎缩、种业企业实力不强等已经成为制约其向种业强省跨越的重要因素，近 10 年来，四川省水稻制种面积逐年萎缩，由最大时的 50 万亩减至 20 万亩，种业企业总体实力由 2006 年的全国前三位下降至 2022 年的 10 名外。又如，甘肃省是我国玉米制种的重要区域，玉米制种面积占全国玉米总制种面积的近 60%，但在玉米制种方面仍存在机械化程度低、绿色生产意识淡薄、企业科技实力不强、制种基地标准化程度不均等问题。酒泉市具有自主研发能力和自主选育品种的企业仅 30 家，成立研发机构的企业不到全市种子企业的 20%，70% 以上的种业企业的主要经营模式是为外省或国外制种公司代繁种子，种子外贸价格不到国外种企销售价格的 10%。四是化肥、农药“少施”“滥施”现象并存。虽然西部地区化肥、农药使用量相对较小，但在粮食生产过程中却存在“少施”与“滥施”并存现象，化肥与农药使用未能较好契合粮食优质高产需求，化肥、农药助力粮食产业稳产增产和品质提升能力还有待提升。一方面，某些地区化肥与农药使用量不足，对粮食产量提升及病虫害防治不利。2021 年西部地区化肥施用量和农药使用量分别为 1 618.4 万吨和 26.0 万吨，单位耕地面积化肥和农药施用量分别为 22.41 千克/亩和 0.36 千克/亩，仅占全国平均水平的 82.79% 和 53.38%。另一方面，部分地区化肥与农药使用过多，不仅造成资源和资金的浪费，也对土壤、水体、大气生态等产生负面影响，妨碍粮食作物对其他营养元素的吸收，造成肥害、药害，发生烧苗、植株萎蔫等现象。五是粮食生产智能化、信息化水平低。总体而言，我国智慧农业发展呈现从东南沿海向西部内陆逐渐降低的趋势，西部地区农村光纤、宽带设施覆盖率低于东部地区，东部地区 97.1% 的村通宽带互联网，而西部地区通宽带互联网的村占比仅为 77.3%（图 5-5）。同时大部分西部地区受地形限制，粮食生产进行规模化机械生产与数据采集的难度大，导致农业信息化水平落后于东部地区。

表 5-4　西部地区农机总动力及劳均农机总动力

年份	西部地区农机总动力/万千瓦	占全国比重/%	劳均农机总动力/（千瓦/人）	
			全国	西部地区
2000	10 706. 6	20. 36	1. 5	0. 9
2001	11 283. 1	20. 45	1. 5	1. 0
2002	11 924. 9	20. 59	1. 6	1. 0
2003	12 620. 7	20. 90	1. 7	1. 1
2004	13 448. 1	21. 00	1. 8	1. 2
2005	14 509. 8	21. 21	2. 0	1. 3
2006	15 534. 3	21. 42	2. 3	1. 4
2007	16 729. 4	21. 84	2. 5	1. 6
2008	18 430. 1	22. 42	2. 7	1. 7
2009	19 737. 1	22. 56	3. 0	1. 9
2010	21 318. 7	22. 98	3. 3	2. 0
2011	22 995. 4	23. 53	3. 7	2. 2
2012	24 599. 2	23. 99	4. 0	2. 5
2013	26 043. 7	25. 06	4. 4	2. 7
2014	27 541. 2	25. 49	4. 8	3. 0
2015	28 967. 2	25. 93	5. 2	3. 2
2016	26 228. 3	26. 97	4. 7	3. 0
2017	27 121. 5	27. 46	4. 9	3. 3
2018	27 302. 9	27. 20	5. 1	3. 4
2019	28 022. 3	27. 27	5. 5	3. 7
2020	28 898. 3	27. 36	6. 0	4. 1
2021	29 591. 3	27. 46	6. 3	4. 3

注：劳均农机总动力=农机总动力/第一产业从业人员

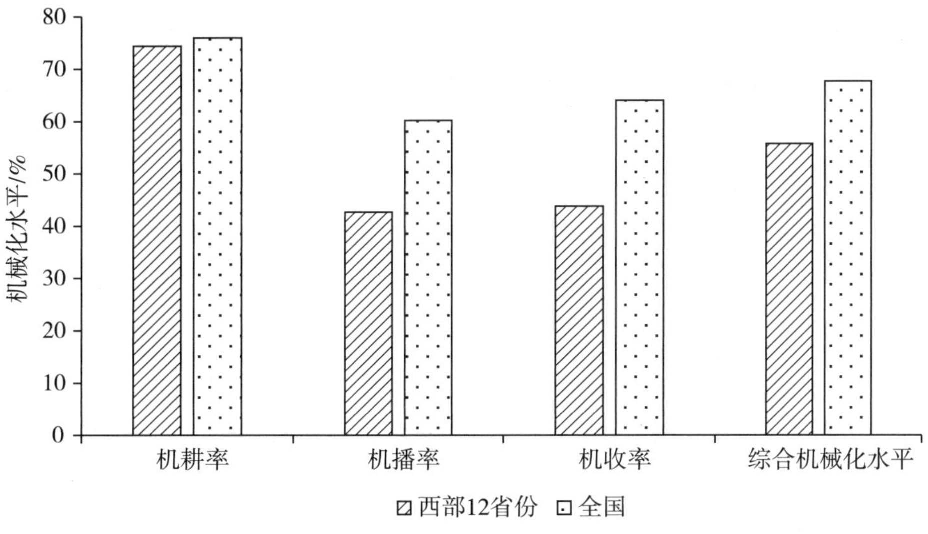

图 5-4　2021 年西部地区及全国机械化水平

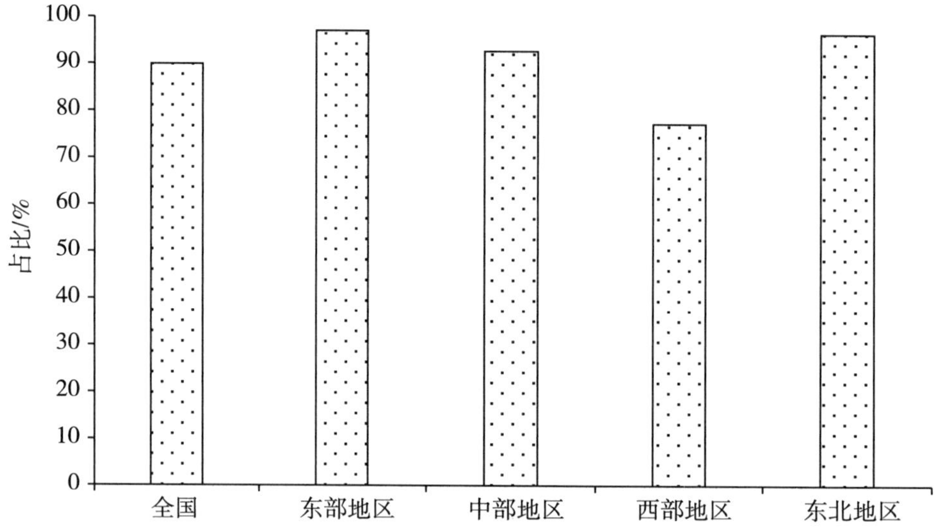

图 5-5　全国及各地区通宽带互联网的村占比

6. 农业灾害多发、频发、重发，粮食生产不确定性明显

西部地区复杂多变的气候特点和繁多的生物种类，决定了粮食生产自然和生物灾害具有多发、频发、重发的特点。一是西部地区由于地域广阔，地理气候等自然条件复杂多变，水土流失、风沙、雪灾严重，且旱涝、山地滑坡、泥石流等自然灾害频发，威胁着受灾地区粮食产业发展。2000—2021 年西部地区受灾面积和成灾面积虽然均呈下降趋势，但是受灾面积和成灾面积占全国比重却呈现波动上升态势，2021 年西部地区受灾及成灾面积占全国比重分别达到 42.58%和 46.47%，区域粮食发展受自然灾害影响较大。同时，西部地区自然灾害导致的成灾面积占受灾面积的比重为 43.53%，较全国平均水平高 3.65 个百分点，表明在西部地区，自然灾害发生即会产生直接灾害损失的问题比较突出。同时，西部地区也是我国水土流失的主要地区，2021 年我国水土流失面积 267.42 万千米^2，其中 84.02%发生在西部地区，水土流失面积占国土面积的比重为 28.67%（表 5-5），高于东部及中部地区，特别是内蒙古、新疆、甘肃、青海等地水土流失尤为严重。二是农业生物灾害影响粮食稳产增产。西部地区农业生物风险主要包括农作物病害、农作物虫害、植物检疫性有害生物和畜禽疫情，严重的农作物病虫害和植物检疫性有害生物可能导致粮食作物大面积减产或绝收（图 5-6）。近年来，西部地区粮食作物主要病虫害有小麦条锈病、白粉病、赤霉病，水稻稻瘟病、纹枯病、稻曲病，玉米大小斑病、纹枯病，马铃薯晚疫病。如陕西省 2023 年全省农作物主要病虫害发生面积达到 12 715 万亩次，较上年增加 23.1%，其中小麦、水稻、玉米和马铃薯主要病虫害发生面积分别达到 4 650 万亩次、295 万亩次、3 605 万亩次和 140 万亩次；四川省 2022 年粮油作物病害发生面积达到 2 444.9 万亩次，其中小麦病害发生面积 302.7 万亩次，水稻病害发生面积

900 万亩次，油菜病虫害发生面积 469.1 万亩次，玉米和马铃薯病害发生面积分别为 572.8 万亩次和 200.3 万亩次。

表 5-5　2021 年西部地区水土流失量面积情况　　单位：千米^2

地区		水土流失面积	占土地总面积比例/%	轻度水土流失面积	中度水土流失面积	强烈及以上水土流失面积
东部地区	北京	1 995	12.15	1 982	12	1
	天津	190	1.60	181	7	2
	河北	40 315	21.54	38 944	873	498
	上海	39	0.61	39	0	0
	江苏	2 200	2.15	1 984	176	40
	浙江	7 307	7.05	6 615	369	323
	福建	9 053	7.37	7 156	1 324	573
	山东	23 242	14.69	21 852	1 044	346
	广东	17 370	9.73	14 602	1 856	912
	海南	1 675	4.87	1 533	101	41
	合计	103 386	8.18	94 888	5 762	2 736
中部地区	山西	57 991	37.01	39 391	12 110	6 490
	安徽	11 874	8.50	10 610	727	537
	江西	23 326	13.96	21 774	1 025	527
	河南	20 680	12.40	17 806	2 123	751
	湖北	31 091	16.74	24 481	3 705	2 905
	湖南	29 479	13.92	25 227	2 396	1 856
	合计	174 441	17.09	139 289	22 086	13 066
西部地区	内蒙古	577 634	48.28	378 951	65 477	133 206
	广西	37 969	15.99	25 581	6 294	6 094
	重庆	24 753	30.05	18 646	3 383	2 724
	四川	108 111	21.99	77 759	15 027	15 325
	贵州	46 098	26.34	30 374	7 581	8 143
	云南	99 286	25.20	66 250	13 935	19 101
	西藏	93 651	7.84	62 989	12 609	18 053
	陕西	63 523	30.89	38 827	14 554	10 142
	甘肃	183 072	39.99	96 427	23 263	63 382
	青海	161 065	23.12	111 453	21 259	28 353
	宁夏	15 535	23.40	10 380	3 431	1 724
	新疆	836 257	50.99	453 111	212 977	170 169
	合计	2 246 954	28.67	1 370 748	399 790	476 416
东北地区	辽宁	35 454	23.94	26 847	4 216	4 391
	吉林	40 529	21.30	30 497	5 540	4 492
	黑龙江	73 151	16.64	60 500	7 803	4 848
	合计	149 134	20.63	117 844	17 559	13 731
全国总计		2 674 215	27.96	1 722 769	445 197	506 249

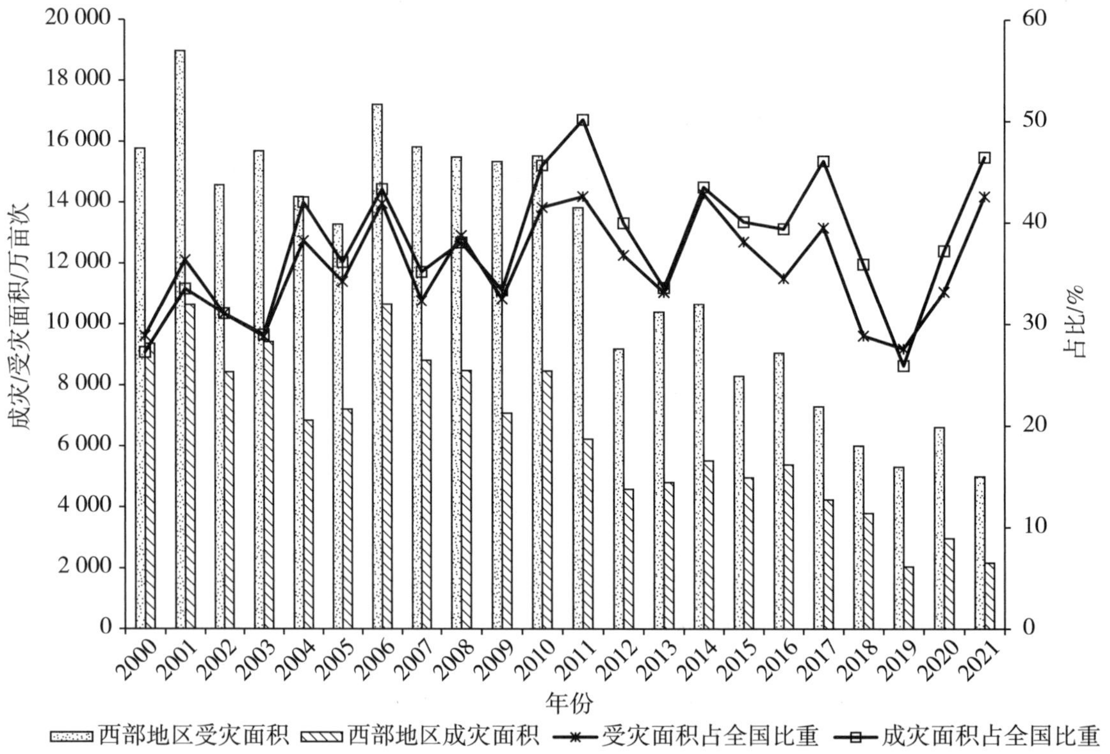

图 5-6 2000—2021 年西部地区农业受灾及成灾情况

7. 经济发展水平相对落后，财政及金融支撑力明显偏弱

西部地区历来是我国经济发展相对滞后的区域，虽然近年来在西部大开发、“一带一路”倡议、脱贫攻坚、乡村振兴等一系列国家战略引导下各项事业取得了历史性进步，但与中东部地区相比，经济发展水平、财政支撑力及社会资本投入强度还有较大差距。一是西部地区财政支撑粮食产业发展能力较弱。西部地区经济发展条件与中东部地区具有一定差距，地方财政收入低于其他地区。2021 年西部地区生产总值为 241 872. 9 亿元，占全国总量的 21. 17%，地方财政一般预算收入为 21 856. 66 亿元，占全国总数的 19. 68%；地方财政一般预算支出 60 109. 34 亿元，占全国总数的 28. 54%，地方财政农林水事务支出 8 078. 29 亿元，占全国总数的 37. 51%。西部地区财政支出额为其财政收入额的 3. 75 倍，地方财政更多依靠国家转移支付，地方财政对农业特别是粮食产业的支撑能力相对较弱（表 5-6）。同时，西部地区地域辽阔、自然灾害频发，粮食生产具有脆弱性，而农民和新型经营主体受制于比较收益及经济状况影响，往往无法完全支付各类保险费用，经营的高成本和气候环境的复杂性，也对财政的应急支付提出了较高要求，增加了财政分配的压力。二是财政支撑粮食产业发展绩效亟须调整。随着城镇化和工业化的推进，农户的就业方式、收入来源、人生选择等都发生了变化，一些粮食产业补贴政

策已经难以实现既定意图。目前西部地区已经形成的最低收购价、种粮补贴和农业保险在内的种粮主体收益保障机制已相对完善，但其结构及实施效果却差强人意，主要表现为粮食支持政策主要是针对粮食增产起到积极作用，对粮食产业结构调整和升级作用相对较弱。目前西部地区对粮食产业的财政支出主要为耕地地力保护补贴、粮食规模化补贴等，都是以种植面积作为计发依据。这样的补贴方法虽然具有简单易行、组织成本低等优势，但由于补贴与种植面积直接挂钩，使土地承包者对土地价值的认知更加理性，特别是向规模农户流转土地时，认识到规模化农户收益相对较高，普遍会以高于小农户之间流转的标准增加土地租金，无形中将部分补贴收益转化为地租。而逐步升高的地租，进一步导致了粮食生产成本增加，抑制了规模化经营发展，影响粮食现代化进程。三是社会及金融资本投入强度有待加强。农村正规金融机构对贷款对象有严格要求，种粮大户的法律地位还不明确，许多种粮主体由于自身条件和抵押品不足，难以满足抵押担保要求。各类农业贷款期限和规模也不合理，对小额信用贷款、联保贷款、抵押贷款等期限较短，一般都在 1 年以内，而种粮主体既有短期即时性融资需求，又有中长期建设性融资需求，现有的金融服务产品与种粮主体需求难以匹配。

表 5-6　各地区地区生产总值及财政收支情况　　单位：亿元

地区		地区生产总值	地方财政 一般收入	地方财政 一般预算支出	地方财政 农林水事务支出
东部地区	北京	41 045.60	5 932.31	7 205.12	497.87
	天津	15 685.10	2 141.06	3 152.55	148.01
	河北	40 397.10	4 167.62	8 848.21	924.79
	上海	43 653.20	7 771.80	8 430.86	455.77
	江苏	117 392.40	10 015.16	14 585.26	1 106.20
	浙江	74 040.80	8 262.64	11 014.59	795.27
	福建	49 566.10	3 383.40	5 204.72	366.61
	山东	82 875.20	7 284.46	11 713.16	1 026.95
	广东	124 719.50	14 105.04	18 247.01	1 109.47
	海南	6 504.10	921.16	1 971.37	260.72
	合计	595 879.10	63 984.65	90 372.85	6 691.66
中部地区	山西	22 870.40	2 834.47	5 046.62	514.23
	安徽	42 565.20	3 498.19	7 591.05	942.55
	江西	29 827.80	2 812.23	6 778.87	762.26
	河南	58 071.40	4 353.92	9 784.29	1 015.22
	湖北	50 091.20	3 283.32	7 933.67	841.65
	湖南	45 713.50	3 250.69	8 325.50	949.01
	合计	249 139.50	20 032.82	45 460.00	5 024.92

（续表）

地区		地区生产总值	地方财政 一般收入	地方财政 一般预算支出	地方财政 农林水事务支出
西部地区	内蒙古	21 166.00	2 349.95	5 239.57	818.84
	广西	25 209.10	1 800.15	5 806.54	757.80
	重庆	28 077.30	2 285.45	4 835.06	406.26
	四川	54 088.00	4 773.15	11 215.69	1 330.10
	贵州	19 458.60	1 969.39	5 590.01	730.74
	云南	27 161.60	2 278.29	6 634.36	919.74
	西藏	2 080.20	215.62	2 027.01	340.54
	陕西	30 121.70	2 775.42	6 069.22	694.26
	甘肃	10 225.50	1 001.86	4 032.56	737.04
	青海	3 385.10	328.76	1 854.52	251.05
	宁夏	4 588.20	460.01	1 427.89	242.37
	新疆	16 311.60	1 618.61	5 376.91	849.55
	合计	241 872.90	21 856.66	60 109.34	8 078.29
东北地区	辽宁	27 569.50	2 765.59	5 879.21	409.44
	吉林	13 163.80	1 143.98	3 696.84	462.32
	黑龙江	14 858.20	1 300.51	5 104.81	868.98
	合计	55 591.50	5 210.08	14 680.86	1 740.74

第二节　粮食产业发展的典型模式与相关经验

一、典型模式

1. 结构调整：稳粮增收奔小康

西藏曲水县茶巴朗村位于拉萨河流域的下游，临近曲水县城所在地曲水镇。海拔 3 600 米，耕地全部位于拉萨河的冲积台地上，耕作层较为深厚，全部为保灌地，整体农业生产条件较好。

茶巴朗村立足于种植业良好的基础条件，发挥毗邻中心城镇优势，布局青贮玉米产业，走出了一条调整种植业结构、稳粮增效的发展路子。全村总耕地面积 6 357 亩，其中青稞种植面积 3 700 亩、冬小麦 1 200 余亩、青贮玉米 1 400 余亩，占耕地面积的 22%。全村共有玉米青贮裹包机 12 台，亩产青贮包 70~80 包，折合亩产青贮饲料 4.0 吨左右，每吨售价 1 100~1 300 元，亩产值可达 4 800 元，全村种植青贮玉米年可实现总产值 672.0 万元，有效地提升了种田收益。

结构调整前，茶巴朗村奶牛集中养殖场主要从区外购买青贮饲料，由于运距远价格较高，质量也得不到保障。通常在内地购买的青贮玉米价格在700元/吨，运费和成本一样，也在700元左右，甚至更高，每吨综合成本都在1 300元以上。茶巴朗村有效地利用本村的自然条件和区位优势，通过调整种植业结构，在保证青稞等粮食作物的种植面积，稳定粮食产量的基础上，利用当地无霜期长、耕地条件好、青贮玉米的高生物产量、较高经济收益的优势，为曲水县的奶牛集中养殖场提供优质青贮饲草，促进农民增收，实现粮饲协调促增收。

2. 科技赋能：塔城玉米种植模式创纪录

结构调整促进粮食面积大增加。塔城地区位于新疆准噶尔盆地西南边缘、天山北坡，属温带大陆性气候。这里夏季炎热干燥，降水稀少，热量条件较好，区内土壤肥沃，属灌溉农业，非常适合粮食类农作物生长。近年新疆棉花产业发展受到诸多因素限制，塔城地区进行了农业产业结构调整，培育粮食产业，持续扩大玉米种植面积，2023年塔城地区玉米播种总面积342.18万亩，较2022年增加644.7万亩。

“五良融合”推动粮食单产大突破。在中国科学院、新疆维吾尔自治区农业科学院和塔城市农业农村局的大力支持指导下，塔城市积极探索良种、良田、良技、良机、良法综合配套技术，玉米单产不断提高，形成了一套可复制、可推广的“塔城玉米种植模式”，实现5个“百分百”，即：无膜化种植100%，良种覆盖率100%、全程机械化100%、水肥一体化100%、秸秆综合利用率100%。塔城市2023年10万亩玉米机械直收籽粒平均每亩地单产1 117.4千克，创造了目前为止我国首个10万亩集中连片玉米机械收获“吨粮田”，突破全国玉米大面积单产提升最高纪录。

专业化社会化服务引领现代农业大发展。塔城市鑫塔农牧科技（集团）有限公司是以农机、农资、仓储服务为主营业务的玉米生产服务企业。公司设计了智慧农业物联网管理平台，以及“鑫塔益农”“掌上鑫塔”手机App等，形成了以农户体验为核心、以数据为基础、以技术为驱动的数字化农业服务平台体系，推进了信息技术与农业社会化服务的融合，实现了从种子到种植、管理、仓储、加工、流通等全产业链服务的数字化管控；推行农业托管“点餐式”服务，构建“企业+农户”利益联结机制，在农资配送、植保、农机托管及金融服务等方面为广大农户提供服务，降低农业生产成本，提高单产、增加收益，促进了农业种植集约化管理、规模化运营，实现了企业和农户的双赢。

3. 特色杂粮：“小杂粮”做实乡村振兴“大文章”

小杂粮类型多样，营养丰富，是我国西北干旱半干旱地区的主要作物和优势作物。陕西省米脂县印斗镇对岔村历来有种植小米的传统，全县境内几乎家家种小米。过去，当地小米主要靠农贸市场或外地经销商等线下渠道销售，销量、价格都不稳定。近年来米脂县立足小米生产区位优势，聚焦全产业链建设，通过强链延链补链，把“好资源”转化为“好品质”、“好品质”转化为“好品牌”，不断夯实农业产业化根基，促进农业增效、农民增收。2008年，米脂小米获批首批国家地理标志产品，2019年入选全国名特优新农产品名录。目前，小米是米脂县农业的主导产业，已初步形成了品牌引领、良种繁育、科技研发、基地建设、园区加工、电商销售的全产业链发展体系。

为土地赋能，让“好地”出“好米”。对岔村位于黄土高原丘陵沟壑区，旱地占耕地总面积的95%以上，以前谷子种植基本“靠天吃饭”。近年来，该村将旱作节水农业项目与高标准农田建设一体规划、同步实施，按照“小变大、窄变宽”宜机化标准平整土地，实施深松耕、深翻和测土配方等土壤地力提升措施，配套输配电、田间道路、农田防护等基础设施，谷子亩产增加了120斤，农户每亩直接收益增加了420元。

让科技助力，把“好米”变“金米”。在以科技助力小米产业发展的过程中，与西北农林科技大学合作共建了米脂小米试验示范站，与杨凌示范区管委会、西北农林科技大学建立两地三方合作，建成了集产学研销一体化的陕西米脂小米研发中心，整合校地双方资源推动小米产业做大做强。积极推进农业全程机械化建设，全面构建播前机械化深松耕作、膜际栽培一体机精量播种、机械化联合收获、秸秆机械化打捆回收利用及残膜回收配套机械化技术服务体系，形成“地膜覆盖+优良品种+增施有机肥+全程机械化”农业集成技术服务，带动了一批谷子种植农户走上了职业化、机械化、规模化的道路。

擦亮区域品牌，让“名米”卖“好价”。为实现“杂粮纯优势，小米大产业”这一愿景，米脂县近年来重点扶持小米加工龙头企业，借助龙头企业的力量建设绿色有机“米脂小米”生产基地，建成“米脂小米”标准体系、生产加工体系、质量监督和追溯体系、现代营销体系，促进“名米”卖“好价”。为不断推进“米脂小米”品牌建设，米脂县投资2.16亿元建成了米脂小米国家农村产业融合发展示范园，在“高端原米”和“精深加工”两个方向同步发力，除加工原米外，还研发推出了米糠油、小米酒、小米醋、小米酵素、小米面膜、小米咖啡、小米锅巴等休闲精深加工产品，同时利用小米油进行化妆品研发，目前已经研发了小米面膜等精深加工系列产品。

4. 稻渔有“道”：川渝联手打造“鱼米之乡”

四川隆昌市石燕桥镇三合村与重庆市荣昌区安富街道普陀村，之前由于分属两省市，虽然路相通、田相连，稻渔产业发展历史悠久，但在资源配置、条件建设上存在诸多壁垒。自成渝现代高效特色农业带“双昌”建设以来，两个村大力推进稻渔综合种养示范基地建设、标准化油茶示范片栽种、园区基础设施建设，已然成为川渝两省市打破界限，深耕川渝合作“示范田”的“前沿阵地”。

以园区为载体，实现资源集聚。三合村与普陀村依托“双昌”产业园建设，打破区划壁垒、优化资源配置、创新体制机制，通过实施丘陵山区高标准农田改造提升示范项目，建成一批“宜机宜耕、能排能灌、高产稳产、旱涝保收”的高标准农田，实行高粱—油菜轮作，提高复种指数；推广绿色防控技术，合作共建3 000亩国家级稻渔综合种养全程绿色防控示范区，联手打造中国西部“鱼米之乡”，保障粮食安全；打造稻渔综合种养示范区。

以质量为根本，塑造行业品牌。发挥“双昌”产业园水网密、地平肥、生态美条件，推进“良种+良田+良肥”效应叠加，实施高标农田、标准虾田和路渠网络一体联建，跨区建立20千米^{2}环保区。深耕鱼米文化发展优质稻虾，共同制定实施《生产技术标准》《产品质量标准》《物质投入标准》和《生产管理规程》，源头发力打造“东乡米·双昌鱼”品牌，开启跨区域合作新模式。

以文化为媒介，促进产业融合。结合双方茶文化、农耕文化以及陶、夏布、折扇等国家级非物质文化遗产优势，盘活利用农村闲置资产，发展休闲农业与乡村旅游，拓展农业多元化功能，推动一二三产融合发展，建设“渝西稻渔乡趣乐园，成渝茶陶文化之乡”，共同打造农文旅融合发展示范园区。

以利益为纽带，带动比邻发展。坚持共同出地、共同出资、共同出人、共同建设原则，统一园区名称、规划设计、主导产业、建设标准、政策标准、管理服务、科技服务的“七统一”共建机制，实行“生产+科技+加工+服务”一体化发展。引入隆润集体、联想米业公司，围绕“三标准一规程”要求，100%签署订单生产、优质优价和保险补贴生产协议，“只赚不亏”让农户吃上“定心丸”，撑起稳农增收“保护伞”。吸引毗邻乡镇3 700余户1.08万亩稻田加盟融入园区，共享川渝融合发展成果。

以技术为支撑，保障农民增收。依托四川农业大学、西南大学、重庆市农业科学院、重庆市畜牧科学院、四川省农业科学院、内江市农业科学院和内江职业技术学院等科研院校，深化“3+3+1”产学研合作，聘请专家团队入驻合作园区，实行“种先供、技先培、人先育”“网络咨询+专家大院”科技保障，为园区内稻渔综合种养、粮食生产等提供科技支撑与服务，培育一批“田秀才”“土专家”与职业农民。年扩就业100余人，助推创业6~10人；科技赋能亩增稻50千克、鱼虾15千克，镇街增加产值450余万，从业农户人均增收800元。

5. 梯田贡米，“海拔经济”助力共同富裕

重庆市酉阳县花田乡何家岩村地处武陵山区腹地，山清水秀、土质富硒、光照充足，产出的大米颗粒均匀、油润光滑、口感香甜，是远近驰名的梯田贡米之乡。村里梯田是全国唯一的360°临崖全景梯田，平均海拔800米，垂直高差近300米，多达99级。酉阳贡米虽好，但在过去相当长的时间里，因为当地交通不便，并且多山地，无法形成规模

种植，严重制约了花田贡米的量产，更没有构建起特色品牌，从而难以大批量走向市场，是名副其实的“养在深闺人未识”，无法成为当地脱贫致富的拉动力。近年来，何家岩村立足生态资源、海拔优势，构建以“酉阳800”区域公用品牌为引领的现代产业体系，以“海拔经济”赋予山区山地全新生命力，走出了一条以优质水稻引领乡村产业振兴的新路径。

土地整治夯实产业基础。实施坡改梯、旱改水项目，配套高标准农田建设，新增旱改水梯田707亩，整治撂荒梯田195亩，修建灌溉渠2 010米，完成管道安装20 361米，新建山坪塘1个，修建生产路2 624米，硬化田间道路5 916米，新建泥结石田间道3 840米。通过土地整治，坡耕地变成大片梯田，“巴掌地”变成连片良田，贡米核心基地扩大至5 000余亩，全村有机水稻年产量达1 250吨。

科技支撑助推有机种植。组织农业科技专家深入一线送政策、送技术、送服务，推广稻鸭、稻蟹、稻鱼共生养殖，指导村民采用物理杀虫、生物防控等绿色有机栽培技术，实现节地、节肥、节药的“三节”绿色有机生产，确保产出的大米绿色、有机、富硒。此外，村民自发成立“生态环境保护协会”，联户监督不规范种稻习惯。经检测，优质稻米整精米率在60%左右，垩白度1.6%，营养丰富品尝评价分值达90分以上。

数字营销创新运营模式。推出“何家岩云稻米”智慧认养项目，梯田稻米变为加密区块链的NFT藏品。用户可通过“酉阳800云上稻米”微信小程序，按9.9元/米^{2}的价格（贡米价格折算约为20元/斤，1斤=500克），自主选择某块农田和认养面积，成为“农场主”。除水稻成熟后收到稻米外，还能预约参与插秧、施肥、除草、割稻、打谷、碾米等农事体验活动。通过“线上认养+用户运营”模式，53户村民把6.6万米^{2}的稻田搬上“云端”，实现增收90万元。

品牌赋能提升产品价值。以“酉阳800”区域公用品牌为引领用好高海拔“生态引擎”，推进品牌强农。创建“酉阳贡米”国家地标、“花田贡米”著名商标、有机食品认证，以“海拔经济”赋予高山全新生命力。何家岩稻米成为“酉阳800”区域公用品牌主推的高山生态农产品之一，从一个地方性的产品发展为远销市内外的优质、高端、生态产品。农户自销稻谷达5元/斤、有机大米市场销售价10~28元/斤。

农旅融合延伸产业链条。何家岩村依托中国民俗摄影创作基地、中国唯一的360°梯田景观、中国传统村落、中国美丽休闲乡村、全国“一村一品”示范村镇等品牌优势，以农民为主体、产业为支撑，采取“政府+国企+集体+农户”模式，推进区域品牌与精品农业、乡村旅游耦合发展，打造共富乡村共建共享新格局。2022年，何家岩村共接待游客5.6万余人次，实现旅游综合收入800余万元，村集体经济收入479万元，人均可支配收入由2020年的1.4万元增长至2022年的1.7万元。

6. 以稻为媒：农文旅融合赋能乡村振兴

“古辣香米”是广西壮族自治区宾阳县近年来推出的农特产品之一。但由于经营主体不明确以及利益联结不紧密等原因，土地流转难、农业招商难是此前古辣镇香米产业发展面临的两大难题。为保障“古辣香米”的品质，维护好品牌形象，宾阳县与广西大学农学院合作组建了农业专家大院、建设了产学研基地，开展“古辣香米”科学研究和产品开发，推广优质水稻新品种。产学研基地采取“公司+合作社+科技+良种”的产业化经营模式，实行“统一供种、统一机械化作业、统一测土配方施肥、统一病虫害防治、统一产品购销”的标准化绿色栽培管理，实现了水稻优质高产。通过建立“古辣香米”高产示范基地，带动水稻向规模化、产业化方向发展。宾阳县充分发挥“古辣香米”国家地理标志保护产品这块“金字招牌”的品牌引领效应，以稻为媒，推进农旅融合发展，助力乡村振兴，实现了农民增收、农业增效、农村发展。

擦亮文明底色，绘就宜居富民新图景。广西壮族自治区宾阳县古辣镇大陆村地处“古辣香米”产业示范核心区，曾是一个名不见经传的小村庄。大陆村重视延长“古辣香米”产业链，着力于育秧、加工、仓储、运输、销售等环节，赋予了水稻产业更多的可能性。近年来，该村又将艺术融入香米产业发展，每年按照不同主题打造稻田艺术画，已成为众多网红的打卡地。2016 年以来，大陆村先后打造了“美猴王”“龙腾云跃”“八仙过海”“西天取经”等稻田艺术画，举办多届稻田文化艺术节，吸引周边市县游客纷至沓来。2018 年，大陆村在村内高铁沿线打造了 3 千米的稻田艺术景观带，为广大游客和动车上的旅客呈现了一场稻田里的视觉盛宴，进一步扩大了大陆村稻田艺术的知名度。2021 年，为迎接中国共产党成立 100 周年，大陆村专门设计了“弘扬红船精神 推进乡村振兴”的稻田艺术画。秋收过后，村民还会在“稻田艺术”原址上种植多彩油菜花、格桑花等形成艺术花海，利用水稻秸秆编制稻草艺术品，实现农业特色景点在时间和空间上的无缝对接，彻底将农业资源转化成了具有观光、休闲、体验、科普价值的旅游产品，实现了农旅融合发展。

随着销售、加工环节品牌化、市场化运作日趋成熟，“古辣香米”从“零敲碎打”走向“综合统筹”，通过大力发展香米全产业链，已初步实现粮食安全与企业、农户增收多方共赢。2021 年，仅鸿发米业公司年产值就超过 11 亿元，大陆村集体收入突破 300 万元，人均年纯收入达到 2 万元，乡村旅游为当地增加了 100 多个稳定就业岗位。

7. 产村融合：一粒小麦造就“亿元村”

新疆昌吉州奇台县半截沟镇腰站子村，该村以生产小麦为主。曾是古驿站之一，名为四十里腰站子，又名四十里驿，是历史上北天山著名的地理标志。40 年前，腰站子村曾是一片戈壁荒滩，干涸的麦田、荒芜的老井，村集体和个人都穷得叮当响。全村耕地面积3.5万亩，全部种植小麦，2009年在村党总支的带领下，成立奇台县丰裕农业服务专业合作社，合作社实行“党总支+合作社+农户”三位一体集约经营模式，全村393户村民成为合作社“股民”。合作社将种植能手、优秀企业职工培养发展成党员，将表现优秀的党员吸纳到合作社任“片长”，一个片长管理1 500亩小麦地，形成了合作社带动的有效机制。

2022年，为了扩大粮食生产规模，合作社采取了异地生产的模式，全村在伊犁、阿勒泰地区共流转土地18万亩，其中7.5万亩种植小麦，小麦全年销售总产值达1.08亿元，实现分红440万元，平均每户领取1.1万余元。同时，合作社将小麦种植、加工、销售与文旅产业融合发展。腰站子村共成立各类相关公司6家、合作社2个。各企业与村民建立紧密型利益联结机制，合作社及公司为本村和周边村民提供了长期岗位255个、短期岗位2 000余个。

2019年腰站子村成立新疆丰驿文化旅游发展有限公司，投资2 000余万元建设了文化旅游服务中心、乡村振兴实训基地、村史馆、小麦博物馆、美食广场、麦田公园、有机农产品工厂观光点和民宿等。目前，腰站子村已成为新疆重要的网红打卡地，每年全国各地的“网红”来村里“打卡”，开展文旅宣传活动、打造新的景点景观，实现了小麦一二三产业的深度融合。

有机农耕园，实现现代农业优质高效。建成地头稻草人基地、麦田观景台、国家农业示范园区（1.5万亩有机种植基地）及物联网站（智慧农业）。充分利用稻草人基地展现古老的驿站农耕文化和有趣的农家故事。小麦全部进行有机种植，已获中国、欧盟、美国和日本认证。发展智慧种植，实现病虫害物理防治、作物浇灌、有机施肥和气候监测等的智能化系统作业。

延伸产业链，提升附加值。在腰站子村，一粒小麦从种植到收获，并没有走完它的全部历程。每年夏季，一粒粒绿色、有机麦子，被收获到腰站子村现代化的粮仓里，然后，又经过输送带输送到村面粉加工厂的车间，加工成绿色、有机面粉。建成有机面粉生产车间（日产面粉256吨）、有机手工拉面生产车间（日产3~4吨），推出有机手工拉面、奇台过油肉、农家大盘鸡等地方特色菜品；积极发展当地“土特产”：农家土鸡（蛋）、风干馍馍、海棠果干、田间野菜、干辣皮子。不断推出文创产品：帽子、马甲、小麦生长标本、雨伞、钥匙扣、水杯、手提袋、笔记本、书签、抱枕、餐盘、折扇、汉服等20种文创产品。开发旅游商品：本地产有机手工拉面、有机面粉、富硒面粉、黑小麦面粉、荞麦面粉、有机全麦粉、奇台礼物、福禄寿大礼盒、天山油礼、杂粮礼盒、红花油、菜籽油、葵花油、胡麻油等。

融合新业态，振兴新农村。腰站子村利用紧靠江布拉克景区优势，打造驿站花果园。

园内配置有爱心阶梯、心心相印、天长地久雕塑，八仙过海、网红小火车等元素，每年“五一”小长假举办海棠花节，9月果实成熟可供游人免费采摘，供从江布拉克下山的游客采摘、游玩。

建设文化产业园，促进文化与产业的深度融合。建有游客接待中心、小麦博物馆、农产品展览馆、餐饮中心、乡村大舞台、培训学校、分组讨论室、亲子游乐园、萌宠乐园、无动力游乐园、健身公园，并分别在乌鲁木齐市、昌吉市、准东经济技术开发区和奇台县城开办了5家腰站子面馆。建设腰站子培训学校，拥有大型会议室、多间小会议室及户外训练场，能同时接纳300多人集训，已成为州县乡村干部培训、乡村文化研讨和户外体能训练中心。同时，村里配备有各种脚踏观光车30辆和电动旅游观光车4辆，旅游观光小火车3辆，可根据游客需要提供全程观光和体验式服务。

建设宜居康养园，全面带动乡村旅游业大发展。建有乡村文化大院、健身广场、养老院、卫生室、农家乐、超市、理发店、餐馆、小区和农家庭院等。绿色环保，设施齐全，乡土气息独特浓郁。养老院建筑面积1 200米^2，可同时容纳30人养老。舒适度和满意度作为腰站子民宿所有的客房首要标准，民宿客房简单温馨，原生态结构打造，设施配套，清新自然却又处处透露着暖暖的爱意。

二、经验借鉴

1. 强化顶层设计，加大资金投入

各地政府都给予高度重视，及时出台了一系列的政策举措。省级粮食、财政部门成立领导小组，主要负责同志亲自抓、主动推，高标准、严要求，建立工作机制，将粮食工程实施与加强粮食宏观调控、推动粮食行业深化改革转型发展、促进粮食产业经济发展等中心工作紧密结合起来。均将粮食工程列入省委一号文件，列入省政府高质量发展计划。各相关部门支持力度不断加大，省级财政补助不断提高。四川绵竹市2023年发放耕地补贴4 825.7万元、农机购置补贴909万元、稻谷补贴1 820.1万元。宾阳县2023年耕地地力保护补贴资金发放工作，已落实耕地地力保护补贴资金8 944万元、种粮补贴资金592万元。成都市乡村振兴基金和重庆农投基金作为出资人，联合设立西南首支1.5亿元规模的天府种业基金，创新推出专项“种业贷”，为首批10家进驻天府现代种业园入孵种业企业提供科技金融支持。

2. 坚持科技引领，推动创新驱动

粮食产业转型升级和新旧动能转换离不开科技创新。在优质粮食工程实施过程中，各地都高度重视创新驱动。为支持成渝两地中稻—再生稻关键技术攻关，科技部、农业农村部先后立项，川渝也分别设置专项，开展具有西南区域特色的中稻—再生稻产能提升协同创新研究与示范工作。德昌大力实施“藏粮于地、藏粮于技”战略和种业振兴行动，推行“田长制”，并配套开展高产水稻良种、良法、良田、良态的“四良”关键技术攻关，取得重大成就。“滇禾优615”“黔芋8号”等是当地依托云南农业大学、贵州省农业科学院等科研院校筛选出适合当地特殊环境的优良品种；古辣香稻使用的优质稻占比为95.3%。“五良融合”是新疆塔城10万亩高产纪录的科技保障。

3. 注重品牌创建，加强宣传推广

多省都在积极打造具有自身特色的区域性粮油品牌。四川省积极构建具有四川特色的现代粮食产业体系，集中打造“天府菜油”品牌，挖掘四川菜油价值内涵，明确品牌市场定位，构建区域公共品牌“标识”，强化公共品牌营销，突出“优粮优销”。宾阳县聚焦农业资源整合，从“零敲碎打”到“综合统筹”，不断夯实稻米生产基础，优化稻米产业体系，打造稻米产业品牌，推出“古辣香米”“金玉龙”“金喜象”等品牌大米，行销广西、广东、海南等地。同样旱作技术种植相同品种生产的大米，在开远市农户自销5.6~6元/千克，而澜沧真空包装能卖到10元/千克，大理的生态大米最高可以卖到32元/千克。

4. 强化利益联结，促进粮农收入提升

充分发挥农业企业的引领作用和农民合作组织的带动作用，因地制宜探索“国有资本+龙头企业+集体经济+农户”“农民专业合作社+农户”“科研机构+示范基地+农户”“农业龙头企业+合作社+农民”等联农带农机制，创新乡村治理机制，形成多元主体共同参与乡村粮食产业发展的良好生态。拓展粮食产业纵横向产业链，探索“种粮致富”路径，实现“藏富于民”。对于水稻等粮食作物种植成本高、周期长、栽培环节多、综合收益较低，普通老百姓的种粮意愿整体不高等问题，找到粮食安全与促进农民增收之间的平衡点，实现粮食产业横向一体化、纵向一体化发展，用多元化生产经营模式，提升粮食产业的附加值。

第三节　粮食产业发展的战略选择与对策建议

一、西部粮食产业发展思路

1. 未来潜力

2021年全国粮食单产为387千克/亩，西部地区仅为345.08千克/亩，从单产能力提升来看，西部地区还有较大潜力；其次，西部地区耕地和农业资源丰富，未利用耕地在全国占比较大，具有较大的粮食增产潜力。但同时，随着有利因素逐渐释放，新时代高起点，提升粮食产能的难度更大、约束更紧、环境更加复杂，需从多种途径寻求增产的新方法和新突破。

作物结构优化与精细布局的增产潜力：西部地区是我国玉米、豆类、薯类作物的主要产区，也是青稞、藜麦、燕麦等中高端杂粮的主产区。一方面，西部地区通过提高玉米品种的耐密植性、集成丰产高效生产技术方案；做好玉米与大豆的协调，提高技术到位率；加强薯类作物栽培和农机化研究，优化特色粮食产业结构和精细布局，对粮食产量提升将起到积极作用。另一方面，西部地区有丰富的杂粮品种、深厚的杂粮种植技术积累，随着膳食健康越来越受到重视，杂粮发展前景非常广阔，同时小米、燕麦、荞麦等杂粮产量普遍偏低，增产潜力更大，对提升粮食产能有较好作用。预估西部地区通过作物优化和精细布局，粮食产能将提升 5%，可使粮食增产 900 万吨左右。

高标准农田的增产潜力：耕地是粮食生产的重要物质基础，高标准农田是耕地精华，对增强粮食生产能力和提升抗灾减灾能力具有显著作用。高标准农田建设能使亩均粮食产能增加 10%~20%，平均每亩节约成本 500 元，有效降低粮食生产成本和增加种粮收益。在“全方位夯实粮食安全根基”“藏粮于地、藏粮于技”等战略引导下，西部地区 72 231 万亩耕地全部建成高标准农田，将新增 43 786 万亩高标准农田和 41 650 万亩节水灌溉面积。按 2021 年耕地中有 60%用于粮食种植计算，新增高标准农田亩均粮食产能提高 60 千克，可使粮食增产 1 576 万吨。

边际土地资源的增产潜力：西部地区边际土地资源主要包括西北内陆盐碱地、西南山地丘陵红壤等，包括后备耕地及低等耕地两种类型。西部地区后备耕地资源相对较多，根据全国耕地后备资源调查评价数据显示，全国 84. 63%的后备耕地位于中西部地区，其中西部地区后备耕地资源为 4 000 万亩左右，若能使现有后备耕地资源中的 30%转化为耕地，且 60%用于粮食种植，按照 400 千克/亩计算，可增产粮食 288 万吨。根据全国耕地质量等级情况公报数据显示，全国耕地资源中 4~10 级耕地资源占比达到 72. 7%，其中西部地区 4~10 级耕地约为 53 000 万亩，若能将 1/2 此类耕地基础地力平均提高 1 个等级，且 60%用于粮食种植，可使西部地区粮食产量增产 795 万吨。综合而言，通过低等耕地改造提升和后备耕地资源开发提升边际土地资源的生产能力，可增产粮食 1 083 万吨。

技术进步的增产潜力：2010—2021 年，西部地区粮食单产提高了 18. 71%，但与全国平均水平及中东部地区相比还有较大差距，分别仅为东部地区、中部地区、东北地区的 79. 61%、88. 57%和 77. 53%，较全国平均水平低 42 千克/亩，科技对粮食生产的支撑作用还有待加强。西部地区受经济社会条件制约，化肥、农药以及微生物农业、精准农业和基因工程等的推广应用以及机械水平和良种普及均落后于中东部地区，未来西部地区进一步加强科技创新和成果转化，粮食单产将有较大提升空间。预估科技进步将推动西部地区亩均粮食产量提升 70 千克，可使粮食增产约 3 600 万吨。

粮食节粮减损的增产潜力：在资源环境等要素制约日益加剧的背景下，节粮减损是增加实际产能的重要举措。与全国其他地区相比，西部地区生物灾害与气象灾害种类多、分布广、频率高、强度大、损失重特征更为明显，受灾及成灾面积占全国比重较大，尽管各地区不断提升防灾减灾能力，但局部灾害仍有加重趋势。预估西部地区每年因生物与非生物灾害给粮食生产造成的损失维持在900 万吨左右。同时西部地区在粮食储运、加工、流通和消费环节的损失浪费问题也比较突出，每年粮食产后环节损失和浪费量占粮食总量的 10%。粮食产后损失不仅直接减少向市场供应的粮食数量，侵蚀粮食产业链参与者的利润，也相当于增加粮食生产过程中投入的生产资料，如水资源、耕地、化肥、能源等消耗，增加粮食生产成本。未来西部地区若采取适当措施，将粮食损失率从 15% 降低到 8%，可实现在不增加耕地的情况下每年增产 1 200 万吨。

综上，通过作物结构优化与精细布局、高标准农田建设、边际土地资源利用、科技进步和粮食节粮减损五大措施，可使西部地区粮食产量增产 8 359 万吨（图 5-7）。

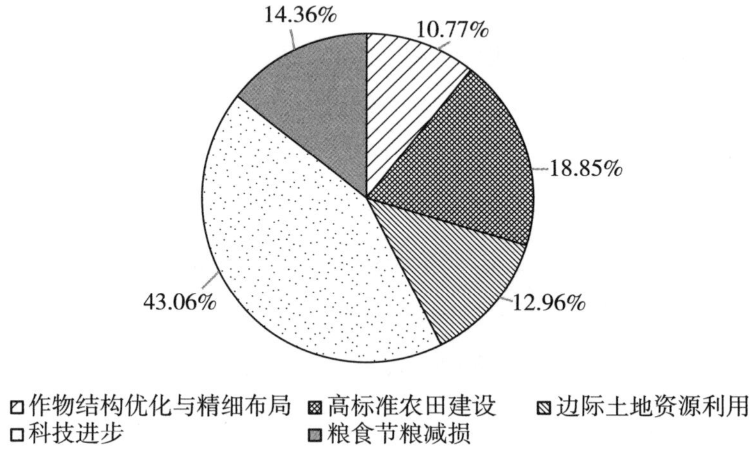

图 5-7　西部地区粮食增产潜力情况

2. 战略定位

西部地区农业资源丰富，人均耕地、林地、牧草占有量分别为全国平均水平的 1.4 倍、1.9 倍和 3.6 倍，未利用土地占比大，可利用的耕地中中低产田占有较大比重，可见西部地区未来粮食生产能力及质效提升还有较大潜力。因此，西部地区应抢抓全面推进乡村振兴、农业强国、新时代西部大开发等历史机遇，以科技和改革赋能粮食产业提质增效，以特色资源和优越生态环境打造富有西部特色的粮食高品质发展产业集群。聚焦特色粮食品种和粮食单产能力提升，优化区域粮食产业结构，稳固西部地区国家战略大后方地位，打造西部粮食特色产业集群，为助力全方位夯实粮食安全根基贡献西部力量。

一是突出资源特色，发展特色粮食品种。首先，西部地区应从全局性、系统性、整体性层面出发，科学合理确定各区域粮食主导产业和主导粮食品种，在粮食生产上形成区域特点。其次，在粮食产业链构建上，要从产业链整合出发，科学合理确定产前、产中、产后各环节粮食产业化组织数量和规模，形成分工明确、特色突出和联动共赢的互动协调局面。积极挖掘杂粮产量潜力，选育培优杂粮品种，提升杂粮栽培水平，提高杂粮单产和总产，丰富粮食品种结构，增强功能性、多样性和营养型粮食产品供给能力。

二是突出环境特色，发展绿色粮食品种。绿色发展、低碳理念、生态保护、环境治理日益成为经济和社会发展的重要条件和基本保障，相比于其他地区，西部地区由于整体生态环境较为脆弱，容易受到不合理因素的破坏和干扰。因此，在全面推进乡村振兴进程中，西部地区应扬长避短，结合脆弱的生态环境和优越的自然条件，大力发展绿色、生态粮食产业，建立以节地、节水、节能、高效为特征的综合粮食生产体系。以市场需求为导向，因地制宜调整粮食产业结构，有效提升西部地区粮食产业特色化、专业化和绿色化水平，以生态化和绿色化增加粮食产品附加值，逐渐形成西部地区粮食产业高质量发展的比较优势。

三是突出民族特色，促进产业融合发展。西部地区历来是我国具有独特历史发展脉络的民族聚居区，聚集了我国众多少数民族，少数民族人口占全国少数民族总人口的75%左右，涵盖我国全部少数民族自治区，民族特色和地方特色鲜明。因此，西部地区粮食产业发展要深耕民族文化底蕴，创新文化传承，依托传统文化、吸收现代文化、立足本土文化，提取特色、浓缩精华，适时揉进民风民俗之文化本源。以种质创新研究为基础开展西部地区农业文化遗产的保护与传承，打造西部粮食产业重要农业文化遗产品牌，发展一批具有浓郁地域特色、深厚文化内涵的西部特色粮食产品。结合乡村振兴战略，配合宜居宜业和美乡村建设，通过打造一批粮食产业文旅项目，以“民族文化+乡村振兴”“红色文化+乡村振兴”等形式，集成原有的民族文化传统，形成完整的西部现代粮食产业“民族文化旅游带”“民族文化展示带”“民族文化传承区”。

四是突出政策优势，抢抓产业发展高地。全面推进乡村振兴、共同富裕和新时代西部大开发战略为西部粮食产业发展带来前所未有的赶超机遇。要不断优化各类战略方向、优化政策空间布局，具体粮食产业政策制定上应顺应西部各地实际的特色，不应重复和照搬其他地区发展的“老路”和模式，防止落后生产方式向西部地区转移。在资金投入上，要防止资本单纯“逐利”，涌入边际收益较高的城市地区和二三产业，要将农业特别是特色粮食产业作为西部地区发展重点。西部地区涉及区域广阔，要强化区域内部粮食产业之间的合作与帮扶，加强经验共享、机制共建、产需调配，推动粮食产业高质量和可持续发展，提高西部地区粮食产业整体竞争力。

二、优化西部粮食产业布局

以黄土高原、青藏高原、西南丘陵、云贵高原、新疆地区为主要功能分区，针对不同的气候、自然及生态条件，因地制宜发展各类特色粮食产业。

1. 黄土高原区

黄土高原区包括甘肃、宁夏、内蒙古、陕西四地。黄河流域黄土高原区是中华文明的发源地，具有悠久的农耕历史与科学种养制度，先人探索了以地养地、蓄水保墒等很多有用的经验做法。黄河流域高质量发展农业是基础、是亮点，特别是旱作农业节水有突破，高质量发展就有了保障。

（1）黄土高原区粮食产业发展布局。甘肃省要大力发展优质专用小麦，加强以抗锈为目标，兼抗其他多种病害、结合抗旱抗寒的小麦新品种选育和示范推广工作，不断提升冬小麦综合生产能力。重点推广抗旱、抗病、抗倒、适宜密植、适宜机收的优质玉米新品种，逐步扩大粮饲兼用玉米种植面积。集中打造马铃薯高淀粉及菜用型生产区、河西灌区全粉及薯条（片）专用型生产区、南部早熟菜用型生产区，大力推广加工专用型品种，推进马铃薯品种有序更新换代和品种区域布局全面升级优化。

宁夏回族自治区重点打造北部现代农业示范区、中部高效节水农业示范区、南部生态农业示范区。其中北部现代农业示范区，发挥黄河自流灌溉和贺兰山生态屏障的自然优势，稳步提升粮食综合生产能力，大力推进高标准农田和现代化节水型灌区建设，稳步提升耕地质量水平，实施良种选育推广行动，发展多种形式适度规模经营，深入开展粮食绿色高产高效创建。中部高效节水农业示范区以防沙治沙和高效节水农业为主攻方向，在旱作区推广集雨补灌、覆膜保墒等旱作高效节水技术，扩大粮饲兼用型玉米种植面积，培育壮大小杂粮优势特色产业。南部生态农业示范区以清水河、葫芦河、渝河、泾河、茹河五河流域为重点区域，重点发展马铃薯优势产业和小杂粮特色农产品，创建一批特色粮食农产品优势区，培育壮大生态农业产业集群。

内蒙古自治区着力提升河套—土默川平原、西辽河平原等粮食主产区玉米和农牧交错区全株青贮玉米产能。在干旱区扩大节水耐旱作物种植面积。稳定口粮种植面积，稳步提升河套灌区、大兴安岭丘陵区优质小麦及兴安盟优质粳稻产能。稳定呼伦贝尔市、兴安盟等地区绿色有机大豆种植面积，增加优质高蛋白、功能性大豆供给。稳步恢复呼伦贝尔市、乌兰察布市等地区马铃薯种植面积，推广抗旱节水、优质高产抗病专用品种。因地制宜发展杂粮杂豆等特色作物。

陕西省突出小麦、玉米、水稻、马铃薯、大豆五大粮食作物，以关中灌区、渭北旱原区、陕南平坝地区、陕北和陕南浅山丘陵区为重点，集中打造区域集中、产业聚集、产能稳定的四大粮食生产功能区，确保基本面积，提升粮食综合生产能力。在关中灌区和渭北旱原区，建立 1 100 万亩优质小麦产业带，扩大青贮、鲜食甜糯玉米面积；在陕南平坝地区，依托良好的生态环境，发展 150 万亩二级以上优质稻米产业带；在陕北和陕南浅山丘陵区，实施小杂粮非优生区换种马铃薯，因地制宜“压杂扩薯”，建立 500 万亩专用马铃薯产业带，大力推广优质高产马铃薯生产，做强做大产业基础，促进马铃薯“主粮化”发展战略落地。在陕南浅山丘陵区、陕北风沙草滩区、陕北川道和渭北台原区，以大豆玉米带状复合种植技术模式为重点，建立 300 万亩大豆产业带，统筹资源，稳粮增豆。在陕北旱坡地，建立 300 万亩优质特色小杂粮产业带，优化粮食供给结构。

（2）黄土高原粮食产业发展思路。一是制定与黄河流域高质量发展战略相适应的旱作农业方案。农业是黄河流域高质量发展的基础、也是亮点，特别是旱作农业节水有突破，高质量发展就有了保障。做好新时代旱作农业大文章，需要新理念、新装备、新技术。要加快建立新型旱作耕作制度，以实现粮食产需平衡为目标，以发展农业节水为中心，坚持以水定产，调减低产粮食品种种植，增加马铃薯、玉米面积，扩大优势品种小杂粮，提高耕作种植与降水周期匹配度。引进先进技术装备，围绕蓄住天上水、保住土壤水、用好地表水，深挖节水潜力、提高用水效率。

二是扩大绿色技术补贴，加大保险支持力度。要把发展旱作节水农业与生态环境治理结合起来，加大节水工程设施、节水农业技术推广、地膜回收等绿色补贴支持，发挥政策的绿色导向和激励效应。在实行差别化水价政策、完善农业用水价格形成机制、发挥水价促进节水杠杆作用基础上，探索建立农业用水精准补贴和节水奖励，对采取节水措施、调整种植模式的新型农业经营组织分类补贴。同时，提高生态脆弱地区政策性农业保险的保障程度，完善风险区划和费率调整机制。

三是优化产销区有序衔接、央地协同调控的储备机制。当前形势下粮食安全从总量矛盾转化为区域平衡问题，加快构建供给稳定、储备充足、调控有力、运转高效的粮食安全储备体系是保障粮食区域、品种、阶段上基本平衡的关键。建议国家将粮食物流仓储系统建设支持向分销任务较大、仓储设施薄弱的产销平衡区倾斜，建立起产销区高效衔接的运输仓储系统。改革粮食储备功能定位，发挥好中央和地方两级储备吞吐协同效应和调控合力，优化粮食品种结构改善和粮食生产调节功能。

四是探索实施环保、加工等补贴，支持粮食就地加工。因资金缺乏、贷款困难及补贴缺位等因素，粮食加工企业设备更新慢、新技术研发应用慢、环保压力大，直接影响到原粮增值。建议加大支持粮食加工企业，发挥加工企业的“蓄水池”作用。研究实施粮食加工企业技术创新升级补贴和生态环保补贴，通过贷款贴息、项目支持、税收优惠等举措支持企业技术升级改造，加速粮食精深加工及新产品研发；采取低息、无息环保设施贷款，或者由地方政府集中投资建设共享环保设施等方式，解决加工企业面临的环保制约问题。支持粮食就地加工，对粮食加工企业的免（减）税优惠额度作为对主产县税收定量返还的核算依据；粮食产区兴办加工业，企业用电按农用电计价。

2. 青藏高原区

青藏高原区包括青海和西藏两地。青藏高原粮食供需安全关系到边区稳定，是区域可持续发展的重要基础。青藏高原由于其特殊的气候环境和地理位置，是我国重要的生态安全屏障，是典型的农牧结合型农业，青稞是其主要粮食作物，在践行生态文明的前提下同时保障区域粮食安全、适度发展农牧业，是青藏高原可持续发展的战略方向。从自然条件看，受制于青藏高原自然生态系统的脆弱，其应对自然灾害的能力也较弱，长期以来青藏高原农业生产和粮食安全保障程度低，保障粮食供给对区域的农业资源压力较大。从产业基础看，青藏高原区农户自给自足的小农经济、乡村产业不强、潜力不足、产业发展能力弱、农村空心化和劳动力流失等多方面的问题，是造成农牧民收入增长缓慢的主要原因，也是制约粮食产业发展和乡村振兴发展的主要瓶颈。

（1）青藏高原区粮食产业布局。青海省要充分发挥大生态及特色粮食资源丰富的优势，聚力打造东部高效种养发展区、环湖循环农牧业发展区、青南生态有机畜牧业发展区、柴达木绿洲农业发展区。推进粮食生产功能区和重要农产品保护区建设，加强粮食加工仓储和物流设施、高标准农田、农业装备建设，提升耕地质量和开发后备耕地资源。推进旱作农业育种、青稞、马铃薯等制种基地建设，打造青字品牌，构建创新、高效、安全的粮食产业体系。

西藏自治区聚力打造藏东南特色产业发展区、藏中河西农业发展区和藏西北生态畜牧业发展区及青稞产业带。以35个粮食主产县为重点，深化粮食产业内部结构，确保高质高效粮食种植面积稳中有升，提高农畜产品供给保障能力，扛起粮食安全政治责任，加快青稞品种选育，切实提高农牧业良种化水平。同时，树立大食物观的安全意识，推广适合当地生产的新优品种，增加绿色优质农产品供给，努力构建多元化食物供给体系，提升农产品质量安全监管水平和检测能力，更好满足群众需求。

（2）青藏高原区粮食产业发展思路。一是提高科技支撑能力。要提高青稞产量，矮秆高产是主要途径。纵观全世界小麦、水稻这两种与青稞相似的粮食作物增产的成功经验，都是因为矮秆品种的大面积推广，史称“绿色革命”，青稞育种方向也必然要向矮秆高产方向转变。预计青稞株高降下来后，青稞籽粒产量至少能提高20%～30%，甚至50%。青藏地区亟待在青稞品种与栽培等科研方面取得突破性进展，有效提高青稞产量水平。

二是加大各级政府对粮食产业扶持力度。首先，做好基础设施建设。青藏地区为应对自然及基础条件制约，要大力推动基础设施建设，确保水、电、路、讯等基本条件通畅。如西藏地区重点围绕青稞生产核心区的35个区县，支持中低产田改造和高标准农田建设，增强土地生产能力。其次，探索优化青稞产业经营模式。探索农民合作社、粮食种植企业依托核心企业开展规模化种植，依托有实力的青稞核心加工企业，开展订单农业、合同收购等方式，与农民合作社、粮食种植企业等建立长期稳定的生产销售渠道，引导标准化种植，从源头上解决原材料供给不足问题。

三是实施青稞专项产业扶持政策。加大对青稞产业扶持力度，多措并举切实增加青稞产量及商品量。建立青稞产品加工公共信息平台，在生产技术、产品研发、销售渠道建设公共交流平台，避免集中生产同一类产品，增加青稞产品附加值。利用对口援藏机制和促进西藏发展的特殊政策，鼓励内地企业到青藏地区投资建设或进行企业合作，加速提升青稞加工产业化发展水平。

3. 西南丘陵区

西南丘陵区包括四川及重庆两地。川渝地区要以习近平新时代中国特色社会主义思想为指导，全面落实新形势下的国家粮食安全战略和乡村振兴战略，抢抓成渝地区双城经济圈建设、国家城乡融合发展试验区建设等重大机遇，树立“大粮食”“大产业”理念，推动粮食产业创新发展、转型升级和提质增效，增加绿色优质粮食产品有效供给，打造立足川渝、面向西南的现代化粮食产业高地。首先，构建高水平的粮食产业体系。包括促进粮食产业升级、产业循环、产业延链和产业融合等。其次，构建高标准的粮食生产体系。包括推动机械化、信息化、智能化等现代装备和技术在粮食全产业链的广泛应用。最后，培育高效率的粮食经营体系。包括流转、入股、托管等新型粮食经营方式，培育新型粮食经营主体和社会化服务体系，全面提升粮食适度规模经营水平。

（1）西南丘陵区粮食产业布局。西南丘陵区围绕成渝地区双城经济圈建设“一极两中心两地”目标定位及布局，综合考虑川渝两地农业资源禀赋、发展基础和潜力。以四川遂宁、资阳、内江和重庆潼南、大足、荣昌为中心，建设成渝主轴现代高效特色农业一体化发展示范区，统筹优化布局粮食产业，建设国家农业高新技术产业示范区。以四川雅安、眉山、乐山、宜宾、泸州和重庆江津、长寿、涪陵、丰都、忠县、黔江等为中心，建设沿长江现代高效特色优势农业产业带，打造国家现代粮油产业园区。以四川南充、广安和重庆合川、北碚为中心，建设沿嘉陵江现代高效特色优势农业产业带，打造中法农业科技园、川东（广安）农产品集散中心。以四川遂宁、绵阳及重庆潼南、铜梁为中心，建设渝遂绵现代高效特色优势产业带，打造成渝（遂潼）合作农产品加工物流园区、现代种业科技城、成渝中部地区现代农业协同发展示范区。以重庆大渡口、江北、沙坪坝、九龙坡、南岸、北碚、渝北、巴南、涪陵、长寿、江津、合川、永川、南川、綦江、大足、璧山、铜梁、潼南、荣昌20个区为中心，建设重庆主城都市区都市现代高效特色农业示范区，打造长江上游地区农业金融服务中心、农产品物流中心、农业科技创新中心。以四川成都、德阳、眉山、资阳为中心，建设成德眉资都市现代高效特色农业示范区，统筹布局粮油等重要农产品保供基地。以四川达州、南充、广安和重庆万州、开州、云阳、垫江、梁平为中心，建设渝东北川东北丘陵山地现代农业协同发展示范区，统筹布局优质粮油产业集群，建设万达开现代农业协同发展示范区、糯稻产业融合发展示范园区。以四川自贡、泸州、内江、宜宾及重庆江津、永川、荣昌为中心，建设川南渝西丘陵山地现代农业协同发展示范区，统筹布局优质水稻、酿酒专用粮等优势特色粮食产业，建设酿酒专用粮生产基地、西南丘陵山地现代农业智能装备技术创新中心、内江国际智慧农产品集配交易中心。

（2）西南丘陵区粮食产业发展思路。一是守红线，强化耕地保护。耕地是粮食生产的命根子。深入贯彻“藏粮于地”战略，采取“长牙齿”的硬措施，坚决守住耕地保护红线。严格规范耕地占补平衡，严肃查处乱占耕地建房、植树种草、挖塘养鱼以及撂荒等“非农化”行为；统筹川渝地区粮经发展规划和产业布局，坚决杜绝耕地“非粮化”；学习浙江经验，优化土地要素资源配置，推行农业标准地改革试点，实现耕地连片流转、土地集约利用、适度规模经营，提高农业生产效率；借鉴甘肃做法，将撂荒地整治与粮食安全相结合，把具备耕种条件的撂荒地优先纳入高标准农田改造提升范围，配套实施耕地保护与质量提升项目，推动“撂荒地”变“高产田”，提升耕地利用率和亩均效益。

二是抓关键，提升种粮效益。解决粮食问题，关键要让农民种粮有钱挣，解决好农民种粮的积极性问题。切实用好各类奖励政策、农民补贴，把惠农政策转化为百姓实惠，降低种粮成本；发展山地优质稻、鲜食甜糯玉米、一体多用优质油菜等效益粮油，发展壮大“郫县豆瓣”“黔江马喇湖贡米”等地理标志品牌，优化种植结构；积极推广复合种养，通过稻油轮作、稻经轮作、稻禽协同、稻鱼共生、鱼菜共生等立体生态循环种养模式，实现单种单收向“一水多用、一田多收”转变；引入大数据分析和物联网技术，提高农资产销对接效率，在采购、储存、配送、使用、售后等环节进行全过程数字化管理，建立一站式农资供应链平台，降低农资成本。

三是强引擎，推广农业科技。农业科技和装备支撑是现代农业发展的两只“翅膀”。聚焦底盘技术、核心种源、绿色高效种养、食品及农产品加工等领域，集中粮食作物种源创制、丘陵山区关键农机装备等一批重大专项，整合全国顶级科研力量，深化成渝地区农业科技合作，组建行业领军攻关团队，破解“卡脖子”技术难题，加快成果转化应用；强力打造农业科技创新平台，扎实推进国家生猪技术创新中心、国家杂交水稻工程技术研究中心、山地农业科技创新基地、长江上游种质创制科学装置、西南山地特色作物种质资源评价利用重点实验室建设，改造提升一批重点实验室和农业科学观测实验站。

四是畅枢纽，优化供需平衡。在粮食生产、流通、消费等全环节加强农产品仓储保鲜冷链物流能力建设，提高关键物流节点掌控能力；持续提升粮食流通储备能力，建设粮食生产功能区、重要农产品生产保护区和特色农产品优势区；推广节水、节肥、节药、节种、节能等技术，坚持良种良法配套、农机农艺融合，引导农民科学施肥用药，改善资源利用方式；坚决遏制餐饮浪费，确保全年粮食播种面积、产量稳中有升，守住供需平衡这条隐形的安全红线。

4. 云贵高原区

云贵高原区包括云南、贵州及广西三地。云贵高原区的发展定位是产销平衡区，根据此定位，其粮食产业首先要稳定粮食生产。压实耕地保护责任，持续整治撂荒地，确保粮食生产的稳定，包括粮食种植面积、产量和品质等方面的稳定，保质保量地实现常住人口直接用于口粮用途的消费自给。抓好粮田机耕道建设、中低产田改造、作物统防统治，补齐高标准农田建设等短板，提升基本农田、粮食生产功能区生产规模化、机械化以及技术服务水平。加大品种研发力度，培育适合产销平衡区和主销区自然气候条件的特色品种，加快优质品种技术集成推广，提高粮食生产的效率和品质。其次要着力优化粮食结构。根据市场需求和消费趋势，调整粮食种植结构，提高优质稻谷、功能性稻谷、青贮专用玉米、脱毒马铃薯种薯等粮食品种的种植比例，增加有机食品和绿色食品的供给，在满足当地居民多样化需求的同时，增加种粮农户收入。

（1）云贵高原区粮食产业布局。结合种植基础，加快推进广西水稻、云南玉米、贵州马铃薯等粮食生产功能区建设。在水稻生产功能区加大优质稻推广力度；在小麦生产功能区大力发展适宜加工的中筋或中强筋小麦，在适宜优势区适当发展优质弱筋小麦；在玉米生产功能区适度调减普通籽粒玉米，因地制宜发展青贮饲用玉米和甜糯玉米。努力挖掘粮食生产潜能，恢复广西双季稻种植，大力发展鲜品粮食、杂交稻早种和晚秋粮食生产，扩大小杂粮、小杂豆等粮食作物种植面积。积极推进优质稻谷、青贮玉米、优质薯类等高原特色粮食产业发展，增加绿色优质粮食产品生产和供给。支持粮食企业参与粮食生产功能区建设，持续增强大型粮食龙头企业辐射带动能力，建设一批专业化、市场化的粮食产后服务中心，为农户提供粮食产后代清理、代干燥、代储存、代加工、代销售“五代”服务。

（2）云贵高原区粮食产业发展思路。一是夯实粮食生产基础。加大耕地保护力度。严守耕地红线，坚决遏制耕地“非农化”、基本农田“非粮化”，完善耕地占补平衡政策。全面落实“三区三线”划定要求，坚持最严格耕地保护制度，严厉打击土地流转过程中乱占、乱用耕地行为，提高其违法成本，让人们对耕地保护制度心存敬畏。开展撂荒耕地复耕复种，强化耕地质量建设，持续开展耕地土壤改良与培肥工作，提升耕地生产能力。加快高标准农田建设。加大力度支持山区粮食生产功能区农田水利设施建设，坚持“新改并举，量质并重”，统筹推进田、土、水、路、林、电、技、管综合治理，推进高标准农田建设和耕地质量建设同步实施，推进山区半山区耕地宜机化改造，提高农田抗灾减灾、旱涝保收能力。打造一批集中连片、宜机作业、节水高效、土壤肥沃、绿色生态、产业融合的“高标准农田+制种基地”“高标准农田+稻渔种养”“高标准农田+粮经”“高标准农田+数字产业”等“高标准农田+*N*”建设创新示范区。完善基础设施管护制度。按照“谁受益、谁管护，谁使用、谁管护”的原则，坚持因地制宜、建管并重，完善管护制度，落实管护责任，制定科学的管护机制，解决管护经费来源问题，积极探索建立多种形式的管护体制和运营方式，积极发挥农民自主管理的作用，实现农田基础设施管护的全域化、长效化、信息化，确保高标准农田耕地质量不降低，基础设施稳定，粮食生产长久持续发挥效益。

二是增强科技强粮能力。加大力度选育适应云贵高原特殊生态环境的优质新品种。深入实施良种联合攻关，加强农业种质资源保护与利用，突破种质创新、新品种选育、高效繁育等核心技术，加快推进山区粮油种业提升，选育高产、优质、耐旱、抗病、宜机宜饲的水稻、玉米、马铃薯等突破性粮食新品种。鼓励和引导种粮企业、种植大户等大胆试种高、新、特、优类粮食品种，加大对水稻优质高产品种和玉米间作新农艺推广的支持力度，全面提升优质粮食种植覆盖率。高效推进良种良法配套技术研制。围绕制约云贵高原区粮食增产增效的瓶颈，针对选育出的突破性新品种，强化技术集成创新，依托绿色高质高效创建、优质粮食工程、大面积单产提升等项目，集成推广绿色简化高效栽培等粮食绿色增产增效适用技术，大力推广化肥农药减量增效、土壤地力提升、节水节种、轮作休耕、防灾减灾等绿色标准化生产技术。加强病虫和农业自然灾害监测防控预警，建立健全粮食防灾减灾技术体系。研发适合不同山区特点的节水灌溉设备，大力推广滴灌、喷灌等节水灌溉技术。探索适宜当地的“烤烟+玉米+油菜”“果+粮豆”“粮+菜”等多种类型间套作、轮作技术。加快推进主要粮食作物生产全程机械化，将农业物联网、人工智能、数字经济等新技术运用到粮食生产中。进一步开展好“吨粮田”创建、高产竞赛、“揭榜挂帅”等活动，促进粮食产量整体水平、单产水平提升。强化农业科技成果入乡转化。强化农业公益性推广服务体系建设，切实提高基层农技人员的福利待遇，不断提升乡镇或区域性农业成果转化、技术推广的服务能力。大力推广科技小院、专家大院、院（校）地共建等创新服务模式。加大经营性农业科技服务机构培育，引导支持承接能力强的农民合作社、家庭农场、农村专业技术协会通过建立示范基地、

“田间学校”等方式进行农业科技成果转化、推广示范。进一步发展壮大科技特派员队伍，利用新农村发展研究院、科技特派员创业培训基地等，提高科技特派员创业和服务能力。

三是提升农业社会化服务水平。创新社会化服务形式。聚焦当地粮食生产主要品种、主要环节出台社会化服务行业标准、企业标准，推进社会化服务工作逐步走向标准化、规范化。从产中向产前、产后等环节及金融保险、质量安全等配套服务延伸。在因地制宜的基础上，差异化提供单环节、多环节、全程托管等社会化服务模式。充分利用全国和区域性农业社会化服务平台，在更大范围内实现服务资源整合、供需有效对接。适度提高丘陵山区和脱贫地区补贴标准，以增加政策引导力。同时，集中补贴资金对重点地区以及社会化服务工作较为突出的服务主体给予重点支持。健全服务机制。明确省、市、县三级政府的职能分工，省、市主要负责业务指导、定期调度项目推进情况，县（市、区）负责服务组织准入、服务质量监管、项目实施督促等，并强化县、镇、村三级必要的经费、人员、技术设备等工作保障。建立年度服务需求征集机制，推广“农户—村集体—农业主管部门”的需求表达模式，支持基层政府发展线上“订单式”农业社会化服务。提升服务供需主体能力。以吸引年轻人务农、培养职业农民为重点，通过培训提高一批、吸引发展一批、培育储备一批，加快构建一支不断发展壮大有文化、懂技术、善经营、会管理的高素质种粮农民队伍。构建本土农业社会化服务主体培育的长效机制，规范示范组织名录库管理，择优选择和重点扶持储备服务主体。促进本土农业社会化服务主体通过合资合作、协作联盟等合作方式实现资源整合，推动小型农业社会化服务主体通过联合合作从“单打独斗式”服务向全程“保姆式”托管服务成长转型。促进农业社会化服务人才队伍建设，保证农业生产的人才、知识、技能和市场信息及时更新。

5. 新疆地区

新疆是维护国家粮食安全的重要地区，粮食产业是新疆八大产业之一，新疆拥有广阔的土地资源和适宜的气候环境，使得新疆粮食生产一直占据着重要的位置。同时，新疆粮食产业也发展迅速，成为新疆农业和经济发展的重点领域。新疆粮食产业在单位面积产量和人均粮食产量方面表现出较强的比较优势：新疆粮食作物单位面积产量排在全国第二位；新疆粮食的人均产量排在全国第四位。同时，新疆特殊的干旱绿洲灌溉农业特征和 1 亿亩的耕地资源，具备了国家粮食安全战略后备基地的优势和条件。

（1）新疆地区粮食产业布局。新疆地区粮食产业实行小麦南（疆）稳北（疆）优的区域性新疆粮食安全战略布局。南疆五地州以地州为单元区域内平衡，确保绝对的粮食安全；北疆（含东疆）区域平衡并调优小麦品质（增加筋力），确保销区粮食安全。北疆（含东疆）以供给侧结构调整为引领，以小麦生产功能区划定为基础，参照小麦品质区划，选好品种，调优筋力，通过增加中强筋、中筋小麦原料比例，发展小麦专用粉，延伸小麦产业链。加快在北疆推进实施科学的轮作制度，划定小麦高产区，实现藏粮于地。南疆调整以小麦定水为以林果定水的水政、调整种麦大户水资源管理政策。实行小麦收储南北疆差异化政策：建议给北疆小麦生产提供特殊的收购政策，提供政策支持保护。

（2）新疆地区粮食产业发展思路。一是转化发展势能，充分发挥资源区位优势。新疆具有丰富的后备耕地资源，较好的光热气候条件，一定基础的水利基础设施，大面积的高效节水技术应用，较高的规模化专业化集约化水平，已经具备成为国家商品粮供应基地的潜力。同时，随着西部大开发、“一带一路”倡议等的不断推进，新疆独特的区位优势逐步显现，依托口岸区位优势和综保区政策叠加优势，阿拉山口、霍尔果斯等国际粮油产业园区快速发展，已成为“一带一路”粮食产业国际合作重要平台，对于新疆粮食产业发展具有重要的促进作用。

二是调整种植结构，努力扩大玉米生产规模。坚持以市场为导向，以效益为中心，加快种植结构调整步伐，积极扩大玉米生产面积，不断提高土地配置效率，实现增产增收。当前，随着新疆畜牧业对玉米的需求不断走高，玉米的种植效益明显增加，农民在种植选择上对玉米有一定的积极性，认真贯彻落实国家扶持粮食生产和促进农民增收的各项政策，扩大玉米生产，优化粮食种植结构，确保新疆粮食持续增产。

三是完善市场体系，推动粮食产业高质量发展。调整粮食加工产业结构，统筹发展粮食初加工、精深加工和副产物综合利用，推动产业向价值链中高端跃升，积极引导粮食加工规模化、专业化、精细化发展。推动粮食全产业链发展，加快培育壮大龙头企业，支持企业发展“产购储加销”一体化模式，鼓励龙头企业与产业链上下游各类市场主体联合成立粮食产业联盟，建设一批现代化粮食产业园区，促进产业集聚集群发展。大力实施品牌发展战略，持续推进“新疆面粉”“新疆好粮油”品牌建设，对重点企业和品牌产品给予重点培育扶持。深入实施优质粮食工程，实施“六大提升行动”，增加绿色生态粮食产品供给。

三、西部粮食产业发展对策建议

西部地区要在生态环境保护的前提下，立足西部区域资源禀赋，充分挖掘林地、草坡、水田和湖泊等农业资源，构建多元化食物供给体系，实现多种经营、多业并举、多元发展、多点支撑。扩大新疆地区玉米种植面积，将新疆建设成国家战略后备粮仓。增加黄土高原地区马铃薯、玉米面积，提升“塞外粮仓”“陇东粮仓”对粮食产能提升的贡献。扩大黄土高原地区优势品种小杂粮种植面积，打造成中国人的“健康粮仓”。川渝地区积极推广复合种养，通过稻油轮作、稻经轮作、稻禽协同、稻鱼共生等立体生态循环种养模式稳定水稻种植面积，在适宜地区推广再生稻打造“吨良田”，建好新时代更高水平的“天府粮仓”。稳定云贵高原地区优质稻谷、青贮玉米、优质薯类等高原特色粮食种植面积，充分发挥高原粮食生产潜力。

1. 夯实基础、建好基地

耕地是粮食生产的命根子，水利是粮食生产的命脉。西部地区要毫不放松抓好粮食等重要农产品稳定安全供给，改革完善耕地占补平衡制度，提高高标准农田建设投入，要加快土壤改良、节水灌溉和污染防控等综合治理，筑牢粮食产能提升的基础保障条件。一是坚决守住耕地保护红线。从严管控各项建设占用耕地特别是优质耕地，以稳定粮食产能为最低基准，确定各级政府粮食主要产品自给率和保供给的安全底线，层层落实粮食安全责任。明确西部各区域耕地数量和质量保护目标和方式，健全“增存挂钩”机制，实行严格的耕地占补平衡政策，严控耕地“非农化”“非粮化”倾向，建立“用养结合”轮作和耕作制度。利用卫星遥感、物联网、云计算、大数据等前沿技术，摸清耕地数量和质量底数，系统监测耕地资源利用及其承载力动态变动。因地制宜有序推进撂荒地利用和管护，对西部平原地区的撂荒地，尽快复耕，优先用于粮食生产；对丘陵山区的撂荒地，根据立地条件，宜粮则粮、宜特则特，发展粮食、特色水果、优质牧草、中药材产业。二是着力提高耕地质量。耕地质量是粮食安全的重要基础，高标准农田建设是提升耕地质量和粮食产能的重要举措。西部地区要充分利用本就稀缺的耕地资源，通过低产田改造、酸化防控、耕地污染治理、土地平整等重点行动提升耕地地力等级。针对耕层浅化硬化、土壤酸化、土传连作障碍、土壤重金属污染等土壤质量退化问题，创新以生物和工程技术为主的耕地和土壤质量改良、修复和定向培育技术。如重庆、四川、云南、贵州等丘陵地区，要大力实施“综合治酸治潜”，通过半旱式栽培、完善田间排灌设施等措施促进土壤脱水增温、农田降渍排毒，施用石灰和土壤调理剂调酸控酸，增施有机肥、秸秆还田和种植绿肥，开展水田养护耕作、改善土壤理化性状；在山区聚土改土加厚土层，修建水池水窖，种植地埂生物篱，推行等高种植，提高保水保肥能力。陕西、甘肃、宁夏、青海、新疆、西藏等西北地区，要在灌溉农区实施“灌水压盐、滴灌节水、秸秆培肥、残膜回收”，完善排水系统，推广膜下滴灌等技术，开展秸秆堆沤和机械粉碎还田，改薄膜为厚膜、实现基本回收；在黄土型旱作区实施坡耕地梯田化，修建集雨蓄水窖，种植等高草带，推广玉米秸秆整秆覆盖还田、全膜双垄集雨沟播技术。三是完善农田水利设施。确保耕地数量不减少、质量有提升、产能不下滑，切实完成各省高标准农田建设任务（表 5-7），逐渐把所有永久基本农田全部建成高标准农田。广西、重庆、四川、贵州、云南应大力加强高标准农田新增建设和改造提升，加强细碎化农田整理，丘陵区建设水平梯田，配套农田防护设施，重点建设水稻、玉米等保障基地。陕西、甘肃、陕西、宁夏、新疆、内蒙古应加强土壤改良和农田节水工程建设，提升道路通行标准，重点建设小麦、玉米等保障基地。西藏、青海应科学推进高标准农田新增建设和改造提升，加大农田生态保护，加强沿河引水灌溉区农田开发建设，重点建设小麦、青稞等保障基地。

表 5-7 西部地区高标准农田建设任务

单位：万亩

地区	到 2025 年累计建成面积	到 2025 年累计改造提升面积	到 2030 年累计建成面积	到 2030 年累计改造提升面积
内蒙古	5 470	512	6 000	1 458
广西	2 977	293	3 389	781
重庆	1 810	202	1 960	545
四川	5 726	598	6 353	1 594
贵州	2 010	161	2 515	408
云南	3 733	360	4 350	966
西藏	446	45	566	103
陕西	2 194	114	2 617	303
甘肃	2 750	222	3 368	592
青海	485	38	548	114
宁夏	1 050	104	1 200	275
新疆	3 874	384	4 375	966
西部地区	32 525	3 033	37 241	8 105

2. 主体培育、人才支撑

西部地区粮食产业发展要充分激发各类经营主体的内生动力和创新活力。西部地区受成本刚性抬升、经营规模偏小、产业发展质效不高等因素影响，各类主体种粮收益与乡村振兴和共同富裕的战略要求还存在一定差距，要推动西部地区粮食产业发展，必须保障种粮主体的合理收益，提高粮食生产主体意愿和积极性，充分发挥粮食安全“压舱石”和“稳定器”的基础作用。一是提升西部地区人力资源支撑能力。粮食产业高质量发展始终是以人才为根本推动力的，推进西部地区粮食产业高质量发展、解决粮食生产效率低下等问题，实现对传统粮食产业的改造升级，必须加强主体和人才培育，发挥人才的支撑和引领作用，一方面，提升本土农技人员的科技应用水平和理论实践素养，着力培育一批“土专家、田秀才、乡创客”。通过“一对一”“一对多”“多对一”“多对多”等多种形式开展技术下乡活动，指导各类农业实用技术，同时鼓励从事农业劳动人员及时接受新型粮食产业生产技术，尽快成长为本土农技人才。另一方面，制定人才引进战略，加强粮食产业科技人才、专业团队的引进力度，加大对粮食产业领军、杰出人才的支持力度，加强国家自然科学、社会科学、重点研发计划的倾斜支持。出台特殊人才优待政策，对智慧育种、农业机械等急需和紧缺人才给予特殊薪资待遇，建设生产型、经营型人才培养平台，加强西部地区种粮职业农民培训，提升粮食产业技术、管理和服务人才层次。二是推动粮食适度规模经营。继续大力支持从事适度规模经营的种粮主体，开展种粮主体能力提升、种养能手技能、农村创新创业者培养等培训。面向从事粮食生产的新型经营主体和农户，进行系统性培育和综合性政策扶持，扩大政策支持力度和相关倾斜力度，着力打造一支与西部地区粮食产业现代化相适应，能够引领一方、带动一片的粮食产业振兴带头人队伍。三是支持推广粮食生产社会化服务。支持西部地区符合条件的合作社、村集体、专业服务公司和供销合作社等主体开展粮食生产社会化服务。根据西部地区各地资源禀赋、产业特点、劳动力转移程度、农业机械化水平和小农户需求等因素，因地制宜确定补助方式与标准，加强与其他农业生产支持政策的衔接，以粮食生产社会化服务推动节本增效和农民增收。

3. 品质先行，品牌战略

西部地区要发挥超大规模市场和强大生产能力的优势，以高质量发展促进高水平安全，以高水平安全保障高质量发展，实现粮食产业发展和安全动态平衡、相得益彰。优越的自然生态条件，既是西部地区粮食产业发展的优势所在，也是粮食产业发展必须重视的底线问题。在全面推进乡村振兴过程中，西部地区粮食产业要兼顾产业兴旺和生态宜居，优化粮食产业资源配置和利用方式，创新人与自然和谐共生的新型粮食生产方式。一是提升粮食产业绿色生产能力。我国自古以来的农耕种植中有许多尊重自然、保护生态的有益做法，例如，通过不同粮食作物的间作套种减少病虫害发生，将农作物的根茎叶、秸秆、杂草、人畜粪便沤制肥田，耕地轮作休耕等，这些做法具有群众基础、实践基础和资源基础，西部地区粮食产业要继承和发扬这些绿色农业种植方式，以现代科学技术加以改良和提升。大力开展规模化测土配方施肥技术和农药化肥减量增效，优先支持施用畜禽粪肥、有机肥、配方肥和新型高效肥，在更大范围推进有机肥替代化肥，同时大力推广有机肥施用机械、“有机肥+”、水肥一体化等新技术及高效绿色定额制施肥技术。针对西部地区粮食作物常见的病虫害，加快推进统防统治与绿色防控融合，集成推广农药减量增效技术模式，加快绿色防控技术和产品推广应用，稳步提升西部地区粮食产业绿色防控覆盖率。二是培育特色优势产品品牌。按照国家粮食安全战略和乡村振兴的要求，坚持“粮头食尾”，发展西部特色粮食加工产品，推动藜麦、青稞等杂粮加工产品精细化发展，发展形成一批知名的地方特色粮食精深加工企业，提高粮食附加值，实现粮食种植业与农产品加工业融合发展。发挥订单农业、就地加工、股份合作等利益联结方式的作用，促进粮食产业链、供应链和价值链融合，推动西部地区粮食产业优粮优价和粮食产业就地增值。三是促进粮食产业融合发展。利用西部地区独具特色的自然和生态条件，与独特的民族风俗和文化相结合，深挖农耕文化，形成各具特色的粮食产业新业态。推动粮食种植、渔业养殖和休闲旅游的产业链整合，如稻田彩绘、研学科普等产业，推动粮食产业实现价值最大化和收益最大化。

4. 科技赋能、高产优质

西部地区粮食产业发展要以科技创新引领现代化产业体系建设，以科技创新推动产业创新，特别是以颠覆性技术和前沿技术催生新模式、新动能，发展新质生产力。在资源要素有限的情况下，未来粮食增产将更多依靠单产能力的提升，西部地区粮食产业发展除了要依靠土地、水资源等基本生产要素外，还需要依靠科技赋能推动生产能力向更高层次更高水平跃进。新供给创造新需求，西部地区粮食产业供给侧的核心机制是以科技创新为引领，强化寒旱、山丘区等关键核心技术攻关，突破农业技术推广的“最后一公里”，以科技推动全产业链互联互通。一是强化农业关键核心技术攻关。推动西部农业科技从“单技术应用”到“多技术集成”转变，联合高校、科研院所、科技企业等全方位整合科技资源，加强粮食全产业链技术和关键技术研发。建立健全农机农艺协同攻关机制，针对西部地区粮食产业品种、农作制度、种养殖方式和农机作业要求存在的偏差，组建农机农艺协同创新与产业服务团队，深化农机农艺融合，开展宜机化的农艺研究与推广。如甘肃在发展现代寒旱特色粮食产业中，要在减少单位作物生产的净耗水和灌溉用水情况下提高粮食产能，着力突破灌溉用水的科学调配与精量控制技术，推动区域作物种植结构与水资源条件的有效匹配。二是提升现代新技术的研发和应用能力。构建科企深度融合机制，搭建公益性、基础性研究与商业化育种有效衔接的机制与平台，提高制种大县奖励和育繁推一体化项目资金规模。推动互联网、大数据、人工智能、区块链、卫星遥感等现代信息技术加快向田间地头延伸，加强各类新技术、新产品在监测预警、防灾减灾、疫病防控、精准作业、产销对接、质量安全监管、绿色储粮等方面见到实效。加快补齐西部地区水稻机插（播）、小麦精播及玉米、油菜、马铃薯机播机收等机械化短板，推广“五良”融合技术，推进品种、种植模式和加工方式等宜机化，提供不同区域、不同种类的农业生产机械化技术解决方案，提高山丘区粮食作物机械化水平。通过改进收获机械的性能、适时收获、改善运输、干燥及储藏条件，减少粮食在各环节的损耗。三是完善粮食产业农技推广，加速科技成果转化。进一步完善西部地区，特别是经济发展相对落后地区的农技推广服务体系，帮助各类种粮主体降低粮食生产新技术的学习成本及应用风险，增加科技应用与田间生产的适配性，提高农业科技对粮食生产的支撑力度。充分高效发挥农业技术传播活动在农村地区的作用，调整现有的管理和传播方式，打破原有的单一决策体制，结合社会的市场资源，建立系统的粮食产业技术传播网络，改变教育培训方式，做到责任到人，提高农业推广人员的工作效率。

5. 财政支撑、金融助力

首先，要增强西部地区粮食产业宏观政策取向的一致性，加强政策的协调配合，强化政策统筹，确保同向发力、形成合力。无论是小农户还是规模种粮主体，其种植决策都是在考虑相关惠农政策和仔细权衡种粮成本与收益后作出的决定，是在各种资源禀赋条件约束下，基于利润最大化目标而做出的选择。由于粮食生产的弱质性、公共性和社会性特征，制度环境对粮食生产和农民种粮积极性有较大影响，要探索完善各类粮食扶持政策，以应对粮食收益随粮食生产成本快速上涨而下跌、粮食作物与经济作物经济效益差距拉大及非农收入增加导致种粮机会成本提升等带来的种粮主体积极性不高的困境。在财政支撑上，健全粮食补贴机制，加大强农惠农赋能政策的支持力度。根据西部地区各区域特点和粮食产业的特殊性，实行市场化的粮食补贴方式，建立健全粮食主产县利益补偿机制，完善价格、补贴、保险“三位一体”的政策体系，提高当前农业补贴政策的精准性。另外，政府应积极探索农业补贴同粮食生产挂钩机制，让多生产粮食者多得补贴，防止出现过度补贴和重复补贴，提高粮食补贴的效率，发挥粮食补贴引导粮食产业高质量转型的积极作用。确立以保障粮食增产和保障种粮收益双重目标为导向的粮食补贴政策，通过扩大要素补贴范围和加大补贴力度，做好农资保供稳价工作，切实降低农民种粮生产成本，有效增加农民种粮收益。其次，要加强金融支持粮食产业发展力度。鼓励金融机构面向西部地区创新金融产品和服务模式，加强信贷、保险等金融支农政策优先向规模种粮主体倾斜。扎实推进粮食生产主体信贷直通车常态化服务，开展救灾复产、春耕备耕、高素质农民等专项信贷行动，引导金融机构持续加大对种粮农民、新型经营主体的信贷投入。

第六章

西部地区特色产业发展典型案例研究

西部地区是我国蚕桑、畜牧（牛羊）、果蔬等优势特色产业的重要产区，长期以来为西部地区产业发展和促进乡村振兴奠定了基础。特色产业是脱贫地区发展的主要产业，也是脱贫人口的主要收入来源，在全国打赢脱贫攻坚战中，特色产业发展对西部地区如期全面完成脱贫攻坚任务作出了巨大贡献。在乡村全面振兴阶段，西部地区持续巩固和发展乡村特色产业，主打“双色牌”、念好“林草经”、突出“土特产”成为该地区抓产业振兴的主导思路，致力于破解区域发展不平衡难题，为新发展格局下实现农民富裕提供了可复制的产业发展蓝本。

第一节　特色产业发展的主要优势与现实问题

一、主要优势

1. 自然资源优势突出

西部地区的自然地理环境和气候条件对其生产方式以及特色产业项目选择起到关键作用，这里的农产品别具特色，牛羊肉质细嫩、果蔬品质优良、药材菌菇有益成分含量较高。内蒙古、新疆伊犁、西藏那曲、新疆的阿尔泰山、甘肃祁连山、四川若尔盖和红原大草原等，为牛羊发展提供了丰富的饲草来源。西部内陆地区光照充足、年日照时间长、昼夜温差大，生产的果蔬产量和品质优于其他地区；西南地区降雨充沛，多山地丘陵，则有利于果蔬的生长；西北地区、川西高原地区及云贵高原地区由于其特殊的高海拔等地理环境和紫外线强等气候条件，果蔬病虫害相对较少，果蔬产品香味浓郁、营养丰富、品质优良，还能实现错季上市，其他果蔬主产区无法模仿。通过利用独特的自然条件环境资源，大力发展特色产业，形成了众多的名特优产品，满足了消费者的多样化需求。如新疆的哈密瓜、陕西的猕猴桃、云南的石榴、广西的火龙果、重庆的脆李、四川的晚熟柑橘、贵州的蓝莓、甘肃的苹果、内蒙古的奶业、宁夏的枸杞、西藏的牦牛、云南的花卉等特色产品，享誉国内外。

2. 特色产业发展迅猛

近年来，西部地区通过发展“一村一品”“一镇一特”“一县一业”，把不少小产业、“土特产”培育成为当地农民的支柱产业。截至 2023 年，西部地区共创建了优势特色产业集群 76 个、110 个国家现代农业产业园，以产业兴旺赋能乡村振兴。内蒙古发挥优势大力发展生态农牧业，聚焦奶业、肉牛、肉羊、羊绒、饲草等重点产业链，推进产加销、贸工农一体化发展。宁夏通过构建现代农业“三大体系”，大力发展葡萄酒、枸杞、牛奶、肉牛、滩羊、冷凉蔬菜“六特”产业，其中枸杞产业围绕良种繁育、精深加工、仓储物流等环节，创建国家农业现代化示范区，擦亮“枸杞之乡”品牌。新疆先后开展新疆薄皮核桃、库尔勒香梨、新疆葡萄、伊犁马、新疆棉花、新疆褐牛6个农业优势特色产业集群建设，这6个特色产业集群全产业链产值均突破100亿元，形成了具有核心竞争力的重点产业链。西藏自治区着力发展青稞、牦牛、藏羊、蔬菜、奶业、饲草、藏猪、藏鸡、茶叶、葡萄十大高原特色农牧产业基地，通过申报认定龙头企业、开展农牧民合作社规范提升行动、实施家庭农牧场示范培育等工作，促进新型农业经营主体蓬勃发展。广西壮族自治区充分发挥林果蔬畜糖等特色资源丰富的优势，打造出蔗糖、水果、蔬菜、渔业、蚕桑、优质家畜等一批千百亿元产业集群；百色芒果、柳州螺蛳粉、梧州六堡茶、横州茉莉花、永福罗汉果等一大批优势特色农业产业在全国具有举足轻重的地位，成为广西现代特色农业的典范。贵州省着力发展茶叶、蔬菜、生态畜牧业、石斛、水果、竹、中药材、生态渔业、油茶等12个特色优势产业，大力推广“龙头企业+合作社+农户”的组织方式，农民充分享受到产业发展带来的红利。云南省因地制宜打造“一村一品”专业村和“一县一业”特色产业大县，其茶叶、花卉、坚果、咖啡、中药材、烟草、天然橡胶等特色产业种植规模和产量稳居全国第一，蔬菜、水果、肉牛、生猪、蔗糖等产业规模居全国前列。青海省牦牛、藏羊、油菜、青稞4个优势特色产业集群不断带动龙头企业、合作社规模化经营、集约化发展，特色产业发展步伐不断加快。以发展现代园区和产业集群为载体，成功创建17个国家级农业产业园，建成各级现代农业园区1 500余个，东坡泡菜、郫县豆瓣、安岳柠檬、会理石榴、盐源苹果、攀枝花芒果等特色农产品声名远扬，“川字号”特色产业越来越强，农业集约化、标准化、组织化和市场化程度不断提升。重庆市以发展现代山地特色高效农业为抓手，扎实推进全产业链建设，截至2022年底，累计认证有效期内绿色、有机、地理标志农产品3 383个，认证产量1 255万吨，全市柑橘、榨菜、茶叶等乡村特色产业发展已达3 200万亩，综合产值达到4 800亿元，乡村产业高质量发展成效显著。

3. 产业集聚态势明显

2022年，西部地区果园种植面积达到694. 15万公顷，占全国果园种植面积的53. 36%，产量12 696. 3万吨，占全国总产量的40. 57%，西部地区已成为我国水果产业的主要聚集区。其中陕西、广西、新疆、云南、四川等地，其果业集中率逐步提高，果业在全国的地位提升。西部果业正在蓄力发展，果业发展弱势地区逐渐演变为适宜地区。随着西部暖湿化趋势的持续，果树“上山下滩、利用四荒”的政策实施，以及市场对果品质量安全和生态环境条件要求的不断升级，未来水果产区布局西移趋势会更加明显。全国蔬菜生产重心亦有逐步西移的趋势，陕西、甘肃、宁夏、青海、西藏等省份的蔬菜生产比较优势近年来上升速度明显。自蚕桑产业“东桑西移”工程实施以来，西部地区蚕桑产业快速发展，桑园面积 838 万亩，占全国桑园面积的 77.68%，蚕茧产量 60.2 万吨，占全国蚕茧总产量的 74.6%，全国 20 个蚕桑主产区西部地区就有 8 个，其中广西、四川、云南桑园面积、蚕茧产量分列全国前三位。

4. 消费市场需求旺盛

随着人们生活水平的提高和健康意识的增强，消费者对绿色、有机、高品质、多样化的农产品需求日益增长。近年来，通过严格的质量控制和品牌建设，西部地区果蔬产业在品质上得到了显著提升，赢得了消费者的信任和好评，为产业的持续发展奠定了坚实的基础。同时，西部地区是我国向西开放的前沿阵地和中亚地区经济基地的重要组成部分，不仅在国内市场有广阔的销售空间，还可以通过国际贸易将产品销往国际市场。数据显示，近年来新疆年均外销果品达 600 多万吨，约占年产果品总量的 80%，且出口量持续增长，其果蔬产品已经成功进入俄罗斯、欧洲、东南亚等市场；云南果品出口到 110 多个国家和地区，蔬菜出口 103.8 万吨、货值 33.6 亿元；借助国家“一带一路”倡议的实施，洛川苹果开拓了省内和省外 80 多个市场。

5. 联农带农效益明显

西部山区人多地少，仅依靠粮食作物难以巩固脱贫攻坚成果和实现乡村全面振兴。特色产业已成为西部地区农村经济发展的支柱产业、农民致富的主要途径、劳动力就业的重要渠道。2022 年西部地区农林牧渔业总产值 50 170.4 亿元，其中水果总产值为 7 248.3 亿元，占农林牧渔业总产值的 14.45%；蔬菜总产值为 10 060.6 亿元，占农林牧渔业总产值的 20.05%。西部地区桑蚕茧每亩产值 4 910 元，比全国平均水平高 13.1%，是蚕农增收致富的有力支撑。除了产业生产收益，许多地方政府培育扶持龙头企业，壮大引领种植、销售、加工等环节和全产业链发展的经营主体，通过“公司+基地+农户”“公司+合作社+农户”等经营模式带动农户参与特色产业发展，有力带动产业延链增值，帮助农户实现了稳定增收。还有很多地方将产业和文化旅游联系在一起，打造如贵州村超等县域 IP，推动产业融合发展，多渠道拓宽农民就业路子，促进农民增收。

二、现实问题

1. 产品结构不合理

在过去一段时期，许多基层政府在发展当地果蔬业过程中，没有进行科学规划，盲目跟风，单一追求大面积、高产量。导致西部地区果蔬产业存在种植布局不合理、品种更新步伐慢、品种结构单一、中低端品种占比较大，产品缺乏多样性、特色化，同质化倾向较为严重等问题，造成果蔬产品总体质量不高，产期过于集中，滞销事件屡见不鲜，很大程度上挫伤了农民发展果蔬产业的积极性。如四川白肉水蜜桃种植面积占全省桃树总面积的80%左右，油桃家饭、蟠桃、油蟠桃、鲜食黄肉蟠桃、加工专用桃、观赏桃等优质化、多样化和专用化的特色品种发展滞后；陕西洛川苹果富士品种一果独大，栽培面积最广，其占比超过栽培总面积的80%，风味明显变淡，失去其原有的品种优势，中、早熟苹果栽培品种及其他特色品种严重不足；自2015年阳光玫瑰葡萄售价高达300元/斤后，其在全国遍地开花，种植面积已突破100万亩，云南、广西、四川、西藏等几乎所有西部省份均有种植，2024年市场零售价6元起，有些甚至不敌“巨峰”。蔬菜生产多为茄果类、叶菜类等大路菜、低档菜，新、精、尖品种少且面积小，产品缺乏竞争力。

传统养殖方式下，养殖户往往缺乏科学的养殖知识，管理方式较为粗放，限制了养殖效率的提高。简陋的圈舍内部环境恶劣，容易成为细菌和病毒的滋生地，从而增加了牛羊患病的风险。此外，在疫病防控方面，由于重视程度不够，缺乏有效的卫生消毒和防疫管理措施，消毒工作往往缺乏科学性和系统性。在环境污染方面，传统养殖过程中产生的副产品加工废弃物、药物残留以及牛羊的粪便等污染物常常未经处理直接排放或堆积，随着雨水流入附近水体，或通过土壤渗透污染地下水，造成严重的环境污染问题。

2. 基地建设滞后

西部地区地形地貌复杂，果园地以山地、丘陵地貌为主，地块小而分散，基础设施不配套、不完善，水肥一体、智慧灌溉等设施设备覆盖面不广，现代化程度不高，产业发展受制于天气、季节、气候的因素较多，服务保障能力不足，抵御自然灾害能力较弱。2022年西部地区各省（区、市）平均有效灌溉面积比例为47.5%，而东部地区则达到60%以上。广西将近90%的果园分布在山上，无法使用大型机械车辆，轻简化、省力化、规模化生产难度大，许多果园都是先种树后建设，基础设施普遍较差。陕西洛川约50%的果树超过26年树龄进入衰老期，基础设施配套更新慢；受花期冻害和冰雹等自然灾害影响，洛川苹果灾年亩均纯收入不足3 000元，自然灾害对果农收益影响较大。云南芒蚌村的芒果基地远离水源，虽然部分果园修建了蓄水池，但很大程度上仍属于“靠天吃饭”。冷库、鲜果冷链物流设施等建设短板较为明显。中冷联盟2022版分布图数据显示，2022年西部地区冷库容量仅有993.37万吨（仅占全国总量的17.47%），冷链运输车辆为8 200辆（仅为全国总量的17.92%），大部分区域范围内冷库过于集中，且空置率较高。西部乡村产品仓储、物流能力弱，偏远山区物流成本高，对果蔬、牛羊肉等产品新鲜度和品质影响很大。四川水果仓储能力仅500万吨，不足产能的一半；中长期果品贮藏能力100万吨左右，不到产能的10%。一些地方试图通过发展农村电商来减少中间流通环节，但是村民和网上平台、企业联系，完全处于弱势毫无讨价还价空间，散户农产品电商物流费用占产品销售总价的比重高达60%。如内江市四方村的无花果，通过网络销售优质果5斤可卖出90~100元，但快递费高达60元，有时赔了烂果损失，基本无利可获。牛羊养殖设施普遍较为原始，许多养殖户的圈舍建设简陋，卫生条件较差，缺少自动化饲喂系统和温控设施等现代化设备。

3. 科技支撑能力不强

西部地区果蔬产业多以散户经营为主，大多是60岁以上的老农民（如四川木栏村60%以上苹果种植户在60岁以上，50~60岁的占30%左右；陕西周一村年龄在55~60岁的果农占所有猕猴桃果农的75.5%以上，且初中及以下文化程度者达到93.6%），年轻一代不愿回村务农。新型职业农民数量较少，农村致富带头人才少，尤其缺少兼具种植、养殖、管理、销售等专业知识的复合型人才。大部分农民自身文化素质较低，认为自己的技术最好，他们的栽培和养殖管理主要依靠常规的标准化技术经验和办法，对新技术、新模式、新材料和新品种的接受能力不强，在实际操作中执行力、理解力较差。设施熊蜂授粉、沼能综合利用、轻简化设施设备、水肥一体化、智能化温控设备、物联网系统等新材料和新技术应用不广，农业投入品、植物生长调节剂、添加剂、兽药等使用较为随意，科学的管理与技术措施应用到位难，优质果品生产能力不足，优质农产品的产量质量不稳定，牛羊生长速度慢，饲料转化率低，经济效益不高。农业科技推广体系不健全，基层农技推广队伍断层严重，例如，广西百色市蚕桑专业技术人员不足30人，其中只有4人为蚕桑专业院校毕业，多数是只经过短期培训的其他专业技术人员，新蚕区和乡镇农技站蚕业技术人员更是缺乏，在编不在岗现象也比较突出。新品种、新技术推广应用不到位，虽印发了当地特色产业的标准化管理技术规程，也举办了专家教授授课、县镇农技人员线上线下技术指导等不同层次、不同方式的培训，但缺乏长期的生产技术指导，技术在实际生产中的普及程度受到严重制约。在技术推广中，主要通过示范园参观培训为主，推广途径较为单一，而效果并不显著。镇村年轻干部中懂农业、爱农业、善管理的技术干部缺乏，特别是对数字电商、智慧农业、集体经济管理等领域，干部专业能力有待提升。

4. 农民组织发展程度低

西部地区除了示范基地形成一定的规模外，大多数果蔬种植户多按传统经验处于分散种植和经营状态，农户管理水平差异较大，技术标准难统一；销售时，大部分农户选择采收后立即出售，无议价能力，只能随行就市销售。合作社存在发展内容单一、资金短缺、人才缺乏等问题，其功能发挥受到阻碍，农户参与积极性不高。新型经营主体带动力和凝聚力还不强，带动农民增收致富方面的作用不明显。企业与农户关系松散，合作不稳定，多是通过口头协议建立购销关系，随意性大，利益机制体制有待完善。统一标准、统一农资、统一销售和社会化服务还不到位。因蔬菜效益高，四川省梭罗沟村高原蔬菜现代农业园区12 000亩全是农户自己按照传统经验在种。贵州省平元村胜成蔬菜种植专业合作社100亩基地，由合作社负责人自己招揽零工进行生产，主要解决周边就业，但新型主体引领产业化发展的模式或联合体作用凸显不够。陕西省阿寺村苹果生产以家庭为单位进行10亩以内的小面积果园管理，苹果合作社在合作内容上偏重于果蔬种植栽培方面，约3/4的资源和信息集中在生产管理上，其他方面涉及比较少，合作社与农户之间缺乏有效的利益联结机制，关系不紧密，农户没有得到实际有用的帮助。四川省木栏村成立有苹果专合组织，也曾经引进过几家龙头企业，但企业、农民专业合作主要组织农户进行初加工生产，在本地苹果大量集中上市时期，难以有效消化，经常造成产品积压，大多只能以鲜货产品状态散货销售，价格较低。拥有10亩以上桑园的农户占比仅有9.97%，桑园维护、桑叶采摘仍靠肩挑背扛，规模化、组织化程度和社会化服务水平较低，标准化、省力化、机械化等先进实用技术应用到位率不高，生产管理较为粗放。

5. 产业融合发展不足

在特色产业发展中，西部乡村把主要资源、资金集中用于促进第一产业发展，现有果蔬产业以新鲜果蔬产品供应为主，大多只能在收获季节集中上市，不可避免地造成产品相互压价损害农户利益。种植结构和经营规模虽有所调整，但果蔬产品深度开发不足，链条较短，农产品包装、销售、售后等环节与生产环节衔接不够，加工转化率不高，附加值低。甘肃临洮蔬菜初步构建了产业链，交易市场年交易量12万吨，其蔬菜加工转化率达到56%，但远低于全国农产品加工转化率74%。尽管陕西洛川近几年加强苹果加工产品的发展，但加工产值仅为总产值的10%左右，约为第一产业的20%，而发达国家果品加工产值则为种植产值的300%，与之相比差距较大。陕西周至县猕猴桃产业种植面积43.2万亩，年产鲜果53万吨，年产值达60亿元，但周至县现有果品包装企业不足20家，猕猴桃加工企业仅有40家左右，猕猴桃年加工量约10万吨，仅占总产量的21.7%，鲜果销售量占比达到80%。与东部地区相比，西部地区的牛羊产品虽然品质上乘，但加工方式通常较为简单，产品缺乏差异化，产品线较为单一，缺少深加工和高附加值产品，高端牛肉品牌和具有地方特色的品牌较少，在品牌建设和市场营销方面相对落后，缺乏有影响力的品牌。西部地区蚕桑“原料性生产”的产业特征没有根本改变，仍以蚕沙、桑枝、蚕蛹等蚕桑生产副产物的简单利用为主，多数企业只能为东部地区提供加工原料，多数产品处于价值链中低端。缫制生丝多为4A级，高品位的5A、6A级生丝占比不到30%。织绸产业规模整体偏小，后道整理、炼白、印染、制衣等深加工基本空白，绢纺、混纺和家纺等产品开发滞后，尚未形成有影响力的品牌。西部地区产业融合模式亦较为单一，多停留在普通的观光旅游上，差异化、特色化、多样性不足，同质化问题突出，西部地区丰富多彩的文化资源、旅游资源未能充分有效挖掘运用，农文体旅融合发展模式尚未广泛有效应用，融合品质水平不高，乡村旅游促消费作用不明显。电商平台体系不健全，服务模式单一，物流覆盖程度低，“互联网+”农业处于初步探索阶段。

6. 产业发展的政策瓶颈突出

特色种植养殖设施农业用地难问题较为突出。在禁止耕地“非农化”和“非粮化”政策背景下，耕地红线严重制约了蚕桑、水果等特色产业发展空间。食用菌、食用菊花等，由于没有被纳入《国土变更调查技术规范（2022 年度适用）》的蔬菜名录，其种植用地纳入设施农业用地进行审批；小蚕共育室、大蚕养殖房、果园看护房建设受阻，规模化发展、工厂化养殖难以实现。诸多特色产业发展现代农业所需设备，如水果商品化处理、冷藏烘烤、果园山地运输、棚架设施、水肥（药）一体化设施等尚未纳入农机购置补贴范围。地方土特产保险保费补贴比例相对较少且不稳定。与粮、棉、油、糖、猪等这些重要或大宗农产品保险相比较，菜、果、茶、蚕等地方土特产保险，品种多、数量少、价值高、风险大，专业性更强，实施起来更为复杂，而这些特色农产品保险没有纳入中央财政保费补贴科目，即使得到中央或地方以奖代补资金支持，其保费补贴比例也相对较少且不稳定，如中央财政对水稻、小麦和玉米等粮食作物保险保费补贴比例在中西部地区是 45%，而中央对地方特色农产品保险奖补比例只有 35%。购买了特色农产品保险的，时常发生保险公司定损不精确、赔付不及时等情况，农户购买特色农产品保险满意度不佳。

第二节　特色产业发展的典型模式与相关经验

一、典型模式

1. 云南芒蚌村：“小果子”走出致富“大路子”

独特环境孕育经济密码。云南省德宏州芒市芒蚌村距市区 42 千米，属高寒山区，旱地多、水少、地块碎。过去村民大多靠种植甘蔗、茶叶和畜牧为生，日子过得紧巴巴。看着产业落后、群众收入不稳定的现状，村支部书记张得先立志带领党员和群众多次外出考察，经过多番考察分析和研究，他们惊喜地发现芒蚌村在发展芒果种植上有生态和自然优势，于是确定了种植潞江坝的鹰嘴芒。五岔路乡芒蚌村地处高寒山区，由于独特的气候环境，当地的芒果成熟时间相对要晚一些，但也因此造就了芒果皮薄肉厚、细嫩多汁、软糯香甜的口感。

“5+”模式走出致富路子。五岔路乡芒蚌村于 2018 年从保山潞江坝引进鹰嘴芒，采取“党支部+合作社+致富带头人+党员+群众”模式（目前合作社已有社员 30 余户），带动周边 70 余农户发展芒果产业，种植面积达 700 余亩，依托高寒山区的独特气候，错开一般芒果成熟季，在每年 9 月后成熟（晚熟），补充市场上芒果空白期，走出了一条特色产业发展新路子。全村形成了互帮互助、你追我赶，产业兴、基地兴、农民富的兴旺景象。

科技支撑引领精准发展。种植路上，支部和党员致富带头人也走过弯路，但是一直没有放弃，不懂技术就去学，从选种挖坑种植到嫁接修剪，再从科学施肥到如何套袋和采摘，每一道技术难关他们都一一突破，并毫无保留地把自己种植总结的经验和学来的技术教给群众，亩产高达三四吨。2021 年以来，得益于德宏州科学技术协会的大力支持，在种植技术等方面大家有了更大信心，越来越多的群众纷纷开始种植。

经过几年的发展，芒蚌村的芒果种植从 2018 年的 2 户发展到 74 户，种植面积从 50 多亩发展到 730 亩，带动 23 户脱贫户种植 119.5 亩，达到丰产期后，预计收入 450 万元以上。特色产业既实现了群众在“家门口”就业，又鼓起了群众的“钱袋子”。

2. 陕西周一村：小小“金果”带出乡村千万级产业

西安市周至县地处渭河冲积平原，土壤肥沃，水资源丰富，光照充足，得天独厚的自然条件赋予了周至猕猴桃细腻多汁、酸甜可口、营养丰富的优良品质。全国每 7 颗猕猴桃，就有 1 颗来自周至县，是目前世界上最大的猕猴桃生产基地，全国唯一的猕猴桃标准化生产示范县，荣获“中国猕猴桃之都”“中国绿色生态农业先进县”等美誉，以 51.74 亿元蝉联中国猕猴桃区域品牌价值排行榜第一位。

在全县 90 多个猕猴桃专业种植村中，周一村是起步早、种植面积较大的村子之一。该村地处秦岭北麓沿山地带，省道 S107 公路东西穿村而过，距周至县城 15 千米，全村共有 5 个自然村，12 个村民小组，813 户 3263 人，土地总面积 13 000 亩，耕地面积 4 500 亩。以前的周一村以种粮为生，自 20 世纪 80 年代起，引导村民发展猕猴桃产业。经过 40 多年的发展，如今全村 90%的农户从事猕猴桃产业，现已是“全国文明村”“全国先进基层群众性自治组织”、全国种植业“三品一标”基地。

党建引领强基础，为产业驱动注入活力。村党支部与驻村工作队注重突出党建引领作用，把组织建设与产业发展相融合，培优育强猕猴桃特色优势产业。探索“党建+产业+农户（已脱贫户）”“党员+致富能人”等模式，通过农村党员产业带头人培养，实施党员服务群众包户制，全方位开展技术培训、土地流转、品种改良、统管统防、技术托管、果品收购，统一销售等模式，精准帮扶，助农增收。围绕村集体经济，打造周一村猕猴桃示范园区、村集体现代化冷库（物流配送中心）、“终南·雅集”民宿 13 间，成为该村集体经济收入的主要来源。同时，借鉴国家现代农业园区模式，建设集猕猴桃采摘观光、农耕体验、文化展示、休闲度假、研学教育等功能于一体的县级以上现代农业果业园区 17 个，使周一村成为农旅融合发展的示范村。

产业赋能强创新，让猕猴桃特色产业“固本”。周一村“双委会”一班人全力干事，以“三抓（抓资金投入、抓设施支持、抓技术支撑）”“强基固本”，“浇铸”绿水青山“金饭碗”，打好生态发展“先行牌”，深耕乡村振兴“福源地”。目前，全村猕猴桃产业基本形成红、黄、绿三大品系，早、中、晚熟 8 个品种格局，优果率达 90%以上，经济效益比传统品种高出 3~5 倍；已建成猕猴桃冷藏库 60 座，贮藏能力 6 000 吨。建立小型猕猴桃果干加工厂 2 家，年加工猕猴桃鲜果近千吨，并建成猴桃产业电商服务展示厅。通过“引进来+扶起来”的模式，以示范项目、示范基地为平台，依托西北农林科技大学以及省、市、县农业、果业专业技术人才，实行“技术能手+已脱贫户”“科技示范户+已脱贫户”等技术帮带和示范模式建设，持续提高产业发展内生动力。

品牌出圈强发展，推进产业融合发展。周一村坚持绿色导向、标准引领，做强猕猴桃产业“金招牌”。近年来，充分发挥周一村猕猴桃产业得天独厚的区位优势、实现产业融合发展、推进农民增收、农村可持续和高质量发展。2021—2023 年，村集体经济收入连年递增，分别达到 25 万元、40 万元、58 万元。带动村中 140 余人稳定就业，增收 280 余万元。2021 年以来，该村猕猴桃产业带动群众收益连年增长，涌现出一批猕猴桃电商致富带头人，进一步带动群众增收致富。2023 年，全村猕猴桃总产量 8 800 吨，鲜果销售 8 300 余万元，全村人均年收入 21 500 元。与曲江携手合作，打造“终南·雅集”民宿群，与猕猴桃示范园和产业链形成“田园经济综合体周一村模式”，定期组织乡村振兴欢乐跑、如果西游、楼观乡村大舞台等娱乐活动，经济社会蓬勃发展，成为周至县产业融合、农户带动、就业增收的示范村。

3. 新疆玉堂村：“小葡萄”串起强村富民“大产业”

新疆昌吉市大西渠镇玉堂村由于独特的土质和气候条件，葡萄品种繁多、品质优越，成为重要的鲜食葡萄生产基地。种植的葡萄品种以红提、巨峰等果香浓、口感好、耐储存的品种为主。其中，红提、巨峰等因品质上乘而远销疆内外甚至中亚五国。过去，村集体经济收入渠道单一，村干部想发展没思路，群众想致富没“财路”，村里人都想出去发展。现在，村“两委”抓产权制度改革，盘活土地资源，扶持合作社发展特色种植业，建立了农产品保鲜、批发、销售、运输为一体的集散中心。通过壮大葡萄产业，让老百姓收入越来越高，出去的村民都愿意回村发展。

农民要致富，科技培训是法宝。玉堂村与新疆农业科学院教授合作建立“李学文人才工作室”，工作室派出专家在生产管理、技术指导和品牌提升等方面提供决策，全面提升葡萄科学化产业化水平。定期邀请农业专家现场指导葡萄栽培、病虫害防治等技术，并开展“线上+线下”培训，提高坐果率和果实品质。聚焦葡萄产业高质量发展，探索“村集体+合作社+农户+产业（人才）基地”新型产业经营模式。打造千亩葡萄种植示范基地2个，聚拢11家合作社抱团发展，示范带动594户村民种植鲜食葡萄8 000余亩。

葡萄种得好，销路有保障。打造占地27亩的葡萄保鲜销售集散中心，新建、改扩建保鲜库113座，年储存葡萄2.5万余吨，葡萄错峰上市，拉长销售期，提高收益。注册“玉樽”商标，完成“绿色无公害”基地认证，引进“留树保鲜”技术，延长葡萄挂果期，通过巧打时间差提高销售单价。合作社与新疆岐峰农副产品交易市场、九鼎农产品批发市场签订供销合同，年销售葡萄6 000余吨，销售额达3 000万元。

4. 四川八角村：高原苹果绘就乡村振兴新画卷

四川省小金县拥有丰富的生态环境资源和丰富的生物多样性，其独特的水土、适宜的气候和良好的生态造就了小金苹果的独特品质，深受消费者喜爱。小金县素有“苹果之乡”的美誉，20世纪50年代开始种植苹果，是阿坝州苹果的核心产区之一。八角村作为川西旅游环线和小金县旅游黄金走廊的重要点位，自1979年开始大量种植苹果，更是小金苹果的主产区，产业基础较为牢固，产区苹果千亩连片。曾囿于品质和销售渠道，收购价仅2角一斤，烂在地里都没人要，成为当地农民的心头之痛。而如今，通过“老产业+新理念、新机制、新技术=新产业”的发展思路，为小金县的苹果产业注入了新活力。

“新机制”突破产业发展困境。八角村充分发挥支部和党员的战斗堡垒和先锋模范作用，采用“支部+产业”“公司+农户”的模式运行，通过土地流转、技术培训和市场营销等方式，突破单家独户发展限制，实现了由“输血式”经营向“造血式”经营的转变。通过“苹果+马铃薯”的粮经复合模式，每亩地栽130株苹果树，实现亩产8~10吨果子，确保90%的精品果，苹果产值达到8万元/亩；行间间种、套种马铃薯，达到4 000斤/亩的产量、2万元/亩的产值，最终实现一园两收总产值10万元/亩。有效的产业发展模式既鼓起了农民的“钱袋子”，又增加了土地产出率，提升了土壤综合利用率，有效防止耕地“非粮化”、缓解了粮经争地矛盾。

“新技术”引领农民走上致富路。四川省农业科学院园艺研究所谢红江团队到小金县八角村传送“真经”10余年，目前该村已经引进了维纳斯黄金、烟台10号、瑞雪等16个苹果新品种，建成了苹果新品种示范园和矮化密植试验基地。专家团队亲自走进田间地头，用通俗易懂的“四川麻将”公式为村民开展种植专业能力提升培训，创新果树栽培模式，通过引进矮化密植优质品种、立式格架栽培、水肥一体化技术等手段，实现了当年开花、次年挂果的效果，大大降低了生产成本，提升了生产效益。藏族群众杨斌只上过小学一年级，在接受了专家的培训指导后，他家的苹果亩产值最高可达2万元，加上土地租金和在基地务工的收入，一年下来能有5万多元的收入；而以前单种玉米和土豆，不算劳力，家里一亩地只能收入1千多元。

"新理念"推动产业转型升级。小金县不仅注重苹果种植环节的发展，还通过建设苹果经销企业、开发苹果深加工产品等方式，延伸了高原优质苹果产业链。目前，八角村整合资源，引进苹果经销企业6家，开发了苹果白兰地、苹果干、苹果脯等多种产品。依托"小金苹果共享农庄"，探索发展集休闲观光、农事体验、产品销售等于一体的新业态，辐射带动改造低效老果园，实现果园成为公园的转型升级。

5. 重庆大坝村："甜蜜产业"酿就幸福生活

奉节县大坝村是奉节脐橙的优质产区，从20世纪八九十年代开始规模种植脐橙，和其他村子一样，大坝村也经历了产品不愁销的高利润时代，但进入21世纪第二个10年后，随着各地同类产品增加，市场竞争加剧，奉节脐橙产业面临新的挑战，包括大坝村在内，许多村子的脐橙种植效益下滑。近年来，当地政府有关部门和大坝村积极引导果农进行科学种植，开展多种营销，拓宽销售渠道，实行产业融合发展，提升了脐橙产品质量和种植效益。全村脐橙种植面积保持在1.2万亩，亩产量稳定在6 000斤以上，年销售额连续超1亿元，种植收益也大幅增长，户均收入10万元以上（史玉根，2022）。

科学种植，产业质效双提升。大坝村位于长江南岸的山坡上，气候条件非常适合脐橙生长，但过去基础设施滞后，长年单品种植和过多施用化肥，导致果园土壤营养失衡，种植方式传统，直接影响脐橙的产量和品质。果农通常在每年2月底前将脐橙全部采摘，或直接出售或进行人工保鲜后延期销售，人工保鲜容易损伤果实品质。近年来，大坝村加大投入，对水利灌溉和生产道路等基础设施进行了改造和建设。比如，修建多级泵站，将长江水提至高地段灌溉池，还在果园里铺设了滴灌水管，使"望天收"果园在大旱天也能获得江水滋润。在农技人员指导下，果农运用科学种植技术，实现了成熟果实挂树保鲜，不仅保证了果子的品质，还使"花果同树"成为果园春天一道独特的风景。经过几年的持续努力，大坝村的脐橙单产量大幅上升，由2016年不足4 000斤/亩提高到如今的6 000斤/亩，脐橙优质果率也由过去的80%提高到84%。果实不仅更好看，而且口感更好，市场竞争力得以提升，价格高于其他地方。

多样化销售，拓宽脐橙销售渠道。过去，大坝村的脐橙主要靠果农"摆地摊"和采购商上门收购，产品滞销和商家压价现象时有发生。单一销售模式的弊端凸显，制约了果农的收益和产业发展。近年来，大坝村除了"坐等"脐橙采购商上门收购，还采取"企业+代办人+果农"方式，对接采购商和当地水果批发市场、超市，拓宽了销售渠道，掌握了一定的销售主动权。村民熊云波返乡创业就从事脐橙销售，当选村支部书记后又担任多家大客户的代办人，每年代理收购果农的脐橙，"自己人"当中间商，较好地维护了果农的利益。采用“线上+线下”销售模式，利用各大电商平台和新媒体平台，联合奉节本地龙头经销商、微商15000、网店、电商企业，巧妙营销，把村里的脐橙卖到了全国各地。如今，线上销售量早已突破脐橙总销售量的20%，而且还在增长。面向消费者、市场主体、行业专家，精准开展节庆传播、公信力传播、渠道传播、IP传播、社群传播、广告传播等“六维传播”，扩大了奉节脐橙的知名度，大坝村借势营销，北京、东北三省等远地的大宗采购商也不请自来。

融合发展，促进农民增收。过去很长一段时期，大坝村的脐橙产业营收主要来自直接卖鲜果，收入有限。近年，大坝村引入脐橙加工业，建了脐橙商品化处理中心，对采摘下来的脐橙进行清洗、分级、包装等，经过初加工再出售，果农和企业所获收益高于直接卖鲜果；与当地食品加工企业合作，研发生产了以本村本地脐橙为主要原料的橙汁、橙酒、橙酿、脐橙果冻、咖啡伴侣等产品，推出后受到消费者欢迎；打造了精品脐橙园、脐橙博物馆、脐橙文化广场和脐橙产业路，“花果同树”通过提供采摘体验、餐饮服务，销售脐橙产品等，创收数10万元。现在全村年收入50万元以上的农户有20余户，20万元以上的近200户，5万元以下的基本没有。

6. 广西四平村：“小蔬菜”助力乡村振兴“大钱景”

广西地处亚热带季风气候区，热量丰富，降水丰沛，适宜大部分蔬菜种植，是全国最大的秋冬菜生产基地和重要的“西菜东运”“南菜北运”基地。每年入冬后，秋冬蔬菜生产基地便开始进入采收时节，露天种植比北方的大棚种植成熟较早，刚好填补春节前秋冬菜市场需求空缺，销售市场好。由于缺资金、贷款难，过去很多农民、村屯想发展产业不容易。现在，当地结合农村产权确权、入市交易等配套改革，变农村“沉睡”的资源为资产，产业越做越大，农民越来越富。田东县平马镇四平村是农业农村部认定的第十一批全国“一村一品”示范村，金融服务配套完善，番茄从种植到经营实现了规模化、标准化、产业化，四平番茄远销国内外市场。

农业产业化、规模化、智慧化发展。四平村以“打造番茄第一产业，建设经济发展万元村”为目标，发动全村80%的村民加入种植无公害蔬菜行列中。番茄种植面积共1 800亩，年产量约12万吨，产值8 400万元，村民80%~90%的收入靠种植番茄或提供相关的服务，四平村也被称为“田东西红柿第一村”。四平村积极引进经济能人到村里种植番茄，引进以色列沃尔特、拉菲尔等名优番茄品种，采用节水灌溉、病虫无害化综合防治、测土配方施肥、无公害农产品标准化生产等技术，有效提升了科技含量。因地制宜，通过盘活现有资源，将村集体12 000多亩林地、土地外包给企业，拓宽发展空间，大力发展规模化番茄产业。成立片区农业生产服务中心，推行“农资配送到家门，农技服务到田头”的全新服务模式。

持续提升村级金融服务。四平村成立了“三农金融服务工作室”，开展农户信用评级，推进“农金村办”“农事村办”服务站建设，深入开展“诚信四平”活动，积极推进农村信用体系建设，先后有508户农户被评为信用户。村民凭借信用等级，可以获得免抵押、免担保贷款，彻底解决了群众贷款难问题，帮助群众走上致富“快车道”。四平村金融服务由较低层次（服务基层群众）向更高层次（服务全域经济）发展，实现从农村金融服务“均等化”到城乡金融服务“均等化”，为服务乡村振兴提供了充分的金融支撑（庞革平等，2020）。产权改革方面，梳理出“推行土地流转、发展绿色蔬菜、增加农民收入、实现富民兴村”的发展思路。

积极宣传，四平番茄销往国际市场。2019年以来，多家媒体对四平番茄作了专题报道，使得四平村番茄产业名声在外，在全国各地有比较稳定的客户，已初具产、供、销一条龙，贸工农一体化的服务网络雏形。随着四平番茄市场认可度和品牌知名度不断提升，番茄已经成功打入俄罗斯、越南、港澳等境内外市场。

7. 四川卫星村：高山菜“蔬”写乡村振兴新篇章

四川省广元市朝天区立足曾家山独特的气候特征、资源禀赋和生态优势，始终把高山露地蔬菜产业作为当地群众增收的主导产业，按照“扩量、提质、创牌、增效”的发展思路，着力建基地、创品牌、搞加工、重融合，加快促进蔬菜全产业链发展。朝天区李家镇卫星村平均海拔1 500多米，因独特的气候和自然风光，成为曾家山高山蔬菜的主产区。10多年前，卫星村大多种苞谷、洋芋，人均收入也低，后来大家都种上了蔬菜，办起了农家乐，乡亲们的腰包眼见着鼓了起来。

完善生产技术规程和产品质量检测，提高蔬菜质量，打造地方品牌。朝天区出台了一系列加快“菜篮子”工程发展的多项政策，建立了全省首个高山蔬菜（曾家山）试验站，制定了《曾家山高山露地绿色蔬菜生产规程》和广元生食蔬菜6个全国性团体标准等系列生产技术规程和产品质量标准，曾家山高山露地蔬菜连续通过全省、全市蔬菜例行检测，检测合格率高达99.8%。按照现代农业建设要求，以“三品一标”认证为抓手，打造“曾家山甘蓝”“曾家山马铃薯”等蔬菜品牌。同时，利用“节会+”“媒介+”“平台+”等方式，提升品牌影响力与美誉度。目前，“三品一标”认证产品70余个，曾家山甘蓝被评为“全国名特优新农产品”和“全国果菜产业百强地标品牌”。

紧盯市场，信息化种植。发展蔬菜，缺的不是市场，而是信息。卫星村的蔬菜经纪人通过“一亩田”App，获得源源不断的客商，了解最新的市场行情和供需情况，以及学习各种先进的种植管护技术。而后根据自己在各地的考察情况和在“一亩田”上获取的这些讯息，再结合本地情况进行深入分析解读，然后告诉乡亲们市场缺什么，该种什么。

统一供种，订单式生产，远销省内外。卫星村的蔬菜经纪人四处考察市场和反响好的优良品种，引进回来后先试种，效益好了再分发给群众种，回收蔬菜的时候再扣除种子钱，群众既不用担心种、也不用担心卖。由于引进的新品种，防病害能力强、挂果率高、品质好，订单早就排满了，价格还比市场上同类蔬菜高。夏秋之交，正是高山露地绿色蔬菜收获的旺季。海椒、番茄、茄子、菜豆、西葫芦瓜等 30 多个品种纷纷上市，蔬菜基地到处呈现一片丰收的景象。卫星村的蔬菜以优质赢得了消费者的赞誉，远销全国 50 多个大中城市，并直供港澳地区。

8. 甘肃王录村：大棚蔬菜托起乡村振兴致富梦

设施农业是构建多元化食物供给体系的“新蓝海”。甘肃省正宁县紧盯设施农业首位产业目标定位，学习借鉴山东寿光设施蔬菜产业模式，探索推广“正宁模式”，推动全县设施蔬菜产业提质增效。以前，正宁县宫河镇王录村主要以种粮为主，经济落后。近年来，王录村大力发展设施蔬菜产业。截至 2021 年底，全村蔬菜面积达到 564 亩，年人均蔬菜收入 2 万元左右。

设施农业实行“3+2”产业模式及“六统一分”运营模式。所谓“3+2”是指“政府引导+服务型龙头企业带动+基层党组织领导的合作社组织管理群众”和“适度规模家庭农场+专业化劳动队伍”，其次通过“统一规划、统一建设、统一种苗、统一农资配套、统一技术服务、统一销售，分户经营”来实现整体的运转。以位于王录村的甘肃合万家现代农业发展有限公司为例，2023 年为打通种植、养殖、食用菌三大产业废旧物资的再循环利用，该公司投资 1 300 万元筹建并全权运营废弃物无害化处理项目一个，以现有基地为基础，分期分步稳步推进全产业链条的形成。

借鉴先进经验模式，走上致富之路。特别是 2020 年在县、镇的大力支持配合下，王录村大力发展设施蔬菜产业，引进山东合万家农业生态集团，建成占地 230 亩寿光式高标准日光温室 33 座，借鉴学习山东寿光蔬菜产业基地建设、经营和运营模式，辐射带动一批适度规模的菜农队伍，从而使全村设施种菜产业规模化，品种优质化，生产标准化，经营品牌化，可为当地的群众提供 100 多个务工岗位，年人均蔬菜收入 2 万元左右。日光温室大棚，主要种植番茄、黄瓜等蔬菜，每个大棚每年种植冬、秋两季蔬菜可收入 10 万元左右。蔬菜产业已成为全村群众致富的重要产业，蔬菜种植户通过发展设施蔬菜产业，走上了四季增收的乡村振兴之路。

菜菌循环，一地多收。王录村按照构建“三元双向”循环农业模式部署要求，大力发展菜菌产业，投资 630 万元在产业示范园积极探索菜菌轮作种植模式，夏季种菜冬季种菌，中间穿插种植一季西葫芦，可实现一年两茬或三茬种植，让土地尽可能发挥最大效益。在“三元双向”循环农业的牵引下，在园区完成了循环，确保“一地双收”。示范园的羊肚菌每亩产量 800~1 000 斤，每斤价格在 80 元左右，为种植户带来了可观的收益。

9. 陕西明星村：桑旅融合造就“明星村”

陕西省池河镇明星村地处石泉县城东部，有“西北第一蚕桑大村”之称，全村面积11.6千米^2，辖26个村民小组，常住人口1 088户、3 472人。明星村通过农旅融合发展和集体经济带动，实现了桑园变景区、旧宅变民宿、农民变股东的美丽蝶变，吸纳全村村民融入产业链，走出一条推窗见景、开门迎客、就地转岗、居家经营的增收之路，成为远近闻名的“明星村”。

立足万亩桑园开发乡村旅游新业态。围绕打造研学旅游基地、团建体验基地、康养旅居基地，实施“吃住行游购娱”业态培育。一是开发多元化蚕桑产品。从单一的叶桑养蚕向叶桑、果桑、蛋白桑、观赏桑、品种桑发展；发展桑园养鸡、桑园套种模式；开发桑叶茶、桑叶饼、蚕沙枕头、蚕丝衣被及文创产品等特色旅游商品。二是建立科普游览基地。建成桑品种博览园、蚕桑科普基地，打造门户服务区、桑果采摘区、桑林植栽区、蚕桑科普区、桑间游乐区五大板块。同步配套建成污水处理站、桑栖旅游环线、桑海休闲步道、旅游公厕、乡村大舞台、生态停车场等公共服务设施。三是挖掘蚕桑文化底蕴。开发特色餐饮、亲子农场、桑海垂钓、年俗文化休闲康养旅游项目，建成“天空之镜”观景平台、“空中漂流”滑道、山地摩托车赛道等旅游景点，研发桑叶茶、桑叶饼等富硒食品，开发风味独特的富硒“蚕桑宴”，精品糕点、古法酿酒、乡村炒货、泉水豆腐等手工作坊体验业态。

新型集体经济增强乡村旅游新动能。一是成立由集体经济控股、村民入股的旅游公司，实行产业发展统一规划、基础设施统一筹建、资源资产统一开发，集中流转闲置公共资产、农户房屋、土地等资源由公司统一管理经营，将核心区2 300亩连片桑园和闲置土地交由公司从事蔬菜、果桑等种植业。二是采取合作社自主经营、合作经营、委托经营、联合经营方式，将财政投入的600万元转投到村旅游公司经营餐饮住宿、酒吧夜市、旅游商品、游乐项目及文化活动，51%的公司营业收益提交村集体经济。三是村旅游公司通过招商引进立勋鼎胜旅游开发公司，建成了玻璃滑道、“步步惊心”等游乐项目，每年将营业额20%交纳村旅游公司。

抓住政策契机营造乡村旅游新环境。一是借助石泉县创建国家全域旅游示范区的大背景，撬动社会资本参与旅游业发展，明星村成功创建3A级旅游景区1个、评定“三星级”以上旅游饭店（民宿）27家、发展特色小作坊20个。累计投入资金5 925万元，建设桑栖旅游大道、景观环线、生态停车场等公共服务设施，为发展旅游业提供了良好的基础保障。二是积极与包联单位开展支部共建，利用单位资源优势，争取支持景区建设项目资金，做好景区道路绿化、美化、亮化等配套建设；与相邻村开展支部联建，联合打造了生猪养殖、蚕桑共育、果园采摘三大产业集聚区。

10. 重庆双龙村：蚕桑产业力促生态与经济共赢

黔江所在的渝东南武陵山区是重庆石漠化土地主要分布地，占全市石漠化总面积的42.8%，黔江区是全国首批100个石漠化综合治理示范县之一。黔江区濯水镇双龙村在2014年还是市级贫困村，地处海拔600~1 100米的喀斯特地貌区，全村近3 000亩耕地，有227亩水田，“鸡啄地”（喀斯特地貌区中零散的土窝）占到50%，村里重度石漠化面积一度达到1 100多亩，晴天缺水，雨天发山洪，生态环境脆弱，村民人身财产安全受到严重威胁。村内常年种“三大坨”（即苞谷、洋芋、红苕），经济效益低，且极易造成土窝水土流失，加剧喀斯特地貌区石漠化。通过在石漠化地里栽植桑树养蚕，探索出生态修复与产业发展有机结合的发展路径，持续带动农户增收致富，蚕桑产业成为双龙村发展生态经济、实施脱贫攻坚和推进乡村振兴的支柱产业。

种植桑树治理石漠化。黔江区狠抓石漠化综合治理林草植被恢复与建设工作，探索出一套适合石漠化综合治理林草植被恢复与建设的治理模式。2014年，黔江区进行区域内的石漠化治理，在双龙村的喀斯特地貌区试验栽植桑树，不仅存活率高，而且桑树发达的根系能堵住岩缝、保持水土，能够持续改善喀斯特地貌区的石漠化面貌，有效改善生态环境。如今，双龙村栽桑面积达到2 600亩，石漠化地里的桑树已逐渐成林，土地的基岩裸露度也由原来的60%以上降至30%以下，生态环境得到了极大改善。

示范引领规模化发展。濯水镇着力把蚕桑产业打造为全镇骨干产业，打造双龙村2 500亩区级示范片，其余有效桑园为镇级示范片，实行点面结合，以点促面，全面推进。双龙村作为产茧“千担村”引领全镇蚕桑产业规模化发展，坚持科技化养蚕，开展低产桑园嫁接改良，建设小蚕智能共育工厂实现从升温、除湿到通风、光照智能化控制系统感应调节智能化管理，建立村干部、蚕茧站技术员包村包组包户制度，实现小蚕优质优育、大蚕成功饲养，单产水平大幅提高。

经营主体同发展共致富。黔江利用年产桑叶20万吨、桑枝8万吨、蚕沙5万吨的桑蚕生物质资源，培育从事桑叶面（粉）、全桑枝食用菌、桑黄、桑枝生物质固体颗粒燃料、桑叶茶等生产的蚕桑生物企业12家，培育蚕桑市级以上农业产业化重点企业2家、丝绸工业企业5家，家庭农场125家。黔江区3万余人从事蚕桑生产，综合收入达2亿元以上。其中，双龙村几乎家家户户的生活都与桑蚕产业有关，全村598户村民有400多户种桑、150户养蚕，不少村民在种桑养蚕户打工，日均收入100元左右，仅有不到10%的村民在外务工。通过蚕桑产业，双龙村整体脱贫，平均每户蚕农每年收入3万~4万元。

11. 云南吕良村：蚕桑促进民族团结

吕良村与缅甸毗邻，国境线长21千米。全村辖6个村民小组，共301户1 319人，是一个以景颇族、汉族为主的边境民族村寨。吕良村利用自然和区位优势，按照“政府引导、财政扶持、公司运作、能人示范、合作联动、群众参与”的工作思路，采取“支部+公司+基地+合作社+农户”五位一体的发展模式，统一规划、统一管理、统一质量、统一销售，做到规模化种植、科学化施肥、标准化管理，打造蚕桑专业村，走出了一条以党建引领、绿色发展、联农带农的产业振兴之路，成为边境线上一道亮丽的风景线。

因村制宜发展产业。吕良村以前主要种植甘蔗、玉米、水稻等传统产业，农民家庭经济收入较低，很多家庭生活较为困难，邻里纠纷时有发生。2019 年，雍英顶带领村“两委”班子广泛征求意见，主动对接市场，多方考察论证，决定响应党委政府号召，在全村推广生产成本低、周期短、效益好、带动增收能力强的蚕桑产业。村“两委”统筹推进小蚕共育基地选址、农户动员引导、土地流转、项目申报等工作，带领党员群众代表外出考察学习，迅速推动蚕桑产业在吕良村快速落地见效。

以身作则动员群众。蚕桑产业引进初期，群众大多持观望态度，部分群众不愿种也不愿租地，吕良村党总支、驻村工作队员挨家挨户作动员工作。孟贡党支部党员雍扫江，第一时间响应村党总支号召，多方筹措资金，在农技人员指导下大力发展种桑养蚕，2022 年养蚕收入达到 6.6 万元。全村人民看到养蚕能挣到钱，纷纷“翻”田地种桑抓生产，经济总收入比原来翻了一番，经济条件好了，争吵少了，邻里和睦了。全村形成了党员带头，各族群众相互学习、相互交流、相互帮助的氛围。

联合合作利益联结。吕良村通过完善“企业+合作社+基地+农户”的利益联结机制，把农民利益、企业效益、合作社收益紧密联结起来。党总支牵头成立“陇川县清扶种植专业合作社”，把收益的 50%用于壮大村级集体经济，50%用于修补蚕棚、灌溉沟渠、购买机耕设备。镇党委帮助引进龙头企业德宏正信实业股份有限公司投资 250 万元在曼崩村民小组建设“扶贫车间”，蚕农在家门口就可以交蚕收钱，蚕桑产业的发展让党组织挺直了“腰杆子”、群众鼓起了“钱袋子”，实现了生态效益、经济效益和社会效益的“三赢”。

桑枝利用提高产值。每喂完一批蚕后，蚕农都会对桑树进行修剪，会产生大量的废弃桑枝。以前，废弃桑枝会被蚕农简单焚烧处理，不仅资源浪费，还污染环境，为解决这一问题，镇党委、党总支以沪滇帮扶项目为牵引建设桑枝木耳厂，利用废弃桑枝种植木耳，进一步延伸蚕桑产业发展链条。该项目可辐射 1 600 亩桑园栽培食用菌，惠及农户 980 余户，农户种植木耳、香菇和售枝条收入每年每亩可增收 4 000 元以上。

12. 宁夏弘德村：“飞地”养殖助力村民过上“牛”日子

弘德村肉牛养殖园区位于宁夏回族自治区吴忠市红寺堡区红寺堡镇，是国家烟草专卖局资助建立的村集体经济项目。肉牛产业是红寺堡区确定的六大特色主导产业之一。

近年来，该区建成以中烟肉牛养殖园区为代表的出村入园养殖基地，建立了农户联合养殖模式，有效解决了美丽乡村建设的后顾之忧。

村民变股东，内生动力增强。该园区采用“党支部+农户+合作社+金融机构+企业+基地”的创新运营模式，由鲁家窑养殖联合社负责日常管理，目前养殖规模达到15 000头肉牛。在红寺堡镇的引导下，弘德村采取了“飞地抱团、村企合一”的策略来发展肉牛养殖，吸引了包括弘德、和兴、兴旺在内的5个村投入500万元资金，以支持村集体经济项目的年度发展。这使得弘德村的肉牛养殖规模扩展至1 700头，并且有243户村民成为股东。

标准化养殖，产品竞争力提升。园区特别聘请了专业养殖公司，为合作社提供从管理到饲养、购牛、饲草料采购、防疫以及销售的全方位专业化服务。注册了“弘德村”“傲骄哞”等商标，大大提升了农特产品市场竞争力。2022年，弘德村荣获全国乡村特色产业产值超亿元村和“一村一品”全国示范村镇的称号。

联农带农，助农增收。在弘德村的引领下，“飞地”已经成为红寺堡镇14个村共同参与的“大家庭”，实现了资源共享、生产互助、利益共沾和风险同担的合作模式，各村根据入股比例进行分红。截至目前，弘德村已经成功地将原有的“劳务产业为主、种养殖产业为辅”的产业格局转变为以肉牛产业为优势的多元化发展模式，初步形成了一二三产业的融合发展。肉牛养殖项目为村集体经济带来了1 100万元的收入，总投资额达到8 700万元。包括弘德村在内，共有11个村集体参与了股份合作，参股农户从520户增加到870户，年底分红总额达到378万元，每户年均收益超过2万元。

13. 青海达玉五谷村：标准化养殖让生态畜牧业发展驶入快车道

达玉五谷村位于青海湖北岸，平均海拔3 400米，全村共有草场35.74万亩，各类牲畜存栏量4.9万头（只）。该村民俗独特、文化深厚，是环湖地区颇有影响“八部落”之一。近年来，该村立足区位优势，通过带动能力强的海晏高原藏区牦牛繁育业合作社，通过标准化养殖现代生态畜牧业，产业总量加速扩大、结构优化、效益提升。

“养殖+种植”的循环发展模式持续改善生态环境。通过建设涵盖繁殖区、育肥区、饲草料区、办公区、防疫区、粪污处理区“六区”的标准化牦牛繁育场和3 000亩燕麦草规模化种植基地等，打造饲草和畜禽废弃物利用的有机循环模式，高效落实草场生态补偿机制，构建种草养畜循环体系，促进区域内生态环境保护和持续改善。

“繁殖+育肥”的生产经营模式实现经济效益与生态效益。立足牦牛提质增效与生态环境保护相统一以全面发展舍饲养殖，立足多年行业探索和科技积累积极发展牦牛繁育，综合权衡育肥成本和经济效益，与下游屠宰加工企业签订销售订单，适度发展牦牛育肥，实现了经济效益与生态效益的有机融合。

“合作社+农户”的互利共赢模式确保农户利益。合作社依托母牛繁育业务、防疫队伍和实用技术示范推广，向牦牛从业者提供服务，以高于当地市场价 30～40 元/亩的价格向农户支付土地流转费用，与饲草种植户签订规范化服务合同，将牦牛养殖和饲草种植打造成农牧户增收致富的主导产业。依托牦牛养殖场、饲草种植基地的标准化、规范化生产经营管理，同时制订计划继续探索牦牛入股、代养寄养等模式，引导农牧户组建村级合作社，实现分红，促进脱贫地区经济、社会、生态的可持续发展和脱贫群众稳定增收做出突出贡献。目前，该合作社通过以上模式实现养殖销售收入 1 600 万元、纯利润达到 180 万元，通过饲草种植基地，带动农户年增收近 300 万元。

14. 甘肃前进村：小村子孕育乳品大产业

前进村位于甘肃省张掖市甘州区长安镇。这个地处河西走廊中部的小村落，凭借其独特的区位条件和资源优势，通过“公司+农户”的模式创新，逐渐形成了以奶牛养殖为主导，集养殖、加工、销售为一体的产业链条，成功孕育出了生机勃勃的畜牧业大产业。

“公司+农户”营造公司、农户双赢格局。依托该村发展壮大的甘肃前进牧业科技有限责任公司（以下简称前进牧业），是甘肃省内目前存栏量最大的规模化奶牛养殖企业。该公司采用前沿生产技术和数字化管理，实行全过程质量监控，致力于发展现代畜牧业。同时，公司开垦了 3 万亩戈壁沙漠，种植青贮玉米和苜蓿，为奶牛提供主要饲料。自 2008 年成立以来，前进牧业吸引了全村 95%以上村民入股，为超过 70%的年轻村民提供了就业机会，成为张掖市乃至甘肃省内最具实力的本土牧乳企业之一。

现代管理模式突破产业发展瓶颈。前进牧业通过实施“资源变资产、资金变股金、农民变股民”的“三变”模式，改变了农村经济发展的传统思维，增强了资金实力，解决了发展中的难题，同时也突破了规模、技术、标准和人才的瓶颈，为村办经济注入了现代管理理念，拓宽了农业产业化发展的视野。前进牧业通过高薪聘请管理和技术人才，提供关键岗位，将先进的管理理念和技术融入生产管理体系。在大力引进人才的同时，公司主动与合作伙伴建立互信机制，吸引项目资金。截至目前，已先后与菊乐、三联、天友、燕塘、晨光等多家国内知名乳业公司建立了长期稳定的战略合作关系，并吸引他们合作建设奶牛养殖场和乳品加工厂，开发出了多种高附加值的产品，如鲜奶、酸奶、奶酪等，不仅满足了当地市场需求，还远销至省内外多个地区，极大地提升了产品的市场竞争力。

共享发展成果实现“产业兴百姓富”。目前，前进牧业拥有 20 多个牧场、5 万头奶牛，2 座乳品加工厂，日处理鲜奶能力达 650 吨。公司总资产达到 32 亿元，员工超过 1 800 人，带动周边相关产业 5 000 多人就业，成为甘肃省最大的奶牛养殖企业。公司还实行让股于民的政策，让村民共享发展成果，将村民纳入企业，配给股份，年底按 10%～

15%的比例分红，使村民成为企业股东和员工，带动村民共同富裕，实现产业富民。如今，每户村民每年可获得3万多元的股份分红，为当地农民带来了可观的经济收入，也为其他地区提供了可借鉴的发展模式。

二、相关经验

1. 规划先行、优化布局，实现特色产业发展的有序性

西部地区要逐步摆脱产业“小、散、弱”的现状，必须坚持市场导向，遵循市场和产业发展规律。基层政府在扛稳扛牢耕地保护和粮食安全政治责任之上，立足于当地资源禀赋以及农户的经营能力，系统谋划当地产业发展布局，坚持镇村产业发展、乡村建设和乡村治理“一盘棋”谋划、一体化推动、协同性发展，增强辐射带动能力和服务保障功能。坚持以销定产，发展有市场的产业，并确定产业规模，切忌盲目跟风发展无市场产业及扩大产业规模。坚持质量为本，大力发展生态优质农产品产业，以质量赢得市场、取得效益。坚持全链条发展，通过延长产业链条，提升产业附加值、吸纳就业能力和抗市场风险能力。坚持品牌先行，大力加强品牌建设，提升产品知名度，扩大市场占有率。政府要履行好“引导员”“服务员”“调研员”“监督员”职责，通过出台激励约束政策、规范相关行为和标准、严格监督管理、构建良好市场环境等措施，激发龙头企业等新型经营主体和当地小农户参与产业发展的积极主动性，因地制宜采用“公司+合作社+基地+农户”“村党总支（村集体经济）+合作社+公司+农户”“龙头企业+农民合作社+家庭农场+农户”等模式，引导龙头企业等新型经营主体和小农户构建紧密、公平、规范的利益联结机制，让农户能真正享受到当地特色产业发展的红利。例如，西充县“元斗桃园”以“合作社+农户”的形式，流转该村土地260亩，吸引80多户当地农户以现金或土地入股，带动群众增收致富，实现每年人均增收1万余元。重庆万州区采用土地流转、资产收益、资金入股、房屋联营、就业务工、订单联接、生产托管、股权化改革等方式，增加农户收入。

2. 因地制宜、突出特色，实现特色产业发展的精准性

西部地区面积广、地形复杂，乡村自然条件和资源禀赋差异大，产业的选择一定不能好高骛远，要因地制宜、对症下药。结合当地的“土”资源，走差异化、特色化的产业发展道路，突出地域特点，“宜粮则粮、宜经则经、宜牧则牧、宜渔则渔、宜林则林”，制定具有全局视野的发展政策和规划。要兼顾市场规律和农民诉求，合理引导农业产业布局，量体裁衣，真正下功夫引进适合自己发展的企业，通过品种培优、品质提升、品牌打造，谋求特色化、差异化发展，形成高辨识度的乡村特色产业。沉下心来，围绕产业目标，培养产业发展带头人，孵化能人。西部山区充分利用丰富的土地资源和林业资

源，大力发展特色水果、茶叶、特色中药材、草食牲畜养殖等产业和林下种植、养殖产业，如四川越西的苹果、广西西林的砂糖橘已经成为当地农民的“金果果”；陕西石泉把蚕桑作为主导产业常抓不懈，探索形成桑枝培菌、桑园养鸡、桑园间套等模式，实现了桑园立体种养生态产业规模化发展；甘肃遵循自身气候特点，形成了瓜菜、苹果等农业特色支柱产业；高原民族地区打造生态民俗旅游新产业，青海、宁夏、四川等地群众腰包鼓起来了。

3. 融合发展、科技赋能，增强特色产业发展的有效性

依托西部地区历史悠久的农耕文化、生态良好的自然环境、丰富多样的农业资源，推进产业融合接二连三，有效促进农业增效、农民增收、农村繁荣。截至 2023 年，四川成功培育创建 17 个产业融合发展示范园，融合模式覆盖延伸农业产业链型、高技术渗透型、拓展农业多种功能型、多业态复合型、农业内部融合型、产城融合型 6 种模式，建立了各类形式的产销联合体，发展农超、农社、农企、农校等产销对接的新型流通业态。广西大力开展特色农产品的品牌建设工作，打造了百色芒果、富川脐橙等知名“桂字号”区域公用品牌，同时，引导企业做好“三品一标”和原生态产地产品保护认证工作，着力提高区域公用品牌示范效应。新疆“天山珍品”、宁夏“盐池滩羊”成功打造特色品牌，并通过线上线下结合的方式，向全球推广其有机牛羊肉品牌，成功打入了欧洲和北美市场。内蒙古通过举办“草原文化节”，通过与旅游公司合作，推出“草原文化体验游”线路，将牛羊养殖基地纳入旅游行程中，通过文化营销提升了产品的知名度和美誉度，成功将当地的牛羊养殖业与草原文化相结合，提升了产品的文化附加值。陕西省发挥示范园示范引领作用，已认定国家现代农业产业园 6 个。西部地区尚有许多产业属于劳动密集型产业，技术利用效率和规模经济效率低是最大发展瓶颈。在发展特色农业产业过程中，要强化农业科技支撑作用，以全产业链的视角，围绕产业链布局技术链，增强产业韧性，加强科技成果转化与实践联结，提升农业产出的综合效能。四川通过实施科技支撑、现代产业基地建设、推进融合发展、做强区域品牌、提升风险防范、强化要素保障“六大提升”行动，在眉山、乐山两市四区县建成了种植、加工、销售、物流分工协作的晚熟柑橘产业集群。贵州通过深入推进标准化种植工程、加工升级工程、市场品牌建设工程、科技支撑工程、金融创新工程“五大工程”建设，强力推进贵州朝天椒集群式高质量发展。云南通过建设高原蔬菜产业集群，形成生产、加工、流通、科技、服务分工协作的跨行政区域产业带，将区域“小特产”升级为全省“大产业”，有利于整合资源，变同质竞争为抱团发展，延长产业链、优化供应链、提升价值链。广西新圩镇推广智能化养蚕设备，劳动效率是原来的 3.3 倍，改良后桑苗质量直接提升 30%。广西牛羊产业创新团队创新性地研发了牛“微生物+生态牛舍”“微生物+高架网床”及“微生

物+地面平养”等现代生态栏舍模式，实现了粪污量减少 90%以上，防疫保健费用降低 80%，每头牛和每只羊年综合节支成本分别可达 600 元和 120 元，牛羊养殖综合效益提升了 15%以上。

4. 政府重视、人才支撑，增强乡村特色产业发展的持续性

西部地区各省（区、市）均把特色产业发展列入“十四五”农业农村发展规划的重点内容，并制定了相应的产业振兴方案，例如：四川省委农村工作领导小组印发《川果产业振兴工作推进方案》，提出加快推进水果、核桃产业提档升级、高质量发展，擦亮川果金字招牌；甘肃省委办公厅、省政府办公厅制定了《甘肃省现代丝路寒旱农业优势特色产业三年倍增行动计划总体方案（2021—2023 年）》及牛羊菜果等优势特色产业行动计划，以加快形成“一乡一品”“一县一业”“一县多园”“连乡成片”“跨县成带”“集群成链”的现代农业优势特色产业发展新格局；广西壮族自治区出台《广西蚕桑产业发展“十四五”规划》；除了省域层面积极谋划，西部地区还充分利用“东桑西移”“东绸西移”“东西协作”等国家政策机遇，利用东部发达省份的帮扶资金、资源、技术、人才等力量构建当地特色产业发展体系，如沪滇协作持续增强了云南蚕桑产业的造血功能。为推动当地特色产业，不少地区县级专门成立了相关的产业发展科，比如陕西周至县设有果业发展管理科，而后又成立了猕猴桃产业帮扶 110 技术服务中心、特技特派员工作站等；洛川县自设了苹果产业局，该机构与县农业农村局同级，由县财政自筹经费运营，下设 3 个正股级单位（研发中心、生产技术服务中心、营销服务中心），招聘洛川本地户口的农业相关人才，转正后与在编人员同工同酬，为洛川苹果产业发展提供了有力的体制和人才支撑；安岳县为推动柠檬产业高质量发展，成立了正科级事业单位——柠檬产业发展中心，乡镇设立柠檬产业服务中心，村设立柠檬岗位服务人员，形成了县乡村三级联动服务体系。为破解乡村产业发展人才紧缺困境，西部地区通过“引进来”和“走出去”招才、育才、用才，想方设法扩充村级党组织后备人才队伍，组织村“两委”、致富带头人学习致富本领和建设家乡的经验做法，培养扎根农村的“土专家”“田秀才”“直播带货达人”等专业人才。

第三节　特色产业发展的战略选择与对策建议

一、战略选择

1. 构建坚实的特色农业产业链

聚焦西部地区特色农业产业发展的韧性提升，在生产环节积极提高生产要素的质量

与配置效率。通过系统性分析，包括品类品种、优势产区、产业布局、种养规模等区域性因素，实施差异化策略，即“因品制宜”。针对特定的特色农产品，应精确优化并升级其产业链，同时对具有地域特色的资源，如生产环境、传统技艺等，进行重点保护，以确保特色农业产业在提升效率的同时，保持其品质的优越性。此外，培育和发展特色农业产业集群，旨在降低生产成本，增强市场竞争力。政府应发挥引导和支持作用，促使龙头企业在集群中发挥主导作用，带动中小企业和农户共同进步，形成紧密的产业链合作关系。同时，应统筹初加工、精深加工和综合利用加工的发展，完善产业链条，推进特色农产品的多元化开发与多层次利用。加强流通基础设施建设，特别是针对西部地区的交通物流短板，大力发展冷链运输，以确保农产品的新鲜度与品质。创新性地发展“农业+加工流通”“农业+教育”“农业+文体”“农业+信息产业”等符合西部地区特征的农业产业融合新业态，以促进区域经济的整体发展。

2. 推动特色农业产业生态化、绿色化转型

将绿色发展理念深度融入农业生产全链条，实现特色农业产业发展的模式转型，促进农业生产方式从高碳向低碳的转变。强化基础研究与绿色低碳技术的突破，促进绿色低碳技术与模式在西部地区广泛应用。提升对低排放农机的补贴力度，构建支持绿色产业的金融服务体系。推动生产方式从“资源—产品—废弃物”的线性模式向“资源—产品—废弃物—再生资源”的循环模式转变，增强农田生态系统的生物多样性，有效维护和改善西部地区脆弱的生态环境。促进种植业与养殖业的有机整合，鼓励农业系统内部资源的回收与再利用。通过特色产业与粮食产业的轮作、间作等农作方式，实现资源的高效利用。推动农业从无机向有机的转型，减少人工合成肥料、农药、生长调节剂、畜禽饲料添加剂等的使用，更多采用有机肥料，以提供更优质、安全、健康、营养的特色农产品。

3. 推动特色农业产业品质化、品牌化拓展

着眼于提升特色农业产业供给品质，加快制修订特色产业原产地标准、特色农产品加工标准和农村新业态标准，制定各类特色农业品牌标准。按照“有标采标、无标创标、全程贯标”的要求，在特色产业优势区的核心区及品牌上，全程推行标准化生产。结合实施农业品牌提升行动，挖掘文化内涵、讲好文化故事，培育一批彰显地域特色的区域公用品牌，打造一批凝结质量信誉的企业品牌，创响一批体现乡土气息的产品品牌。充分利用新媒体平台与直播、短视频等营销方式，不断打造网络“爆点”。更好发挥市场需求导向作用，减少低端无效供给，提升产品品质。

4. 推动乡土特色农业产业跨界融合发展

打破传统农业界限，跨界配置乡村特色产业与文化、旅游、康养、休闲、体育、教

育等现代产业要素高位嫁接、交叉重组、渗透融合，形成“农业+”的新业态。积极发展龙头企业带动、合作社和家庭农场跟进、广大小农户参与的特色农业产业化联合体，实现抱团发展。大力发展稻渔共生、林下种养、净菜配送、智慧农业等新业融合中拓展新功能、创造新价值，满足新需求。打造平台载体，健全联结机制，拓宽农民跨界增收、跨域获利新空间。

二、对策建议

1. 优化产业产品布局，推动西部地区特色农业产业差异化多元化发展

一是优化特色农业产业布局。根据资源禀赋和市场需求，明确各地的优势农产品和潜在发展领域，制定特色农业产业发展规划。在确保粮食产量稳定，守住耕地和生态保护红线的基础上，鼓励西部地区合理调整种植结构，发展适应性广、抗逆性强、市场需求大的特色农产品，如干旱地区的优质牧草、高寒山区的特色药材等。优化西部优势特色农业产业布局，适区适种，适当调减苹果、梨等大宗农特产品种植面积。提高产业生产布局与资源禀赋的匹配度，推动优势特色产业进一步向优势区集聚，引导特色产业县域规模化发展。支持内蒙古等重点省份草食畜牧业提质增量，合理利用草山草坡和农闲田资源，种植优质饲草。顺应已经出现的蔬菜生产重心向西南方向移动的总体趋势，在全国实施大宗蔬菜生产“西南移”战略，将蔬菜生产向水资源丰富的西南地区（四川、贵州、云南）集中。

二是优化特色农业产品结构。首先，需对西部地区特色农作物品种结构进行优化调整。基于各地自然环境与市场需求的差异，精选适应性高、市场潜力大的特色作物品种。通过实施疏密改造与品种改良策略，加速推进低产低质果园的更新改造进程，优化树种与品种结构，以促进果品差异化发展。同时，根据各树种在不同优势区的差异化发展需求，培育早、中、晚熟的优质品种以及适于鲜食或加工的品种。适时调整生产结构，鼓励县域范围内增加蓝莓、樱桃、山楂、果桑等特色果树及优异果树品种的种植面积。将传统大宗蔬菜生产转向精细时鲜特菜生产，以填补南菜北运中仅限于大宗耐储运蔬菜的市场空缺。扩大优良桑苗品种的栽培面积，加强高端原料茧基地建设，推动特种养殖基地如彩色茧的多元化发展。充分利用现有设施农业条件，引导适度发展设施果蔬业，实现全年四季“瓜果飘香”的目标。

2. 强化农业科技支撑，助力西部地区特色农业产业稳步迈向现代化

一是加强科技创新示范引领。大幅度提高对省级农业科研单位特色农业产业研发经费投入强度，针对不同地区的特色农业产业，设立专项研发基金，用于支持新品种的选育、病虫害的防治、种植技术的改进等方面。加快育成推广多样化、优质化水果品种和

高端化蔬菜品种；突破果树“上山下滩”栽培、西部山区省力化栽培、土肥水资源高效利用、果实品质调控、病虫害绿色防控、产期调控、绿色保鲜与贮运、果品精深加工、智能化生产、无土栽培等重大关键技术；攻克蔬菜生产机械化、戈壁设施蔬菜提质增效、采后保鲜与加工、产品质量安全等重大技术瓶颈。加强牛羊品种改良，培育适应性强、生产性能高的新品种。尽快建立以规模化、省力化、机械化为主要特征的新型养蚕技术体系。

二是加速科技成果转化应用。坚持市场需求和产业问题导向，以“科研单位+地方政府+龙头企业+基层农户”四位一体协同的成果转化模式为指导，以国家现代农业产业园、各地现代农业园区、标准化示范基地建设为抓手，不断培育发展农业新质生产力。着力加强科技成果的集成熟化、转化应用和示范推广，重点转化一批经济性状突出、发展潜力大的突破性或重大新品种，转化一批技术含量高、市场前景好的新肥料、新农药及农业机械等重大新产品（装备），推广一批绿色高效的优质栽培、水土资源高效利用、化肥农药等投入品减量高效施用、重大病虫害绿色防控、机械化智能化生产、修剪枝条等农业废弃物高值利用、果蔬产品贮运和加工、非耕地高效利用等可持续发展关键技术和模式。

三是夯实农业科技人才支撑。通过定向培养、引进紧缺人才等方式，充实基层农业技术推广站专业队伍。通过“专家大院”“科技小院”“乡村振兴研究院”等平台，培训果蔬产业技能人才、基层干部、乡村振兴人才等，锻造“带不走、留得住、能造血”的“新农人”。大幅度提升西部基层农技人员待遇，培养由基层农技推广人员、科技示范户和农民科技骨干组成的农业科技服务人才队伍，发挥技术推广、扩散作用和科技致富示范作用，促进农业科技成果的落地转化和推广。特别要加强对西部地区果蔬产业经营人员市场知识与管理技能的培养与培训，完善产业发展配套服务支撑体系，打造果蔬生产经营精英队伍，提升产业综合素质。

3. 推动乡村产业融合，促进西部地区乡村特色产业延链强链

一是推动第一产业内部有机融合。加强果蔬业与养殖业、林下经济等互支互促开发，大力推进种养结合型生态循环果（菜）园建设，集成推广“畜—沼—果（蔬）”等成熟适用技术模式，探索推广“果木枝加工—食用菌（中药材等）生产—废料还田施肥”“尾菜+畜禽粪便+养地肥地”等技术，支持有条件的乡镇大力发展有机肥加工、食用菌、中药材等生产，形成可复制可推广的“一产+一产”绿色种养循环互促模式。

二是强化一二三产业互动发展。依托县域资源，拓展农业产业链的深度与广度，引导核心企业进行本地化加工，确保产业实体扎根于县区，同时为农村地区创造就业机会。提升果蔬产业的产后处理技术，优化供应链管理体系，推广果品采后预冷处理、蔬菜净

菜上市以及预制菜等先进模式。在产业集群的重点乡镇，将部分产业集群资金定向用于果蔬精深加工领域的发展，采取先建设后补贴的政策，支持有潜力的果蔬精深加工企业扩大生产规模，或吸引社会资本投资于果蔬精深加工、冷链物流、包装等相关产业。开发食品、饮品、药品等多元化产品，研发营养品、保健品、化妆品、减肥品等特色产品，以提升产业链的现代化水平。实施品牌营销战略，加大对西部地区区域公用品牌建设的支持力度，鼓励地方根据自身优势特色产业制定品牌地方标准；支持农业企业塑造单品品牌，强化品牌文化内涵，提升品牌推广能力；推动农村电商与实体产业的深度融合，创新营销方式，拓展销售渠道。

三是促进农文体旅深度融合。在推进优势特色产业发展的过程中，必须充分利用西部地区独有的“河套文化”“黄土高原文化”“西域文化”等民族文化、体育和旅游资源的优势与特色，深入挖掘其内涵与价值。在此基础上，积极规划并建立具有鲜明时代特色、地域特征和文化属性的新县域 IP，打造具有地域特色的产业品牌，以有效避免同质化竞争。同时，需不断创新农业、文化、体育与旅游的融合思路，积极构建“数智化”农文体旅创新创业平台，促进科技、农业、文化、体育与旅游的深度融合，形成“科技赋能、三次产业融合”的农文体旅融合发展模式。此外，还应积极探索并大力培育医疗保健、精品民宿、生态餐饮、中医康养、体育赛事、研学团建等农文体旅融合发展的新业态，以充分释放融合发展的乘数效应和增值效应，为西部地区乡村产业注入新活力。

4. 完善联农富农机制，有效增强群众增收致富能力

一是健全主体培育机制，确保“带得久”。整合财政税收、基础设施、金融信贷、保险支持、市场营销以及人才培养引进等政策资源，打造高标准的龙头企业、农业产业化联合体、农民专业合作社、种植大户、家庭农场等新型农业经营主体。引导这些新型农业经营主体通过多种途径提升规模经营水平、多种形式提高发展质量以及多层面增强辐射带动能力。根据各地实际情况，培育一批多元主体融合、综合竞争力强、稳定可持续发展的农业产业化联合体和合作社。通过加工流通延长产业链、科技创新补充产业链、要素聚集强化产业链、业态创新优化产业链，提升农业全产业链的现代化水平，促进小农户与现代化大生产、大流通、大市场的有效衔接。

二是完善利益联结机制，确保“带得稳”。引导龙头企业确立“回馈农村、分润农业、与农民共同成长”的价值取向，避免因追求短期利益而采取杀鸡取卵的做法，建立一个有利于普通农户的利益分配体系。鼓励新型农业经营主体实施差异化策略，进行分类指导。根据各地不同产业的特性，采取“保底收益加按股分红”“保底价格加市场价上浮”“保底工资加超产分成”以及“生产订单加技术服务加销售”等多种联结模式，推广“家庭建园、果园（菜园）入社、合作社联企业、企业接市场”的利益联结机制。

三是强化约束激励机制，确保“带得实”。规范企业、村集体与农民之间的合同关系，构建一个农民能够共享产业链增值效益的体系，从而形成收益递增效应，确保农民获得更多实际利益。将发展特色产业视为己任，激励农民从“被动参与”转变为“主动追求”。强化合同履约的管理，提升新型农业经营主体和农户的契约精神与法律意识。激励地方行业主管部门将新型农业经营主体联农带农的能力和效益作为享受优惠政策的关键条件或核心标准，对那些履约效果显著的新型农业经营主体给予表彰和奖励，或增加对其支持力度。同时，对于那些未能履行合同义务或带动效果不佳的经营主体，应取消其享受的政策扶持，并督促其进行整改。

四是突出农民的主体地位，真正实现“带得实”。在制定特色产业项目规划的过程中，政府应主动听取农民的意见和建议，以防止过度干预。一旦出现争议，政府应迅速对规划方案进行调整。应根据各地的特色，灵活运用多种合作模式，如“企业+合作社+合作社成员+基地+农户”“村党总支（村集体经济）+合作社+公司+农户”以及“龙头企业+农民合作社+家庭农场+农户”，确保农民在管理过程中能够发声。通过建立农民代表制度，让农民代表能够表达他们的意见，从而加强利益的紧密联系。同时，激励农民直接经营或创建乡村民宿、特色餐饮等业务，推动直播带货、短视频销售等新兴业态的发展。引导农民围绕特色产业发挥他们的创造力和想象力，及时总结和推广成功的经验，营造一个鼓励自主创新创业的积极环境。

5. 加大支持力度，筑牢西部地区乡村全面振兴底盘

一是加大资金支持力度。实施更强有力的积极财政政策，整合农业、交通、水务、文旅、科技等多部门资金，构建政府主导、金融机构和社会组织参与的多渠道资金帮扶体系，运用贴息、补贴、以奖代补等方式加大资金投入。更加注重地方特色产业路、产业水、5G 等基础设施建设，推动基础设施宜机化改造，打造标准化果蔬生产基地；强化气象灾害监测预警体系投入力度和建设，提高灾害预报预警能力、防灾减灾能力。

二是着力解决乡村产业发展中的用地难题。对新建的乡村特色产业，必须严守土地用途管制基本准则。对已建的乡村特色产业，可通过特殊支持、例外安排，或给予“退林还耕”等纠偏的弹性时间表，避免“一刀切”而损害农民的基本利益、损伤发展乡村特色产业的积极性。有关部门要完善农业用地政策，在年度新增建设用地计划指标、土地占补平衡指标中明确一定比例用于支持农村新产业新业态发展。发扬“绣花精神”，将整治的闲置宅基地、村庄空闲地、厂矿废弃地、道路改线废弃地以及荒山、荒沟、荒丘、荒滩、戈壁等未利用土地，重点用于发展乡村特色产业。鼓励通过村庄整治、宅基地整理等，将节约的建设用地以入股、联营等方式，支持乡村休闲旅游等产业和农村三产融合发展。探索省市县联动“点状”供地对乡村特色产业重点项目给予单独供地保障。研

究适度扩大农业设施用地范围、比例和规模的意见，考虑将农产品冷链、初加工、休闲采摘、仓储等纳入设施用地范围。

三是加大特色产业政策性保险。增强对特色农业的政策性保险支持，开发新的保险产品，以合理方式避免因天气灾害给发展特色产业的农民带来的损失，并且有效分散特色产业发展过程中可能遇到的风险。同时，构建投融资风险共担体系，激励金融机构进行农村集体土地抵押贷款和特色产品担保贷款，从而提高农民的贷款能力。

第七章

西部地区产业融合发展典型案例研究

受限于地理区位与发展基础，西部乡村传统农业面临产业链条短、附加值低、抗风险能力弱等发展瓶颈。单一生产模式难以应对市场需求分化、资源环境约束趋紧及城乡要素流动加速的多重挑战，亟须通过业态创新实现资源重组与价值跃升。乡村产业融合发展不仅能突破产业边界产生乘数效应，更通过数字技术渗透、服务经济转化与生态价值实现的协同创新，构建起“生产增效—生态增值—生活提质”的三维发展框架，为破解西部地区传统农业困局、培育内生动力提供了“农业多功能性”这一可持续的实践路径。

第一节　产业融合发展的主要优势与现实问题

一、主要优势

1. 资源禀赋为乡村产业融合奠定了基础

西部地区凭借其丰富的自然资源，为乡村产业的融合提供了坚实的基础。该地区拥有全国约70%的水资源和超过60%的森林资源，这些不仅为农业提供了肥沃的土壤和充足的灌溉水源，也为生态旅游、绿色能源等产业的发展奠定了坚实的基础。同时，西部地区以其独特的地域文化特色，为乡村产业的融合发展提供了丰富的土壤。蒙古族“成吉思汗祭典节”、维吾尔族“古尔邦节”、侗族“萨玛节”、傣族“泼水节”、壮族“蚂拐节”、瑶族“盘王节”、内蒙古的烤全羊、西藏的酥油茶、新疆的馕饼以及各具特色的民族服装，都具有深厚的历史底蕴和独特的艺术表现形式。这些文化特色不仅吸引了众多国内外游客，也为当地的手工艺品、民族服饰、特色食品等产业的发展提供了契机。通过发展文化旅游，不仅保护和传承了民族文化，还促进了当地经济的多元化发展。此外，不少地方通过引入“文化+农业”的发展模式，如发展特色农业体验园、文化主题农家乐等，进一步深化产业融合，提升产品附加值，实现了文化与经济的双赢。甘肃省以推动农副产品加工业发展为抓手，以绿色食品加工业为主攻方向的农产品加工业快速发展，集中打造了中药材、马铃薯、肉制品及乳制品、特色果蔬、百合、油橄榄、旅游商品制造业和特色小杂粮加工业等8个集种养殖、加工、销售于一体的农副产品加工业产业基地，有效促进了农村产业融合发展。创建了20条中国美丽乡村休闲旅游精品景点线路、4个全国休闲农业重点县、43个中国美丽休闲乡村、10个全国休闲农业和乡村旅游示范县，成功打造省级乡村旅游示范县21个、乡村旅游示范村310个、和美乡村94个、文旅振兴乡村样板村200个、全国乡村旅游重点村44个、全国乡村旅游重点乡镇6个、田园综合体10个、乡村旅游精品线路60条，培育休闲农业经营主体11 156个，乡村旅游合作社530个、农（牧）家乐19 165户、全国甲乙级旅游民宿6家、乙级5家、丙级18家。开发全省乡村旅游电子地图，开通“陇上乡遇”乡村旅游视频号，群策群力讲好乡村旅游故事，全方位展示甘肃乡村旅游资源和文化，提升乡村旅游产业影响力、社会认知度和品牌知名度。

2. 政策扶持为乡村产业融合提供了动力

自国家扶贫开发以来，中央政府对西部地区实施了一系列扶贫开发政策，包括财政资金投入、税收减免、金融支持等，这些政策为乡村产业融合提供了有力的经济支持和政策保障。在实施乡村振兴战略中，政府通过设立诸如“乡村振兴产业发展基金”等专项基金，提供“乡村产业振兴贴息贷款”等贴息贷款，以及实施“小微企业税收减免政策”“农产品加工企业税收优惠政策”等税收减免措施，有效激发了乡村产业的活力，促进了农业与旅游、文化、生态等产业的深度融合。通过实施“现代农业产业园建设项目”，政府推动了农业技术的引进与推广，提高了农业生产效率，同时也为乡村旅游提供了丰富的资源。此外，发展“一村一品”“一县一业”工程，如“特色水果种植示范村”“乡村旅游示范村”等项目，不仅推动了特色农业的发展，还带动了乡村旅游的兴起，实现了产业的多元化和升级。截至2023年，甘肃省创建国家级产业集群8个、国家乡村振兴示范县10个、“一村一品”示范村镇117个、国家农业科技园区10个、国家现代农业产业园11个、全国产业强镇49个、国家农业绿色发展先行区5个和国家农产品安全县8个，各类项目建设进展良好、产业效益逐步显现。全省累计创建86个省级现代农业产业园，实现“一县一园”全覆盖，产业集群优势凸显。

3. 体验经济的兴起推动了产业的融合进程

在体验经济的驱动下，乡村旅游通过开发具有地域特色的民宿、农家乐及旅游商品，推出富有民族特色的表演和户外探险活动等文化体育旅游融合产品，实现了与第一产业、第二产业和第三产业的有效对接，促进了农业、加工业、服务业以及文化和体育产业的深度融合。例如，云南的丽江古城，当地的民宿和农家乐以其独特的纳西族风情吸引了大量游客，农民通过提供住宿和餐饮服务，不仅增加了收入，还成功地将纳西族文化推广给了游客。同时，通过深入挖掘和展示当地独有的民族文化和传统体育项目，旅游产品的多样性得到了极大的丰富。广西阳朔的《印象·刘三姐》大型山水实景演出就是一个典型的例子，它不仅展示了当地独特的山水风光，还融入了丰富的壮族文化元素，为游客提供了难忘的观赏体验。此外，西部地区还通过体育赛事活动等文化体育旅游融合产品，比如贵州村超激发了游客的参与热情，带动了当地交通、餐饮、购物等相关产业的发展。

二、现实问题

1. 基础设施建设滞后，统筹力度不够

西部地区地形复杂地貌多样，基础设施建设难度高、资金投入大、城乡发展不平衡。特别是偏远地区，数字基建较为薄弱。农业产业基地4G信号盲点多，乡村5G基站、光纤宽带、物联网等新基建布局有待完善，“天空地”一体化数据获取能力较弱，还无法满足云计算、物联网、VR技术、大数据、边缘计算等新技术对网络基础环境的需求。与此同时，农村公路数字化、水利基础设施智能化改造程度较低，农村供电可靠性和供电保障能力还需进一步加强。部分偏远乡村的交通条件仍需改善，县域内不同村寨之间也有一定的距离且没有往来的公共交通工具，限制了产业融合的拓展。

2. 复合型人才缺口大，人才供给不足

复合型人才是产业融合发展的智力支撑，是推进农文体旅融合发展的软实力。产业融合对掌握“农文旅”等不同领域的知识，且熟悉生产经营、市场营销等环节的高端复合型人才方面有着巨大的需求缺口。但随着城市化发展，城市的“虹吸效应”导致乡村人才严重外流，农村人才更是所剩无几，无法形成完善的人才供给体系，阻碍农村产业融合发展。随着农村青壮年劳动力不断外流，农村劳动力呈现“兼业化、老龄化、低文化”特征，农民素养普遍偏低。据统计，重庆市直接从事农业生产的农民，60岁以上达350万，占农村常住人口的35%，小学及以下文化程度占71.5%；820万农民工常年在外务工，打工收入占农民收入的60%以上。中国农村微观经济数据调查（重庆）数据显示，农村居民使用过互联网获取农业生产信息、农业市场信息、食物营养与健康信息以及购买食物的仅占三成左右，分别为31.92%、30.66%、29.81%及34.88%；由于年龄原因不会用、没人教的占67.18%，不知道什么是互联网或对互联网不感兴趣的占19.49%；对本村信息化综合服务站持非常满意和比较满意的不到半数，仅有41.86%。乡村居民数字素养亟待培育，运用数字化技术进行农业生产经营的习惯尚未建立。当前从事农村生产的农民普遍年龄较大，文化素质较低，无法满足农村产业融合对高素质人才的需求。再有就是基层干部管理人才、专业技术型人才、科研创新型人才缺口较大。

3. 产业融合深度较浅，相关联性不强

对于人们日益增长的“物质文化需求”所呈现出的阶段性特征来说，西部地区的产业融合还处于初级阶段，表现为：一是产业融合发展虽然带动了当地农特产品的销售，但都只停留在单一供给上。农产品流通体系的现代化程度不高，在农产品的采摘、运输、配送的产业链条的标准化建设实施困难，冷链运输、仓储等环节尚未实现有效衔接，缺乏完善的流通网络体系等，导致农产品销售受阻。二是农业与旅游业的融合程度较浅，因为基础设施薄弱、宣传力度不足、村民服务意识淡薄等问题严重阻碍着“农文体旅”融合发展。三是农村产业融合主体实力较弱，带动农民增收能力不够突出，产业化龙头企业数量较少，大企业、大品牌不多，宣传、组织和带动农户增收能力较弱，产业经营主体之间没有建立完善的利益联结机制，农民在生产、加工、销售环节的利益分配上仍然处于弱势地位。

第二节　产业融合发展的典型模式与相关经验

一、典型模式

1. 贵州榕江三宝侗寨：文体旅产业融合助力乡村全面振兴

贵州省黔东南苗族侗族自治州榕江县，是我国最后一批脱贫摘帽的贫困县之一，也是全国160个重点帮扶县之一。榕江县总人口38.5万，其中少数民族占比高达84.2%，2022年人均生产总值仅为全国平均水平的1/3。作为一个经济发展相对滞后的少数民族边远县，为冲破发展困境，榕江曾先后5次尝试塑造县域IP，却收效平平。2023年榕江县委政府第六次打造县域IP，通过整合文体旅产业资源，将传统足球赛事与美食文化、非遗文化、民族特色融合创新，加上新媒体赋能，榕江“村超”一炮打响、成功出圈，为乡村振兴注入了新的活力。这一模式不仅有助于提升乡村的经济发展水平，还能促进文化传承和生态保护，实现乡村的可持续发展。

“政府主导+全民参与”推动乡村经济逐步壮大。自20世纪90年代起，榕江便陆续举办了“萨玛节”“西瓜节”等活动，近年来更是增添了斗牛节、鼓藏节等特色节日，而苗年节和侗年节更是年年盛大举行。此外，他们还赶过时髦，在小小县城中跑过马拉松赛。可是，这些活动都因缺少特色，受众小，基本上是当地居民的自娱自乐，最终都是昙花一现，草草收场，未能引起外界关注。榕江足球已经有了80多年的传承史，这个不到40万人口的山区小县，有5万人会踢足球。全县共有200多支足球队，平均每个村都有足球队，每个队有村民自发组织的啦啦队，群众基础深厚。从赛事发起、赛程安排到晋级规则、球员资格审查等，均由当地群众自发组织、自行决定、自主实施。没有门票、没有足球宝贝、没有广告、没有代言，中场休息是群众自发组织的民俗展演活动，观众席上坐的是村里的男女老少。参赛球员没有年龄限制，没有职业门槛。解说员是带有浓重“贵普”口音的当地人，奖品是当地土特产。“乡土气”所带来的纯粹，充分调动了群众参与的积极性、主动性、创造性，激发出全民参与的激情和热情。

“文化传承+创新发展”蹚出乡村振兴新路径。榕江有侗族大歌世界非物质文化遗产、侗族琵琶歌等11项国家级非物质文化遗产以及天下独一苗王庙和苗王墓、天下第一侗寨三宝侗寨、“未知地带”——阳开苗寨、29个中国传统村落和19个国家级少数民族村寨，每年有民族民间节日25个，被誉为“百节之乡”。“村超”出圈就是把足球赛事与民族文化、非遗文化、特色美食、淳朴民风等结合起来进行融合式创新。赛前的民族服装秀、比赛中的民族特色奖品、比赛后的民族特色美食，展现出来的是传统与现代的交融；“村超”的拉拉队担着村里产的西瓜、捧着竹编簸箕装的糕饼，为自己村的儿郎站脚助威；中场表演，并非像“超级碗”那样请碧昂丝、“火星哥”这种明星劲歌热舞，而是当地人表演的传统芦笙舞。

“新媒体传播+名人助力”激发乡村振兴新活力。早在抗日战争时期，迁入榕江的广西大学学子们的足球活动便点燃了当地的足球激情，这一热情竟持续燃烧了80余载。自20世纪90年代起，榕江的足球迷们便自发组织起当地的足球协会。2015年以后，榕江更是年年举办足协杯、周末联赛、春节杯三大足球盛事。然而，遗憾的是，与榕江的其他文化活动一样，这些足球赛事也一直是默默无闻。新媒体的崛起为榕江文体旅游产业的突破提供了新的契机。新媒体的崛起为榕江文体旅游产业的突破提供了新的契机。在推进乡村振兴的进程中，榕江推出了一个非常前卫的新理念：“让手机变成新农具，让数据变成新农资，让直播变成新农活。”该县面向非遗传承人、返乡创业青年、易地扶贫搬迁群众、留守妇女等，开展短视频直播培训，孵化了短视频账号1.2万余个和2 200余个本地网络直播营销团队，为村超储备了庞大的新媒体人才团队。央视新闻专业团队、个人网红加盟推介，通过媒体的镜头，“村超”的精彩瞬间和独特魅力被广泛传播，让外界看到了乡村的潜力和希望，为乡村的发展注入了新的动力。同时，牵手名人频频登上热搜，推高了活动热度和影响力。韩乔生、范志毅等体育名人到场加油，香港明星足球队发出友好挑战，英国著名球星欧文送来祝福，世界足球先生卡卡、卡纳瓦罗等亲临现场，大家发自内心地为“村超”发声、代言，名人效应助力“村超”持续火爆。

“品牌效应+体验经济”撬动产业融合发展。“村超”品牌成为一剂“药引子”，带动了榕江县城及周边的餐饮、住宿、旅游等行业发展，打造出“超好吃”“超好玩”“超好住”等“超品牌”。老百姓家里各种农产品、土特产、民族手工服饰都卖出了好价钱。由56位妇女创办的阳光蔬菜种植农民专业合作社，因“村超”的带动，2023年280亩蔬菜被抢购一空，合作社总收入达224万元，并成为本村足球队的主要赞助商。“兔宝宝”是中国十大板材品牌之一，专注做品牌，给榕江板材贴牌后，一张板材净赚50~200元。榕江县城酒店、民宿的预订率飙升，比赛期间一房难求，很多人顺道去了大利侗寨、摆贝苗寨、七十二寨斗牛城、古州大河口码头等景区，把榕江更好更多地推给了全国。通过

“村超”激发消费、扩大投资、壮大集体经济，榕江县将“村超”的“流量”转化为社会效益的“质量”和经济效益的“增量”。体验经济让榕江县的乡村焕发出新的活力，成为乡村振兴道路上一道亮丽的风景线。在“村超”赛事的促进下，榕江县的塔石香羊、小黄牛从生产饲养、加工到销售及餐饮服务等形成了较为成熟的产业生态链。2023 年榕江县通过“村超”实现塔石香羊、忠诚牛瘪、卷粉、罗汉果、天麻等农特产品线上线下销售额超 6.26 亿元；免费提供摊位 3 000 余个，带动夜间消费 4.48 亿元；累计接待游客 765.85 万人次，这一数字是榕江常住人口的 20 倍；实现旅游综合收入 83.98 亿元，而全县当年的 GDP 也不过 96 亿元；相关的网络流量更是达到了 580 亿的惊人数字，单日最高流量竟达 1 亿次。

2. 四川蒲江铁牛村：城乡融合发展打造成都未来乡村公园社区

近年来，蒲江县深入践行乡村全面振兴理念，建设宜居宜业和美乡村，依托西来镇铁牛村（图 7-1）生态资源禀赋、田园产业根基和社区治理基础，以实现新老村民“共富、共融、共享”的“三共目标”为统领，坚持促进“新村民回流、老村民回家、城市游客回归”的“三回理念”，引入各类回流创业人才 60 余人、回家兴业人才 200 余人，全力推动城乡资源有效链接，促进传统乡村生态人文本底价值转化，努力开创农业农村现代化发展新局面。

图 7-1　徽派建筑铁牛新村全景

创新规划理念绘蓝图，赋予新老村民美好梦想。一是整合资源优势。全面梳理村域内人、文、地、产、景等现状资源，将现存西汉和宋代冶铁遗址、千亩鱼塘（图 7-2）和万亩橘园的农业生产本底、全县唯一的原生性乡建艺人队伍和徽派建筑群落等特色优势，进行系统整理和深入挖掘，创新探索生态资源价值转化路径，推动农商文旅体融合发展。二是明晰发展定位。坚持“最生态、最美学”规划设计理念，探索把乡村最生态简朴的田园生活方式转变成现代最健康时尚的美学度假方式实现路径，引入四川麦昆塔设计团队，结合铁牛村资源禀赋实际，深化规划建设定位，确立了整村打造“未来乡村公园社区”的发展定位，明确了促进城乡融合、发展壮大集体经济、推进乡村振兴等具体路径。三是实施系统规划。坚持多规合一理念，编制完成《西来郊野公园概念性规划》，配套编制精品林盘打造设计、水美乡村建设、人居环境提升等专项方案。制定《天府·新林盘聚落——成都未来美好乡村实验区策划方案》，划定未来乡村公园社区 9.59 千米^2，按照计划实施生态农业与可持续生活、生态建造与美学文教、生态文化与田园消费、生态康养与旅居教育四大产业聚落 9 个实验室，打造集生产生活度假于一体的聚落式田园生活度假社区。

图 7-2 铁牛村鱼塘一角

创新人才振兴机制，凝聚新老村民融合发展合力。一是搭建平台引人才回归。探索铁牛村新村民人才引进机制，搭建社会参与和城乡融合发展平台，吸引全国各地不同代际多元人才 60 余人成为新村民，组建“麦昆塔社区”“阿柑生态社区”，发挥“60 后”的资本，“70 后”的经营管理经验，“80 后”“90 后”的创意和热情等优势，在地创立涵盖乡村规划设计、运营管理、教育公益、创意设计、生态农业等 7 家社会企业和机构，扎根铁牛村进行平台化、专业化、社群化、系统化的乡创探索，实现新乡村人才从个人情怀型到机构社群型的转变，共创乡村美好田园生活新篇章。二是党建引领做示范带动。充分发挥村党委坚强领航作用，精心选配 5 名党性强、能力强、作风强、群众认可的致富能人、创业能手进入村党委班子，聘请 2 名返乡创业青年党员负责全村乡村旅游发展工作，进一步充实铁牛村基层党组织人才储备。探索新村民融入机制，通过村党委换届选举，吸纳高素质新村民人才进入村党委班子，专职负责乡村振兴工作，激发基层党组织新活力。村企联合体示范带领全村大力发展乡村旅游、实施生态种植，全面提升未来乡村公园社区建设实效。三是做优服务促生产就业。着眼新村民“回归”和老村民“回家”，做好在地创业团队后勤保障，从解决办公场所、住宿等方面给予关心与支持，免费为在地创业团队提供2处办公场所，建筑面积约1 000米²，给予6套人才公寓10年租金全额补助，投资近4 000万元，配套建设“人才创新与生活中心”“乡村大书房”项目，吸引以新加坡回国创业返乡青年等为代表的20余名本村青年回村创业，吸引200余户本村村民参与生态农业提升和乡村休闲产业发展。

创新场景营造搭平台，激发新老村民乡创活力。一是打造未来生态场景。以构建高品质生活宜居地为抓手，依托农村集体建设用地整理项目，在不改变原有水系分布与自然植被前提下，建成全县唯一“徽派”建筑风格的铁牛新村。整合林盘打造、人居环境整治、水美乡村建设、绿道蓝网建设等项目资金3 500余万元，匠心打造铁牛寨精品林盘、城乡融合发展共创中心、水乡文场等一批基础设施和景观节点项目，建成绿道10千米，形成了“青山绿道蓝网”的乡村生态公园格局。二是打造未来消费场景。充分尊重铁牛村田园、林盘、水系、民居等现有生态布局，坚持“小而精、简而美、散而整”理念，推动传统风景、传统林盘转化为新消费体验场景。目前，已打造生态果林乐园、丑美生活馆（图7-3）等空间3个，开发果林度假小屋、铁牛妈妈的味道等文旅体验场景5个，新建果林书屋、幸福鸡舍等生态体验场景4个，研发丑橘蜡烛、果酒、丑橘米花糖和巧克力等特色文创农创产品10余个。三是打造未来生活场景。以“塘坞”为载体，研发乡村美学课堂，开展“塘坞雅集”培训，培养村民乡村美学理念。以丰富的水面资源和柑橘资源为载体，开展亲子自然教育课堂、假日亲子体验营等研学游学活动，进一步活化在地资源，增强乡创活力。成功举办两届丑美生活节、一届低碳生活节，12期“阿柑周末营”，并于2022年12月登上央视《山水间的家》栏目。

图7-3　铁牛村丑美生活馆

创新共创模式促融合，点亮新老村民幸福生活。一是探索发展模式融合。坚持党建引领，积极探索“‘政村企社’合作运营+专业合作社”的“1+N”发展模式，由政府给予规划把控、基础配套、先期项目引导性投资等支撑性保障，铁牛村股份联合社与新村民在地创业公司组建村企联合体，对铁牛村的资源、资产实施整体规划、建设和运营，并根据业务需求支持铁牛村组建 N 个专业合作社，承接旅游导览、团建活动、农产品生态有机种植和特色餐饮等业务，2022 年，村企联合体为村集体经济增收约 20 万元。二是推动产业业态融合。在地创业团队充分挖掘铁牛村院落、林盘、果园、水域、绿道等各类资源新价值，探索“绿道+”“果林+”“鱼塘+”思路，将特色民宿、餐饮、网红打卡点、游学体验、农耕体验等消费场景融入绿色生态本底，不断丰富产业业态、提升消费环境，形成了生态、生活、消费等多业态融合发展的新路径。三是创造社区生活融合。按照“政府引导、村集体主导、社会组织协同、多元市场主体参与”的思路，以购买社会服务方式引进社会组织，推进全村社区营造工作，围绕“主题研究+社区活动”的营造模式，形成生态农业发展、乡土文化营造、塘坞场景营造、乡村创业支持、社区发展治理 5 大板块。通过政府统筹谋划、社区整合资源、文创团队策划、社会协同参与的模式，成功举办“小鱼儿”夏令营、“塘坞花课”“妈妈的厨房”才艺比拼等活动 40 余场次。创新搭建“铁牛夜话”和“铁牛大讲堂”新老村民共创对话平台（图 7-4），依托工匠文化、孝道文化底蕴，开展“最美庭院”、星级文明户等创建评选活动，引导老村民追求健康向上的生活方式，弘扬文明和谐美好的生活新风尚，为新村民创造承载乡愁的“诗和远方”，让城市游客“回流”，共创共享未来乡村公园社区。

图 7-4　铁牛新村民与老村民共创手工剪纸牛

3. 甘肃静宁苹果：产业链延伸、农业内部融合发展

静宁县位于甘肃中部，是古丝绸之路东段中线上的重镇，属北纬 35°的黄土高原半湿润气候区，光照充足，昼夜温差大，黄土层深厚，是世界公认的苹果“黄金生产带”。独特的光热水土条件，使静宁生产的苹果果形指数、色泽、硬度、糖酸比、维生素 C 含量、可溶性固形物含量等指标均优于其他产区，储存性极好，保鲜期可达 1 年以上。静宁以独

特的苹果品质优势，荣获“中国苹果之乡”“全国经济林建设先进县”和“全国经济林产业百强示范县”等8个国家级荣誉称号，先后被认定为国家农村产业融合发展示范园、国家现代农业示范园、国家级苹果产业集群核心区。2023年全县果品产量106.8万吨，产值70.5亿元，农民人均果品收入8 000元以上，占农民人均纯收入的70%以上。静宁苹果立足产业基础、技术基础、品牌基础和市场基础，全过程延链、全环节补链、全方位强链，努力建设“中国苹果之都”，全力打造“静宁苹果”百亿级产业集群，为加快建设绿色、开放、兴业、安宁、幸福静宁提供强劲支撑。

静宁县立足资源禀赋，突出产业优势，聚焦关键环节，以产业高端化、智能化、绿色化为方向，以产业链龙头企业为主体，加强政策协同，强化要素支撑，优化服务保障，实施“六链同步、三产融合”发展模式（图7-5），着力做强生产链、畅通循环链、提升价值链、打通转化链、完善流通链，做优金融链，不断促进全环节提质、全链条增值、全产业融合，全力提升静宁苹果产业链、供应链现代化水平。

加强规划先行引领，强化制度保障促发展。静宁县把发展苹果产业作为壮大县域经济、农民增收致富的重要途径，在历届县委县政府的接续推动下，静宁苹果成为撑起县域经济发展的支撑产业。2022年，静宁县发展和改革局印发了《静宁苹果全产业链提升发展规划（2022—2026）》，规划了全县苹果发展目标、定位和品种结构调整、基地建设、产业融合发展、产业链条延伸、市场体系构建等内容，以引领全县苹果产业高质量发展。建立健全地理标志保护标准体系，制定《地理标志保护产品静宁苹果》地方标准，从苗木繁育、栽培管理、采摘和储藏等全流程进行规范。2024年静宁县人民政府印发了《“静宁苹果”产业高质量发展实施方案（2024—2026）》《“静宁苹果”产业高质量发展若干政策措施》，构建以“一基地六中心”（即建设中国苹果大数据中心、价格形成中心、展示展销中心、技术研发中心、物流电商配送中心、国际交易结算中心和中国优质苹果生产基地）为核心的现代苹果全产业链体系，在政策引导、项目规划、资金扶持、金融服务、农业保险、人才培育、组织保障等方面提供了强有力政策支持，助推“静宁苹果”产业链现代化水平全面提升。

产业基地规模化、种植技术标准化。按照适宜区全覆盖战略的总体要求，建成了李店河流域、葫芦河流域和平定高速沿线苹果产业带和16个果园化乡镇、160个果品专业村，全县苹果栽植面积稳定在100万亩以上，户均面积10.6亩，人均面积2.34亩，成为“全国苹果规模化种植第一县”。制定完善了“静宁苹果”产地环境质量标准、生产技术规程和产品质量标准等规范，建成了现代矮化密植示范园5万亩，乔化短枝现代山地密植示范园10万亩。推行果园数字化管控，建成了“一平台、五张图、一系统”数字果业公共服务中心，实施管控面积达到63.2万亩，建成绿色果品生产基地50万亩、出口基地

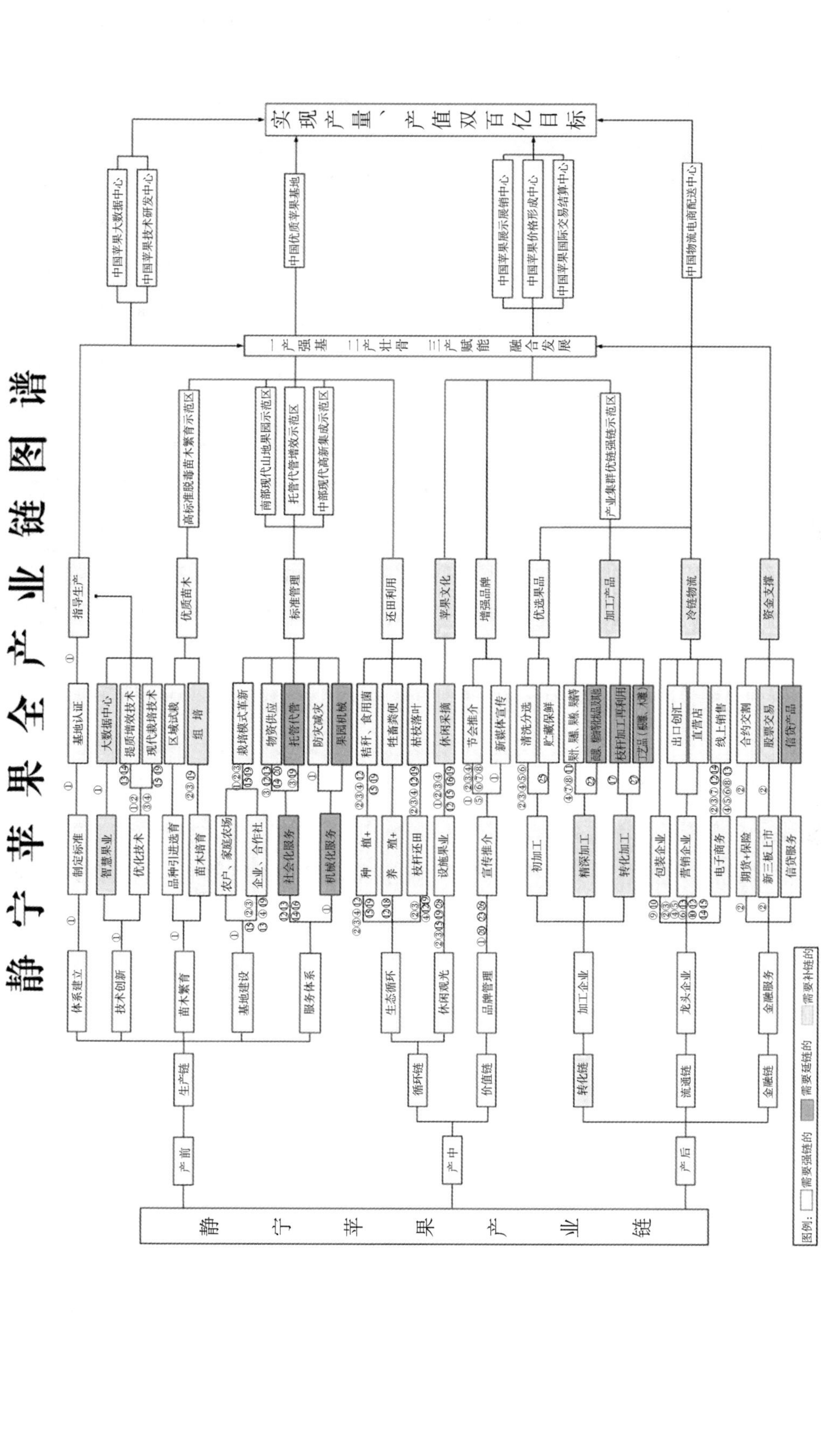

图7-5　静宁苹果全产业链融合发展模式

图例：需要强链的　需要延链的　需要补链的

1. 已有链主企业：①静宁县果树果品研究所、静宁县果业服务中心 ②甘肃德美地缘现代农业集团有限责任公司 ③静宁县林果业投资发展有限公司 ④静宁县陇原红果品经销有限责任公司 ⑤静宁县红六福果业有限责任公司 ⑥静定县常津果品有限责任公司 ⑦甘肃峰果纯素科技有限公司 ⑧甘肃西物优品物科技有限公司 ⑨静宁县恒达有限公司 ⑩静宁县欣叶集团 ⑪静宁县通达果汁有限公司 ⑫静宁县农业发展公司 ⑬静宁县五洲供销果品专业合作社 ⑭静宁县格瑞苹果专业合作社 ⑮静宁县德美地缘林果合作社 ⑯静宁建投控股有限公司 ⑰甘肃惠众恒成能源新技术有限公司 ⑱静宁县昊康牧业有限公司 ⑲静宁飞天林果科技有限公司 ⑳静宁县苹果产销协会

2. 新培育链主企业：㉑果酒、果醋、果粉、果冻 ㉒生化制品 ㉓苹果文化创意 ㉔生物有机肥生产 ㉕冷链物流配送 ㉖品牌宣传与营销 ㉗苹果工艺品加工 ㉘文旅融合 ㉙静宁果农劳务 ㉚技术培训机构

18.4 万亩、认证良好农业规范（GAP）基地 1 万亩，果品商品率和优果率分别达到 95%和 80%。

示范带动强管理、外联内培强人才。以果业“十大转型提质”及果园提升“八大行动”为统揽，推进果园增施基肥、整形修剪、保墒覆盖、病虫害绿色防控等提质增产技术措施，完成果园标准化管理 80 万亩，集中创建了雷大黎沟、余湾王坪、治平刘河等“四新”模式精品示范园 20 个。按照“企业+合作社+农户”经营方式，建成了现代高新技术矮化密植示范园 2 000 亩。扎实推进城川、威戎 2 000 亩高标准脱毒苗木繁育基地扩容提产，实现年繁育优质抗重茬苗木 120 万株。目前，完成老果园改造 2 万亩，创建果园土壤改良提升示范基地 5 万亩，新建秦脆、瑞雪、嘎啦等新优品种示范园 10 处 5 000 亩，苹果品种更新换代步伐进一步加快。打造了古城胡坡等 5 个 1 000 亩级和威戎新华等 5 个 500 亩级老果园改造典型亮点。成立县苹果产学研联盟，扶持培养产业带头人，采取产业带头人、专业技术人员、乡村干部承包到户的办法，通过项目配套、集中授课、现场示范的方式，引导群众转观念、学技术、兴产业、促增收，带动提升群众的务果能力，培育了一大批农业科技“土专家”“田秀才”等农村实用人才，培养了 2 622 位持证农民技术员、1 210 位务果能手、543 位农民土专家，全县果园新型机械作业率 60%以上、先进实用技术到位率和入户率 85%以上、农业科技进步贡献率 58%左右。

“外引内培”育链主、强链延链促转型。静县把“外引内培”链主企业作为拉动苹果产业发展的核心力量和主体，积极搭建技术研发平台、创新创业平台、成果转化平台、公共服务平台，内聚外引、招强育新，通过择优扶强、项目带动、招商引资等方式，建成了加工增值型、包装配套型、贮藏营销型龙头企业 161 家，加工能力 15 万吨，鲜果贮藏能力 65 万吨，纸箱生产能力 3.3 亿米^2，产业涵盖育苗研发、规模种植、储藏营销、加工升级、包装配套、电商物流六大板块，全产业链产值 200 亿元。利用果园废枝、畜禽粪便资源，建成昊康牧业、威戎辰宇等 6 家有机肥生产厂，年生产有机肥 40 万吨，有力促进果畜循环经济发展。大力培育新型农业经营主体，扶持壮大果品专业合作社 610 个、苹果家庭农场 119 家，流转土地 30.14 万亩，转移就业 6.2 万余人，带动农户入股联营 1.8 万余户，集约化、规模化示范引领显著，形成了以大企业为引领、中小企业为支撑、合作社为纽带，家庭农场、种植大户和果农参与的高度集成的组织化体系，初步构建了龙头企业引领、合作组织带动、能人大户示范、园区集约发展的现代果业发展格局。

产业融合显成效、联农带农增效益。创新新业态新模式，促进一二三产业融合发展。种养循环模式：探索“果木枝加工-食用菌生产-废料还田施肥”技术，促进果、菌、牛产业循环互促；集成示范“畜—沼—果”等技术模式，推进种养结合型生态循环果园建设。加工增值模式：以果酒果汁为主的加工产业集群基本形成，产业链不断延伸，产品附加值明显提升。休闲农业文化旅游模式：依托百万亩苹果生产基地，精心打造了35°苹果谷国家AAA级旅游景区，将文化旅游、生态农业、田园民俗、养生休闲等多元素深度融合，形成了苹果产业与生态环境的和谐共生的全域旅游格局，年接待乡村旅游游客201万人次，实现综合收入21亿元。数商兴农模式：静宁县大力发展农村电商、直播带货等新业态，以数字化新工具改造苹果产业，2022年，静宁县培育各类电商企业370余家，打造了静宁苹果旗舰店、京东陇原红旗舰店、天猫臻果鲜生、村主任宣言等特色馆56家，销售额达到9 075万元；加强与京东集团等国内大型企业深层次合作力度，推进京东数字物流园二期项目建设，着力开辟果品销售"绿色通道"、扶持线上销售、拓宽市场渠道、扩大仓储数量，实现果品高位稳价销售，推动全县果品产业全链条、高质量发展。构建利益联结机制，搭建果产业劳务服务平台，组建科技服务队，积极推广"订单收购+分红""公司+合作社+基地"等联农带农机制，以合作组织为纽带、农户家庭经营为基础、专业服务公司和龙头企业为骨干的现代经营体系。

品牌培育强产业、拓展市场创外汇。静宁县把开拓国内国际市场作为提升产业效益的重要手段，积极参加全国果品交易大型节会，成功举办了中国苹果产销峰会暨甘肃（平凉）果品贸易博览会，注册认证了"静宁苹果"驰名商标和全国出口苹果质量安全示范区，建立了郑州商品交易所指定交割仓库、静宁金果博览城大型市场和农产品电子交易平台3处，成立了静宁苹果产销协会和4个分会，在北京、广州、重庆等大中城市建立直营店28家，静宁苹果出口到东南亚、中东、欧美等的21个国家和地区，出口果品量累计达到32万吨，实现创汇23.6亿元，成为全省苹果直接出口创汇第一大县，先后获得地理标志产品保护、中国驰名商标、国家级出口食品农产品质量安全示范区等8张国家级名片和"中华名果"等17项大奖，入选"甘味"知名农产品品牌目录，品牌价值达到180.86亿元，荣获世界地理标志产业绿色发展示范品牌。

4. 重庆青龙村：数字技术赋能丘陵山区现代果园

大盛镇青龙村位于重庆市渝北区，辖区面积2.42千米^2，共517户1 263人。依托整村推进宜机化整治，以"智能感知—智能诊断—智能决策"为主线，构建"1+4"模式（一个数据中心及果园环境监测、精准管理、远程监控、智能农机四大功能），建成全国首个丘陵山地数字化无人果园，实现果园管理由"满地奔忙"向"人不下地"转变，"滥施乱用"向"精准滴灌"转变，"事后应对"向"事前预防"转变。

土地整治推动生产机械化。鼓励农民将承包地入股或集中流转到村集体，由村集体成立股份合作社，通过"零改整、坡改缓、瘦改肥、劣改优、租改股、分改合"，在重庆率先实施整村土地"宜机化""七化基地"整治，将丘陵山地常见的"鸡窝地""巴掌田"等零碎地块整合改造为现代化高标准农田，并配置多功能修剪机、树枝粉碎机、割草机、多功能施肥机、小型挖掘机、高空作业平台、果园运输单轨等一批新式农机装备，用“种管收”全程机械化代替“肩挑背磨”的传统农业劳作，减少农业生产中劳动力的投入，提高土地利用效益。通过整治，耕地面积达到 2 350 亩，增加 7%，有效提高了农业机械化水平，破解农村土地撂荒、劳动力外出等导致的产业空心化难题。

模型构建推动监测智能化。依托卫星遥感、无人机、物联网等天空地多源协同监测技术，建立地块级三维数字地图，将智慧果园的模型数据、环境数据、作物生理数据、地块属性数据、智能农机数据等，进行全面汇聚融合，实现对 2 350 亩山地果园、6 大果树品种的智能化管理。以 WOFOST 作物生长模型为基础，结合植被遥感产品，构建适合重庆地区的柑橘长势监测模型，针对每一个空间和地块，智能获得种植规模、栽植株数等数据信息，叠加地块和树龄等属性信息，开展从“半休眠期”到“果实着色期”10 个阶段的柑橘长势监测及产量预测，为科学调控决策措施和变量精准施肥提供依据。通过对比实际生产，柑橘产量预测精度达到 80%，亩均节省化肥使用量 10 千克以上。

无人农机推动管护精准化。研发山地果园无人对靶喷药机、无人除草机、柑橘采摘机器人等新装备，实现果园农机的互联互通、作业规划、统一调度，打造全国首个丘陵山地无人数字化果园管理平台。采用新能源做动力，节能环保，实现全天候作业，劳动效率比人工驾驶高 2~3 倍。通过智慧物联网大数据和水肥一体化滴灌系统，节省肥料投入，夏季高温旱情有效缓解，面源污染显著减少。据统计，自主研发无人农机设备累计作业面积 1 万余亩，管护成本降低 50%，节约用水 60%以上，资源利用率和劳动生产率提升 80%，商品果率从 30%提高到 90%，一级果品率提高 40%以上，亩均增收 1 万元。

场景延伸推动收益多样化。随着“短视频”行业的发展及“算法”技术的运用，催生“农产品直播带货”“乡村精品民宿”等农村经济新业态。青龙村围绕智慧农业生产智能化，以果园和果树植株为载体，将果园应用场景延伸至“互联网+”果园的农旅融合，通过线上的方式，360°全景呈现果园虚实场景图，从多个角度沉浸式体验果园的乡村风貌，吸引线上游客到线下采摘，拓宽果园生产的增收渠道。成立生产互助农业股份合作社，将经果林收益的 90%直接分红给农户，剩余的 10%归集体；果园行间套种作物收益的 100%归村集体，再以户籍股的方式直接分配给农民，既促进了集体和农户增收，也改变了村民“单打独斗”的局面。2023 年村集体经济收益 157 万元，为 504 户村民分红 100 万元。

5. 重庆红岩村：点燃电商发展“新引擎”，谱写强村富民新篇章

三角镇红岩村位于重庆市綦江区以南，地处国家级地质公园内，因遍布丹霞地貌而得名，盛产青脆李、柑橘等。红岩村距离綦江城区约 9 千米，辖区面积 7.78 千米^2，耕地面积 4 304 亩，其中水田 2 562 亩、旱地 1 742 亩。下辖 7 个村民小组，730 户 2 043 人。

过去，好产品却卖不出好价格。如今，创新探索“直播+”模式，通过“乡村振兴坝坝直播间”，村干部、村民当起主播，推介民宿、“土特产”等，让不少城里人慕名而来。

推进景村一体，提升特色产业竞争力。利用红岩村地处城边，背靠景边的天然优势，以老瀛山景区人流带动农产品销售、民宿体验、休闲采摘，以村庄多种休闲业态丰富游客游览体验，搭建起高端民宿与农家乐优势互补、经营互动、资源互享的融合发展模式。2024 年上半年，民宿和农家乐接待游客 4 万人次，营业额突破 200 万元，同比增长 40%以上，实现景村效益双收。

打造直播场景，提升产品品牌影响力。将特色农产品深度融入綦江区“一核双轮”农村电商发展模式，争取衔接资金 10 余万元提档升级“坝坝直播间”，培育巾帼主播 6 名。依托“和美红岩”视频号等自媒体平台，建设以媒体场景、市场场景、乡村共享场景为主的直播间。2024 年策划直播带货品牌活动 12 场，助销蜂蜜、家禽、柑橘、青脆李超 1 000 单、近 8 吨，农产品销售额达 50 万元，并吸引近 100 位游客实地观摩，现场购买。红岩村被评为市级巾帼电商基地。

育强媒体人才，提升农民创业原动力。常态化对有需求、有意愿的群众进行电商培训 5 场，针对视频拍摄、剪辑，流量捕获、变现，账号管理、运营开展专题讲解，着力培育一支懂技术、善经营、会管理的高素质农民队伍，参与群众 220 余人次，培育乡村主播 20 余名。紧扣“就业一人、致富一户”工作目标，坚持“政府主导、企业带动、农户参与、市场运作”的原则，对 700 亩蚕桑园的桑葚、桑叶进行保鲜、烘干、烘焙等深加工，增加就业岗位需求 212 个，户均增收超过 1 万元，企业规模扩大近 1 倍。

畅通电商物流，提升农货供应保障力。包装“瀛山好物”土特产品牌，积极对接社会企业，销售本地优质“土特产”，与泸州老窖集团签订 30 万元订单，其中 80%以上产品从农户家中直接收购，实实在在让群众得增收，集体得壮大。探索“农户+坝坝直播间+物流企业”的销售模式，与中国邮政綦江分公司签订战略合作，打通特色农产品出村“最初一千米”，保障了蜂蜜、家禽、柑橘、青脆李等农产品安全运输、及时送达。

二、经验启示

1. 推陈出新是产业融合发展的重要源泉

要在欠发达的西部地区推进产业发展，在思想观念上必须要创新。要善于把握国家乡村全面振兴战略机遇，从政策、资金、人力资源开发等方面予以乡村产业融合发展大力倾斜的机遇，努力把重大机遇转变为发展成果。要敢于解放思想，突破惯性思维，立足当地特色，对接潮流大势，推陈出新，善于运用新媒体等工具推动工作，探索产业融合发展新路子。

2. 群众主体是产业融合发展的重要前提

在产业融合发展目标确定过程中，必须坚持以人民为中心的发展思想，一定要突出农民主体地位，充分考虑农民所求，广泛听取民意、问计于民，充分考虑农民利益，把广大农民获得感、幸福感、安全感放在第一位。农村产业融合发展的关键问题聚焦于如何将“要我做”变为“我要做”，充分发挥共同缔造主体的行动性及主动性。同时要发挥党政领导效应，政府以其强大的治理能力和信任纽带，搭建起村民、村集体与专业人士的沟通平台，推进产业融合发展目标的明确。

3. 数字赋能是产业融合发展的重要推力

当前，新一轮科技革命和产业变革深入发展，数字化成为不可逆的发展趋势。数字化不仅是技术层面的飞跃，更是对生产方式、生活方式乃至思维方式的全面变革。在此背景下，我们应准确识变、科学应变、主动求变，协同推进数字产业化和产业数字化。在产业融合发展中，要积极引进新媒体电商企业，发展短视频、电商直播、线上营销等新业态，推动新媒体的蓬勃发展，推动县域经济全面发展。

4. 人才支撑是产业融合发展的重要保障

人是生产力中最活跃的因素。培育农业领域新型劳动者，推动传统农民向新时代的新农人转变，是产业融合发展的必然要求。要培育高素质农民，大力引进涉农领域创新型人才，激发现代农业发展的人才活力，打造懂知识、善经营、会管理的创新管理型与技术创新型人才队伍，为推进乡村全面振兴、加快农业现代化提供有力人才支撑。比如，引入专家指导农业农村发展相关工作；与相关科研院所开展院区合作，成立专家工作站、打造科技小院；组建技术指导专家组，对农业生产主体提供全过程技术服务；搭建“村干部大讲堂”等载体，加大村党组织书记和乡村治理骨干等群体的培训力度。

第三节　产业融合发展的战略选择与对策建议

一、战略选择

1. 构建要素市场化配置的新型制度供给体系

针对西部土地碎片化、权能受限等痛点，推行“三权分置 2.0”改革：允许承包地经营权分割流转（如将 30 亩土地拆分为种植权、景观权、碳汇权），建立“土地银行+数字地票”交易平台，实现跨区域要素重组。在民族地区试点“文化产权确权”，将传统村落建筑形态、民族手工艺纹样等纳入知识产权保护范畴，通过“文化 IP 授权+收益分成”

模式激活沉睡资产。建立生态产品价值核算体系，将草原固碳量、水土保持效益等转化为可交易指标。构建激励相容的政策工具箱，创新政策换股权模式，设立乡村发展基金，建立负面清单动态调整机制。

2. 打造全链数字化转型的产业生态系统

建设“西部农业云”，整合遥感卫星、5G基站、物联网设备，形成覆盖80%乡村的数字化基础设施网络。建立“西部农业元宇宙实验室”，开发垂直领域应用平台，如“智慧牧场管理系统”“数字种业系统”“智慧旅游系统”等。搭建“数字贸易走廊”，通过区块链技术实现西部乡村产品的全程溯源。建立需求逆向传导机制，利用消费大数据指导生产计划、产品运营计划。

3. 梯度化构建西部乡村融合产业发展格局

根据资源禀赋与区位条件，在四川双流区、陕西长安区、云南呈贡区等都市近郊圈县域乡村重点发展科技农业、农产品精深加工、体验农业、近郊休闲等业态，承接城市消费外溢；在贵州雷山县、青海祁连县、四川九寨沟县等民族文化区、生态保护区的特色乡村发展高端文旅、康养产业业态，严格限制开发强度；在新疆霍尔果斯市、西藏定日县、甘肃阿克塞县等边际边境、高海拔山区的乡村布局光伏农业、跨境电商、极限旅游等新业态，激活边缘地带潜力。

4. 设计多方共赢的可持续发展模式

创新动态利益联结机制，构建“三级股权”，设立资源股、人力股、资本股，每年根据实际贡献调整权重。建立风险收益平衡池。推行“文化—生态协同”双转化工程，将民族文化转化为体验经济，将生态资源转化为健康产品。建立文化生态银行，对濒危文化元素进行数字化存储，通过NFT技术实现文化资产确权与交易。

二、对策建议

1. 完善顶层设计，构建产业融合制度框架

一是支持西部地区创新产业融合发展政策体系。针对西部生态脆弱区、民族文化区、边境开放区等不同类型乡村，制定“一县一策”产业融合规划。例如，青藏高原地区侧重“生态+文旅+特色种养”模式，西南喀斯特地貌区发展“石漠化治理+林下经济+康养旅游”复合业态。推广“点状供地”“弹性年期”等政策，允许集体经营性建设用地直接入市，探索宅基地使用权跨村流转机制。建立西部农村土地银行，对碎片化耕地、闲置宅基地进行收储整合，优先用于产业融合项目。推进推动“信贷+保险+期货”联动，开发“生态贷”“非遗传承贷”等特色金融产品。二是优化跨层级治理机制优化。建立“中央统筹—省域协调—县域实施”三级联动体系，在省级层面设立跨部门产业融合办公

室，统筹发改、农业、文旅、生态等部门政策资源。推动毗邻县域组建“产业融合联盟”，共享基础设施与市场渠道。例如，川滇藏交界区可联合打造“大香格里拉生态产业走廊”，实现旅游线路、农产品品牌、物流网络的共建共管。三是构建产业发展风险防控体系。建立“财政补贴+商业保险+社会捐助”三位一体风险基金，对因极端气候、地质灾害导致的产业损失给予最高50%补偿。依托农业农村大数据中心，构建西部特色农产品价格指数和文旅消费景气指数，实时监测市场供需变化，提前发布产能调整、产品优化建议。

2. 重塑产业体系，培育融合发展新动能

一是推进农业产业内部融合。推广“粮饲统筹—农牧结合—林果配套”立体种养循环农业，如黄土高原区发展“苹果园+养鸡+沼气”循环链，实现亩均收益提升30%。二是延伸农业产业链条。在县域布局农产品加工集聚区，重点发展冻干果蔬、生物提取（如沙棘黄酮）、民族医药等高端产品。支持企业建设“共享工厂”，为小农户提供代加工服务。沿“一带一路”节点城市布局冷链物流枢纽，推广光伏冷藏车、移动预冷站等低碳装备，实现生鲜农产品损耗率从25%降至10%以下。三是拓展农业多功能性，开发农文旅深度融合产品。设计“农业研学+非遗体验+生态康养”主题线路，开发沉浸式农事体验项目（如梯田认养、牧场直播）。建立“传统村落保护利用负面清单”，严禁过度商业化改造。在西部林草资源富集区开展碳汇交易试点，将草原固碳、光伏治沙等生态服务纳入交易体系，探索“碳汇收益反哺农户”机制。四是培育新产业新业态。积极开展数字农业创新，建设“西部农业云平台”，推广无人机植保、智能灌溉、区块链溯源等技术，打造50个智慧农业示范园。推动实施跨境产业合作。在边境口岸建设跨境农业合作区，开展“境内外种植+保税加工”业务，推动中亚果蔬、东南亚香料等过境加工增值。五是打造各具特色的新IP。以“黄河文化带”“长城文化公园”“藏羌彝走廊”等国家文化战略为依托，可以有效整合区域内的文化和旅游资源，将分散的文化旅游资源串联起来，提炼出具有代表性的“一县一品”特色标签，形成具有全国影响力的文旅IP矩阵。

3. 强化要素支撑，破解融合发展瓶颈

一是高效配置土地要素。允许产业融合项目区内5%用地指标用于商业配套，推行“农业设施用地兼容文旅功能”等混合用地改革政策。建立跨县域耕地占补平衡交易市场，将产业融合项目产生的耕地提质改造指标纳入交易范畴。二是资本要多元投入素。积极引导社会资本投入，比如推广PPP模式，对投资额超5 000万元的产业融合项目给予财政贴息。开展农村集体资产股权化改革，将闲置校舍、水利设施等折股量化，组建乡村产业投资公司。三是系统培育人才要素。加大力度推行本土人才振兴计划。实施“西部乡村工匠”培育工程，对掌握传统技艺的农民授予“乡土专家”职称，配套创业担保贷款。创新外部人才引进机制。建立“候鸟型人才工作站”，柔性引进高校科研团队，实行“项目签约制”管理。四是提质升级基础设施。夯实数字基建。实现西部乡镇5G网络全覆盖，在产业融合重点村建设数字服务驿站，提供电商直播、远程诊疗等一站式服务。优化交通网络，开通乡村旅游直通车，推广“客货邮融合”模式，降低物流成本。

4. 创新利益联结，实现共享发展目标

一是创新股权化合作机制。建立“资源评估+绩效浮动”股权分配模型，农户以土地、劳动力入股，后续根据经营贡献每年调整股权。设立“优先股+普通股”双层结构，确保农户优先获得保底收益，企业承担主要经营风险。二是强化社会化服务支撑。加快推进全产业链服务，培育农业产业化联合体，提供“种苗供应—技术指导—品牌营销—金融支持”一体化服务，覆盖小农户比例达80%以上。引入独立机构对产业融合项目的生态影响、文化保护、收益分配等进行年度评估，结果与政策支持力度挂钩。三是实现文化资本转化。建立西部少数民族传统技艺数据库，通过“非遗工坊+品牌授权”模式实现传统知识文化变现。推行资源开发协议制度，要求企业在项目规划阶段必须获得2/3以上村民代表大会同意。

5. 完善保障体系，筑牢可持续发展基础

一是守牢生态保护红线。建立产业准入负面清单，严禁在生态敏感区开发高耗水、高污染项目，建立项目环评终身追责制。创新生态补偿机制，从产业融合项目收益中提取5%作为生态基金，用于植被恢复、水源涵养等工程。二是强化组织保障。推行“党支部领办合作社”模式，选拔返乡创业党员担任产业融合项目负责人。西部各地区因地制宜制定村产业融合发展促进条例，明确各方权责关系与纠纷解决机制。运用遥感监测、大数据分析等技术，实时追踪产业融合项目的资源利用效率与综合效益。三是推动全民参与。通过信息公开、民主决策等方式，保护农民的土地、资金、生态等合法权益，鼓励农民积极主动参与产业融合发展项目。加强多元主体融合，将政府职能、企业盈利、农户富裕与游客消费体验视作利益共同体，充分保障不同利益主体的合法权益，实现利益最大化。

第八章

产业振兴促进乡村全面振兴的路径选择

第一节　以产业振兴建设乡村人才队伍

乡村的振兴离不开产业的繁荣，而产业的发展又离不开人才的支撑，产业振兴与人才建设相互促进、相辅相成，是实现乡村振兴战略的关键所在。2025 年中央一号文件提出，发展各具特色的县域经济，支持发展就业容量大的富民产业，促进农民就近就业增收。在推动乡村全面振兴的进程中，以产业振兴为抓手，促进农民充分就业、培养乡村人才、吸引各类人才投身乡村，是实现乡村人才队伍高质量建设的重要路径。

一、以产业发展促进农民充分就业

1. 延长产业链拓展乡村产业就业空间

乡村产业的多元化发展是实现农民充分就业的重要基础。依托主导产业，不断延伸产业链条，综合发展现代种养业、农产品加工业、仓储物流业、农村电商等产业，不断增加乡村的就业机会。第一，在种植和养殖领域引入农业机械化、智能化、数字化等现代化的生产技术和管理模式，创造更多的就业岗位。第二，大力发展农产品加工业，开展农产品的清洗、分拣、包装等初级加工，拓展农产品精深加工，打破传统农业的时空限制，吸纳乡村劳动力就地就近就业。第三，充分发挥农村电商的就业创造效应，打造“电商+产业带”的产业集群模式，创造材料加工工人、客户服务、物流配送员、网络技术员和销售员等岗位，同时，利用电商的产业升级效应，带动农户增收致富。

2. 推动产业融合发展创造就业机会

农村一二三产业融合发展，开拓农业农村的多业态与多功能，不仅是乡村产业发展的新趋势，也是促进农民充分就业的重要途径。在产业发展中，将资本、技术以及资源要素进行跨界集约化配置，使农业生产、农产品加工和销售、餐饮、休闲以及其他服务业有机整合在一起，使得一二三产业紧密相连、统筹协同，最终实现农业开发范围扩展和农民收入增加。比如，大力发展休闲农业、乡村旅游等新产业新业态，以带动餐饮、住宿、交通等相关产业的发展，为农民提供导游、民宿管理、民俗文化展示等就业岗位。

3. 加强产业发展赋能农户就业能力

在培育乡村优势特色产业，实现规模化经营、多元化发展的过程中，吸纳更多农户参与生产管理，有效地提升农户就业能力。第一，需以产业为依托，加强相应的现代农业技术、农产品加工、电商运营、旅游服务等专业技能培训，使农民能切实掌握一技之长，提高农民的专业技能和综合素质，使其能够胜任现代乡村产业中的各种工作岗位，增加就业机会。第二，提升农户在产业发展中的参与程度，接触先进的生产理念和管理模式，培养市场意识和风险意识，增强农户的创新创业能力，激发他们的内生动力和创造力，从而更好地适应市场变化，把握创业机会。第三，在产业的发展中，尽可能地为农户提供创业资源和平台，例如，农产品加工企业可以为农户提供原材料供应、技术支持和销售渠道，乡村旅游项目可以为农户提供民宿经营、特色餐饮等创业机会，助力农户拓展增收渠道。

4. 强化劳动力动态管理

破解农民就业“季节性闲置”与“结构性错配”双重困境，要通过产业载体创新就业服务模式，推动农民从“被动候工”向“主动创岗”跃升。一是建立劳务用工蓄水池。引导具备条件的村集体经济组织成立村级强村公司，把农民组织起来，发展种植、采摘、剪枝、运输等社会化服务，吸纳闲置劳动力灵活就业，将季节性闲置劳动力转化为标准化服务团队。二是实施劳动力动态管理。依托基层治理体系，采用“农户申报—网格摸排—村级统筹”，按月更新农村劳动力就业状态、技能水平、求职意向等信息，确保数据时效性、准确性；依托产业园区建立“田间学校”，开设无人机操作、农机驾驶、电商直播、民宿管理等实用课程，提升劳动力就业技能。三是探索灵活就业模式。发展劳务经纪人队伍，向当地经营主体、周边农业园区定向推送适宜岗位，精准匹配用工需求；推广“劳务共享”模式，发展“候鸟式”“钟点式”就业形态，实现劳动力灵活调配。在春耕、秋收等用工高峰，以产业链延伸催生就业增量，通过组织化就业吸纳、精准化技能适配、多元化用工创新形成“稳岗—拓岗—优岗”协同机制。

二、以产业发展促进乡村人才培养

1. 依托产业实践培养新型职业农民

爱农业、懂技术、善经营、能致富的职业农民，是提升农业综合生产能力、提高农业生产效率的核心力量。乡村产业的发展为新型职业农民的培养提供了广阔的实践平台，农民通过参与现代种养业、农产品加工业、乡村旅游业等产业实践及参加各类技能培训，可以积累丰富的实践经验，提升自身的专业技能和管理水平。第一，以产业为导向开展精准培训，根据产业的特点和发展需求，科学制定培训内容。例如，针对种植业，重点培训新品种选育、绿色防控技术、测土配方施肥等知识；对于畜牧业，突出疫病防控、饲料科学配比、生态养殖模式等。同时，依据农民的产业规模、从业年限、学历水平等信息，建立个人信息档案，分类、分层、分产业纳入培育对象库，确保培训内容与农民的实际需求精准对接。第二，采取多样化培训方式，利用现代信息技术，开展在线培训、服务和在线管理考核等，打破时间和空间限制，提高培训的灵活性和覆盖面；结合实地观摩和现场实训，组织农民到农业示范基地、合作社、龙头企业等进行参观学习，通过直观感受新技术、新品种的应用效果，激发其学习积极性；由专家团队为农民提供现场指导，解决他们在生产中遇到的实际问题。

2. 推动产业与教育融合培养乡村专业人才

产业与教育的融合是培养乡村专业人才的有效途径。一方面，加强学校与农业企业的合作，开展“订单式”人才培养模式。根据乡村产业发展的需求，学校开设相关专业课程，为企业定向培养专业人才。通过“订单式”培养，使学生毕业后能够直接进入企业就业，满足乡村产业对专业人才的需求。另一方面，产业实践应成为教育的重要延伸，通过建立实习基地、开展项目合作、举办职业技能竞赛等方式，为学生提供丰富的实践机会，增强其解决实际问题的能力。此外，政府、企业和社会力量应协同发力，搭建产学研合作平台，完善政策支持体系，激发乡村产业与教育融合的内生动力。

3. 构建多层次产业人才梯队

据农业农村部《2022 年全国农业科技人才统计公报》显示，我国农业科技人才缺口达 38 万人，其中西部地区占比超 60%，且领军型人才不足 3%。要构建“高精尖缺领军人才—科技创新骨干—青年后备力量—基层推广队伍”多层次人才梯队，推动产业需求与人才供给精准对接，实现乡村人才规模增长与结构优化双提升。一是招引集聚高精尖缺科技人才。依托考核招聘、公开选聘、英才大会等引才通道，引进一批引领农业产业发展、拥有标志性成果的高层次人才；坚持需求导向和产业导向，支持涉农院校、科研院所、农业企业通过市场化方式精准引才、靶向引才。二是加快培养科技创新人才。依托农业高等院校、国家现代农业产业园、国家农业科技园区、农业科技创新联盟及现代农业产业技术体系创新团队，培养和凝聚科技创新人才。三是持续培育科技推广人才。实施基层农技推广人员定点高校定向培养计划，并将其列入普通高等学校定向就业招生计划，单列志愿，提前批次录取，为基层农技推广队伍注入新鲜血液；持续推行科技特派员制度、专家服务团项目，“科技小院”建设，打通科技进村入户“最后一公里”。

三、以产业发展吸引人才投身乡村

1. 营造良好的产业发展环境吸引人才

良好的产业发展环境是吸引人才投身乡村的重要基础。一方面，要加强乡村基础设施建设，改善交通、通信、水电等条件，为产业发展提供硬件支持，同时完善产业园区的配套设施，建设标准化厂房、仓储物流设施和公共服务平台，为企业和人才提供良好的发展条件。另一方面，要优化乡村营商环境，简化行政审批流程，降低企业准入门槛，为农业企业的发展提供便利。此外，加强乡村生态环境建设，打造宜居宜业的乡村环境，使乡村成为人才向往的创业和生活之地。

2. 发挥产业优势吸引人才

推动乡村产业结构的不断优化和升级，为人才返乡创业提供广阔的空间。第一，立足乡村资源禀赋，发展特色农业、农产品加工、乡村旅游等产业，形成地方品牌，为人才投身乡村提供产业基础支撑。第二，促进农业与电商、物流、文旅等产业深度融合，拓展产业附加值，提升乡村产业的吸引力和竞争力。第三，整合适合乡村发展的创业项目和技术成果，建立项目库；同时，组建创业导师团队，为返乡创业者提供技术指导和规划支持。第四，营造良好的乡村创业文化氛围，增强乡村对人才的凝聚力和吸引力。通过举办创业培训、经验交流会、创业大赛等活动，激发返乡人才的创业热情，提升创业能力。

3. 加强政策保障吸引人才

发挥政府在吸引人才投身乡村产业发展中的重要引导作用。第一，健全投入保障机制，建立“中央专项+地方配套+社会资本”的多元化资金配置体系，设立乡村人才振兴专项资金并纳入财政预算刚性保障；按照“产业需求定投向、人才缺口定额度”原则，推行“财政贴息+风险补偿”组合工具，引导金融机构开发“人才惠农贷”“技能提升保险”等产品，撬动社会资本参与人才公寓、实训基地建设。第二，健全人才激励制度，实施“人才薪酬倍增计划”，推进乡村人才福利待遇的提升、薪酬体系的改善、优惠政策的倾斜，加强物质激励；有效落实乡村人才研修培训、节日慰问等制度，构建精神激励；优化乡村人才考核机制，定期组织各类职业技能竞赛、优秀乡村人才评选等活动，强化人才激励。第三，优化人才服务生态，建立公平、公正、公开的晋升机制，为乡村人才提供更多的晋升机会和发展空间；搭建“产业研究院+人才驿站”复合型服务平台，提供项目孵化、技术转化、知识产权保护等全链条服务；推行“候鸟专家”柔性引才模式，建立城乡人才双向挂职、联合攻关机制；配套医疗教育、住房保障等“人才无忧”政策包，降低人才扎根乡村的综合成本。

第二节　以产业振兴繁荣乡村文化环境

一、以产业发展赓续乡村文化传承

2025 年中央一号文件提出，推进乡村文化和旅游深度融合，开展文化产业赋能乡村振兴试点，提升乡村旅游特色化、精品化、规范化水平。在城乡融合发展进程中，要通过产业载体实现文化遗产的活态延续，构建“保护—活化—再生”的可持续发展路径。

1. 活态传承构建文化基因库

乡村产业的发展是构建文化基因库的物质基础，通过挖掘乡村的自然资源和文化资源，发展特色农业、手工业、文旅产业等，能够为文化保护与传承提供资金支持。活态传承强调在现代社会中延续和创新传统文化，使其在动态中保持生命力。通过将传统文化与现代生活紧密结合，如将非遗技艺融入现代设计、开发文化体验项目等，能够有效保护和传承乡村文化基因。文化基因库的建立不仅是对乡村文化的保护，更是对乡村产业发展的赋能，文化基因库中蕴含的丰富文化资源，如传统技艺、民俗风情、历史遗迹等，可以转化为乡村产业的核心竞争力。通过开发“非遗+文创”“非遗+旅游”等模式，将文化资源与产业深度融合，既促进乡村经济的多元化发展，又推动文化的传承与创新，这种协同发展模式，使乡村产业与文化传承相辅相成，共同推动乡村振兴战略的实施。因此，需系统保存乡村文化基因，组建文化遗产普查专班，对古村落建筑形制、传统农耕器具、民间歌谣等要素进行数字化建档，嵌入“西部文化基因云”，形成文化基因图谱；设立传统工艺工作站，推动“非遗传承人+设计师”共创模式，开发兼具传统工艺与现代审美的文化衍生品。

2. 文旅融合打造传承新载体

文旅融合是打造文化传承新载体的重要路径，通过整合乡村文化资源与旅游产业，能够有效推动乡村文化的保护、传承与创新，为乡村振兴注入新活力。一方面，文旅融合通过引入现代艺术元素和科技手段，创新传统文化的表现形式；另一方面，文旅融合通过理念、资源、市场、产品等多维度的融合，开发具有文化内涵的旅游产品，将乡村文化资源转化为经济优势，为乡村文化传承创新提供了新路径。因此，在实践中，可以4A级景区创建为抓手，构建“文化地标+体验场景”融合载体，推动非遗体验基地、非遗特色景区建设，将茶马古道、药膳调理、烧酒酿造、竹编刺绣等融入生态旅游线路，建设非遗工坊集群与实景演艺剧场；开发文化主题民宿，配套开设文化研学课程，结合市场需求推出文化伴手礼，实现文化遗产可持续传播。

3. 数字技术激活传承新动能

数字技术通过整合乡村文化资源与产业要素，推动乡村产业的数字化转型，为乡村文化的传承提供了新的载体。比如，通过电商平台和网络直播等方式，将乡村文化产品和农产品推向更广阔的市场，能进一步扩大乡村文化的影响力。同时，数字技术为乡村文化的保存与传播提供了新的工具和平台，可构建“云端档案+实体展陈”传承系统，运用三维激光扫描技术对古戏台、宗祠等建筑进行数字建模，建立可交互的云端文化遗产数据库。探索“数字乡民”计划，通过区块链技术发行古村落数字藏品，认购者既获得虚拟权益凭证，又可兑换实体农产品与文化体验服务。

二、以产业发展创新乡村文化表达

在数字经济与消费升级双重驱动下，乡村文化表达正经历从传统形态向现代化、场景化、交互化转型。要立足乡村文化基因，将传统元素与现代审美、科技手段深度融合，构建兼具地域特色与时代气息的文化传播范式。

1. 数字基建重构文化叙事体系

借助数字技术、虚拟现实等工具，开发《寻迹古村》等 AR 互动游戏，将乡村特色文化、民间技艺、乡土风貌、田园风光等转化为沉浸式剧情体验，实现乡土文化资源从静态保护到动态传播的升级，让传统文化更好地适应现代社会的需求和审美观念；建立非遗传承人动态数据库，利用区块链技术对白族扎染、蜀锦蜀绣、城口漆器等技艺形成数字确权与传播追踪，并通过短视频平台推出“非遗大师课”系列，实现技艺传承的裂变式传播。

2. 跨界融合催生文化消费场景

推动乡村文化与现代产业形态深度融合，形成多维度价值转化链条；运用动漫、游戏、数字艺术、知识服务、网络文学、网络表演、网络视频等产业形态，挖掘活化乡村优秀传统文化资源，打造独具当地特色的主题形象。例如，以传统节气文化为原型制作《二十四节气物语》系列动画，衍生盲盒手办、主题民宿等周边产品；开发“古法造纸”“土陶制作”等在线课程，形成“云学习—线下体验—文创消费”的商业模式。

3. 社群共创激活文化传播动能

创新“政府引导+村民主体+市场参与”的共创模式，培育本土文化传播生态圈。鼓励有条件的地方开展村超、村 BA、村 TT、村晚、村歌等乡村文体活动，打造地方特色的体育赛事、文化符号和旅游品牌，通过以文化促经济、以经济兴文化的发展模式，推动乡村物质富足和精神富有协调发展；建立“乡村文化创客联盟”，培育孵化村播网红账号矩阵，通过短视频带货、直播助农等方式，将土布纺织、竹编工艺转化为“可观看、可参与、可购买”的文化商品。

三、以产业发展促进乡村文化

在乡村振兴战略纵深推进的背景下，要以产业为载体，构建“价值挖掘—场景创新—动能激活”的协同发展体系。通过品牌化运营释放文化经济价值、数字化技术重构服务供给逻辑、多元化主体培育激发创新活力，推动乡村从文化资源富集地向产业价值高地跃升。

1. 品牌化运营释放文化价值

实施“一村一品”文化品牌战略，形成差异化竞争力。创新文化服务供给模式，建设集礼堂、书院、创客空间等多功能“乡村文化综合体”，衍生剧本杀、民族服装旅拍等消费场景；开发特色文化产品矩阵，将社火表演、皮影戏等非遗项目转化为常态化展演，配套建设民俗小吃街、手工艺市集，形成“日间民俗体验+夜间文化消费”模式。

2. 数字化服务提升供给效能

建设“云端文化驿站”，破解公共文化服务“最后一公里”难题；依托智慧乡村平台搭建数字文化资源库，整合农家书屋、文化礼堂等实体资源，提供在线培训、VR 观展、非遗课程等数字化服务；建立文化服务需求反馈机制，通过大数据分析动态调整供给内容，使文化服务精准匹配村民需求。

3. 多元化培育激发主体活力

构建“本土匠人+跨界创客”协同培育体系；实施“新乡贤回归计划”，吸引设计师、艺术家等群体返乡共建文创基地；开展“乡村文化创客大赛”，选拔培育短视频创作、IP 运营等新兴领域人才，形成“老技艺+新表达”的传播生态，通过多元主体协同，实现文化传承与产业创新的双向赋能。

第三节　以产业振兴优化乡村生态环境

产业发展对乡村生态环境的影响具有双重性质，既蕴含着积极的推动效应，也潜藏着可能的负面挑战。从正面效应来看，产业发展为生态环境的保护提供了必要的物质基础和技术支持。就生态农业发展而言，通过资金投入研发和应用农业面源污染治理技术，能够有效改善土壤和水质环境，促进农业生产的绿色转型，这种发展模式不仅有助于提升农产品的质量和安全性，还能促进农民收入的增加，实现经济与生态的双赢局面。相对而言，产业发展对乡村生态环境的负面影响亦不可小觑。如若产业发展规划缺乏合理性，过度追求短期经济利益，可能会导致资源的过度开发和环境的严重污染，特别是一些传统的高污染、高能耗产业在乡村地区的布局，往往会对当地的空气、水和土壤造成不可逆转的损害，严重威胁到乡村生态环境的可持续发展。

一、依靠产业美化生态环境

1. 发展绿色农业，奠定乡村生态底色

绿色农业是一种以生态环境保护为基础，以资源高效利用为核心，以生产安全优质农产品为目标的新型现代农业发展模式。该模式围绕加快转变农业发展方式、促进农业可持续发展的要求，集聚资源、技术、信息、资金、政策等要素，从农业生产源头、生产过程、农业废弃物综合利用等多途径进行全面规划管理，推进乡村自然资源、乡村人居环境、乡村生态系统的协调发展，构建产业融合、经济与生态相协调的发展关系，改善乡村生态环境，实现乡村的可持续发展与繁荣。

生态农业和有机农业是绿色农业的重要组成部分。生态农业着重于生态系统的整体功能与综合效益，通过应用生态学原理和系统工程方法，将现代科学技术与传统农业的精髓有效融合，科学调整农业生态系统的内部结构与功能，优化资源配置，改善农业生产方式，促进农业生态系统的良性循环和可持续发展。生态农业强调在农业生产过程中保护和利用自然资源，减少对化学肥料和农药的依赖，提倡使用有机肥料和生物防治方法，提高农产品的质量和安全性，保护土壤、水源和生物多样性，减少环境污染；生态农业还注重农业生产的多功能性，在强调农业在提供食物、纤维等物质产品的同时，兼具生态服务、文化传承和社会经济发展的多重功能，并通过合理规划和科学管理，实现农业生产的高效与环境的和谐共存。有机农业是一种更为严格的绿色农业模式，它不仅关注环境保护，还强调生态平衡和可持续发展。有机农业模式实践严格遵循自然规律和生态学的基本原理，要求在生产过程中严格禁止使用任何化学合成的农药、化肥、生长调节剂以及其他有害化学物质，并倡导采用传统的农业方法，结合现代的物理和生物技术有效防治病虫害，同时有助于减少对环境的污染，保持土壤的生态平衡，促进生物多样性保护，有机农业的推广和应用，也符合现代社会对健康、环保和可持续发展的广泛需求（孙绍骋，2024；李敏瑞和张昊冉，2022）。

2. 推广乡村生态产业，筑牢乡村绿色基础

生态产业发展以产业布局生态化、资源利用集约化、生产方式绿色化、生产环境无害化、产品质量安全化、废弃物利用资源化、制度体系常态化为主线，合理布局农田、草地、戈壁、林地、湿地、水体等生态资源要素，通过有机种植、精准养殖等生态农业模式，设计特色生态发现之旅、生态农业体验等乡村生态文化活动，发展生态服务、生态旅游、生态康养特色生态产业，推进乡村生态和经济协调发展。

乡村生态产业是在充分利用乡村自然资源优势的基础上，借助科学合理的经营管理方式，实现资源可持续利用和生态环境向好发展的助推器。除了农业领域外，林业、牧业、渔业等生态产业也是推进乡村生态优化的重要力量。林业作为生态系统的主体部分，承担着涵养水源、保持水土、防风固沙、调节气候等多项生态功能，应积极倡导生态林业的发展，通过实施植树造林、封山育林等策略，以增加森林覆盖面积和蓄积量；还可以通过林下种植、林下养殖等模式，发展林下经济，提高森林生态系统的稳定性和服务

功能，实现林业与农业、牧业的有机结合和优势互补。牧业是乡村经济的重要组成部分之一。通过科学放牧、合理饲养等方式推广生态牧业生产模式，在加强草原生态系统的保护和修复工作的同时，适度发展草食畜牧业等特色产业，可有效减少草原退化、沙化现象的发生，提高草原生态系统的稳定性和生产能力。渔业对推进乡村生态优化发展也发挥着重要作用。鼓励发展生态渔业模式，在加强水产品质量安全监管工作，确保水产品的健康安全的基础上，合理投放鱼苗、控制捕捞强度等方式保护水域生态系统的平衡和稳定，还可以发展休闲渔业等特色产业模式，促进渔业与旅游业的融合发展（裴育和章昊涵，2024；冷从斌等，2022；王珊等，2023）。

3. 培育乡村产业新业态，助力美丽乡村建设

乡村产业包括但不限于现代种养业、特色农业、休闲农业、现代农产品加工业、乡村手工业以及乡村服务业等多种业态。现代种养业作为乡村产业的基础，通过引入先进的科技与管理理念，实现了农业生产效率与质量的双重提升；特色农业凭借其所在地独特的自然资源和文化传统，塑造了具有地域特色的农产品品牌，从而提升了农产品在市场上的竞争力；休闲农业则将农业活动与旅游产业相融合，为都市居民开辟了一片亲近自然、体验乡村生活理想的场所。现代农产品加工业通过深加工与品牌化运作，延长了农业产业链，提升了农产品的附加值；乡村手工业传承了民间传统工艺，展现了乡村文化的独特魅力；而乡村服务业的兴起，则为乡村居民提供了更加便捷、高效的生活服务，进一步推动了乡村社会的全面发展。这些涵盖不同领域的各具特色的多元化产业类型，相互补充，共同构成了乡村经济的多元化格局，为乡村振兴注入了强劲的动力与活力。

乡村产业新业态是基于乡村的经济、生态、社会和文化等多重价值，借助科技创新和制度创新，突破传统行业界限和商业模式，通过促进乡村产业的全面链条升级、环节提升和产业融合，形成的现代乡村产业和生产服务的组织形态。一方面，要综合考虑当地资源、环境和社会经济条件，制定科学合理的规划，高效利用互联网、大数据等新技术手段，宜粮则粮、宜经则经、宜牧则牧、宜渔则渔、宜林则林，充分激活乡村优势资源，培育乡村新产业新业态；另一方面，要通过生产要素创新性配置，统筹产业、科技、文化与生态的融合发展，通过整合乡村的自然景观、历史文化和现代科技，打造具有地方特色的产业新业态。同时，注重保护乡村的原生态，避免过度商业化，确保乡村的可持续发展（王珊等，2023）。

二、依靠产业优化农民生活环境

1. 以产业生态化建设宜居型乡村生态环境

乡村生态环境的宜居性是乡村振兴战略的重要目标之一。产业生态化是遵循自然生

态有机循环机理，以自然系统承载力为准绳，以技术创新为手段，对区域内产业系统、自然系统、社会系统进行统筹优化，不断促进传统产业有效转型、有机融合、有序淘汰的过程。产业生态化强调在产业发展过程中遵循生态规律，减少资源消耗和环境污染，提高资源利用效率，实现产业与生态的协调发展。在乡村地区推进产业生态化，可打造碧水蓝天的民生福祉，全面提升农业综合效益，实现经济发展与环境保护的双赢。

首先，通过发展生态农业产业，推广应用生态种养技术、生物防治技术、节水灌溉技术，以及施用有机肥料等绿色农业生产技术措施，降低化肥、农药的使用量，减少对土壤、水资源等农业生产环境污染，还原山清水秀的乡村本色；采用绿色、环保的生产方式，生产优质、安全的农产品，打造具有地方特色的农产品品牌，提高农产品的附加值和市场竞争力；推动农业与旅游、教育、文化等产业融合发展，发展观光农业、休闲农业、创意农业等新型业态，为乡村增添新活力。其次，通过改造传统产业，推广清洁生产技术，减少环境污染；充分利用乡村地区丰富的太阳能、风能、农作物秸秆、畜禽粪便等自然资源及废弃物资源优势，发展节能环保的新能源、生物质能源产业；积极推进生态工业园区建设，引导企业集中布局，实现资源共享和污染集中治理，营造优美的生产环境。同时，在推进生态产业化的过程中，依据乡村独特的资源优势和自然条件，加强乡村道路改造，农田水利设施改善，乡村垃圾、污染源治理，村容村貌提升等涉农基础设施建设，改善乡村生产生活环境，提高乡村居民的幸福感和获得感（王建连等，2022；唐亮等，2023）。

2. 以产业多元化打造宜业型乡村发展环境

产业是乡村经济的基础，乡村的繁荣昌盛离不开产业的全面发展。在国家政策鼓励和市场需求的双重作用下，农产品加工业、乡村旅游业、电子商务业等农业新业态快速崛起，促进了乡村产业结构的多元化发展。乡村产业多元化是推动乡村经济可持续增长的关键，也是实现社会全面进步和农民生活水平全面提升的重要途径。

推进乡村产业多元化，可为乡村居民提供多样化的就业机会，使更多的家庭可以在家门口就近工作，有效减少了外出务工人口，提高了生活水平，改善了生活质量，推进了乡村经济和社会的全面繁荣和文明发展。一方面，积极培育乡村电子商务、乡村旅游、乡村物流等优势产业，通过发展乡村电子商务业打破传统农产品销售的时空限制，让农产品能够直接对接市场，拓宽销售渠道，增加收入来源；通过乡村旅游吸引大量游客前来观光旅游，用独特的自然风光和人文底蕴，带动特色制造业、传统民俗民族工艺、乡土产业、康养业、生产性服务业及科普教育基地等乡村特色产业发展，为农民提供了更多的创业机会和就业岗位；通过完善乡村物流，降低农产品流通成本，提高了市场响应速度，为农民创业提供了更加便捷的条件（李国锋和王丽君，2023）。另一方面，通过开展“农村青年电商培训”“新型职业农民培育”“贫困村创业致富带头人培训”等系列培训工程，培养适应农业绿色发展需求的新型职业农民；积极推广包含产业延伸、功能拓展、新技术应用等多种农业融合模式，支持发展循环、终端、体验、智慧等农业新业态，推进智能生产、经营平台等新模式；引导农业与多个产业深度融合，建设融合产业、集群发展和利益联结机制；搭建创业孵化平台、提供资金扶持措施，培育农村产业融合发展示范园和先导区，为乡村就业创业提供更多机会（于法稳和郝信波，2019）。

3. *以产业结构协调化创建友好型乡村社会环境*

产业结构协调化涉及不同产业间的相互配合与融合促进，这种发展方式着重于产业链上下游的紧密衔接、产业间技术与市场的互联互通，以及区域经济的均衡布局和持续增长，实现资源的优化配置和可持续发展。友好型乡村社会强调在乡村建设中融入生态保护、文化传承和社会公平，以达成人与自然和谐共生的社会状态。

在推进乡村全面振兴的发展进程中，产业结构协调发展有助于提升农村经济的整体效益，促进社会的和谐与稳定。一方面，应注重农业与相关产业的融合发展，通过引入现代农业技术，推进农业与制造业、服务业等其他产业的联动，延伸和拓展产业链，形成互补和协同发展的产业体系，实现资源的高效利用和环境的可持续发展；应注重产业内部的优化升级，通过技术创新和管理创新，推广智能化、信息化技术在农业生产中的应用，强化品牌建设和市场营销能力，提高产业的竞争力和可持续发展能力；注重产业与乡村社区的互动，通过发展乡村旅游、乡村文化等产业，带动乡村基础设施建设，提高乡村居民的收益，增强乡村社区的凝聚力和认同感。另一方面，在推进产业结构协调化的进程中，要注重完善公共服务设施，打造和谐、友好的乡村社会环境，提高乡村居民的生活质量和幸福感。通过建设标准化学校、改善教学设施、引进优秀教师等措施，加大教育投入力度，优化教育资源配置，提高乡村教育质量，让乡村孩子也能享受到优质的教育资源；通过建设标准化卫生院、配备先进医疗设备、培训专业医护人员等措施，加强基层医疗卫生体系建设，提高乡村医疗服务水平，保障乡村居民看病就医更加便捷、高效；通过举办文化节庆活动、建设文化广场和图书馆等措施，丰富农民的精神文化生活，挖掘乡村文化资源，传承发展乡村优秀传统文化，增强乡村居民的文化自信和归属感。

三、依靠生态产业促进乡村资源变资产

1. *建立生态产业化发展体系，激活乡村生态资源潜能*

生态产业化是指遵循产业发展的基本规律，在不破坏生态系统功能的前提下，将自然环境中的山水林田湖草沙等生态资源转化为生产要素，通过产业聚集等方式优化配置

各类资源要素，以生产运营方式实现生态资源的转化和应用，进而促进生态资源的保值与增值。推进生态产业化既是推进生态保护和可持续发展的必要举措，也是“绿水青山就是金山银山”转化路径的现实体现。

以乡村地区丰富的生态资源为基础，深刻把握生态产业发展规律与趋势，通过纵向延伸、横向拓展，将绿水青山所蕴含的生态产品价值通过产业化手段转化为物质财富，是促进农民和农村共同富裕的关键路径。首先，应加强生态产业的顶层设计，制定科学合理的产业政策和规划，通过政策引导和资金支持，鼓励企业和社会资本投入生态产业领域，并以财政补贴、税收优惠等措施，激发市场活力，确保生态产业的可持续发展。其次，要注重生态产业链的延伸拓展，通过引入利用现代生物技术、信息技术等高新技术模式，提升生态产品的附加值和市场竞争力，推动生态产业向高端化、智能化、绿色化方向发展；积极培育生态产业的市场主体，鼓励和支持企业、合作社、家庭农场等各类经营主体参与生态产业建设，形成多元化的投资和经营格局。此外，还应注重生态产业人才培养，通过教育和培训，提高农民和企业员工的生态意识和专业技能，为生态产业发展提供人才保障；加强生态产业的区域合作与联动，通过跨区域的资源整合和优势互补，形成具有竞争力的生态产业集群。同时，注重生态产业与文化、旅游、教育等其他产业的融合发展，通过打造生态产业园区、生态农业示范区等平台，建设具有地方特色的生态产业综合体，促进生态产业的集聚发展，形成规模效应；建立完善的生态产业监测和评估体系，定期对生态产业的发展状况进行评估和监测，确保生态产业的可持续发展。通过这些措施，可以有效激活乡村生态资源的潜能，构建一个多层次、多维度的生态产业化发展体系，推动乡村生态价值的全面释放，为乡村振兴注入源源不断的动力。

2. 建设生态产品生产体系，增添乡村生态价值转换动能

绿水青山转化为金山银山的基本路径，是实现从资源到资产、再到资本的转变。习近平总书记强调，“要积极探索推广绿水青山转化为金山银山的路径，选择具备条件的地区开展生态产品价值实现机制试点，探索政府主导、企业和社会各界参与、市场化运作、可持续的生态产品价值实现路径”。生态产品本质上是指生态系统为增进人类福祉及自然界可持续性所提供的物质与服务，这些产品不仅涵盖清新空气、洁净水源、宜人气候和舒适环境等生态环境资源，还包括通过产业化开发所衍生的生态系统功能产品。

乡村是由多种生态系统构成的复杂的综合体，其生态产品价值具有多维性特征。一方面，要以提升特色优质生态产品的供应为关键点，依托优美的自然环境、丰富多彩的文化风情和地域特色，通过信息技术、生物技术、新材料技术、新能源技术等现代科技的综合作用，辐射带动一二三产业融合发展，多元化激活乡村生态系统价值功能，培育生态产业新业态，构建多功能拓展、多业态聚集、多场景应用的生态产品生产体系，为

乡村生态价值转换注入新动能。另一方面，要对多种功能进行组合性开发，通过科学规划和合理布局，将生态产品生产与乡村休闲旅游、文化体验、健康养生等产业相结合，打造具有地方特色的生态产品品牌；注重生态产品的质量和安全，并对乡村生态产品价值进行精准定位，利用现代信息技术手段，如互联网、社交媒体等，提高生态产品的知名度和影响力，实现生态产品与市场需求的精准对接；通过生态补偿机制和生态修复项目，确保生态产品的长期稳定供应，同时保护乡村生态环境，实现生态与经济的双赢。

3. 构建生态产品流通体系，提升乡村生态资源利用效能

流通体系的核心职能在于确保产品与服务能够高效顺畅地从生产者转移至消费者。该体系包括对物流、信息流及资金流的综合管理，旨在减少流通环节中的时间消耗与成本支出，进而增强供应链的综合效能。高效流通体系能够在更大范围内把生产和消费联系起来，提升市场信息的清晰度，推动分工深化，扩大交易范围，加速市场对变化的响应速度，并更有效地满足消费者对产品多样化与个性化的需求，提高生产效率，促进财富创造。

构建现代生态产品流通体系，建立多主体参与价值共创、利益共享的协同合作模式，是拓宽乡村生态产品流通渠道，实现企业有利、农民受益、生态产品流通、资源效能提升的有效途径。一方面，应锚定生态产品流通和乡村生态治理之间的协同关系，探索建立以生态价值转换为导向的政策框架，健全支持乡村生态产品流通的体制机制，鼓励生态产业协会、农民专业合作社等利益联结主体积极参与，引导绿色生产，打造绿色供应链，促进绿色消费，助推生态产品流通。另一方面，要整合乡村大数据，建立生态品牌数据库，促进信息共享，提升品牌价值，扩大乡村生态产品流通优势；完善乡村数字化基础设施，优化农产品从智能化生产到电商平台的流程，构建多元化的高效流通网络，实现农商直供和产销衔接；提升乡村生态产品市场数字化和智能化水平，利用信息化管理平台，动态监控市场化生态产品，实现资源利用的统筹协调和高效管理。同时也可通过发展绿色金融，探索建立政府、金融机构和社会投入多元联动的乡村生态资源资本化路径，创新乡村生态产品价值实现的金融产品和服务供给，鼓励金融机构有针对性地开发助推生态产品价值实现的专属金融产品，探索创新生态基金、股票、证券等形式，吸引社会资本和金融机构共同参与乡村生态价值开发，激发乡村生态资源利用效能。

第四节　以产业振兴强化乡村基层组织

乡村振兴战略是新时代解决“三农”问题的重大举措，而产业振兴是乡村振兴的首

要任务，是推动乡村振兴的核心动力，通过产业的持续发展，不仅能带动乡村经济发展，还能够推动村党组织的凝聚力提升，并创新基层组织结构，形成良性互动，为全面实现乡村振兴打下坚实基础。

一、以产业振兴促进村集体经济发展

村集体经济是乡村发展的基础，产业振兴为村集体经济注入了强大动力。通过科学规划和引入适合当地资源禀赋的产业，村集体能够获得长期稳定的收入来源，提升自主发展能力。特别是在特色农业、乡村旅游、绿色生态产业等方面，村集体通过合作社、股份合作等方式，依托本地农产品资源，发展具有区域特色的农产品加工和品牌营销等参与产业发展，增加了集体经济的来源和村民的收入。产业振兴还为乡村集体经济发展提供了更多机会。通过引导社会资本进入乡村产业项目，村集体不仅能获取分红收益，还能够通过土地流转、设施租赁等方式增加收入。同时，村集体通过提供就业岗位，吸引外出务工人员返乡，推动人力资源回流，为集体经济发展增添动力。

1. 产业振兴的核心作用与主体取向

产业振兴是乡村经济发展的引擎，通过激活和挖掘乡村内外部资源，构建具有地方特色、可持续发展的产业体系，促进乡村经济稳定增长。村集体经济是乡村经济的重要组成部分，而产业振兴为村集体经济提供了新的增长路径。

乡村产业振兴的主体是多元化的，包括政府、企业、集体经济组织、社会组织和农民等，需要调动各方面的积极性，协同推进乡村产业振兴。产业发展直接的实践主体是劳动者及其为完成生产经营活动而形成的组织，在乡村产业振兴中，必须坚持人民主体地位，充分发挥农民的主体作用，让农民成为乡村振兴的主力军，共享发展成果，实现共同富裕。因此，在推动乡村产业振兴的过程中，农民应获得实实在在的利益，真正受益才能实现乡村全面振兴，乡村产业也只有植根于当地群众中才能保持旺盛的生命力。尤其是在打赢脱贫攻坚战后，农民贫困风险依然存在，乡村产业发展依然要依靠农民、造福农民，让农民成为乡村产业振兴的实践主体和受益主体。而发展集体经济在有效组织农民、激发农民积极性、增加农民收入等方面具有独特优势。发展壮大农村集体经济是体现农民主体地位、发挥农民主体作用最为有效的方式。我国乡村的自然资源大多属于农村集体，这为发展壮大集体经济提供了基础和条件，要通过组织创新把农民有效组织起来，提高规模化组织化程度。无论是发展村级集体经济，还是发展专业合作社和推动行业自律，农民的主体地位都应得到充分的体现。一方面，要深化农村集体产权制度改革，确立农民产权主体地位，调动农民生产经营积极性；另一方面，要建立起农民与乡村产业之间的合理有效的利益联结机制，通过品牌塑造、龙头企业带动、发展集体经济等方式，把小农户与现代农业发展有机衔接起来，激发农民参与乡村产业发展的主人翁精神，并促进农民收入增长及其自身的现代化发展（安晓明，2020）。

2. 特色产业助力村集体经济壮大

因地制宜发展特色产业是提升村集体经济的有效路径。各地根据自然资源禀赋、气候条件、历史文化等差异，积极培育优势产业，紧跟市场经济发展形势，立足市场发展需求，以村为单位，深入挖掘地区特色资源、优势产业和附加值高的产品，可以大力推进规模化、标准化、品牌化和市场化建设，发挥“一村一品”效能，实现农村农业经济发展的“提质增效”也是乡村产业振兴中农村集体经济组织效能发挥的集中体现（张克俊和付宗平，2022）。例如，在一些丘陵地区，依托林果产业，通过发展水果种植、深加工及相关配套产业，不仅增强了村集体经济的“造血”功能，还为当地村民提供了丰富的就业岗位，极大提升了村庄的整体经济实力。

3. 村集体经济与农民利益共享机制

在产业振兴中，村集体经济与农民利益如何共享是关键。村集体通过土地入股、资金入股或提供技术服务等方式参与产业项目，通过土地流转、合作社、企业合作等方式获得直接经济收益。而农民则以土地、劳动力或资金的形式加入合作。通过“村集体+合作社+农户”的模式，形成利益共享机制，既能保障村集体经济的稳步增长，又能使农民获得长期稳定的收益。许多地区依托自然资源和文化资源，开发乡村旅游、特色种植业和养殖业，这些产业不仅能够带动村民就业，还能为村集体经济创造新的收入来源。以江苏省如皋市石庄镇为例，当地通过引导农民将土地入股合作社，村集体承担技术指导和市场开发工作，最终实现了村集体经济和农民双赢的发展模式。村民不仅获得了土地分红，还通过参与种植、加工和销售等环节增加了收入。

4. 乡村振兴基金与政策支持

政府层面提供的政策支持对村集体经济发展至关重要。近年来，各级政府通过设立乡村振兴基金、提供低息贷款、农业补贴等方式，支持村集体参与和推动乡村产业发展。同时，村集体通过产业政策的引导，参与到扶贫项目、新能源项目等国家重点项目中，进一步提高了集体经济的增长潜力。

5. 村集体经济发展中的风险防控

产业振兴过程中，村集体经济发展也面临着诸多风险，如市场价格波动、技术瓶颈、自然灾害等。为了降低风险，村集体应在产业布局中做到合理规划，避免盲目跟风。此外，村集体还需通过建立产业基金、农业保险等机制，提高抗风险能力，确保集体经济的持续稳定发展。

二、以产业振兴强化村党组织凝聚力

产业发展不仅带来了经济效益，也为村党组织增强凝聚力提供了重要契机。村党组织在产业振兴中发挥了核心领导作用，党支部牵头实施产业项目，党员带头参与，充分体现了党的组织力和领导力。通过党员带头示范，产业项目的成功能够更好地凝聚村民力量，促进村民与党组织之间的联系更加紧密。

村党组织通过带领群众发展产业，赢得了村民的信任，进一步增强了党组织在基层的号召力。特别是在产业项目决策和执行过程中，村党组织通过集体讨论、公开透明决策，有效增强了组织的公信力。同时，通过产业带动村民致富，党组织在村民中的威信不断提升，增强了村民对党组织的认同感和归属感。

1. 村党组织在产业振兴中的领导作用

村党组织作为村庄发展的领导核心，承担着引领村庄产业发展的重要职责。通过产业振兴，村党组织不仅能够提升村集体的经济实力，还能够增强村党组织在村民中的凝聚力和影响力。在产业项目的实施过程中，村党组织的决策力、组织力和执行力得到了全方位的体现。村党组织领导制定本地经济发展规划，组织、动员各方面力量保证规划实施。村党支部领导和支持集体经济组织管理集体资产，协调利益关系，组织生产服务和集体资源开发，逐步壮大集体经济实力。组织党员、群众学习农业科学技术知识，应用科技发展经济。党组织通过参与产业规划、资源整合、技术引进等环节，带领村民共同致富。例如，安徽省凤阳县小岗村的党支部在发展乡村旅游和现代农业的过程中，始终发挥着核心领导作用，推动了当地农业现代化和乡村旅游业的快速发展，村党组织的凝聚力和村民对其的信任感显著增强。

2. 党员在产业振兴中的示范带头作用

党员作为村庄发展的骨干力量，在产业振兴中起到了重要的示范带头作用。通过党员干部带头发展特色种植、养殖等项目，带动村民参与产业发展，激发了村民的积极性和自主性。许多村庄通过“党员责任区”“党员示范岗”等形式，促进党员干部率先垂范，形成了良好的产业发展氛围。例如，在河南省信阳市浉河区何埫村，党支部书记带头发展茶叶等现代乡村特色产业，通过示范田建设、技术培训等方式，带动村民共同致富，党支部的战斗堡垒作用得到了充分发挥，村党组织的凝聚力大幅提升。同时，何埫村以一二三产业融合发展为抓手，以增加农民收入为目标，发展乡村电商物流新业态，建设何埫仓储物流产业园，直接带动了本村和周边群众200余人就业，还以土地入股形式，持续为村集体经济增加收益，实现了村集体和群众收入的“双增收”。

3. 党群互动促进组织凝聚力

通过产业振兴，村党组织与村民的关系更加紧密。党组织通过组织村民参与产业项目的规划和决策，提升了村民的参与感和归属感。例如，福建省某村通过成立农业合作社，党员干部主动参与到合作社的日常管理和生产活动中，充分调动了村民的积极性，党组织与村民之间形成了良好的互动，进一步增强了党组织的凝聚力。同时，村党组织通过关心和帮助困难群众，增强了村民对党组织的依赖和信任。例如，许多村庄通过党员干部结对帮扶、产业扶贫等措施，帮助贫困户脱贫致富，增强了村民对党组织的信任感。

4. 党组织在产业风险防控中的关键作用

在产业振兴过程中，村党组织不仅是带领村民致富的主力军，也是防控产业风险的核心力量。通过科学的产业规划和风险预警机制，党组织能够有效应对市场变化、气候风险等不确定因素。例如，某些地区的党支部通过与科研机构合作，引入新型农业技术和风险评估系统，提前防范可能出现的市场和技术风险，确保产业发展稳中求进。

三、以产业振兴创新基层组织结构

产业振兴推动了乡村基层组织结构的创新。随着村集体经济的壮大和产业链条的延伸，传统的基层组织结构已不再适应快速发展的需要。为了更好地服务产业发展，许多乡村通过创新组织形式，建立了产业发展委员会、合作社党支部等新型基层组织，打破了原有单一化的村级组织模式。此外，产业振兴为乡村吸引了更多专业人才，基层组织的人员结构也随之优化。特别是在合作社、企业化管理等新型产业项目中，村党组织通过引进懂技术、懂管理的高素质人才，不仅提升了产业项目的管理水平，也推动了基层组织治理能力的提升。

乡村振兴战略的实施推动了基层政府组织形象特征发生重大变化。基层政府在乡村产业振兴中会受到服务导向的社会逻辑、执行导向的科层逻辑与经营导向的市场逻辑的形塑，而三种制度逻辑对基层政府组织目标约束与激励的非均衡性，促使基层政府分别采取回避型、合规型以及积极型的差异化回应行为，最终塑造了“执行型经营者”的形象特征。“执行型经营者”不仅反映了乡村产业发展中的制度情境复杂性，更体现了新时代基层政府对治理情境变革的适应性调整，但其对产业经营的深度介入，也会挤占乡村产业内生力量的成长空间。因此，要进一步强化基层政府的服务导向，建立乡村产业培育机制，实现内外相融合的乡村产业新内源式发展（许源源和康儿丽，2023）。

1. 产业振兴驱动基层组织创新

产业振兴驱动乡村基层治理人才的创新。第一，形成多元化的乡村治理人才队伍。这支队伍应包括村（社区）“两委”班子、大学生村干部、村务工作者、驻村工作队等，以及村民小组长、新乡贤、老党员、老干部等人员，形成广泛的人才参与基础。第二，乡镇党政人才队伍不断壮大。具备较强基层治理理论和实践，既能准确掌握国家强农惠农富农政策，又能规划引领村民实现安居乐业的专业化、高素质的基层治理人才得以引进和选拔。第三，创新创业人才不断涌现。懂农业、爱乡村、惜农民的高素质人才队伍为乡村创新创业和产业发展提供有力的保障和支撑。第四，现有乡村基层人员的专业技能和管理能力得以提高，使他们更好地适应乡村振兴发展的需要，为乡村振兴发展提供有力的人才保障（孙彦波，2024）。

随着乡村产业的快速发展，传统的基层组织结构逐渐暴露出一些适应性不足的问题。产业振兴推动了基层组织在管理模式、人才引进、组织结构等方面的创新。首先，将政治素质高、事业心强，懂经营、会管理的人才纳入党组织队伍，加强村党组织对集体经济组织的领导。或通过引进“专业人才”等方式，来提升村集体的综合素质，提升村集体的综合实力。其次，抓好管理技能和农业技术培训。加强对农村集体经济组织负责人的农业技术、市场营销、经济管理和电子商务等知识的培训，提升其对市场和市场风险的把握和识别能力。特别是要重视对农村基层干部的培育，把有经营意识、有管理能力、有奉献精神的干部补充到基层干部队伍中来。最后，采取多种形式，吸收高校毕业生及回乡务工人员回乡参与集体经济的发展，培养出一批新型集体经济的带头人（李国锋，2024）。

2. 村集体经济组织的专业化管理

产业振兴需要专业化的管理人才，而传统村级组织的管理水平往往无法满足现代产业发展的需求。为此，许多村庄通过引进现代管理人才、建立企业化管理模式等方式，推动村集体经济组织的专业化管理。例如，在一些地区，村庄通过聘请专业的农业技术人员和经营管理人员，提升了村集体经济的竞争力和市场应对能力。以山东省寿光市为例，当地依托蔬菜产业发展的优势，通过引进农业管理人才，建立了专业化的合作社和企业，极大提升了村集体经济的管理水平。目前，寿光市蔬菜种植已成为寿光市的重要产业。在产业化发展过程中逐渐形成了韭菜、彩椒、胡萝卜、山药等优势产区，在此基础上，各乡镇进一步确定优势品种，形成了“一村一品”经营新格局。寿光市注重制定相应政策制度扶持产业发展，先后从资金补贴、人员等多方面向蔬菜种植户、蔬菜企业、中介组织提供支持。组建了市、镇、村三级农业服务推广体系，定期组织农业专家深入农村对农民进行农业知识、种植技术方面的培训和指导；与国内外多所大中专院校和科研单位建立合作关系，引进高新技术成果，有力推动了蔬菜产业化发展。

3. 党组织在新型经济组织中的作用

近年来在实施乡村振兴战略背景下，新型农村集体经济发展呈现快速之势，形式多种多样，对于盘活农村集体资源资产、促进乡村多重价值开发、助推农民增收和乡村有效治理等起到了重要作用（张克俊和付宗平，2022）。以基层干部和群众推动为主、市场运作、政府扶持的集体经济模式，由于尊重基层创造、尊重市场经济规律，其结果可能是集体经济组织发展得越来越好、实力越来越强大（肖红波和陈萌萌，2021），随着村集体经济组织的专业化发展，党组织在这些新型经济组织中也面临着新的挑战和机遇。为了更好地发挥党组织的领导作用，许多地方通过在合作社、企业内部建立党支部或党小组，确保党组织能够深入参与到产业发展的各个环节中。在很多乡村，党支部不仅承担了组织发展和党员管理的职责，还在企业管理和市场决策中发挥了重要作用。这种党组织与经济组织深度融合的模式，不仅加强了党组织对产业发展的领导，还提升了企业和合作社的凝聚力和竞争力。

4. 基层组织结构的适应性调整

随着产业的不断升级，基层组织结构也在不断调整和优化。部分村庄通过整合各类资源和组织力量，形成了以产业为导向的村级组织新结构。例如，一些地区通过将传统的村民委员会、村党支部与新型合作社、产业发展委员会等组织有机结合，形成了多元化的基层组织体系，更好地服务于产业发展。当地通过整合村党支部、村委会和村集体经济组织，形成了“多位一体”的基层组织结构，不仅提高了村庄的整体管理效率，还为产业发展提供了强有力的组织保障。

第九章

政策建议

第一节　强化产业发展人才支撑

围绕西部地区乡村产业链布局“人才链”，形成以产引才、育才，以才促产，产业发展与人才发展的良性互动。以生产、经营、管理、服务、科技等领域的人才为重点，抓好产业人才引进、培养和服务保障，保证人才“引得进”“用得好”“留得住”。

1. 强化人才引进，促进城乡人才流动

一是推动城市人才向乡村流动。全面梳理掌握产业人才数量、分布、专业等情况，分产业建立人才图谱。根据产业发展情况，完善人才引进政策机制，探索人才与招商结合的引进机制、柔性引才机制等，明确人才引进“清单”，对标需求精准引进产业发展所需人才。依托科技小院、乡村CEO等项目引进农业技术人才、市场营销人才等，采取项目揭榜挂帅、技术集中攻关、周末工程师、候鸟工程师等方式与人才建立长短期合作关系。完善政府购买第三方机构服务机制，引入专业化人才参与乡村产业发展。借智借力解决农产品生产技术难题、扩大农产品销售渠道、提升产业附加值，推动乡村产业数字化、融合化、绿色化、可持续发展。

二是吸引本地劳动力返乡就业和创业。加大政策倾斜和财政支持，积极营造良好的就业、创业环境和发展氛围。通过老乡群、乡镇商会等途径，精准对接各类人才，运用乡村的社会关系网络开展广泛动员，充分发挥“亲情、乡情、友情”的情感纽带作用和“血缘、地缘、业缘”的社会联结功能，吸引有乡土情怀、创业意愿的外出务工能人、在外企业家、产业带头人、进城农民工、大学生返乡就业、创业。

三是搭建乡村引才聚才平台。建立人才引育平台，引进高层次人才和急需紧缺专业人才。加强现代农业产业园、农业科技园区、农村创业创新园区、成果转化平台、电商基地、实训基地等平台建设，完善科技成果转化、人才奖补等政策，为人才赋能产业发展提供平台支撑。

2. 创新培育体系，加强乡村本土人才培养

一是加强人才培养产业导向。根据产业分类，深挖懂技术、有情怀的“土专家”“田秀才”和懂网络、善经营的“农创客”“新农人”，形成产业发展人才库。坚持需求导向，做到因地制宜、分类施策，根据西部地区乡村产业结构、市场需求、人才缺口，精准确定相应的学科和专业方向，重点培养具有区域特色和符合产业需求的创新型人才。

二是突出抓好带头人培育。以从事适度规模经营的农民为重点，分层分类开展乡村产业全产业链培训。鼓励农民工、高校毕业生、退役军人、科技人员、农村实用人才等

创办领办家庭农场、农民合作社，加强对高素质农民队伍、家庭农场经营者和农民合作社带头人的培养。加大农村二三产业发展人才的培养，特别是农村创业创新带头人和农村电商人才的培育。加强培训后的技术指导和跟踪服务，建立项目支持、生产指导、质量管理、市场对接等服务体系。

三是建立完善的教育培训体系。创新人才培训、培养机制，与高校、科研院所、农业企业、培训机构展开合作，从意识、理念、知识、技术、管理等多个维度切入，形成本土人才培育的有效机制。形成线下教学和线上教学相结合的培训体系，多层次、多形式、多渠道开展培训，通过专业培训、实地技能培训、专家指导、网络课程等形式，多渠道推广现代农业科学技术，提升农民的职业技能和综合素质，大力培养热爱农业、懂技术、懂操作、会经营的新型职业农民。

3. 强化服务保障，用好用活人才

一是营造良好的发展环境。促进资金、教育、医疗、科技等资源要素向乡村流动，建好乡村基础设施和公共服务设施，改善乡村发展条件，优化乡村人居环境，注重人文关怀，吸引人才返乡入乡。出台创业资金支持政策，加大对创业者的支持力度，提供优惠贷款、贷款贴息、税费减免等优惠政策。健全乡村产业孵化中心、乡村人才驿站、人才服务站、专家服务基地、青年之家、乡村工匠工作室等人才服务平台建设，为乡村人才提供政策咨询、项目孵化、职称申报、融资对接等服务。

二是完善社会保障。为人才提供医疗保险、养老保险、失业保险等全面的社会保障，消除二元社会保障体系对人才的束缚。解决人才在住房、医疗、子女入学等方面遇到的问题，为人才成长和施展才干提供保障。

三是健全管理及激励机制。优化人才管理服务方式，建立各级乡村产业人才库，加强对人才的理论知识培养和技能培训。推动城乡之间在人才职称评定体系、人才评价评估体系上的融合，优化乡村人才职称申报评审条件和职业资格认定标准，支持符合条件的乡村人才晋升职称、获取职业资格。通过优秀人才评选、创新创业比赛、职业技能大赛等途径，树立一批乡村人才先进典型，按照规定给予表彰和政策扶持。

第二节　强化产业发展土地保障

围绕西部地区乡村产业发展，在守牢耕地保护红线的基础上，强化规划引领，保障农村一二三产业融合用地，强化设施农用地使用，充分发挥全域土地综合整治的作用，优化农村土地资源要素，实现土地资源的可持续利用与乡村产业的多元化、现代化发展。

1. 加强耕地保护，提升耕地质量

落实最严格的耕地保护制度，严守耕地保护红线，加强用途管控，规范占补平衡。严格落实耕地利用优先序，耕地主要用于粮食和棉、油、糖、蔬菜等农产品及饲草饲料生产，永久基本农田重点用于粮食生产，高标准农田原则上全部用于粮食生产，坚决遏制耕地“非农化”、永久基本农田“非粮化”。建立耕地保护监管机制，推进闲置、荒芜土地利用，引导农村集体经济组织及其成员，通过生产互助、代耕代种、集中流转、托管服务等方式，恢复闲置、荒芜耕地的耕种。

2. 强化规划引领，提供用地支撑

推进国土空间规划编制，以国土空间规划为引领，结合相关产业规划，立足乡村地域单元的整体性，统筹考虑区域特色产业、历史文化、资源禀赋等，因地制宜编制全域土地综合整治项目实施方案。支持已明确用地规模和布局的乡村振兴产业项目用地统筹纳入县乡级国土空间总体规划。推进有需求、有条件的村庄编制村庄规划，统筹农业农村各项土地利用活动，优化耕地保护、村庄建设、产业发展、生态保护等用地布局，细化土地用途管制。强化用地计划保障，通过土地利用规划，预留部分规划建设用地指标，重点保障乡村重点产业和项目用地，优化土地利用计划管理方式，坚持“项目跟着规划走，土地要素跟着项目走”。

3. 保障三产融合用地，打牢产业链延伸基础

保障农村产业融合发展用地应坚持底线思维，确保不占用永久基本农田、不突破建设用地规模、不破坏生态环境和人文风貌，充分尊重农村集体经济组织和农民意见，统筹使用存量和增量建设用地。在年度土地利用计划中安排一定比例，专项支持农村新产业新业态和产业融合发展。鼓励农村土地复合利用，利用农村存量建设用地进行农产品加工、农产品冷链、物流仓储、产地批发市场等项目建设或用于休闲农业、观光旅游、电子商务等农村二三产业。统筹安排新增建设用地计划指标和城乡建设用地增减挂钩节余指标保障符合用地条件的农村产业融合发展项目。

4. 强化设施农用地使用，促进现代设施农业健康发展

加大对农业生产过程中所需的生产设施、附属设施以及配套设施等设施农用地的支持力度，将符合条件的农业规模经营所需的配套设施纳入设施用地管理，提升项目用地的便捷度。注重资源整合，结合产业空间布局和规划用地控制要求，统筹设施农业用地与耕地保护、自然生态保护等要求，着力优化产业空间和功能布局，引导设施农业节约集约用地，提高设施农业用地使用效率。加强对设施农用地的规划安排、选址要求、使用周期以及使用结束后恢复原状的管理与监督，加强土地执法监察和土地督察，严禁以设施农用地之名行非农建设之实。

5. 推进全域土地综合整治，助力建设宜居宜业和美乡村

深入实施全域土地综合整治，统筹推进农用地整理、建设用地整理、生态保护修复、产业导入与布局、历史文化保护等各项工作，解决农村居民点散乱化、耕地碎片化、资源利用低效化等问题，优化生产、生活、生态空间格局，助力乡村振兴。推进乡村闲置集体建设用地、闲置宅基地、村庄空闲地、厂矿废弃地、道路改线废弃地、农业生产与村庄建设复合用地及“四荒地”（荒山、荒沟、荒丘、荒滩）等土地综合整治，整治出的建设用地重点用于乡村新产业新业态、返乡入乡创新创业及乡村公共基础设施建设。全域土地综合整治项目中产生的补充耕地指标、增减挂钩节余指标等交易收益优先用于耕地保护和乡村产业发展，促进城乡之间要素自由流动、平等交换、合理配置。支持在整治中打造产业链，鼓励农业龙头企业参与，促进农村新产业新业态和一二三产融合发展。

第三节　强化产业发展资金保障

加强西部地区乡村产业专项资金保障，支持重点项目建设，拓宽投融资平台和渠道，撬动金融和社会资本按市场化原则更多投向西部农业农村地区，充分发挥金融对乡村产业振兴的支持和促进作用。

1. 因地制宜统筹资金结构，完善投入优先保障机制

当前，世界正面临“百年未有之大变局”，国内外环境复杂多变，在财政预算约束进一步加大的情况下，落实涉农资金“力度不断增强、总量持续增加，与乡村振兴目标任务相适应”的硬任务更加艰巨。因此，在国家财政支撑能力约束下，根据乡村全面振兴确定的目标，将农业产业高质量发展内置和整合于乡村振兴战略和政策框架中，根据西部不同地区乡村产业振兴的政策要求，建立起资金供给与产业兴旺目标、规划及目前财政支持乡村产业政策的关联，使涉农资金在推动西部地区农业产业高质量发展中发挥更大作用。充分发挥财政涉农资金政策的引导和撬动作用。统筹财政涉农转移支付、土地出让收入、政府债券等，构建多元化的投入机制，完善金融及社会资本协同支农机制，构建财政、基金、银行、保险、担保等多层次的协同支农机制。壮大农村交易市场和中介组织，健全土地、资产、财产流转评估、交易等配套中介服务。在体制机制上，统筹结构设置和蓝图规划，进一步捋顺和厘清各级政府乡村振兴部门和农口部门的职能职责，形成政府—社会—市场整体合力，有效引导和畅通社会力量参与农业产业发展。

2. 加大财政投入力度，优化投入结构

进一步优化西部地区农业产业发展及相关资金的支出结构和管理方式，完善农资补

贴、灾害救助补贴、社会化服务补贴、种粮补贴、耕地保护补贴等机制，不断提升农民种粮和务农积极性，保障国家粮食安全和重要农产品供给。重点支持特色优势产业发展农业生产条件改善和乡村产业转型升级，如内蒙古及长城沿线区以畜牧业为产业主攻方向；甘新区以绿洲农业、牧区畜牧业和节水农业为主攻方向，提高水资源利用效率；在西南山丘区以精耕细作为主，提高土地产出效率。有效发挥保险、价格和补贴的协同效能，共同支撑“保本兜底稳预期”的目标。充分发挥农业保险、最低收购价和生产者补贴3类措施共同支撑粮食作物“保本兜底”的作用。加快主粮完全成本保险全覆盖的完善和推广，进一步优化制度设计，改进政策操作机制，加强政策监督和评估，重点监测受灾后定损理赔等关键环节，确保农业生产者投保“分散风险、补偿损失”能真落地真受益。最低收购价政策应逐步回归“兜底生产成本，解决产后卖难”的初衷目标，将农产品价格交由市场形成，农业资源交由市场配置，充分发挥市场机制作用。针对适度规模经营主体，通过提高保险保费补贴、信贷担保和利息费用补贴、农业技术推广服务补贴等予以全方位支持，避免现金补贴被资本化为土地价值和租金，进而出现对实际生产者支持的时效性下降问题。

3. 拓宽乡村产业融资渠道，完善社会资金支持架构

对乡村的财产和财产权利采用政府扶持、市场配置的基本原则进行市场化、价值化，农民的财产和经济权利作为抵押物进行抵押贷款或变现为资金，为乡村产业发展注入资金，根本上解决农户产业发展中贷款难的问题，改善农业产业信贷的金融生态环境。拓宽乡村产业融资渠道，优化资金供应链。在农村抵质押物的基础上进行社会融资，扩大抵质押物的范围，使乡村组织和个人盘活资产获得融资支持，同时完善相关措施防止因抵押物不合规合法、抵质押物不足值、处置渠道不畅或登记监管不严格产生的风险。探索银行、保险、基金和企业的合作模式，充分发挥股权、债券、期货和保险的作用，促进乡村建设不仅能够得到资金支持，而且从多个方面完善金融支持架构、健全利益联结机制。在西部地区乡村产业融资发展中进行供应链优化，鼓励金融机构开展产品创新并对金融产品创新进行有效监管，让金融产品更符合西部各地乡村产业发展特点，从而更好地服务乡村建设。

第四节　强化产业发展政策保障

加大对西部地区乡村产业发展的支持力度，强化政策引领，用好改革这个法宝，加快乡村产业重点领域和关键环节改革，抓好重点任务落实，强化改革集成配套，深化制

度供给。

1. 坚持西部地区农业农村优先发展，强化政策联动效应

西部地区乡村产业发展短板多、任务重、所需投入巨大，同时因脱贫攻坚实践和探索形成的新成果、新事物，需要中央给予财政投入支持和政策改革创新试点支持。坚持西部地区农业农村优先发展战略，以农业科技创新推进西部农业现代化进程，建立健全农业现代化生产体制、经营体制和销售体制机制，推进西部地区农业市场改革与融合，对内要促进西部地区农业市场与国内大循环市场相结合，对外要抓住“一带一路”机遇，将优质农业品牌推出国门。中央预算内乡村振兴投资可以适度向西部薄弱地区倾斜，根据实际需要合理增加西部地区乡村振兴的以工代赈项目。针对中央、省级“三农”和乡村振兴领域的各类资金和项目，可以允许在一定领域和范围内进行统筹整合。同时，农业支持保护补贴政策不是一项孤立的农业政策，其政策安排作用效果也依赖于其他政策，应加强政策间的协调，共同推动农业政策目标的实现。

2. 优化西部地区帮扶机制，推进全域协同发展

在全面推进乡村振兴战略中，要依据东中西产业发展阶段制定有效的区域协同发展策略，持续加强东西部地区“一对多”“一对一”的帮扶机制，鼓励东西部协作帮扶机制由“输血式”帮扶向互利共赢的“造血式”帮扶转变，充分利用西部地区优惠的土地政策、充足的劳动力市场和各类资源的基础上，发挥东部地区资金、技术优势，开展互利互惠的协同发展模式。

3. 发挥政府主导作用，调动各类主体积极性

应认识到政府主导能集中财力物力办大事，依赖于政府自上而下主导是西部地区乡村产业发展的必然选择，尤其在发展早期，政府必须直接主动作为，在政策上大力扶持，制定详细的发展规划，指导乡村产业高质量发展。但政府主导并不意味着政府包办一切，乡村产业发展的主体依然是村民，政府要尊重村民的主体作用，调动政策的制定和实施要调动村民的积极性，激发村民发展乡村产业的干劲和信心，充分发扬自力更生精神。

参考文献

安晓明，2020. 新时代乡村产业振兴的战略取向、实践问题与应对［J］. 西部论坛，30（6）：38-47.

陈兆红，2019. 美国乡村振兴的运行机制与实现路径［J］. 中国国情国力（3）：61-64.

陈正，刘瀛弢，贺德俊，等，2023. 中国高标准农田建设现状与发展趋势［J］. 农业工程学报，39（18）：234-241.

冯留建，王宇凤，2020. 新时代乡村治理现代化的实践逻辑［J］. 齐鲁学刊（4）：86-95.

高啸，2021. 乡村建设的理念、逻辑与路径研究［D］. 南京：南京农业大学.

高啸，张新文，戴芬园，2021. 农村水利治理：历史沿革、三维结构与路径选择［J］. 农村经济（9）：81-89.

高杨，魏广成，曹斌，等，2023. 2023 中国新型农业经营主体发展分析报告（一）——基于中国农民合作社 500 强的调查［EB/OL］.（2023-12-22）［2025-03-01］. https：//baijiahao. baidu. com/s？ id=1785987335365421556&wfr=spider&for=pc.

高原，2024. 加快发展新型农村集体经济［EB/OL］.（2024-05-22）［2025-03-01］. http：//tuopin. ce. cn/news/202405/22/t20240522_39011791. shtml.

郭琰，肖琴，周振亚，2023. 农业支持水平及政策结构变动的国际比较分析——基于欧盟、美国、澳大利亚、日本、韩国、巴西、中国的考察［J］. 世界农业（1）：17-29.

郭芸芸，王景伟，韩昕儒，等，2023. 2023 中国新型农业经营主体发展分析报告（二）——基于中国农业企业 500 强的调查［EB/OL］.（2023-12-22）［2025-03-01］. https：//baijiahao. baidu. com/s？ id=1785987348338464567&wfr=spider&for=pc.

海外科学传播中心，2023. 法国农业概况［EB/OL］.（2023-04-10）［2025-03-01］. https：//mp. weixin. qq. com/s？ __biz=MzA4OTkwOTA0MA==&mid=2247500519&idx=1&sn=95c000c9505acca24d4f6e1098797945&chksm=901130b8a766b9aef1da069f8a8c658e60c3ca0ee5fb7ea36f50e9c8debb5c5bef897f59fa8b&scene=27.

韩叙，2023. 农业出口看荷兰［EB/OL］.（2023-05-03）［2025-03-01］. https：//baijiahao. baidu. com/s？ id=1764822636387813987&wfr=spider&for=pc.

何茜，2023. 中国乡村共同富裕指标体系构建：理论逻辑与实践审思［J］. 西南大学学报（社会科学版），49（5）：29-41.

洪惠坤，蔡智聪，廖和平，等，2023. 西南丘陵山区县域乡村居业协同空间分异机制与优化对策——以重庆市 37 个区县为例［J］. 自然资源学报，38（10）：

2581-2598.

洪宇，陈秧分，刘坚，2024. 中国不同区域的农业现代化路径选择——基于技术诱导理论与发达国家经验［J］. 农业现代化研究，45（3）：355-365.

侯万锋，丁志刚，2022. 中国共产党百年乡村治理：特征、经验与转向［J］. 青海社会科学（2）：122-128.

华高莱斯，2023. 荷兰：乡村振兴与城乡融合，我这样解决［EB/OL］.（2023-04-17）［2025-03-01］. https：//mp. weixin. qq. com/s？__biz=MzU5ODkxNDgyMA==&mid=2247537507&idx=1&sn=c621a4e93174a106c6dfcf9045e83902.

孔祥智，刘同山，2013. 论我国农村基本经营制度：历史、挑战与选择［J］. 政治经济学评论，4（4）：78-133.

来晓东，谭智心，2024. 加快构建现代农业经营体系［EB/OL］.（2024-02-28）［2025-03-01］. https：//baijiahao. baidu. com/s？id=1792103327395404474&wfr=spider&for=pc.

冷从斌，陈俊松，李雄，等，2022. 我国草原生态修复措施体系研究［J］. 中国水土保持（10）：53-56.

李国峰，2024. 乡村振兴背景下发展壮大村集体经济的路径研究［EB/OL］.（2024-07-23）［2025-03-01］. https：//mp. weixin. qq. com/s？__biz=Mzg4NTg0NjA5MQ==&mid=2247504992&idx=1&sn=2ebacf2d335af93e52105060592302fb&chksm=cfa02d44f8d7a4527a59d72e9f3242899ef78c31ff2ac5bf2ffe8bef2000946a07423eb49a25&scene=27.

李国锋，王丽君，2023. 乡村生态振兴的现实问题与实践路径［J］. 沈阳农业大学学报（社会科学版），25（6）：721-726.

李江龙，张彩波，吴忠本，等，2024. 乡村振兴背景下我国现代农业发展模式研究［J］. 农村经济与科技，35（1）：23-26.

李连凡，2024. 聚链成群，漯河实践［EB/OL］.（2024-01-03）［2025-03-01］. https：//www. henan. gov. cn/2024/01-03/2878269. html.

李敏，2018. 英国法律对公民自由迁徙权利的保障及其对中国的启示［J］. 法学研究，40（5）：67-73.

李敏瑞，张昊冉，2022. 持续推进基于生态产业化与产业生态化理念的乡村振兴［J］. 中国农业资源与区划，43（4）：31-37.

李思梦，杨忍，龙花楼，2024. 全球乡村发展理论演化及其对中国乡村现代化的启示［J］. 地理学报，79（4）：854-872.

李向振，张博，2019. 国家视野下的百年乡村建设历程［J］. 武汉大学学报（哲学社会科学版），72（4）：193-200.

李晓纬，2017. “一带一路”国家治沙经验谈之三：以色列的防治模式实例与启示［EB/OL］.（2017-09-11）［2025-03-01］. https：//www. imsilkroad. com/news/p/50000. html.

李鑫涛，2024. 让“千万工程”经验造福更多乡村［EB/OL］.（2024-08-04）［2025-03-01］. https：//baijiahao. baidu. com/s？id=1806387957694076579&wfr=spider&for=pc.

李卓，2024. 农村集体经济发展促进农民共同富裕的实现机制研究——陕西省袁家村的经验［J］. 中国农业大学学报（社会科学版），41（1）：80-91.

李卓，刘天军，郭占锋，等，2024. 乡村走向全面振兴过程中的多元组织机制及其制度逻辑——基于陕西省袁家村的经验研究［J］. 农业经济问题（6）：14-27.

廖菁，邹宝玲，2022. 国外乡村产业发展经验及对中国乡村产业振兴的启示［J］. 世界农业（5）：16-26.

刘玲玲，2022. 法国积极扶持生态农业发展［EB/OL］.（2022-09-05）［2025-03-01］. https：//m. gmw. cn/baijia/2022-09/05/1303125457. html.

刘守英，王一鸽，2018. 从乡土中国到城乡中国——中国转型的乡村变迁视角［J］. 管理世界，34（10）：128-146，232.

刘驌，黄承伟，2025. 强化科技驱动乡村全面振兴：根本遵循、政策演进与对策思考［J］. 南京农业大学学报（社会科学版），25（1）：68-79.

刘彦随，2018. 中国新时代城乡融合与乡村振兴［J］. 地理学报，73（4）：637-650.

刘洋，2021. 国际经验与中国农业退出机制的设计 . 农业现代化研究，42（1）：23-30.

芦千文，2024. 现代农业经营体系：国际比较、中国特色与道路选择［J］. 世界农业（10）：5-19.

罗建章，马黎，马荟，等，2024. 村体企用：迈向共同富裕的村企关系——基于陕西省袁家村的纵向案例分析［J］. 农业经济问题（3）：89-102.

罗琴棋，2023. 浅谈新时代下乡村振兴的实践路径——以战旗村为例［EB/OL］.（2023-10-18）［2025-03-01］. https：//gongyi. gmw. cn/2023-10/18/content_36901618. htm.

年猛，2022. 国内外农村经济发展的典型模式及对我国乡村振兴战略实施的启示［J］. 当代经济管理，44（5）：45-50.

庞革平，周章师，鲍荣威，2020. 激活农村 做强农业 致富农民——广西田东县夯实“三农”基础决胜全面小康观察［EB/OL］.（2023-10-18）［2025-03-01］. http：//gx. people. com. cn/n2/2020/0823/c179430-34245418. html.
裴育，章昊涵，2024. 以乡村振兴推动共同富裕：基于生态宜居美丽乡村的视角［J］. 南京审计大学学报（4）：85-96.
彭惊，2024. 2024 年，四川将进一步加大对新型农业经营主体的扶持力度［EB/OL］.（2024-02-29）［2025-03-01］. https：//www. sohu. com/a/761018252_116237.
桑宏香，2024a.“标准化+”引领寿光蔬菜产业迈向千亿级［EB/OL］.（2024-01-19）［2025-03-01］. https：//www. shouguang. gov. cn/news/zhxw/202401/t20240123_6291208. html.
桑宏香，2024b.“蔬”香寿光 绿播五洲［EB/OL］.（2024-04-10）［2025-03-01］. http：//www. weifang. gov. cn/ywdt/qxdt/202404/t20240422_6317010. html.
史玉根，2022. 大坝村：提质增效，做强脐橙产业［N］. 中国妇女报，2022-02-11.
孙绍骋，2024. 深入学习贯彻习近平生态文明思想 筑牢我国北方重要生态安全屏障［J］. 环境与可持续发展，49（4）：46-48.
孙潇，2024. 乡村振兴视域下多功能农业的现实困境与实践路径［J］. 智慧农业导刊，4（1）：172-176.
孙彦波，2024. 创新乡村基层治理：为实现乡村振兴注入新活力［EB/OL］.（2024-07-19）［2025-03-01］. https：//topics. gmw. cn/2024-07/19/content_37448194. htm.
汤成，2024. 美国、日本和荷兰农业产业化发展特色及启示［J］. 农村经济与科技，35（4）：248-251.
唐亮，张旭东，张悦来，等，2023. 生态产品价值实现赋能乡村振兴的战略意义及路径［J］. 建设科技（21）：21-23，27.
万川明，阙爱民，李宗宽，2024. 总编辑走基层·新质生产力 19 城调研行⑨丨漯河：引领食品产业新“食”尚［EB/OL］.（2024-07-08）［2025-03-01］. https：//www. henan. gov. cn/2024/07-08/3018550. html.
汪三贵，黄奕杰，马兰，2022. 西部地区脱贫人口内生动力的特征变化、治理实践与巩固拓展路径［J］. 华南师范大学学报（社会科学版）（3）：5-15，205.
王成军，庞婧，李雷，2024.“千万工程”变迁的逻辑及启示［J］. 农业经济问题（4）：95-103.
王春英，张艳梅，2017. 向社会主义过渡：建国初期的粮食市场与国家调控［J］. 史林（5）：153-168，221.
王建连，魏胜文，张邦林，等，2022. 乡村振兴战略背景下甘肃农业绿色转型发展思路研究［J］. 农业经济（2）：19-21.
王名，蔡志鸿，王春婷，2014. 社会共治：多元主体共同治理的实践探索与制度创新［J］. 中国行政管理（12）：16-19.
王珊，郝祎凡，董超，等，2023. 基于 GEP 核算的生态产品价值评估与对策研究［J］. 商业经济（11）：161-164，192.
王友谊，2023. “礼泉县袁家村经验”作为乡村振兴 产业帮扶典范在全国脱贫地区帮扶产业发展推进会上推广［EB/OL］.（2023-06-05）［2025-03-01］. http：//szjj.china. com. cn/2023-06/05/content_42395680. html.
吴頔，夏侃，2024. 农村土地综合整治：现实问题、国际模式、中国之策［J］. 农业经济（6）：98-101.
吴俊伯，罗震东，乔艺波，2025. 混杂的价值：中国城乡接合部经济空间研究综述［J］. 地理科学进展，44（1）：88-102.
吴理财，解胜利，2019. 文化治理视角下的乡村文化振兴：价值耦合与体系建构［J］. 华中农业大学学报（社会科学版）（1）：16-23，162-163.
吴祖泉，2015. 建设主体视角的乡村建设思考［J］. 城市规划，39（11）：85-91.
肖红波，陈萌萌，2021. 新型农村集体经济发展形势、典型案例剖析及思路举措［J］. 农业经济问题（12）：104-115.
徐勇，2002. 县政、乡派、村治：乡村治理的结构性转换［J］. 江苏社会科学（2）：27-30.
许润达，张建平，葛扬，2024. 中国乡村振兴水平的指标构建、测度评价及时空演变［J］. 规划师，40（8）：43-49.
许源源，康儿丽，2023. 执行型经营者：乡村产业振兴中的基层政府——基于湖南星镇的田野观察［J］. 公共管理学报，20（4）：121-133，174.
杨虎涛，方敏，2023. 制度供给的能动性与适应性：国家治理与基本经济制度变迁的历史透视［J］. 福建论坛（人文社会科学版）（11）：79-94.
杨团，2024. 连接小农户与大市场需要新型农村集体经济——以战旗村为例［EB/OL］.（2024-05-19）［2025-03-01］. https：//mp. weixin. qq. com/s？__biz=MjM5MDg0MjQwNg==&mid=2650769972&idx=1&sn=30644f354bbe0d8112b5f60398bb381b&chksm=bff3299674e7c7d11782e4992cf739e7dbe7039c30877589cc4ba3f73759f8b718ba368d1d4f&scene=27.

佚名，2019. 中共中央印发《中国共产党农村基层组织工作条例》[EB/OL].（2019-01-10）[2025-03-01]. https：//www. gov. cn/zhengce/2019-01/10/content_5356764. htm.
佚名，2024a. 贵州省特色田园乡村·乡村振兴集成示范试点建设路径探索（N/OL）. 2024-03-15［2025-03-01］. http：//gzskyun. net. cn/portals/detail/e8a1be 19a9144 306b7705f1f62917b79.
佚名，2024b. 提升乡村产业发展水平［N/OL］. 2024-03-01［2025-03-01］. 经济日报 . https：//baijiahao. baidu. com/s？ id = 1792286828263192238&wfr = spider&for=pc.
于法稳，郝信波，2019. 农村人居环境整治的研究现状及展望［J］. 生态经济（10）：166-170.
郁建兴，高翔，2009. 农业农村发展中的政府与市场、社会：一个分析框架［J］. 中国社会科学（6）：89-103，206-207.
袁威，2023. 德国如何发展数字农业［EB/OL］.（2023-10-13）［2025-03-01］. https：//www. cntheory. com/ddsj/202310/t20231013_58963. html.
张会吉，2024. 韩国“新村运动”对我国乡村建设的实践启示［J］. 乡村论丛（1）：40-46.
张京祥，申明锐，赵晨，2014. 乡村复兴：生产主义和后生产主义下的中国乡村转型［J］. 国际城市规划，29（5）：1-7.
张克俊，付宗平，2022. 新型农村集体经济发展的理论阐释、实践模式与思考建议［J］. 东岳论丛，43（10）：105-114，192-193.
张莉，张敬毅，程晓宇，等，2019. 法国生态农业发展的成效、新措施及启示［J］. 世界农业（11）：18-23，130.
张莉，张敬毅，程晓宇，等，2020. 法国生态农业：科技当先 政策扶持［EB/OL］.（2020 - 08 - 11）［2025 - 03 - 01］. https：//nyncw. sh. gov. cn/xyyw/20200819/faab89be3a30477faeb7273f9ea81520. html.
张培奇，王帅杰，范亚旭，2023. 三链同构、农食融合”——乡村产业高质量发展漯河之道［EB/OL］.（2023-04-10）［2025-03-01］. https：//www. henan. gov. cn/2023/04-10/2721733. html.
张诗懿，任育锋，王玉庭，等，2023. 德国乡村内生型发展战略及对中国乡村土地规划建设与管理的启示［J］. 世界农业（3）：48-58.
赵丹，王怀锋，2024. 西部大开发背景下西部基础教育发展成就与未来展望［J］. 中国民族教育（Z1）：45-48.

重庆市中国特色社会主义理论体系研究中心，2024. 打造中国式现代化“西部引擎”[EB/OL].（2024-05-16）[2025-03-01]. http：//theory. people. com. cn/n1/2024/0516/c40531-40236990. html.

周国华，戴柳燕，贺艳华，等，2020. 论乡村多功能演化与乡村聚落转型 [J]. 农业工程学报，36（19）：242-251.

周振，2023. 农村集体经济混合经营的实现路径：基于陕西省礼泉县袁家村的案例分析 [J]. 南京农业大学学报（社会科学版），23（5）：26-40.

朱欣怡，高金龙，安丰平，2024. 乡村多功能：内涵、进展与展望 [J]. 地理科学进展，43（6）：1233-1246.

ARROW，K J，1969. The organization of economic activity：issues pertinent to the choice of market versus nonmarket allocation [J]. The Analysis and Evaluation of Public Expenditure：The PPB System，1：47-64.

BAIN，J S，1959. Industrial organization [M]. New York：Wiley.

COX，M，VALDÉS，A，2015. The impact of smallholder support programs in Chile [J]. Journal of Agricultural Economics，66（3）：725-740.

DE ZEEUW H，DUBBELING M，2015. Urban agriculture and city resilience：the case of the Netherlands [J]. Journal of Urban Agriculture，10（2）：45-57.

FAO，2020. Global review of agricultural census methodologies and results（2006-2015）. World Programme for the Census of Agriculture 2010 [R/OL]. [2025-03-01] FAO Statistical Development Series No. 18. Rome. https：//doi. org/10. 4060/cb2650en.

FEI，J C H，RANIS，G，1961. A theory of economic development [J]. American Economic Review，51（4）：533-565.

FRIEDMANN，J，1966. Regional development policy：a case study of venezuela [M]. Cambrige：MIT Press.

HIRSCHMAN，A O，1958. The strategy of economic development [M]. New Haven：Yale University Press.

IMAMURA，N，1996. Modern agriculture and sixth industrialization [M]. Tokyo：Nōrin Tōkei Kyōkai.

IMAMURA，N，1998. Theory and practice of sixth industrialization [M]. Tokyo：Japan FAO Association.

LEWIS，W A，1954. Economic development with unlimited supplies of labour [J]. The

Manchester School, 22 (2): 139-191.

LIPTON, M, 1977. Why poor people stay poor: urban bias in world development [M]. Cambridge: Harvard University Press.

MASON, E S, 1939. Price and production policies of large - scale enterprise [J]. American Economic Review, 29 (1): 61-74.

MCGEE T G, 1988. Industrial capital, labor-force formation and the urbanization process in Malaysia [J]. International Journal of Urban and Regional Research, 12 (3): 356-374.

MYRDAL, G, 1957. Economic theory and underdeveloped regions [M]. New York: Harper & Brothers.

PERROUX, F, 1961. Economic development and the growth pole approach [J]. Regional Development and Planning 3: 48-67.

PORTER, M E, 1990. The competitive advantage of nations [M]. Washington: Free Press.

PORTER, M E, 1998. Clusters and the new economics of competition [J]. Harvard Business Review, 76 (6): 77-90.

RONDINELLI, D A, 1985. Rural development: theory and practice [J]. Development and Change, 16 (1): 1-23.

SCHULTZ, T W, 1961. Investment in human capital [J]. American Economic Review, 51 (1): 1-17.

SCHUITZ, T W, 1964. Transforming traditional agriculture [M]. New Haven: Yale University Press.

SEN, A K, 1966. Peasants and dualism with or without surplus labor [J]. Journal of Political Economy, 74 (5): 425-450.

STÖHR, W B, 1984. Development from below: an alternative to development planning from above [M]. California: University of California Press.

SWINNEN, J F M, KUIJPERS, R, 2019. Small farmers and the CAP: opportunities and challenges [J]. European Review of Agricultural Economics, 46 (4): 575-602.

TODARO, M P, 1969. A model of labor migration and urban unemployment in less developed countries [J]. American Economic Review, 59 (1): 138-148.

附录Ⅰ

对策建议

做大做强西部粮食产业 助力乡村全面振兴的对策建议

我国西部地区地域辽阔，涉及我国12个省（区、市），国土面积占全国总面积的70.6%，耕地面积占全国的37.7%，近年粮食播种面积和产量分别占全国的26%和29.2%。西部地区粮食产业高质量发展对稳定我国战略大后方、夯实粮食安全根基、助力乡村全面振兴具有重要作用。

中国工程院品牌项目“西部地区乡村全面振兴路径研究”项目组，针对四川、重庆、云南、贵州、西藏、甘肃、新疆、内蒙古等省（区、市）38个特色村粮食产业情况开展了实地调研，搜集问卷121份。发现西部粮食产业存在区域布局不精细、基础条件差降本增效十分困难、科技支撑不足、财政金融支持乏力等突出问题。

为贯彻习近平总书记近日在新时代推动西部大开发座谈会上关于西部地区要“深入实施乡村振兴战略”“为保障国家粮食安全作出应有贡献”重要指示精神，项目组提出“加快建立区域产业带精细布局体系、夯实粮食生产基础、提升科技支撑水平，完善联农带农机制”对策建议，夯实西部地区粮食安全根基，产业促进乡村全面振兴，奋力谱写西部大开发农业新篇章。

一、西部地区粮食产业发展的主要成效

高产攻关引领量质提升。近年来，西部地区以持续高产攻关带动粮食作物量质全面提升，已成为我国粮食产能提升的“重要增长极”。新疆玉米单块田亩产连续突破1.5吨、1.6吨产量水平，2023年在塔城市创造了全国首个10万亩集中连片突破全国大面积玉米单产提升的最高纪录，平均每亩达1 117.4千克。甘肃、内蒙古、四川等地创造了马铃薯5 500千克/亩以上的高产纪录。新疆生产建设兵团2023年创造了467.2千克/亩的大豆小面积高产纪录。四川德昌县阿月村创造1 251.5千克/亩水稻单季单产世界纪录。这些高产攻关的做法与经验，带动了大面积技术进步和持续增产，助力西部地区粮食总产从2009年的14 272.6万吨提升到2020年的17 247.7万吨，占同期全国粮食增量的22.9%。

结构调整创造新的增长点。与2000年相比，2021年西部稻谷、小麦占比持续下降，分别占全国总产量的19.7%、14.1%。玉米、薯类、豆类分别占全国总产量的30.8%、64.5%、31.9%，呈持续增长态势。西部地区还是青稞、藜麦、小米、燕麦等杂粮的中高端优势产区，生产了全国60%左右的杂粮。调整结构，突出优势成为西部各地近年特别重视的工作。西藏茶巴朗村结合气候生态和现实需求，调减青稞增加青贮玉米播种面积1 400亩，亩产值达4 800元，保障了1 870头牦牛饲料，有效提升了农户收益。

三产融合挖掘综合效益。西部粮食已初步构建起“产购储加销”全产业链发展经营模式，共有95个产品入选2021年、2022年评选的“中国好粮油”产品名录。广西宾阳县大陆村重视延长“古辣香米”产业链，以稻为媒，发展产业经济，集体收入突破300万元，人均年纯收入达到2万元。新疆腰站子村以土地集中经营为抓手，实现一粒小麦接“二”连“三”，造就“亿元村”。重庆何家岩村打造梯

田贡米“海拔经济”，发展“有机大米+”模式，推进农旅融合年增收超过800万元，依靠粮食产业人均纯收入达1.7万元。

二、存在问题

西部是经济欠发达地区，也是地处边陲的内陆多民族地区。粮食是国家安全的“压舱石”。目前以粮食产业高质量发展支撑西部地区乡村全面振兴的机遇与挑战并存。

一是粮食产业区域布局不精细，资源瓶颈制约严重，优势特色发挥不够。西部地区立地条件差异大，气候从寒温带到亚热带均有分布，西南地区坡耕地水土流失与季节性干旱并存，西北地区降水总量偏少，干旱缺水危害严重。传统的西南和西北粮食分区发展模式，粮食产业扶持政策不精准、科学技术针对性不强，导致西部区域优势凸显不够、资源瓶颈制约和劣势更加突出，难以适应新时期粮食生产及产业需求。

二是农田基础设施条件差，支撑粮食产业高质量发展难度高。西部现有高标准农田建设面积28 445万亩，占耕地面积的40%，低于全国52%的平均水平；实际耕地灌溉面积26 335.4万亩，占耕地面积的36.5%，比全国平均水平低11.2个百分点；农业生产性供电设施存在供电水平低、设备维修质量不高、养护责任不明确等问题，难以适应良田排灌动力和生产用电量日益增长的需求。西部地区通宽带互联网的村占比仅为77.3%，远低于东部地区（97.1%），导致西部粮食生产信息化、智能化水平低。

三是粮食生产科技支撑不足，竞争力不敌中东部地区。西部地区2020年研究与试验发展经费总量为3 212.94亿元，仅为东部地区的20.1%。2021年西部地区劳均农机总动力为4.35千瓦/人，仅占全国平均水平的68.9%。机耕率、机收率、机播率分别为74.4%、42.7%、43.8%，较全国平均水平低1.6个、17.5个和20.3个百分点。科研效率和成果产出能力整体偏低，农业植物新品种权申请总数1218件，占全国申请总数16.3%，授权总数318件，占全国授权总数13.2%。

四是粮食生产效益低，品牌不响不强。与全国其他地区相比，西部地区耕地细碎化、粮食生产小规模特性更为突出，粮食生产主体获得的利润增值极其有限。2020年西部地区3种粮食平均生产成本为954.4元/亩，较全国平均水平高73.2元/亩。其中，人工成本为569.8元/亩，较全国平均水平高156.7元/亩。同时，平均销售价格为109.3元/50千克，较全国平均水平低13.1元/50千克，导致3种粮食平均净利润为-33.7元/亩，利润率为-2.1%。延安小米、河套高筋粉、定西和凉山马铃薯等已有的地域特色粮食产品及地理标志产品，目前大多停留在原料供给及粗加工阶段，品牌不响、产业链短、产品附加值低。

三、对策建议

一是构建区域产业带精细布局体系。将西部地区传统的西南、西北2个粮食产业分区调整为成渝地区、云贵高原区、青藏高原区、黄土高原区和新疆地区5个粮食产业带，并因地制宜规划建设优势特色粮食产业带。建议将新疆地区建成以优质小麦、玉米为主的“国家战略后备粮仓”；将黄土高原地区建成以专用马铃薯、玉米、大豆为主的“塞外粮仓”“陇东粮仓”；将青藏高原地区建成以高品质小杂粮、饲料饲草作物为主的“健康粮仓”；将成渝地区建成立体循环种养以稻为主、以玉米为主的“天府粮仓”；将云贵高原地区建成青贮玉米、优质马铃薯为主的“高原粮仓”。并加快构建“产业带—集中区—优势点”长藤结瓜式的精细布局体系。

二是加快夯实粮食生产基础。在西部地区粮食生产公益类基础设施建设上，国家应全面投入，充分保障。系统推进新疆地区重大水资源配置和调蓄工程建设，加快实施旱作区6°~15°坡的梯田改造工程，加大丘陵山区高标准农田宜机化改造力度。大力建设风、光等清洁能源就地提灌体系，规划设计“提—引—集（雨）—灌”有效结合的灌溉保障体系，加快西部雨养粮田向精准灌溉粮田转变。在丘陵地区大力实施土壤“综合治酸治潜”工程，在新疆地区加大推广“灌排洗盐”技术。

三是提升农业科技支撑水平。加大科技投入，加强适应西部寒旱气候、瘠薄土壤的特色粮食作物资源收集保存和新品种选育，加快适宜西部生态气候粮食作物品种宜机化培育与改良、生产模式宜机化构建。加快适宜西部地区不同地域类型“专精特新”小微农机的研发与集成应用，加强智能农机装备研发攻关。加强残膜回收机械关键核心技术攻关，研发适宜不同作物、高质高效的粮田残膜回收机械。加强优质高产及超吨粮田土壤的定向培育，挖掘现有耕地潜力，持续推进粮食大面积单产提升。集成推广粮食作物绿色增产技术模式和高效节水旱作、高效节水灌溉、数字遥感精细农作等现代农业关键实用技术。

四是完善联农带农紧密型利益联结机制。着力培育壮大一批影响力大、带动力强的粮食生产地理标志农产品。鼓励龙头企业与产业链上下游各类市场主体联合成立粮食产业联盟和产业化联合体，保障种粮主体的合理收益，提高粮食生产主体意愿和积极性。用好产业融合载体，培育多元融合主体，形成“粮食+”多业态发展态势。在增值收益高的高品质粮食产业链下游，扶持家庭农场、合作社发展产地初加工、仓储物流、电商营销等业务，确保农民分享更多产业链增值收益。粮食产销区省际横向补偿试点向西部地区倾斜。加强培养能真正留在农村的“新农人”，提升西部地区人力资源支撑能力。

五是夯实粮食安全根基产业促进乡村全面振兴。以科技和改革赋能粮食产业提质增效，以特色资源和优越生态环境打造富有西部特色的粮食高品质发展产业集群。优化粮食作物产业结构和精细布局，加强高标准农田建设，增强粮食生产能力和提升抗灾减灾能力；加强“四新五良”配套技术融合，加强粮食减损措施，加强科技对粮食生产的支撑作用，大面积提高粮食作物单产水平；实施地力提升行动，用好盐碱地等边际土地资源；落实“藏粮于地、藏粮于技”战略，夯实粮食安全根基，稳固战略大后方，促进乡村全面振兴。

（撰写人：刘永红、陈春燕、何鹏、许钰莎）

加快四川省农文体旅产业融合发展的对策建议——贵州“村超”模式的调研报告

2023年5月13日以来，贵州“村超”凭借绝妙的精彩进球、火热的现场氛围、精彩的民俗表演、地道的特色美食和接地气的办赛风格持续火爆出圈，推动了农、文、体、旅深度融合发展，为我国乡村振兴提供了“中国式现代化”的实践样本，不仅得到了习近平总书记在2024年新年贺词中点赞，还被写进了2024年中央一号文件。2024年以来，四川省农业科学院赴榕江县多次开展专题调研，同当地干部群众面对面交流，并通过青年科技人员联谊会深度参与“村超”比赛等活动，感受活力所在，探寻出圈密码，挖掘经验启示，探索新形势下如何通过农、文、体、旅融合发展带动产业振兴，进而促进四川省乡村全面振兴的新思路、新举措。

一、贵州“村超”火爆出圈引发全国瞩目

贵州省黔东南苗族侗族自治州榕江县，是我国最后一批脱贫摘帽的贫困县之一，也是全国160个重点帮扶县之一。榕江县总人口38.5万，其中少数民族占比高达84.2%，2022年人均GDP仅为全国平均水平的1/3。作为一个经济发展相对滞后的少数民族边远县，为冲破发展困境，榕江曾先后5次尝试塑造县域IP，却收效平平。2023年榕江县委、县政府第六次打造县域IP，将传统足球赛事与美食文化、非遗文化、民族特色融合创新，加上新媒体赋能，榕江“村超”一炮打响、成功出圈。

1. “村超”出圈，带动全县乡村特色产业收益增倍，农民收入增加，乡村经济逐步壮大

在“村超”赛事的促进下，榕江县的塔石香羊、小黄牛从生产饲养、加工到销售及餐饮服务等形成了较为成熟的产业生态链。2023年榕江县通过“村超”实现塔石香羊、忠诚牛瘪、卷粉、罗汉果、天麻等农特产品线上线下销售额超6.26亿元；免费提供摊位3 000余个，带动夜间消费4.48亿元；累计接待游客765.85万人次，同比增长52.2%；实现旅游综合收入83.98亿元，同比增长73.94%。

2. “村超”出圈，充分发挥了乡村特色文化资源优势，加强了民族文化传承与创新发展，提升了乡村文化软实力

在“村超”赛事中，人们可以欣赏到侗族大歌、侗族琵琶歌、侗戏等榕江非物质文化遗产，还可以欣赏到来自全国各地、各民族的非物质文化遗产、创意、服饰及美食等。“村超”吉祥物“村超牛”手工工艺制作带动了当地2 000多名农村妇女就业增收，既解决了部分农村妇女靠低保生活的社会问题，又传承与发展了民族工艺和非物质文化遗产。

3. “村超”出圈，极大丰富和提升了“村超”文化的品牌价值

习近平总书记点赞“村超”以来，榕江县已获132项“村超品牌”授权。目前仅饮料1项就已有蒙

牛、伊利、汇源等6家企业入驻，开发出“村超”可乐、“村超”矿泉水、“村超”啤酒等40多种“村超”系列产品。“超好吃”“超好住”“超好游”“超好购”“超好招”等“超经济”，吸纳返乡创业人员1万多人，新增市场主体2 764家，有效激活了消费潜力。

二、榕江县“村超”出圈且持续爆火的启示

1. 全民参与奠定了爆火基础

榕江足球已经有80多年的传承史，这个不到40万人口的山区小县，有5万人会踢足球。全县共有200多支足球队，平均每个村都有足球队，每个队有村民自发组织的啦啦队，群众基础深厚。从赛事发起、赛程安排到晋级规则、球员资格审查等，均由当地群众自发组织、自行决定、自主实施。没有门票、没有足球宝贝、没有广告、没有代言，中场休息是群众自发组织的民俗展演活动，观众席上坐的是村里的男女老少。参赛球员没有年龄限制，没有职业门槛。解说员是带有浓重“贵普”口音的当地人，奖品是当地土特产。“乡土气”所带来的纯粹，充分调动了群众参与的积极性、主动性、创造性，激发出全民参与的激情和热情。

2. 新媒体传播是“村超”出圈推手

榕江县以国家“互联网+”农产品出村进城工程试点县建设为契机，大力发展新媒体，面向非遗传承人、返乡创业青年、易地扶贫搬迁群众、留守妇女等，开展短视频直播培训，孵化了短视频账号1.2万余个和2 200余个本地网络直播营销团队，为“村超”储备了庞大的新媒体人才团队。央视新闻专业团队、个人网红加盟推介，通过媒体的镜头“村超”的精彩瞬间和独特魅力被广泛传播，让外界看到了乡村的潜力和希望，为乡村的发展注入了新的动力。同时，牵手名人频频登上热搜，推高了活动热度和影响力。韩乔生、范志毅等体育名人到场加油，香港明星足球队发出友好挑战，英国著名球星欧文送来祝福，世界足球先生卡卡、卡纳瓦罗等亲临现场，大家发自内心地为“村超”发声、代言，名人效应助力“村超”持续火爆。

3. 品牌出圈撬动了产业融合发展

“村超”品牌成为一剂“药引子”，带动了榕江县城及周边的餐饮、住宿、旅游等行业发展，打造出“超好吃”“超好玩”“超好住”等“超品牌”。老百姓家里各种农产品、土特产、民族手工服饰都卖出了好价钱。由56位妇女创办的阳光蔬菜种植农民专业合作社，因“村超”的带动，2023年280亩蔬菜被抢购一空，合作社总收入达224万元，并成为本村足球队的主要赞助商。榕江县城酒店、民宿的预订率飙升，比赛期间一房难求，很多人顺道去了大利侗寨、摆贝苗寨、七十二寨斗牛城、古州大河口码头等景区，把榕江更好更多地推向了全国。通过“村超”激发消费、扩大投资、壮大集体经济，榕江县将“村超”的“流量”转化为社会效益的“质量”和经济效益的“增量”。

4. 体验经济赋能乡村全面振兴

榕江县“村超”以足球赛事为载体，打造了极具特色和吸引力的体验场景。赛事体验，游客可以观看和参加“村超”比赛，感受乡村足球的魅力和热情。美食体验，品尝当地的特色美食，如卷粉、腌鱼、烤乳猪等，满足味蕾的享受。民族文化体验，欣赏侗族大歌、芦笙舞等民族表演，了解榕江县的多

元文化。购物体验，购买当地的农产品，如罗汉果、青白茶、锡利贡米等，支持当地农业发展。旅游观光体验，游览榕江县的自然风光和历史古迹，如三宝侗寨、大利侗寨等，感受乡村的宁静和美丽。多样化的体验为榕江带来了人气和消费，带来了经济收益和就业机会。体验经济让榕江县的乡村焕发出新的活力，成为乡村振兴道路上一道亮丽的风景线。

三、借鉴贵州“村超”模式，加快四川省农文体旅产业融合发展的对策建议

1. 集智规划培育各具特色的新 IP，全面提升乡村吸引力

四川历史底蕴深厚、自然地貌多样，农文体旅资源丰富，其中文旅资源总量超 300 余万处，居全国第一方阵。鼓励以县域为单元，聚集政产学研用资源，系统分析当地农业、文化、体育和旅游资源的优势和特色，规划建立具有时代特征、区域特色、文化特性且群众参与度高的县域新 IP，避免同质化竞争。创新农文体旅游融合思路，推进实施“农业+文化+体育+旅游+科技”的融合策略。按照“宜融则融，能融尽融”的原则，推进农业、文化、广电、体育、旅游的深度融合，并向新服务、新产业、新业态、新商业模式的“四新”方向转变，充分实现融合发展的乘数效益、增值效益。精心打造地方农文体旅游 IP，带动地方品牌，提升地方价值。

2. 推动全民参与，筑牢乡村产业基石

变传统的以“政府部门主导、社会资本带动”为主的外驱方式为“政府指导、社会资本支持、村集体主导、农户全面参与”的内驱方式，让村民积极参与到农文体旅产业融合发展的协商、决策、监督等全过程，强化村民主动参与的意识与责任感。创新政府投入机制，以资金支持、政策优惠、环境打造等方法调动农民群众参与的积极性与创造性，持续培育农民的“主人翁”意识，营造好乡村共建共享的氛围。建立相应的激励机制，努力营造公平的参与环境，推动政府、企业、社会团体等“外部资源”与农村“内部资源”深度融合，与农民形成命运共同体和利益联接体。

3. 强化嫁接宣传，激发网络媒体效能

巩固拓展数字乡村建设的内涵和外延，积极构建全方位、立体式、融合式的传播平台，开展主流媒体与自媒体多元传播的全方位宣传。准确把握受众需求，遴选、制作能激发共情的传播内容，积极鼓励多元社会主体参与，扩大传播效果。推动本地广播、电视、网络、两微一端等主流媒介进行密集传播，吸引其他各省（区、市）各级主流媒体关注，提升曝光度。发动资源争取新华社、中央电视台、央视新闻等国家级媒体进行融合传播，提升影响力。

4. 完善服务保障，撑起产业发展保护伞

加强顶层制度设计，建立健全农文体旅游融合发展的体制机制，探索农文体旅游融合发展的创新思路，科学化、规范化、常态化推进农文体旅游融合发展。加大省、市（州）、县财政对农业特色产业和文化广电旅游体育事业的投入力度，充分发挥宣传文化发展专项资金、文化和体育产业专项资金、旅游专项经费的作用，用好体育彩票公益金，支持重点文体旅游服务项目和产业发展项目植根乡村，服务“三农”。落实国家关于文化体制改革和文化产业、体育产业、全域旅游、中华优秀传统文化传承的税收优惠政策，完善相关奖励、补贴政策。加大从乡村中发掘公共文体服务管理人才、文体旅游产业人才、

优秀体育运动员及教练员等人才的力度，吸引文化体育名人名家进村蹲点，推动形成一支结构显著优化、人才质量显著提升的人才队伍。

（撰写人：刘永红、陈春燕、何鹏、宋梅）

关于依靠高水平科技创新加快培育发展四川省农业新质生产力的建议

农业新质生产力是在农业领域依靠颠覆性技术和前沿技术突破，创新性配置各类生产要素，推动农业全面转型升级后催生出的先进生产力。围绕健全完善科技农业体制机制，推动科技创新与产业创新深度融合，以科技农业支撑“川字号”农产品向高端跃升，通过专题调研形成以下建议。

一、四川省加强高水平农业科技创新的短板弱项

据中国工程科技发展战略研究院“四川农业科技现代化路径及机制研究”项目调研显示，通过产业科技化、人才专业化、生态绿色化 3 个维度 16 个指标综合评价测算，四川农业科技现代化指数从 2015 年的 0.43 增至 2021 年的 0.7，总体呈现持续增长的良好态势。其中，生物种业创新水平位居国内第一方阵，水稻、玉米、小麦和生猪、肉鸡等部分研究领域实现了从“并跑”向“领跑”的历史性跨越。但从省域农业科技发展层面比较，四川省排名第十四位，与四川地区生产总值位居全国第六、农业科技大省的定位不符。主要在于：

一是农业原创性、基础性研究不强。相较于河南有 5 名农业院士、湖南 8 名农业院士，四川省农业领域仅有 1 名资深院士，在农业前沿、交叉领域基础研究和底盘技术上的原始创新能力不足，关键领域核心技术和产品自主可控能力不强。新一代工业革命催生的基因编辑、合成生物学、干细胞种质、组学与生物大数据技术等处于起步阶段，与国内外先进水平存在明显差距。畜禽核心种源 80%依赖进口，设施番茄和花椰菜国外品种市场占有率占 60%以上。在建立从品种到生产再到加工的标准体系和全程溯源体系方面，相较于“湖南院士一桌饭（湖湘芯）”等公用品牌，缺乏精品农产品产业集群。

二是农业科技资源统筹联动不足。国家驻川科研单位、省级和市（州）农业科研及新型研发机构，存在较为严重的重复研究情况。除育种攻关以外，用于引导全省创新团队之间长期协作的重大科技项目极少。科研平台资源分散、没有形成集群优势，高能级创新平台少且引领支撑不足，在川全国实验室仅有 2 家。大多数平台的基础条件较差，仪器设备更新换代资金严重不足，没有稳定的运行经费支持，平台运行困难。

三是农业科技成果转移转化及专业化社会化服务能力有待进一步增强。农业企业的创新基础薄弱，科研单位仍然是创新的主体，科技成果转移转化存在“肠梗阻”。科技人员赴企业创新创业的后顾之忧尚未打消，农业产业链、科技链融合不足。农业科技推广体系“以技术为中心”，而非“以农民（用户）为中心”。农技推广机构人员流失严重、非专业化突出，例如，全省每 5 个镇（街道）平均共用 1 个专门从事植保植检工作的专业技术人员。基层农业生产专业化社会化服务组织的建设和推广速度慢且覆盖面窄。

四是农业科技投入强度低、结构不平衡。政府拨款是农业科技投入的主要来源，但目前四川省农业

科技投入强度不足1%，投入来源单一，且农业科技投入结构不平衡，基础性研究投入尚不足5%。例如，农业重大科技攻关投入与山东省相比存在较大差距。“十四五”四川省农作物及畜禽育种攻关每年投入7 500万元，而山东实施的农业良种创新研发工程2021—2023年累计安排资金已达5. 25亿元；四川省现代农业产业技术体系四川创新团队建设专项资金每年3 200万元，人均经费10万元左右，山东2021—2023年累计安排资金已达2. 51亿元，人均经费30万元以上。投入强度的不足严重影响了农业科技创新的深度和广度。

二、对策建议

一是强化顶层设计，抓体制改革。深入推进四川省农业科技创新体制改革从局部探索、破冰突围进入到系统集成、全面深化改革阶段。在四川省委科技委员会领导下，加快组建省农业科技领导小组，统筹四川省农业科技创新体制的全面深化改革。研究部署提高农业科技人员获得感、幸福感、成就感的系统性改革任务，切实破除科技人员创新创业的后顾之忧。因地制宜建立健全科研院所党委领导下的院长（所长）负责制，加快构建自治、法治、德治相辅相融的农业科技创新体系。强化科技农业发展战略研究，建立由分管省领导牵头的“建设更高水平的科技农业强省规划”编制工作专班，早日布局追赶跨越的农业科技计划。

二是强化资源整合，抓机制创新。按照“统筹推进教育、科技、人才体制机制一体化改革，健全新型举国体制，提升国家创新体系整体效能”要求，扩大省级事权，设立“提升全省农业科技创新体系整体效能”专项资金，探索建立市（州）农科院（所）科研经费“省财政保障+省级统筹”机制、人员和办公经费“市州财政保障”的省市联合创新机制模式，逐步解决农业科技创新低水平重复问题。加快推进“一院一校”联合研究生院建设，补齐农业科研创新体系人才短板。分类设立省农业科技领导小组领导下的科技专项办公室或工作专班，探索构建符合农业科研特点与产业规律的重大任务生成机制和全过程高效治理模式。探索建立农业科技人员“固定科研经费+”资助模式。

三是强化层次梳理，抓大不放小。进一步梳理省级农科院校、国家驻川科研单位、市（州）农科院（所）及新型研发机构在农业科技创新体系中的定位和职责，将市（州）农科院所科技创新优势力量纳入省级农业创新体系。系统规划布局“基础研究—应用基础研究—关键核心技术攻关—集成应用及转移转化”创新链，建立农业自然科学基金专项、重大科技专项、重点研发计划、农业科技成果转化等项目支撑体系。

四是强化人才聚集，抓牵引平台。在现有2个涉农全国重点实验室、17个部省重点实验室、57个工程技术研究中心、12家产业技术研究院、35个产业技术创新联盟、86个农村产业技术服务中心的基础上，优化建立“基础科学重点实验室、工程科学技术研究中心、产业（企业）技术创新转化中心和区域农业技术转移转化服务中心”四大创新转化体系，整合国、省、市（州）农科人才资源，建立科研平台支持专项。加快将种业科学纳入天府实验室建设体系。加大培养农业专业杰出人才、领军人才、青年人才等本土梯级人才队伍，结合柔性引才，努力培育天府粮仓“四川院士一桌饭”精品农产品产业集群。

（撰写人：刘永红、何鹏）

附录Ⅱ

调研问卷

调研村调研问卷

尊敬的受访者：

您好！受中国工程院战略研究与咨询品牌项目组委托，本课题组开展“产业促进西部地区乡村振兴路径研究”的问卷调查，本调查仅供学术和政策研究之用。我们郑重承诺：问卷调查所涉及您的个人信息我们予以保密。非常感谢您的配合与支持！

调查员姓名：________；调查时间：________年________月________日；

调查地点：________省________市（州）________县（市、区）________镇（乡）________村；

受访者姓名：________；联系电话：________；微信号：________

第一部分 调研村基本信息

A1. 本村距离镇（乡）________（千米）；距离县（市、区）________（千米）

A2. 本村是否有风景名胜或文物古迹：________

A. 是（请举例）________ B. 否

A3. 本村是否有自然保护区：________

A. 是（请举例）________ B. 否

A4. 本村人口情况：总户数________（户），总人口________（人），外出务工________（人），农业劳动力________（人），大专及以上________（人），常住人口________（人），常住人口中16~30岁________（人），常住人口中30~45岁________（人），常住人口中45~60岁________（人）

A5. 土地禀赋：耕地________（亩），园地________（亩），林地________（亩），草地________（亩），湿地________（亩），耕地流转率：________（%）

A6. 经济发展情况：总产值________（万元），非农业总产值________（万元），农业总产值________（万元），其中，种植业总产值________（万元），畜牧水产养殖业总产值________（万元）

A7. 交通状况：距最近的高速入口________（千米），距最近的汽车站________（千米），距最近的火车站________（千米），距最近的机场________（千米）

A8. 基础设施情况：通村公路________（泥土/石子/水泥/柏油），村内主要路面________（泥土/石子/水泥/柏油），村内是否铺设路灯________【A. 是；B. 否】，百货店________（个），卫生院________（个），药店________（个），体育场________（个），老年活动中心________（个），敬老院________（个），幼儿园________（个），小学________（个），中学________（个），主要生活用水为________（自来水/井水/山泉），厨房主要燃料为________（电/煤气/煤炭/柴草）

A9. 本村农户对农业基础设施满意度：________

A. 非常不满意 B. 比较不满意 C. 一般 D. 比较满意 E. 非常满意

A10. 本村过去 3 年是否遭遇过旱灾、暴雨、霜冻等自然灾害：________

A. 是（请举例遭遇过哪种自然灾害________）　　　B. 否

A11. 本村农户生活情况：

本村村集体收入：________（万元/年）；本村农户人均纯收入：________（万元/年）；本村新型农村合作医疗参合家庭户数：________（户）；本村农村养老保险参保家庭户数：________（户）；本村购买农业保险的家庭户数：________（户）；本村人均用电量：________（元/年）；本村使用有线电视家庭户数：________（户）；本村使用宽带家庭户数：________（户）；本村使用智能手机家庭户数：________（户）；本村拥有私家车的家庭户数：________（户）

A12. 您认为乡村振兴中最缺乏哪种人才：________

A. 职业农民　　B. 基层乡镇政府领导人才　　C. 优秀村干部　　D. 经营管理人才

E. 产业带头人　　F. 农业专家　　G. 其他________

A13. 本村所属村庄类型：________

A. 集聚提升类村庄（村庄发展方向明确，在原有规模基础上改造提升，激活产业、优化环境、增添活力）

B. 城郊融合类村庄（城市近郊区及县城城关镇所在地的村庄，具备成为城市后花园和向城市转型的条件）

C. 特色保护类村庄（历史文化名村、传统村落、少数民族特色村、特色景观旅游名村）

D. 搬迁撤并类村庄（拟搬迁撤并的村庄，依托适宜区域进行安置）

第二部分　产业发展状况

B1. 本村农作物社会化服务购买情况：育秧环节服务购买率：________（%）；整地环节服务购买率：________（%）；病虫害防治服务购买率：________（%）；施肥环节服务购买率：________（%）；收割环节服务购买率：________（%）

B2. 机械拥有情况：农用大型拖拉机________（台）、小型拖拉机________（台）、农用排灌柴油机________（台）、机播率________（%）、机耕率________（%）、机收率________（%）

B3. 本村农户参与合作社户数：________（户）

B4. 本村新型农业经营主体数量：________（个）

B5. 农村内省级以上农产品企业品牌数量：________（个）

B6. 特色农业发展情况：您村是否有特色产品：________【A. 是；B. 否】

特色产品 1：品种是________，种植面积/养殖规模________（亩/头/只）

种植该产品农户数量________（户），该产品的收入________（万元/年）

是否进行网络销售？________【A. 是；B. 否】

您村的特色农产品有自己的品牌吗？【A. 有（请举例）；________　B. 无】

您村的特色农产品主要销往哪里？________【A. 本乡；B. 本镇；C. 本市；D. 本省；E. 外省；F. 外国】

特色产品 2：品种是________，种植面积/养殖规模________（亩/头/只）

种植该产品农户数量________（户），该产品的收入________（万元/年）

是否进行网络销售________【A. 是；B. 否】

您村的特色农产品有自己的品牌吗？________【A. 有（请举例）________；B. 无】

您村的特色农产品主要销往哪里：________【A. 本乡；B. 本镇；C. 本市；D. 本省；E. 外省；F. 外国】

特色产品 3：品种是________、种植面积/养殖规模________（亩/头/只）

种植该产品农户数量________（户），该产品的收入________（万元/年）

是否进行网络销售________【A. 是；B. 否】

您村的特色农产品有自己的品牌吗？________【A. 有（请举例）________；B. 无】

您村的特色农产品主要销往哪里________【A. 本乡；B. 本镇；C. 本市；D. 本省；E. 外省；F. 外国】

B7. 休闲农业和乡村旅游发展情况：

您村是否发展休闲农业和乡村旅游________【A. 是；B. 否】

休闲农业和乡村旅游接待人次________（人次/年）

休闲农业和乡村旅游获得收入________（万元/年）

B8. 您认为本村在推进产业发展中的特色做法与创新有哪些？________________________________

____

____

B9. 您认为本村产业发展存在哪些问题？____

____

____

B10. 针对上述问题，您的建议是什么？____

____

____

新型经营主体及农户调研问卷

尊敬的受访者：

您好！受中国工程院战略研究与咨询品牌项目组委托，本课题组开展“产业促进西部地区乡村振兴路径研究”的问卷调查，本调查仅供学术和政策研究之用。我们郑重承诺：问卷调查所涉及您的个人信息我们予以保密。非常感谢您的配合与支持！

调查员姓名：________；调查时间：________年________月________日；

调查地点：________省________市（州）________县（市、区）________镇（乡）________村；

受访者姓名：________；受访者类型：________【A 新型经营主体；B 农户】

第一部分 基本信息

A1. 您的性别：________

A. 男　B. 女

A2. 您的年龄：________

A. 18 岁及以下　B. 19~35 岁　C. 36~60 岁　D. 60 岁以上

A3. 您的学历：________

A. 小学及以下　B. 初中　C. 高中或中专　D. 大专或本科　E. 硕士及以上

A4. 您的职业类型：________

A. 农户　B. 外出务工　C. 民营企业家　D. 专业大户　E. 家庭农场主　F. 合作社成员　G. 社会化服务组织成员　H. 其他________________

A5. 您的人均年收入：________

A. 20 000 元以下　B. 20 000~40 000 元　C. 40 000~60 000 元　D. 60 000 元以上

A6. 收入来源渠道：

农业产业经营收入：________（元）；工资性收入：________（元）；补贴收入________（元）；财产经营收入________（元）；其他：________（元）

第二部分 产业发展情况（仅新型经营主体填写）

B1. 您所从事的主要产业类型：________

A. 种植业　B. 畜牧业　C. 渔业　D. 农产品加工业　E. 服务业　F. 休闲农业

G. 其他________

B2. 您农业产业经营规模：________（亩/头）

B3. 您经营产品的销售渠道（多选）：________

A. 直接市场售卖 B. 网络平台 C. 商人上门收购 D. 政府平台 E. 企业订购

B4. 您是否有自己的产品品牌：________

A. 有（品牌名称：________） B. 没有

B5. 您农业先进技术及科技成果获取渠道：________

A. 科研院所 B. 农技员 C. 村干部 D. 亲友或邻居 E. 其他__________________

B6. 您认为乡村产业发展中突出的问题是（多选）：________

A. 资金紧缺 B. 政策支持不力 C. 技术水平落后，信息化水平低

D. 基础设施及管理制度落后 E. 缺乏人才及专业培训 F. 销售渠道受限

G. 农村生态环境破坏 H. 其他__________________

B7. 您认为乡村产业振兴需要具有什么特点（多选）：________

A. 彰显地区特色，体现乡村价值 B. 形成乡村品牌，具有产业影响力

C. 产业发展前景好，经济效益高 D. 乡村产业质量高，持续增长强

E. 其他__________________

B8. 对于促进乡村产业发展，您觉得哪些措施最有用（多选）：________

A. 促进农业规模化经营和土地流转 B. 集体经济发展 C. 户籍改革，农民转市民

D. 农民就业创业技能培训 E. 政府主导开展乡村规划建设

F. 大力发展与推广先进适用技术 G. 政府补贴 H. 其他__________________

B9. 您认为所在乡村未来产业发展方向是（多选）：________

A. 引进投资，开设工厂 B. 发展规模化、机械化、现代化农业 C. 发展农产品加工业

D. 发展农村电商产业 E. 发展休闲旅游业 F. 其他__________________

B10. 您对乡村产业振兴有什么建议？____

____

____

第三部分 产业发展情况（仅农户填写）

C1. 您所从事的主要产业类型：________

A. 种植业 B. 畜牧业 C. 渔业 D. 农产品加工业 E. 服务业 F. 休闲农业

G. 其他________

C2. 您农业产业经营规模：__________________（亩/头）

C3. 您经营产品的销售渠道（多选）：________

A. 直接市场售卖 B. 网络平台 C. 商人上门收购 D. 政府平台 E. 企业订购

C4. 您农业先进技术及科技成果获取渠道：________

A. 科研院所 B. 农技员 C. 村干部 D. 亲友或邻居 E. 其他__________________

C5. 您认为乡村产业发展中突出的问题是（多选）：____________

A. 资金紧缺 B. 政策支持不力 C. 技术水平落后，信息化水平低

D. 基础设施及管理制度落后　E. 缺乏人才及专业培训　F. 销售渠道受限
G. 农村生态环境破坏　H. 其他________

C6. 您认为乡村产业振兴需要具有什么特点（多选）：______
A. 彰显地区特色，体现乡村价值　B. 形成乡村品牌，具有产业影响力
C. 产业发展前景好，经济效益高　D. 乡村产业质量高，持续增长强
E. 其他________

C7. 对于促进乡村产业发展，您觉得哪些措施最有用（多选）：______
A. 促进农业规模化经营和土地流转　B. 集体经济发展　C. 户籍改革，农民转市民
D. 农民就业创业技能培训　E. 政府主导开展乡村规划建设
F. 大力发展与推广先进适用技术　G. 政府补贴　H. 其他________

C8. 您认为所在乡村未来产业发展方向是（多选）：______
A. 引进投资，开设工厂　B. 发展规模化、机械化、现代化农业　C. 发展农产品加工业
D. 发展农村电商产业　E. 发展休闲旅游业　F. 其他________

C9. 您对乡村产业振兴有什么建议？________________________________
____
____

附录Ⅲ

调研结果

调研组对黄土高原区、西南丘陵区、青藏高原区、新疆地区和云贵高原区5个综合农业分区开展实地调研，共计调研78个行政村、581个农户、236个新型经营主体。其中，黄土高原区、西南丘陵区、青藏高原区、新疆地区和云贵高原区的样本村分别占比2%、60%、5%、5%和10%；农户分别占比30%、34%、17%、13%和6%；新型经营主体调研4个综合农区，黄土高原、西南丘陵区、新疆地区和云贵高原区分别占比25%、65%、3%和7%。通过调研数据，详细分析了各综合农业分区的样本村在基础条件、产业发展情况、生活水平等方面的具体情况，样本农户及新型经营主体在基本情况、生活水平、产业发展等方面的具体情况。

黄土高原区

黄土高原区包括甘肃省、宁夏回族自治区、内蒙古自治区和陕西省的部分地区，是黄河流域的重要生态屏障和农业区域。该区域地势以高原为主，沟壑纵横，地形起伏较大，耕地分布较为分散，土壤类型以黄土为主，具有疏松、易侵蚀的特点，部分地区存在严重的水土流失和土壤贫瘠问题。气候上，该区域属于温带半干旱气候，夏季短暂而炎热，冬季寒冷干燥，年降水量在300~600毫米，水资源相对匮乏，农业生产高度依赖灌溉。农作物以一年一熟为主，主要种植小麦、玉米、谷子、马铃薯和豆类，同时也是苹果、梨等特色水果的重要产区。尽管自然条件较为严酷，但黄土高原区凭借其独特的地理环境和悠久的农耕历史，在生态治理和特色农业发展方面具有重要潜力。近年来，随着退耕还林还草、水土保持等生态工程的实施，区域生态环境逐步改善，农业基础设施不断完善，农民生活水平有所提高，乡村治理和可持续发展能力逐步增强，为黄土高原区农业转型和乡村振兴奠定了重要基础。

（一）调研村

1. 基本情况

1.1 区位情况

样本村平均距离镇（乡）3.13千米、距离县（市、区）25.78千米，样本村具体分布见图1、图2。

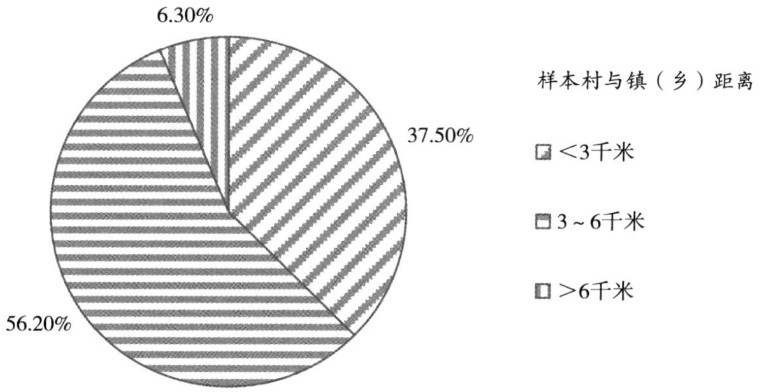

图1 样本村与镇（乡）距离

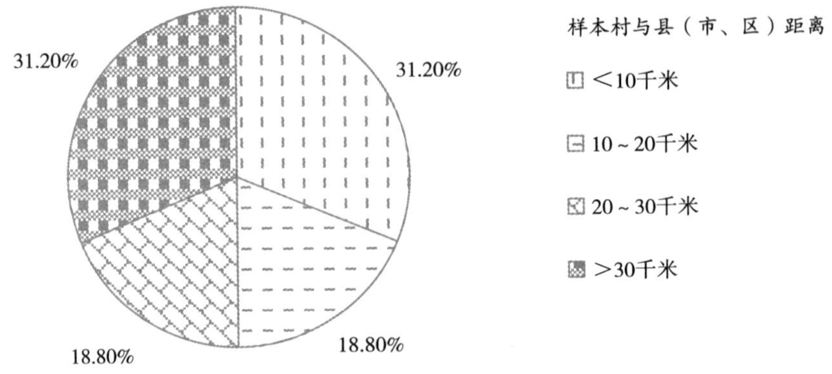

图2　样本村与县（市、区）距离

1.2　文旅资源情况

样本村中有风景名胜或文物古迹的占比37.5%，共有风景名胜或文物古迹7处，以自然风景为主；有自然保护区的村占比6.3%，有自然保护区1处。

1.3　人口情况

据调研数据，黄土高原区样本村平均户数626户，平均每村人口为2 210人（图3），大部分村的人口在1 000~4 000人；平均每村农业劳动力为1 036人，平均每村常住人口为1 495人；样本村外出务工人数占比21.37%，有超过80%的村外出务工人数占比在10%以上（图4）；样本村有大专及以上学历的每村平均为192人，占总样本村人数的8.71%。

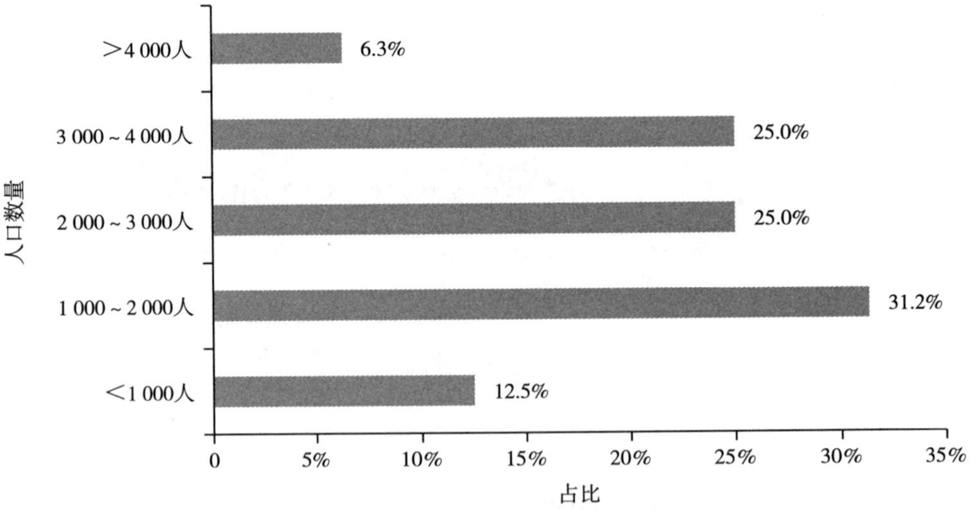

图3　样本村总人口数量分布

1.4　耕地资源情况

黄土高原区土地资源相丰富，样本村平均耕地面积8 606亩，人均耕地面积4.07亩；样本村平均园地面积919亩，人均园地面积0.79亩；样本村平均林地面积6 969亩，人均林地面积5.04亩；样本村

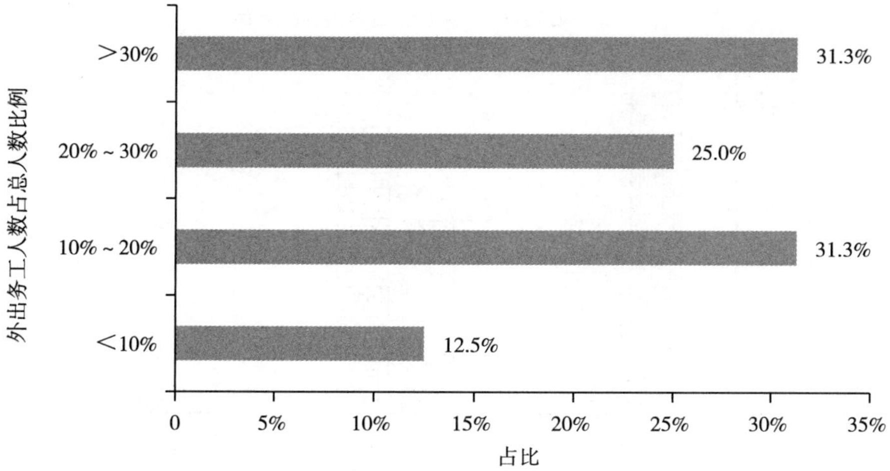

图4 样本村外出务工人数占总人数比例分布

平均草地面积2 337亩，人均草地面积1.71亩，具体分布见图5。

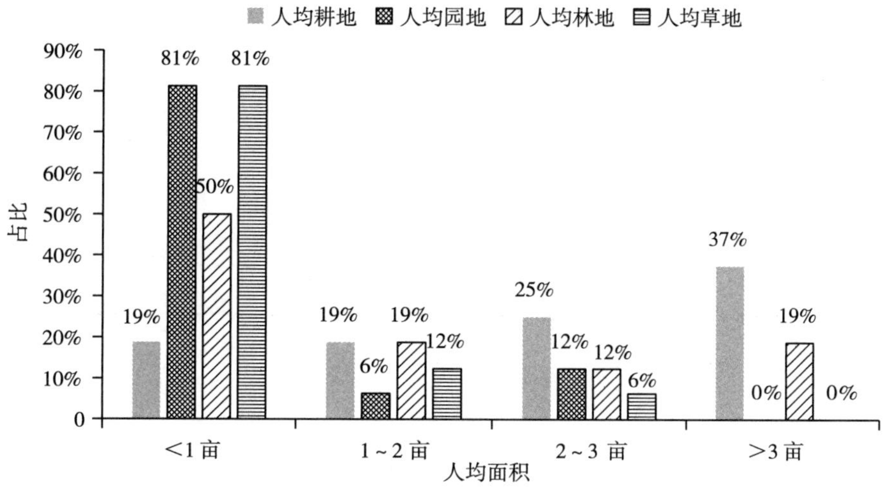

图5 样本村土地资源人均面积分布

1.5 交通情况

黄土高原区受自然地形条件影响，道路设施状况较差，样本村平均距最近的高速入口31千米，距最近的汽车站11千米，距最近的火车站54千米，距最近的机场82千米。在通村公路方面，有62.5%的样本村为柏油路，37.5%的村为水泥路；在村内主要道路方面，有31.3%的样本村为柏油路，62.5%的村为水泥路，6.2%的村为泥土路（图6）。

1.6 科教文卫设施情况

黄土高原区有87.5%样本村村内安装了路灯，平均百货店数量7.5个、平均卫生院数量0.87个、平均药店数量1.4个、平均体育场数量1.2个、平均老年活动中心数量0.8个、平均敬老院数量0.35个、平均幼儿园数量0.67个、平均小学数量0.67个、平均中学数量0.2个（图7）。

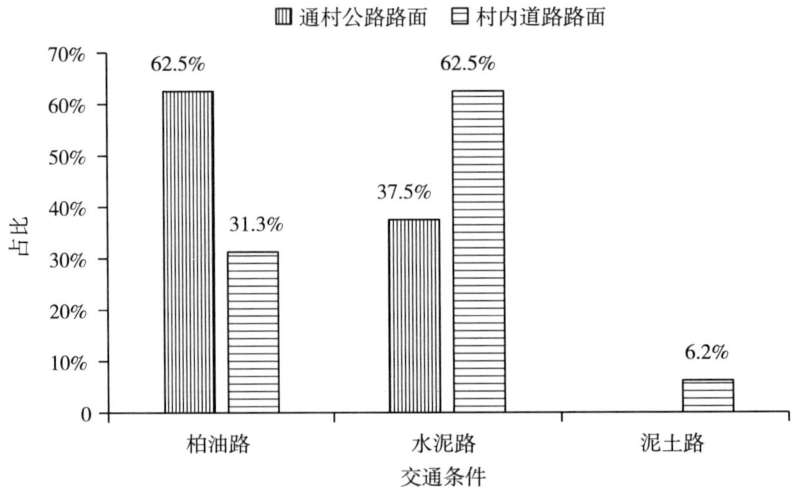

图 6　样本村通村交通条件

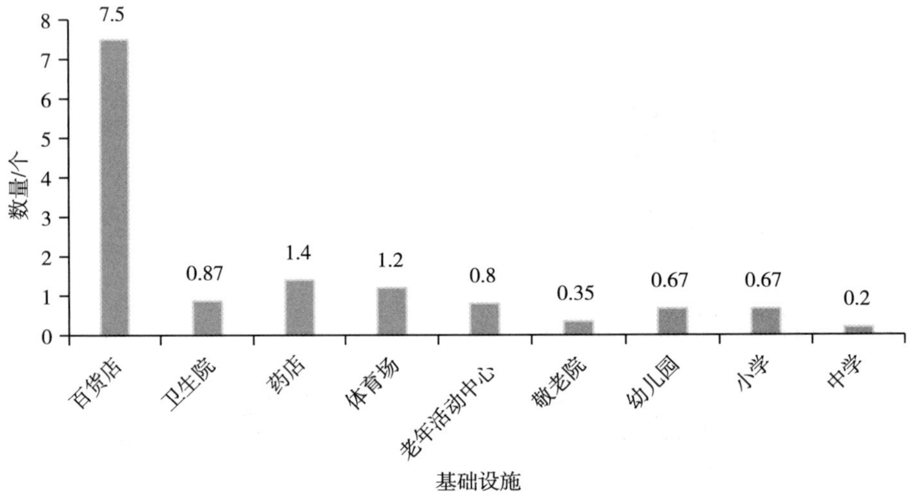

图 7　样本村基础设施情况

1.7　生活用水及燃料情况

黄土高原区样本村生活用水以自来水为主，占比 81.25%，辅以井水；燃料以煤气为主，占比 56.25%，部分使用煤炭和柴草。

2. 产业发展情况

2.1　新型经营主体发展情况

样本村平均新型经营主体数量为 15.8 个，有 25%的村新型主体个数大于 10 个，具体分布见图 8。有 37.5%的村有国家级、市级龙头企业带动发展。

样本村平均参加合作社的农户为 177 户，占总户数的 28.3%，各村入社农户占比差异较大，入社比例低于 10%的村占比高达 43.8%（图 9）。

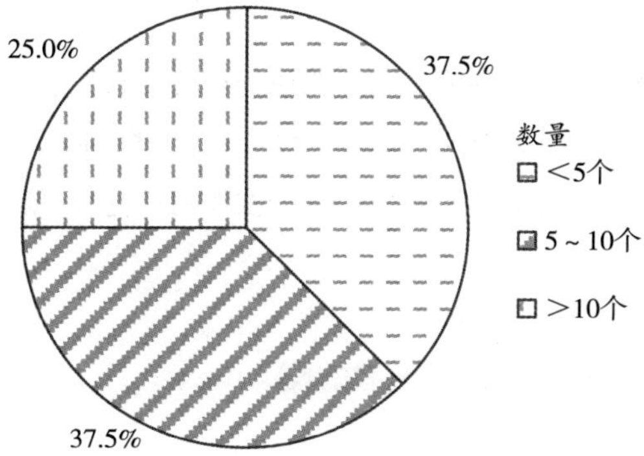

图8 样本村新型经营主体数量分布

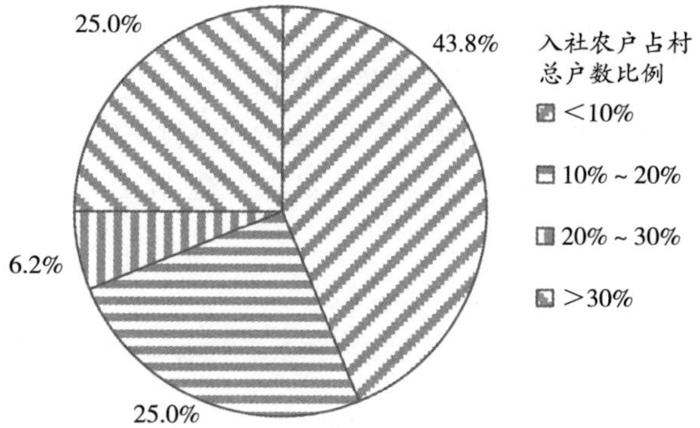

图9 样本村入社农户占村总户数分布

2.2 农业发展情况

样本村平均每村整地环节服务购买率为44%，平均每村病虫害防治服务购买率为49%，平均每村施肥环节服务购买率为49.4%，平均每村收割环节服务购买率为65.07%；平均每村大型拖拉机6.68台，小型拖拉机85.4台，农用排管柴油机2.77台；平均每村机播率64.25%、机耕率78.19%、机收率64%，详见图10。样本村农户对本村农业基础设施满意的占比为68.7%，具体情况见图11。

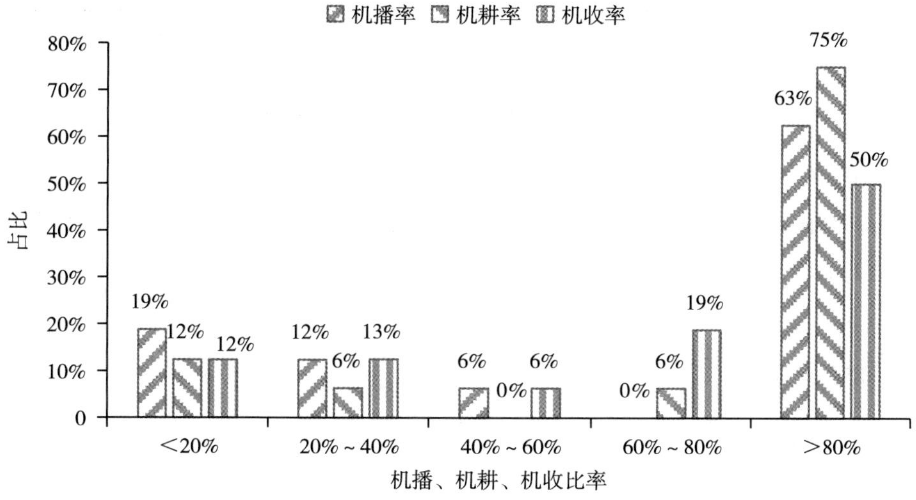

图10 样本村机播、机耕、机收情况

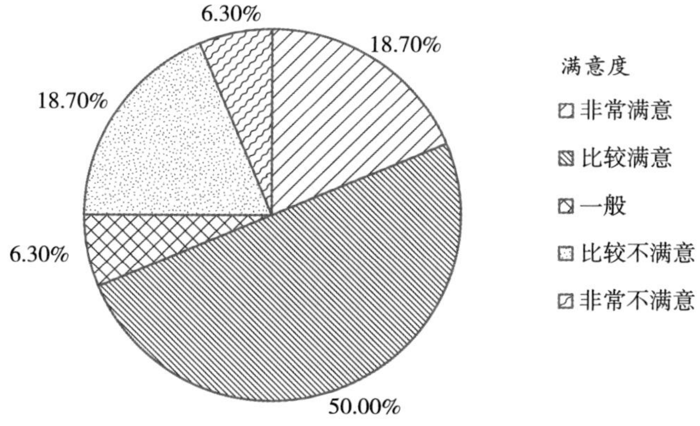

图11 样本村农户对农业基础设施的满意度

2.3　特色产业发展情况

样本村中有 93.8%的村有特色产业，主要发展苹果种植、肉牛养殖等产业，具体分布见图 12，平均每村有 198 户居民参与特色产业，年每村平均特色产业收入 1 366 万元。在样本村的特色产业中，有 31.3%的特色农产品有培育自己的品牌，有 43.8%的农产品开通了网上销售渠道，有 50%的村特色产品主要销往外市。

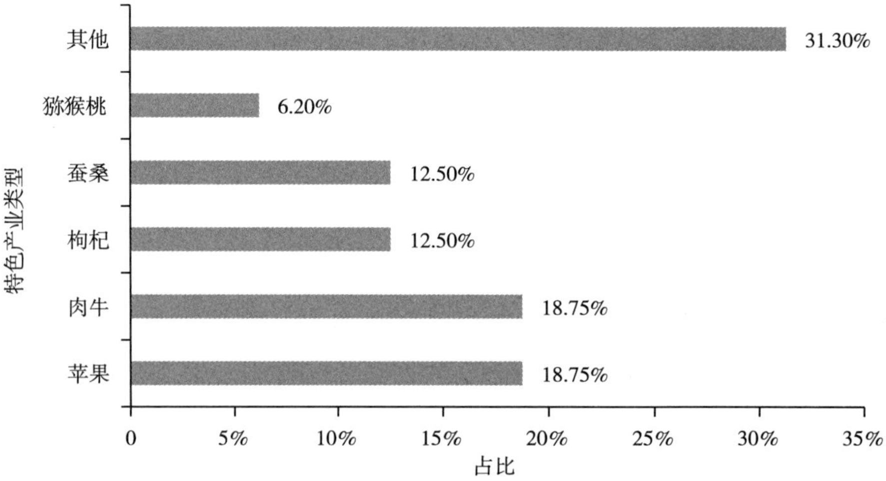

图 12　样本村特色产业发展情况

2.4　休闲农业和乡村旅游发展情况

黄土高原区休闲农业和乡村旅游发展整体呈现良好态势，43.75%的样本村发展了休闲农业和乡村旅游。平均每样本村休闲农业和乡村旅游接待能力达 28 200 人次/年，获得收入 925 200 元/年。

3. 样本村生活水平

3.1　经济收入情况

样本村平均村集体经济收入为 115.25 万元；居民人均收入为 1.97 万元，其中农户人均收入主要集中在 1 万~2 万元和 2 万~3 万元，占比分别为 43.8%和 37.5%，在 3 万元及以上的村占比仅为 6.2%，详见图 13。

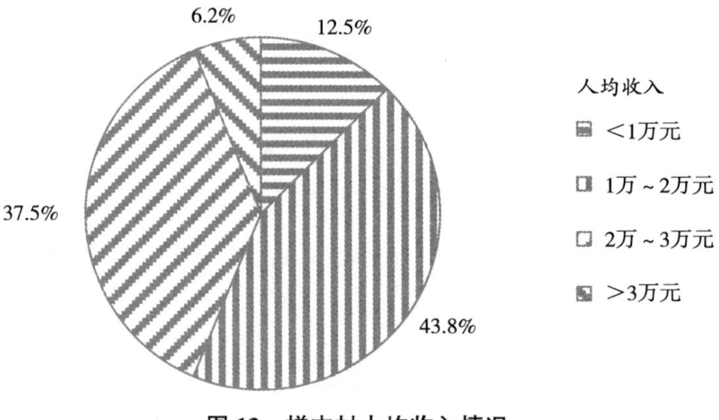

图 13　样本村人均收入情况

3.2 农户购买保险情况

样本村平均参加新型农村合作医疗的有 623 户，占总户数的 99.47%；样本村平均购买农村养老保险参保家庭户数为 570 户，占总户数的 91.06%；样本村平均购买农业保险的家庭户数为 276 户，占总户数的 35.81%。

3.3 农户部分智能设备及资产情况

样本村平均使用有线电视户数为 574 户，占总户数的 91.67%；样本村平均使用宽带网络户数为 581 户，占总户数的 92.77%；样本村平均使用智能手机的户数为 612 户，占总户数的 97.77%；样本村平均拥有私家车的户数为 327 户，占总户数的 52.24%。

（二）农户

1. 基本情况

黄土高原区调研农户中 75.4%为男性，24.6%为女性；其中年龄在 36~59 岁的农户占比达到了 80%，60 岁及以上的比例占 14.3%（图 14，图 15）。学历情况：56%的农户为初中文化水平，有大专或本科学历的农户仅占 5.2%（图 16）。职业类型：有 74.3%为农户，15.4%为外出务工，5.2%为专业大户（图 17）。

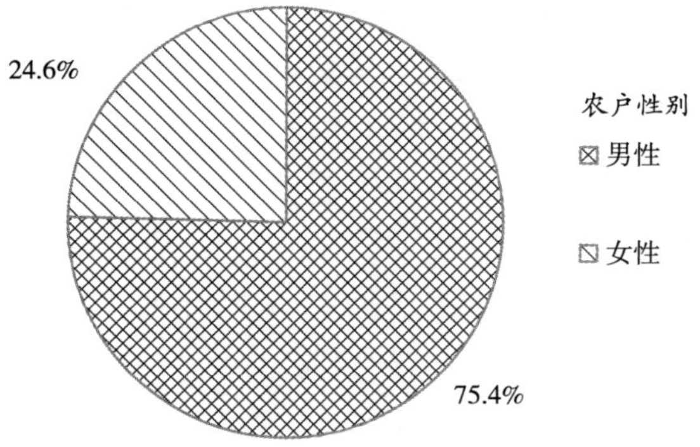

图 14 样本农户性别情况

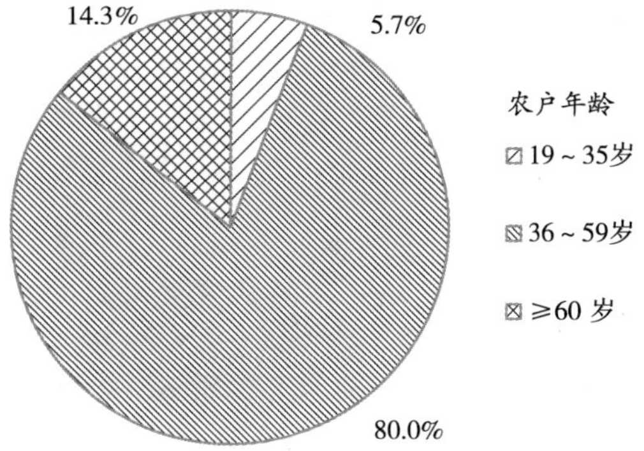

图 15 样本农户年龄分布情况

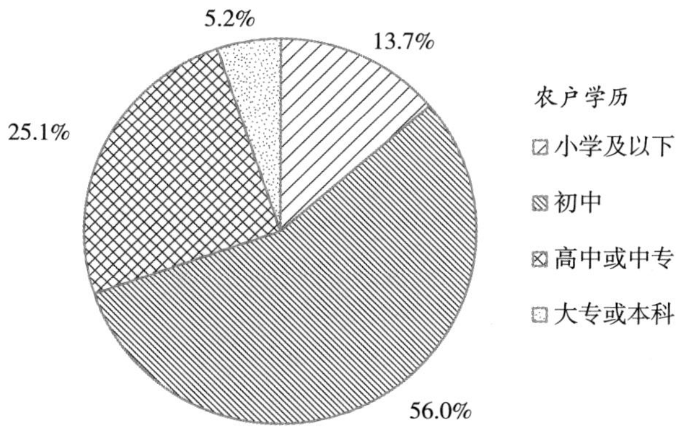

图 16 样本农户学历情况

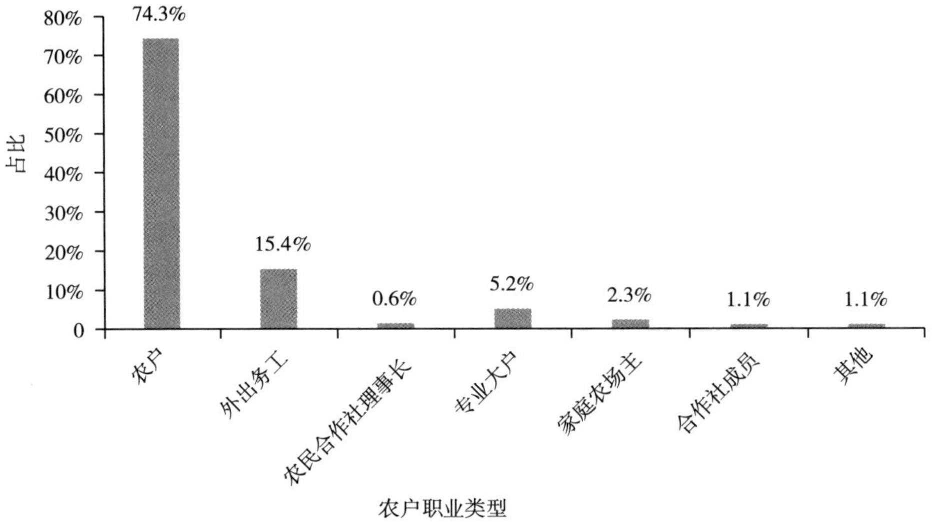

图 17　样本农户职业类型分布情况

2. 生活水平

黄土高原区调研农户年收入主要分布在 4 万～6 万元，占 43.4%，收入超过 6 万元的占 14.3%，具体收入区间分布见图 18；其中平均农业经营收入为 3.99 万元，平均工资性收入 1.88 万元，平均补贴收入 0.21 万元，平均财产性收入 0.13 万元，平均其他收入 0.49 万元，各收入来源区间占比见图 19。

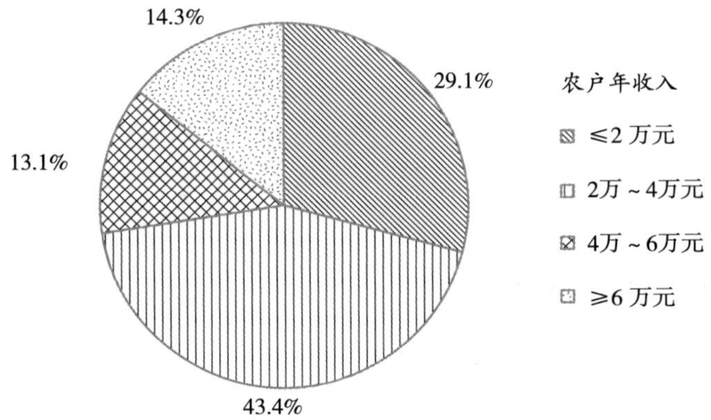

图 18　样本农户年收入分布情况

3. 产业发展

黄土高原区产业发展中有 62.9%的农户从事种植业，15.4%的农户从事畜牧业，具体产业类型分布情况见图 20，黄土高原区农户农产品销售以直接市场售卖为主，占比为 67.4%，有 27.4%为商人上门收购，其他销售方式见图 21。

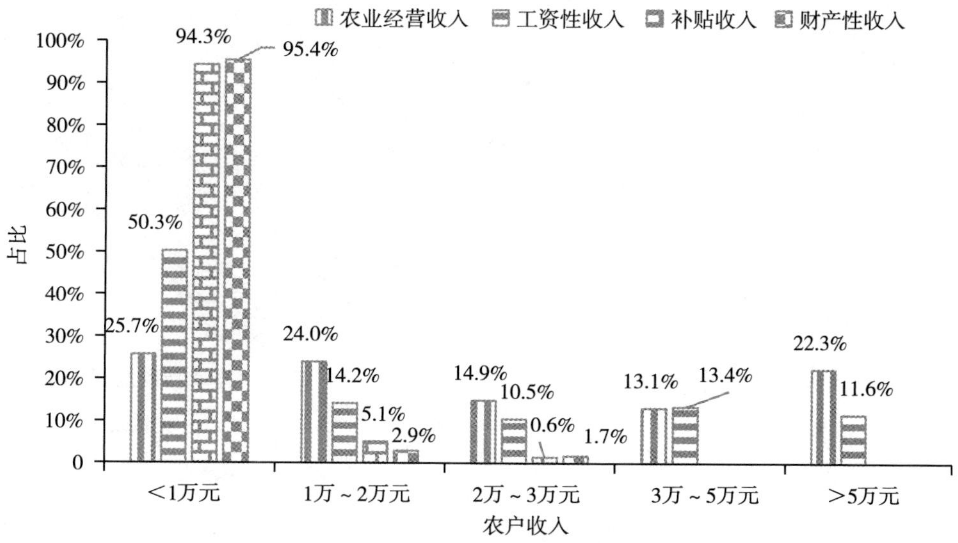

图 19 样本农户收入来源分布情况

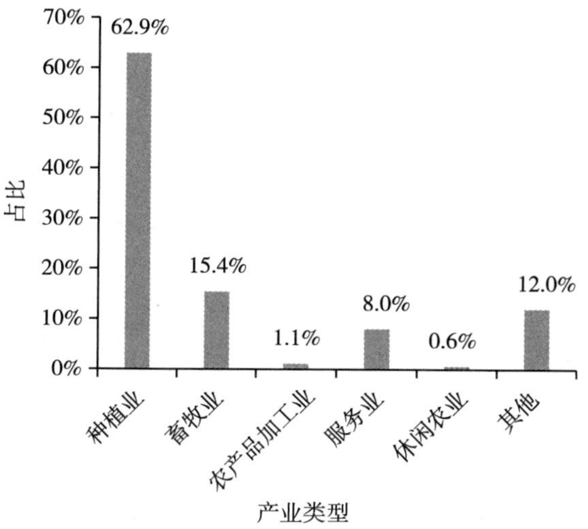

图 20 样本农户从事产业类型

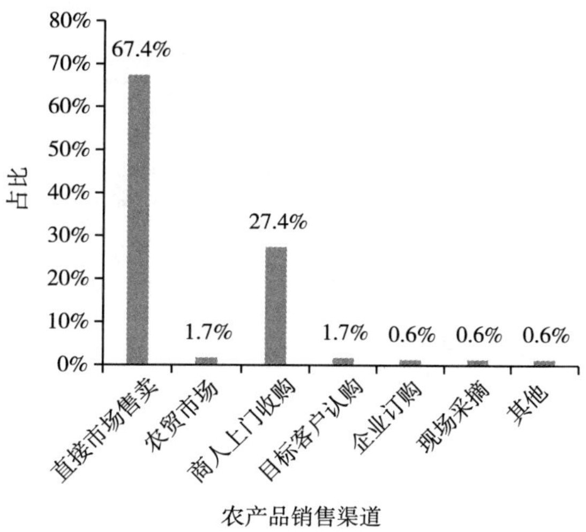

图 21 样本农户农产品销售渠道

（三）新型经营主体

1. 基本情况

黄土高原区调研新型经营主体中 91.4%为男性，8.6%为女性；其中年龄在 36~59 岁所占比例达到了 77.6%，60 岁及以上占 6.9%（图 22，图 23）；学历情况：有 48.3%的新型经营主体为高中或中专文化，1.7%为小学及以下文化，有大专或本科文化及以上的新型经营主体占 19%（图 24）。职业类型：有 27.8%为合作社成员，24.1%为专业大户，24.1%为家庭农场主，具体情况见图 25。

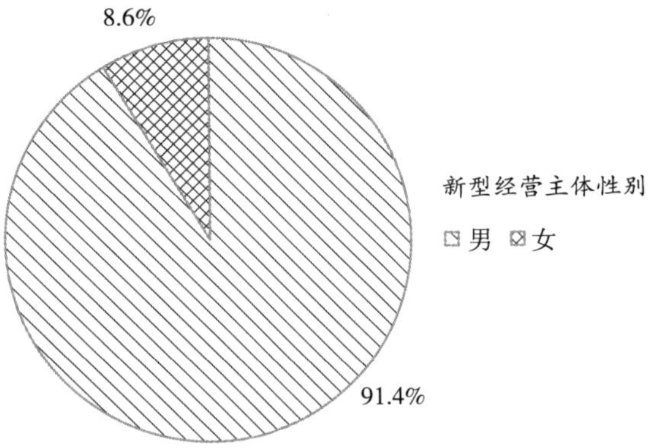

图 22　样本新型经营主体性别分布情况

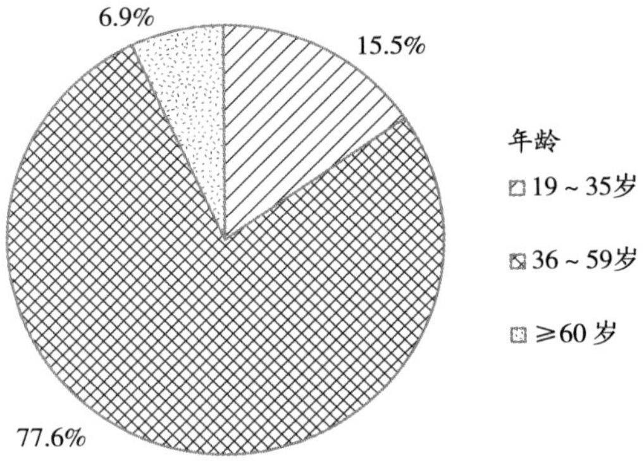

图 23　样本新型经营主体年龄分布情况

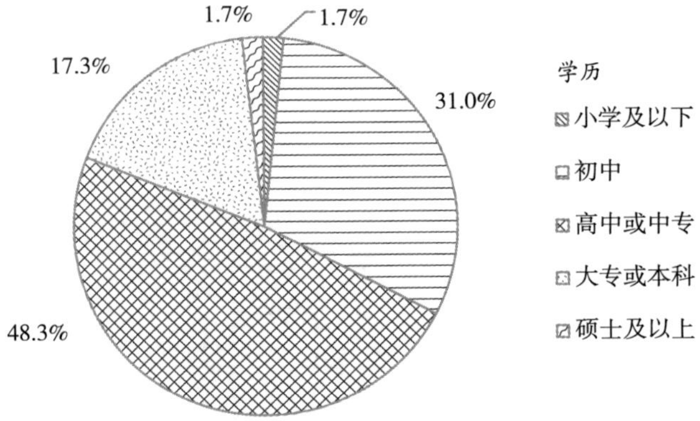

图 24　样本新型经营主体学历情况

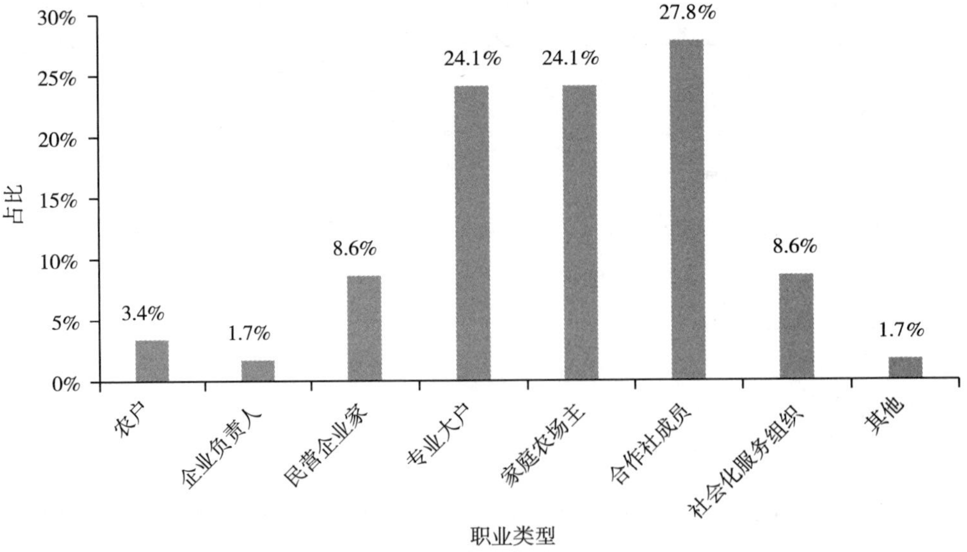

图 25　样本新型经营主体职业情况

2. 生活水平

黄土高原区调研新型经营主体年收入超过 6 万元的占比最高，占调研总数的 67.2%，年收入不足 2 万元的新型经营主体占 5.2%（图 26）；其中平均农业经营收入为 42 万元，平均工资性收入 1.1 万元，平均补贴收入 1.71 万元，平均财产性收入 2.46 万元，平均其他收入 0.54 万元（图 27）。

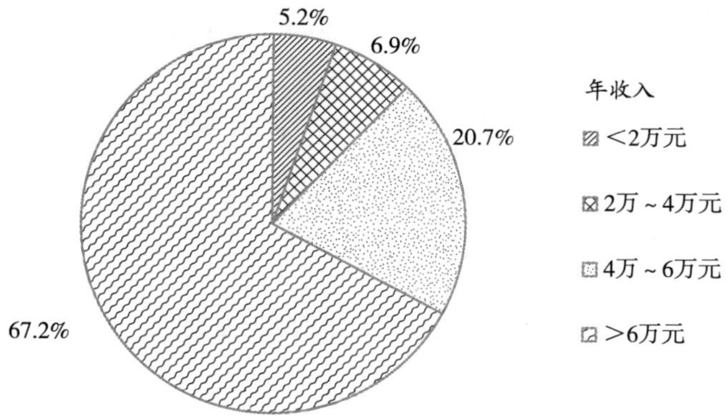

图 26 样本新型经营主体年收入分布情况

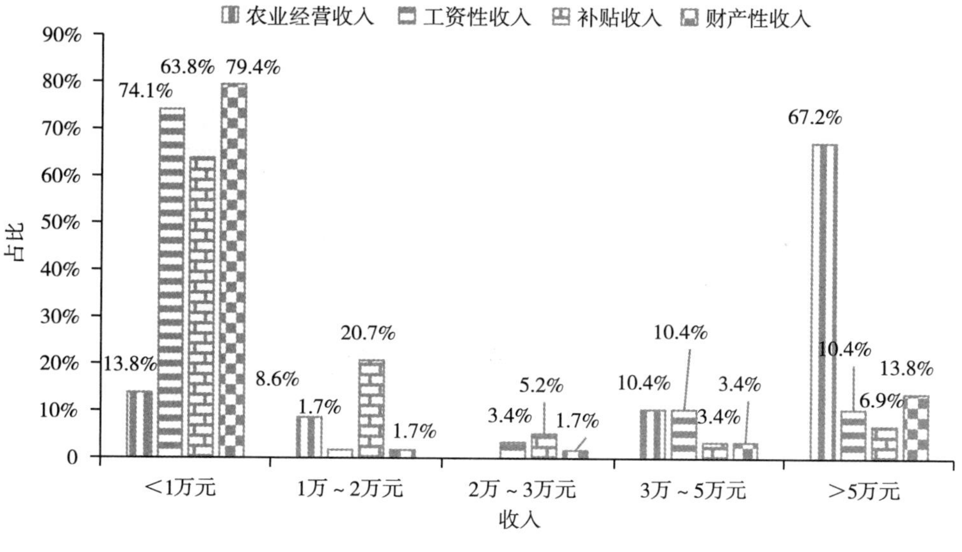

图 27 样本新型经营主体收入来源分布情况

3. 产业发展

黄土高原区新型经营主体产业发展以种植业和畜牧业为主，分别占所有调研新型经营主体的 31%和 36.2%，具体产业类型分布情况见图 28，黄土高原区新型经营主体农产品销售模式多种多样，其中农贸市场售卖占比为 53.6%，有 15.5%为商人上门收购，其他销售方式见图 29；15.5%的新型经营主体有培育农业品牌；55.3%的新型经营主体对农业先进技术及科技成果的获取渠道来源于基层科技人员（农技员），24.1%来源于科研院所（图 30）。

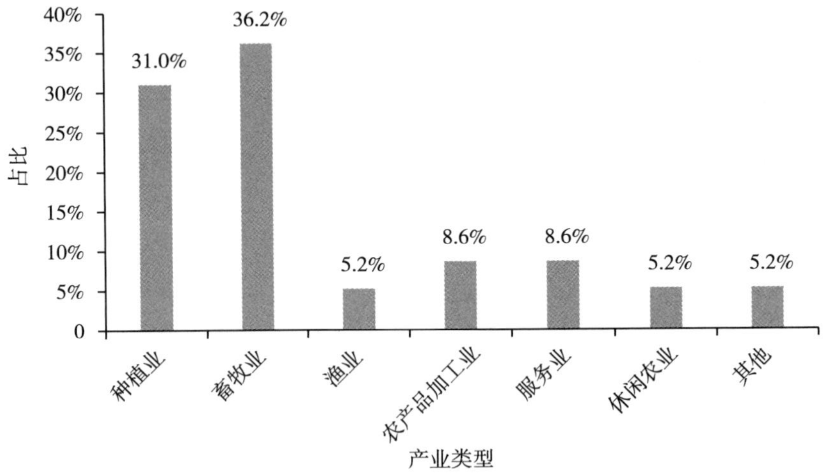

图 28　新型经营主体从事产业类型

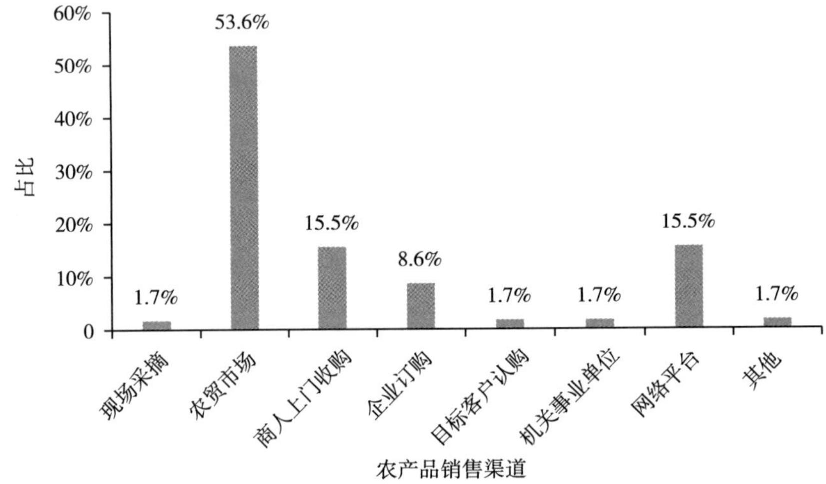

图 29　新型经营主体农产品销售渠道

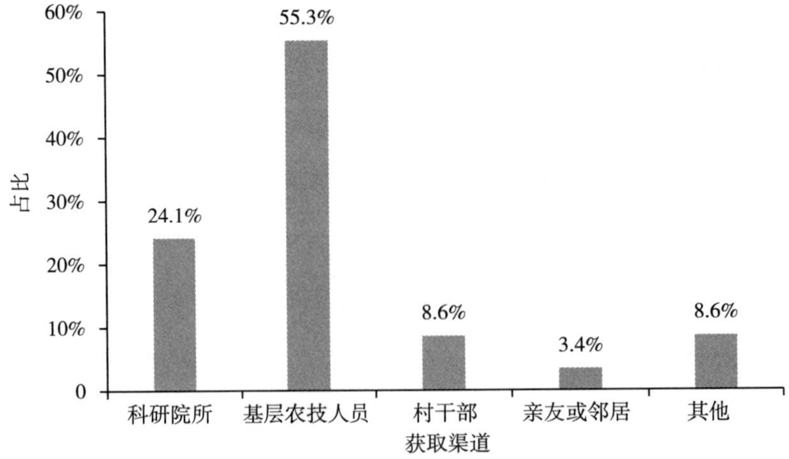

图 30　新型经营主体对农业先进技术及科技成果的获取渠道

西南丘陵区

西南丘陵区作为川渝湘交界地带的关键构成，涵盖了四川省、重庆市以及湖南省部分地区的众多县（市、区），是极为重要的地理单元。从地形地貌来看，该区域以丘陵地形为主，地势起伏较为明显。这一地形特点致使耕地分布呈现出分散状态，不利于规模化、集约化的农业生产活动开展。土壤类型丰富多样，黄壤、红壤和紫色土为主要类型，不过部分区域由于长期不合理的开发利用，面临着土壤侵蚀、肥力下降等问题，对农业生产的稳定性与持续性造成一定威胁。在气候方面，西南丘陵区属于亚热带湿润气候，夏季高温多雨，充沛的降水与较高的气温同期出现，利于农作物快速生长；冬季则温和湿润。该区域年降水量为1 000~1 400毫米，水资源总量较为可观，然而受地形、季风等因素影响，水资源在空间和时间上分布不均，部分地区在特定时段易出现干旱或洪涝灾害，给农业生产带来挑战。这里的农作物生长周期特点显著，以一年两熟或三熟为主。基于优越的自然条件，西南丘陵区成为水稻、玉米、红薯、油菜和茶叶等农作物的重要产区，同时也是柑橘、柚子等特色水果的优势种植区域，农产品种类丰富，特色鲜明。尽管自然条件存在复杂性，但独特的地理环境与气候条件赋予了该区域在农业多样化和特色产业发展上的巨大潜力。近年来，随着乡村振兴战略稳步推进，西南丘陵区在多个方面取得显著成果。农业基础设施不断完善，农田水利设施的升级改造，提高了水资源的利用效率；道路交通条件的改善，增强了农产品的运输能力。农民生活水平显著提高，收入来源更加多元。生态环境保护与乡村治理成效初显，水土流失得到有效治理，生态农业模式逐步推广，乡村治理体系不断健全，为区域农业可持续发展筑牢根基，也为乡村全面振兴创造了有利条件。

（一）调研村

1. 基本情况

1.1 区位情况

样本村平均距离镇（乡）6. 98千米、距离县（市、区）38. 87千米，样本村具体分布见图1、图2。

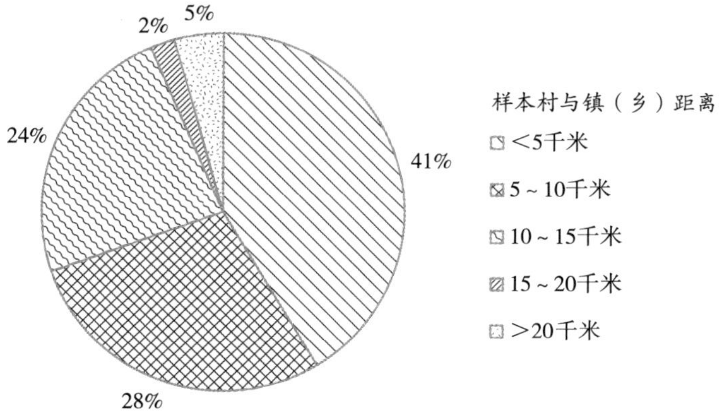

图1 样本村与镇（乡）距离

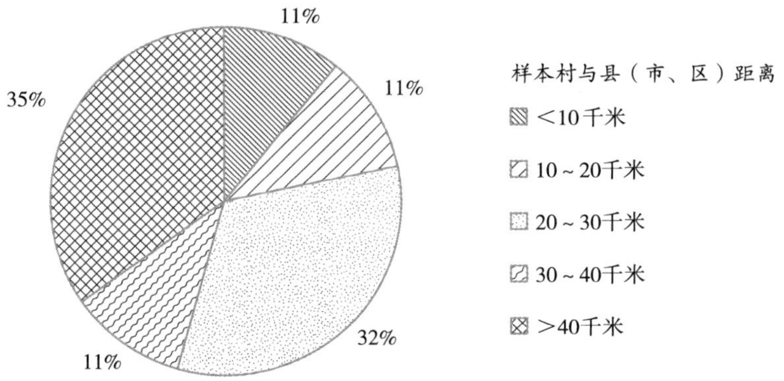

图 2　样本村与县（市、区）距离

1.2　文旅资源情况

样本村中有风景名胜或文物古迹的村占比为 45.7%，共有风景名胜或文物古迹 53 处，以自然风景为主；有自然保护区的村占比为 21.7%，有自然保护区 25 处。

1.3　人口情况

西南丘陵区样本村平均户数为 699 户；平均每村总人口为 2 270 人，如图 3 所示。大部分的村人口在 1 000～2 000 人，平均每村农业劳动力为 1 043 人，平均每村常住人口为 1 538 人，样本村外出务工人数占比为 32.84%。有超过 70%的村外出务工人数占比在 0～40%（图 4）；样本村有大专及以上学历每村平均为 183 人，占总样本村人数的 7.88%。

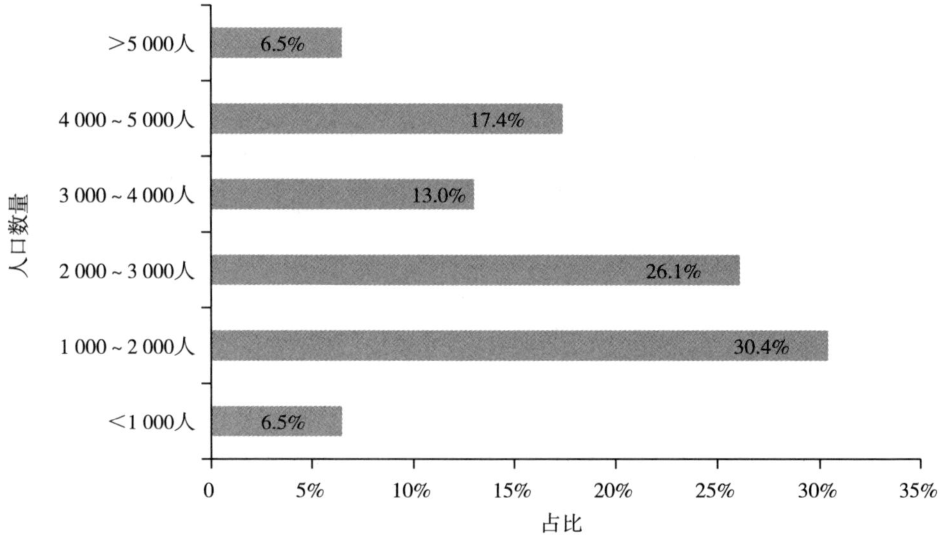

图 3　样本村总人口数量分布

1.4　耕地资源情况

西南丘陵区土地资源相对较丰富，样本村平均耕地面积为 3 931 亩，人均耕地面积为 1.73 亩；样本村平均园地面积为 804 亩，人均园地面积 0.35 亩；样本村平均林地面积 5 022 亩，人均林地面积 2.21

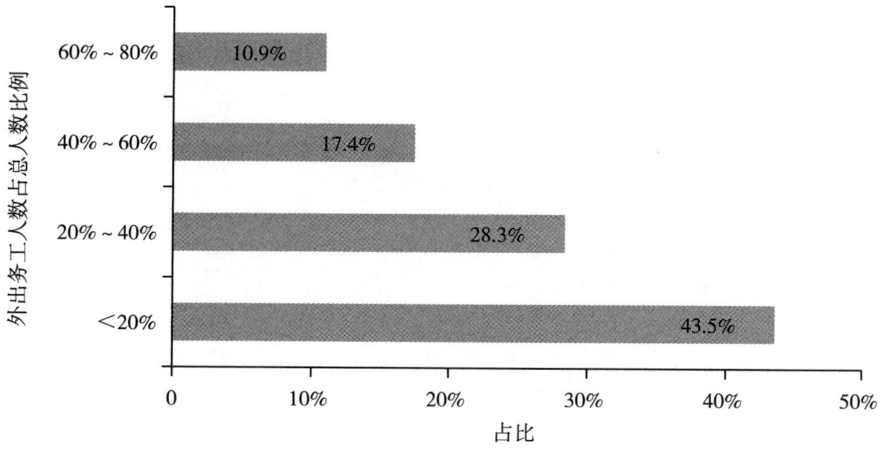

图 4 样本村外出务工人数占总人数比例分布

亩；样本村平均草地面积 3 637 亩，人均草地面积 1.6 亩；样本村平均湿地面积 1 269 亩，人均湿地面积 0.56 亩，具体分布见图 5。

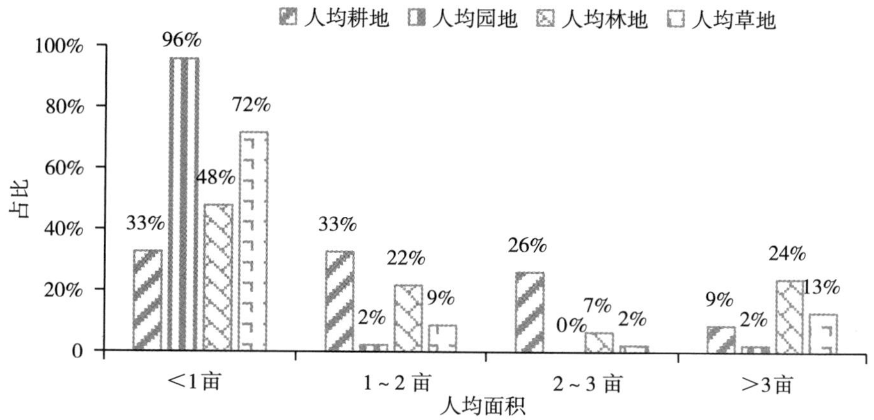

图 5 样本村土地资源人均面积分布

1.5 交通情况

西南丘陵区受自然地形条件影响，道路设施状况较差，样本村平均距最近的高速入口为 51 千米，距最近的汽车站 22 千米，距最近的火车站 108 千米，距最近的机场 117 千米。在通村公路方面，有 32.6%的样本村为柏油路，67.4%的村为水泥路；在村内主要道路方面，有 8.7%的样本村为柏油路，91.3%的村为水泥路（图 6）。

1.6 科教文卫设施情况

西南丘陵区样本村有 76%村村内安装了路灯，平均百货店数量 4.91 个、平均卫生院数量 0.57 个、平均药店数量 1.16 个、平均体育场数量 1.27 个、平均老年活动中心数量 0.76 个、平均敬老院数量 0.21 个、平均幼儿园数量 0.47 个、平均小学数量 0.4 个、平均中学数量 0.1 个（图 7）。

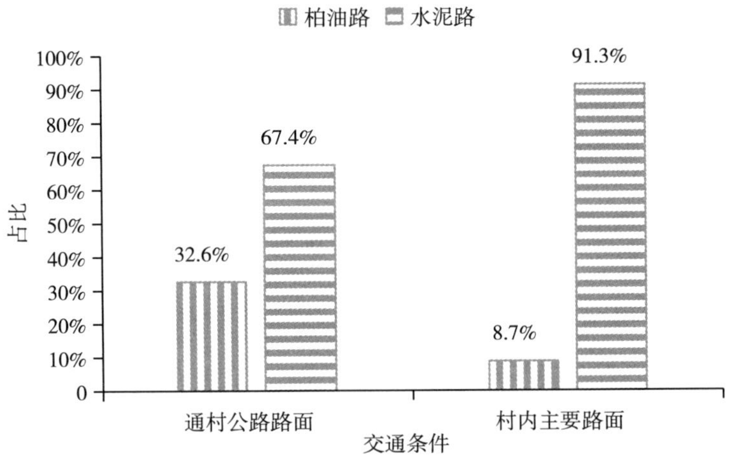

图 6 样本村通村交通条件

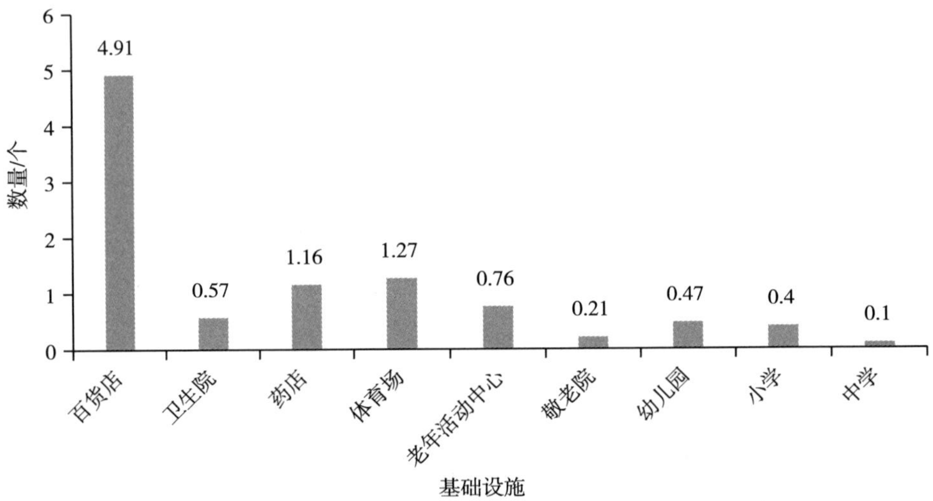

图 7 样本村基础设施情况

1.7 生活用水及燃料情况

西南丘陵区样本村生活用水以自来水为主，占比为 71.7%，辅以井水和山泉水；燃料以电为主，占比为 54.2%，部分使用天然气和柴草。

2. 产业发展情况

2.1 新型经营主体发展情况

样本村平均新型经营主体数量为 7.4 个，有 63.0%的村新型主体个数小于 5 个，具体分布见图 8。有 34.78%的村有国家级、市级龙头企业带动发展。

样本村平均参加合作社的农户为 292 户，占总户数的 40%，各村入社农户占比差异较大，入社比例低于 20%和高于 80%的村分别占 45.7%和 23.9%（图 9）。

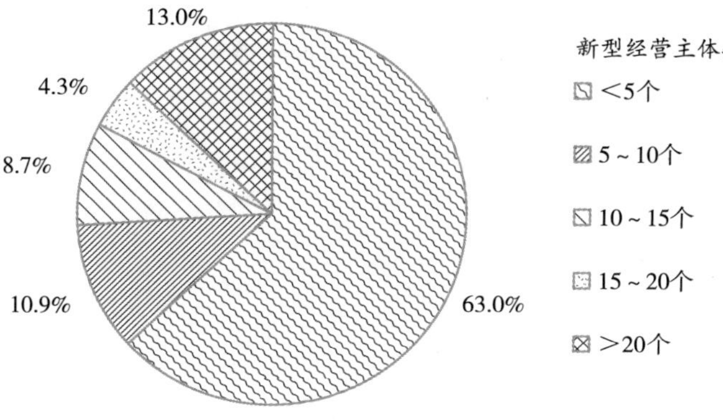

图8 样本村新型经营主体数量分布

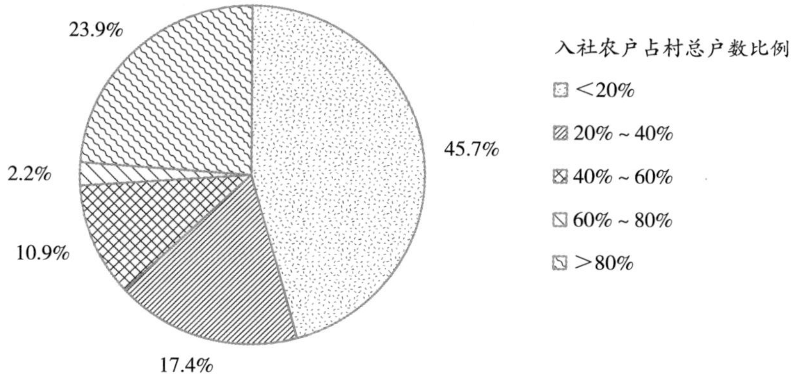

图9 样本村入社农户占村总户数分布

2.2 农业发展情况

样本村平均每村整地环节服务购买率为21.19%，平均每村病虫害防治服务购买率为27.85%，平均每村施肥环节服务购买率为21.29%，平均每村收割环节服务购买率为28.94%；平均每村有大型拖拉机3.3台，小型拖拉机27.1台，农用排管柴油机5.39台；平均每村机播率14.57%、机耕率28.66%、机收率20.16%，详见图10。样本村农户对本村农业基础设施满意的占比为54.4%，具体情况见图11。

2.3 特色产业发展情况

样本村中有80.4%的村有特色产业，主要发展桑蚕、石榴和柑橘，具体分布见图12。平均每村有293户居民参与特色产业，年每村平均特色产业收入912万元。在样本村的特色产业中，有21.70%的特色农产品有培育自己的品牌，有28.30%的农产品开通了网上销售渠道，有43.47%的村主要销往本市。

2.4 休闲农业和乡村旅游发展情况

西南丘陵区大多乡村因其交通、区位劣势，休闲农业和乡村旅游发展较为缓慢，样本村中仅有28.26%的村发展了休闲农业和乡村旅游。样本村中平均每村休闲农业和乡村旅游接待能力达20 321人次/年，获得收入439 065元/年。

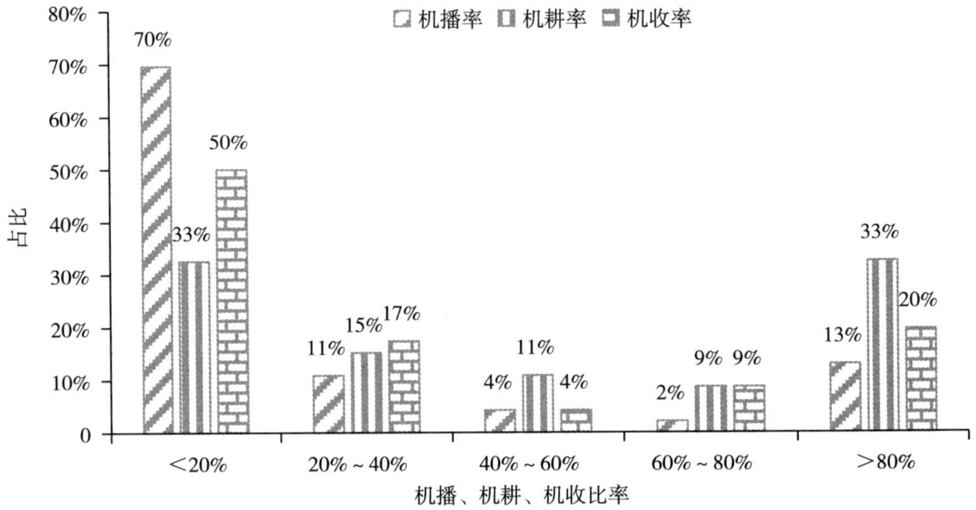

图 10　样本村机播、机耕、机收情况

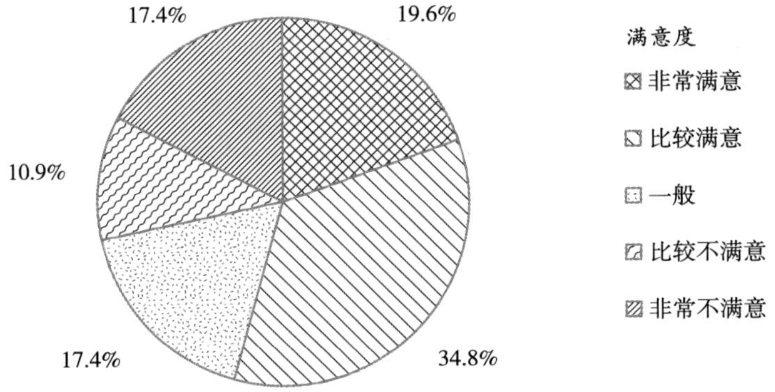

图 11　样本村农户对农业基础设施的满意度

3. 生活水平

3.1　经济收入情况

样本村平均村集体经济收入为 32.14 万元；平均农村居民人均收入为 1.67 万元，其中农户人均收入在 1 万~2 万元的村占比为 47.8%，在 3 万元及以上的村占比仅为 6.5%，详见图 13。

3.2　农户购买保险情况

样本村平均参加新型农村合作医疗的有 677 户，占总户数的 90.54%；样本村平均购买农村养老保险参保家庭户数为 598 户，占总户数的 78.07%；样本村平均购买农业保险的家庭户数为 250 户，占总户数的 32.63%。

3.3　农户部分智能设备及资产情况

样本村平均使用有线电视户数为 418 户，占总户数的 50.72%；样本村平均使用宽带网络户数为 524

户，占总户数的 70. 13%；样本村平均使用智能手机的户数为 711 户，占总户数的 97. 32%；样本村平均拥有私家车的户数为 275 户，占总户数的 38. 59%。

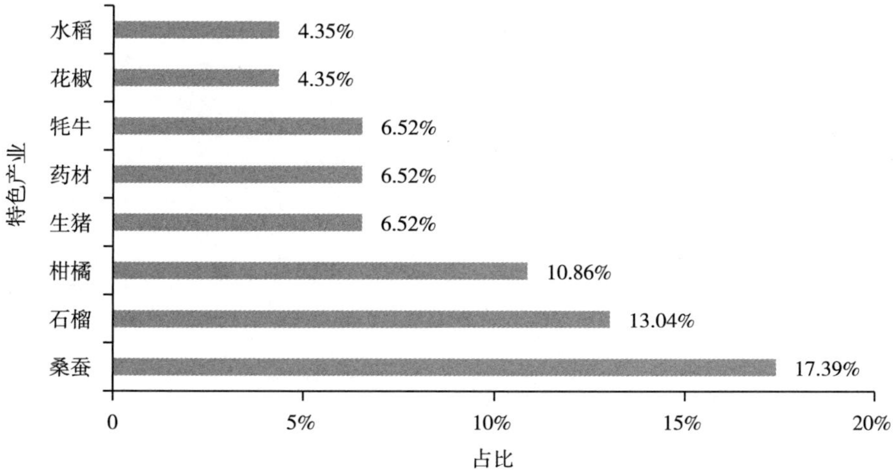

图 12 样本村特色产业发展情况

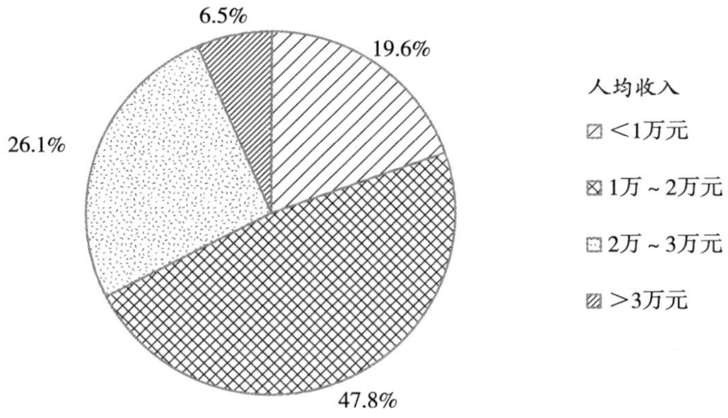

图 13 样本村人均收入情况

（二）农户

1. 基本情况

西南丘陵区调研农户中 76. 2%为男性，23. 8%为女性，其中 36～59 岁的农户达到了 64. 9%，60 岁及以上的占 31. 1%；学历情况：有 43. 1%的农户为初中文化，37. 1%为小学及以下文化，有大专或本科文化的农户仅占 4. 5%。职业类型：有 39. 6%为农户，20. 3%为专业大户，9. 4%为家庭农场主，具体情况见图 14 至图 17。

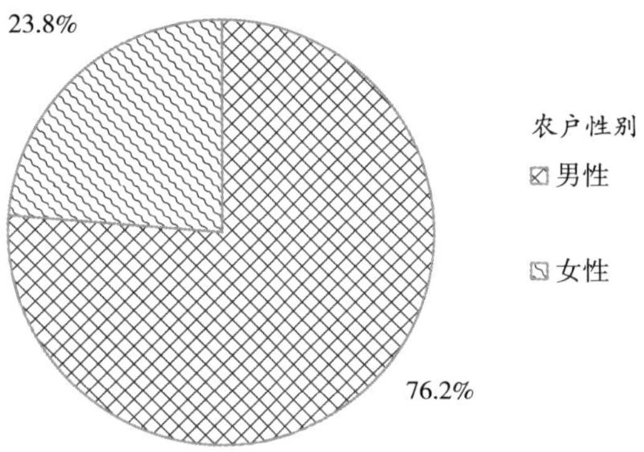

图 14　样本农户性别情况

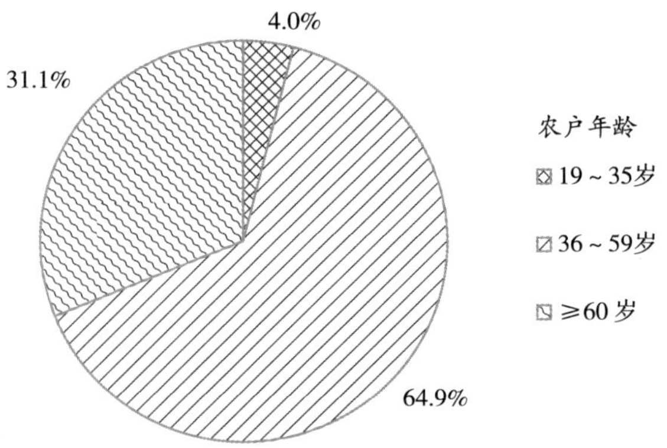

图 15　样本农户年龄分布情况

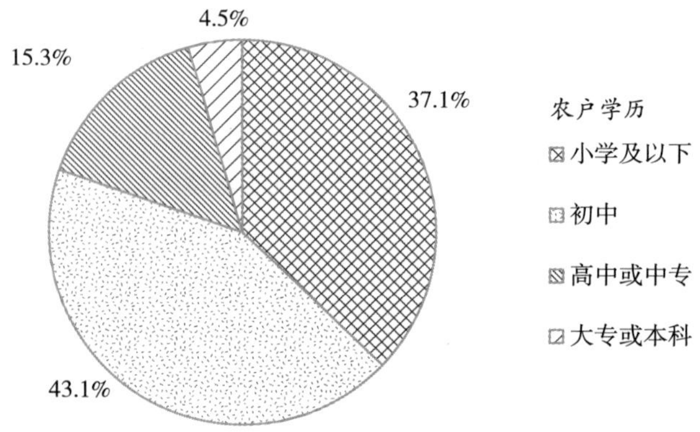

图 16　样本农户学历情况

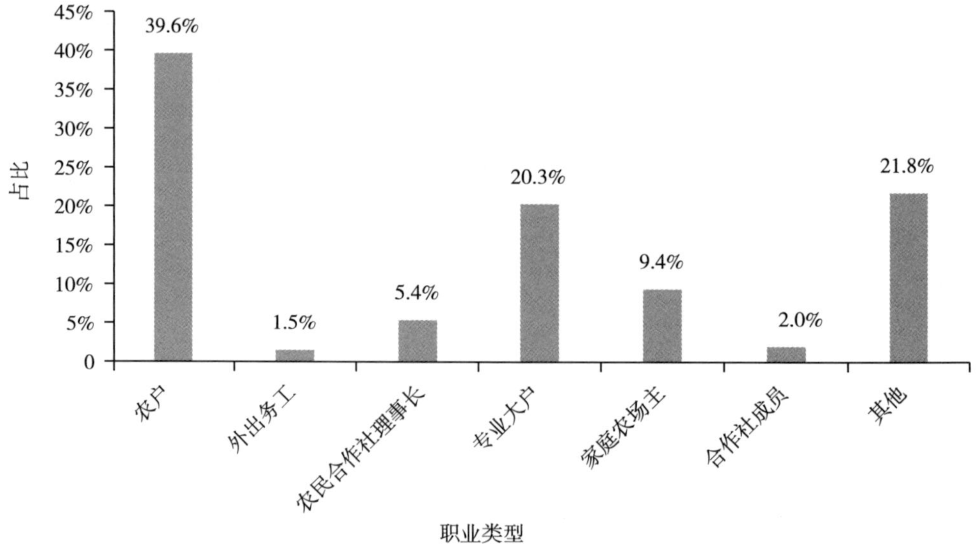

图 17　样本农户职业类型分布情况

2. 生活水平

西南丘陵区调研农户年收入各个阶段占比差异不大，2 万~4 万元区间占比最多，为 32.7%，超过 6 万元的占比达到了 20.3%（图 18）；其中平均农业经营收入为 3.63 万元，平均工资性收入 1.03 万元，平均补贴收入 0.15 万元，平均财产性收入 0.2 万元，平均其他收入 0.41 万元（图 19）。

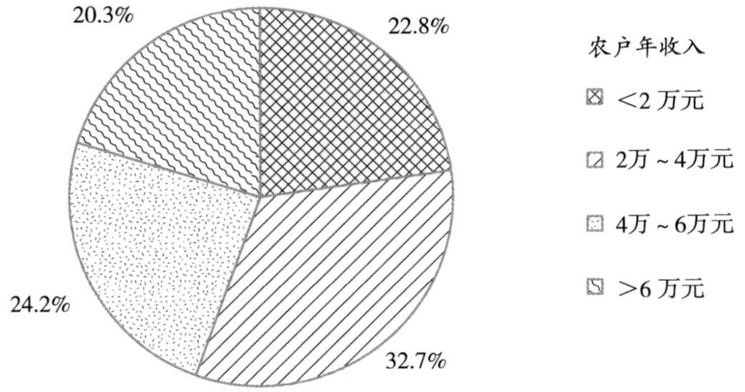

图 18 样本农户年收入分布情况

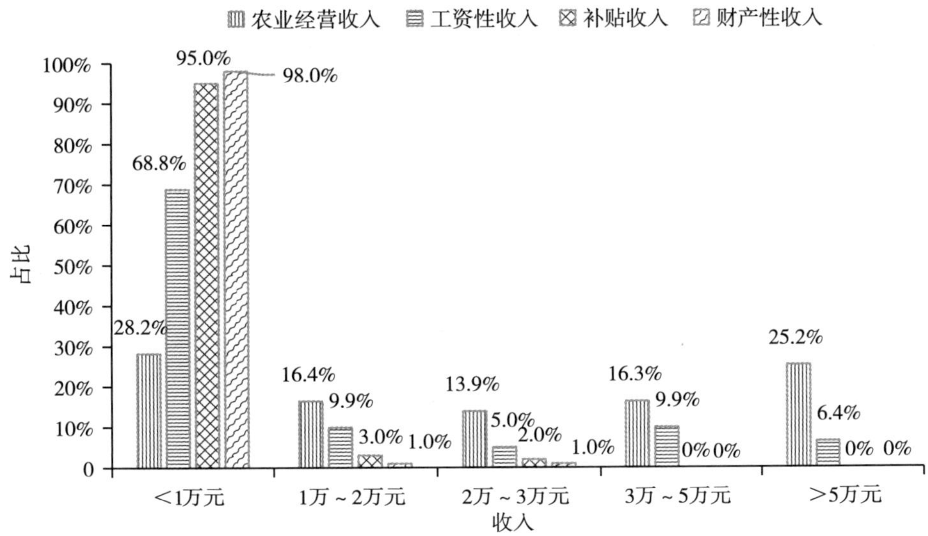

图 19 样本农户收入来源分布情况

3. 产业发展

西南丘陵区农户产业发展以种植业为主，占所有调研农户的 83.2%，5.4%的农户从事畜牧业，具体产业类型分布情况见图 20，西南丘陵区农户农产品销售模式多种多样，其中直接市场售卖占比为 25.2%，有 22.3%为商人上门收购，17.8%选择农贸市场，其他销售方式见图 21。

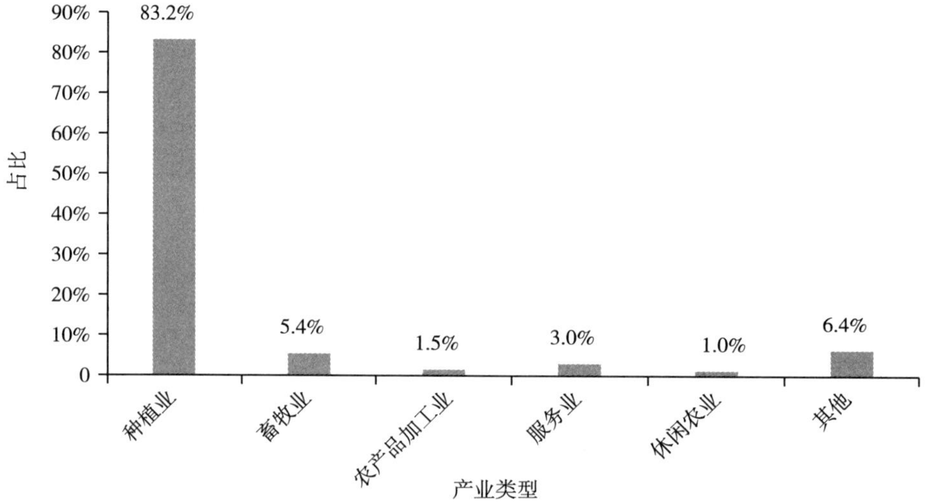

图 20　样本农户从事产业类型

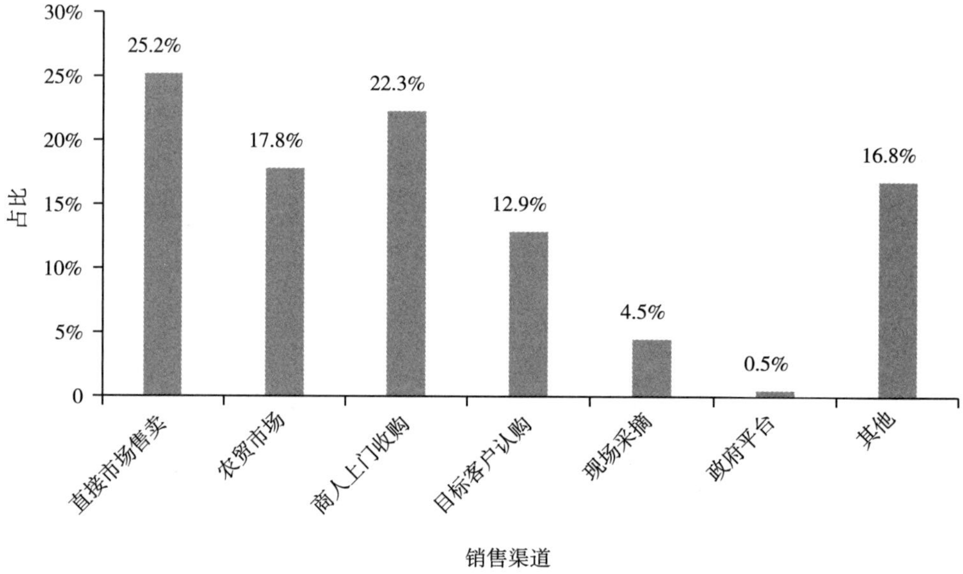

图 21　样本农户农产品销售渠道

（三）新型经营主体

1. 基本情况

西南丘陵区调研新型经营主体中 72. 1%为男性，27. 9%为女性（图 22）；年龄在 36~59 岁的比例达到了 66. 9%，60 岁及以上的占 16. 9%（图 23）；学历情况：有 40. 9%的新型经营主体为初中文化，13. 0%为小学及以下文化，有大专或本科文化及以上的新型经营主体占 19. 5%（图 24）。职业类型：32. 5%为专业大户，16. 2%为企业负责人，14. 3%为合作社成员（图 25）。

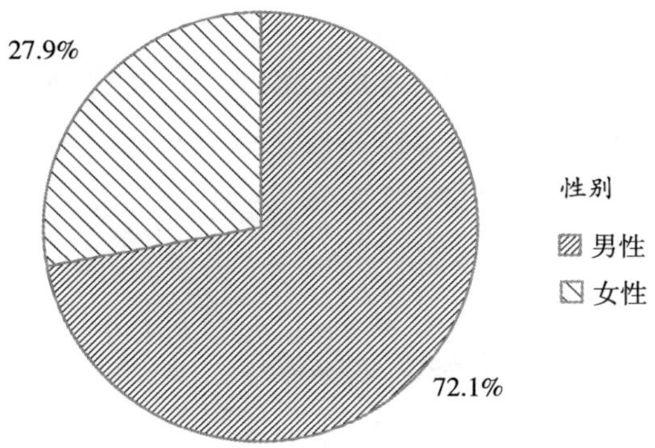

图 22 样本新型经营主体性别情况

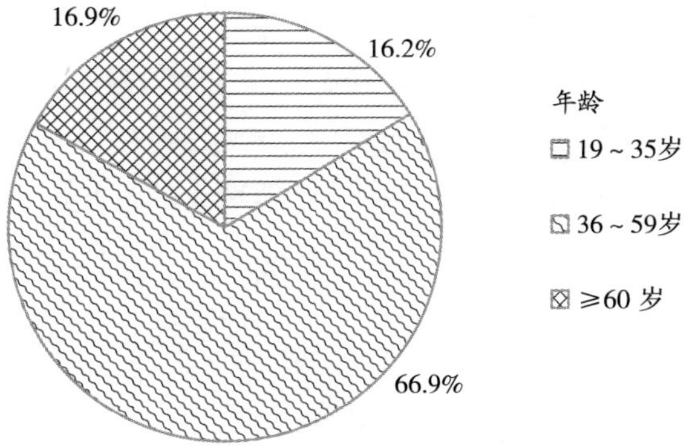

图 23 样本新型经营主体年龄分布情况

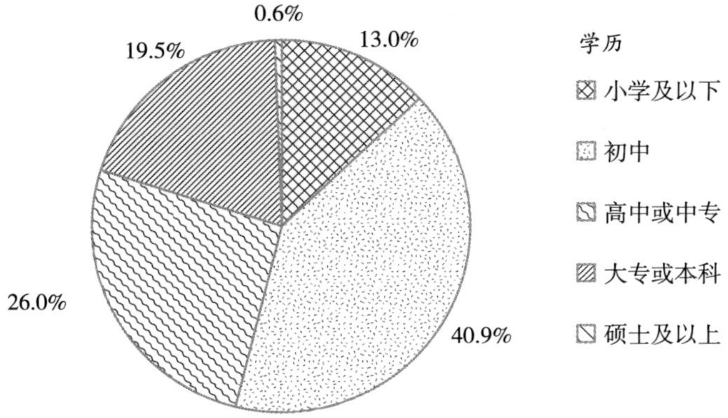

图 24 样本新型经营主体学历情况

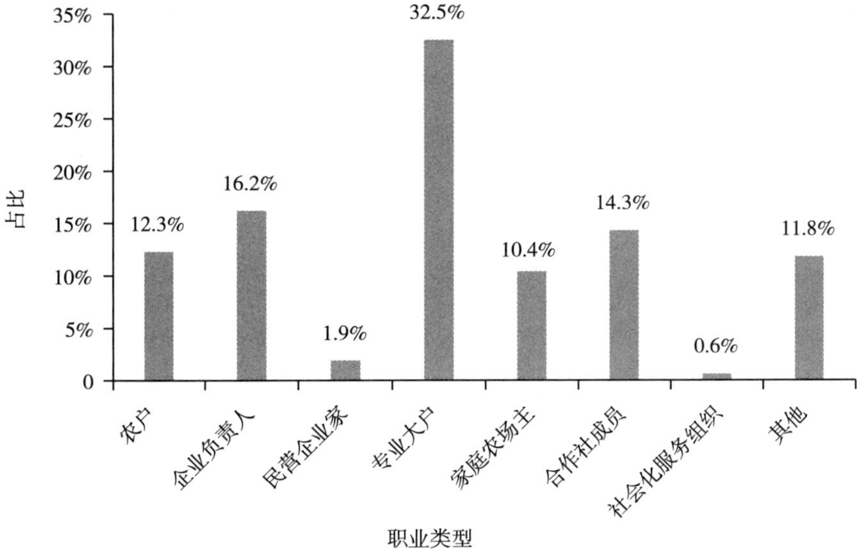

图 25 样本新型经营主体职业情况

2. 生活水平

西南丘陵区调研新型经营主体年收入超过 6 万元的占比最高，占调研总数的 61.0%，年收入不足 2 万元的新型经营主体占 7.1%；其中平均农业经营收入为 11.91 万元，平均工资性收入 2.07 万元，平均补贴收入 0.78 万元，平均财产性收入 0.49 万元，平均其他收入 0.59 万元（图 26，图 27）。

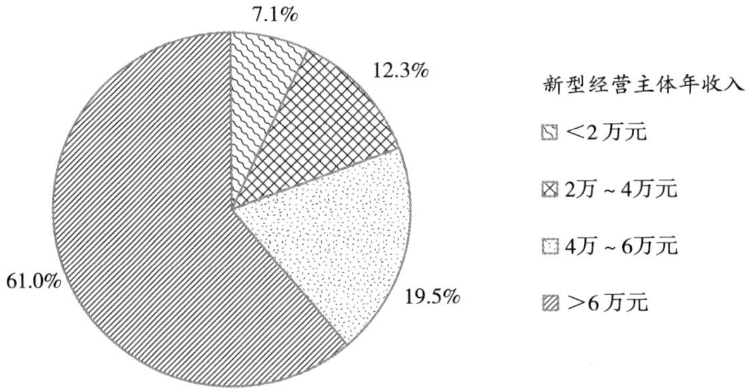

图 26　样本新型经营主体年收入分布情况

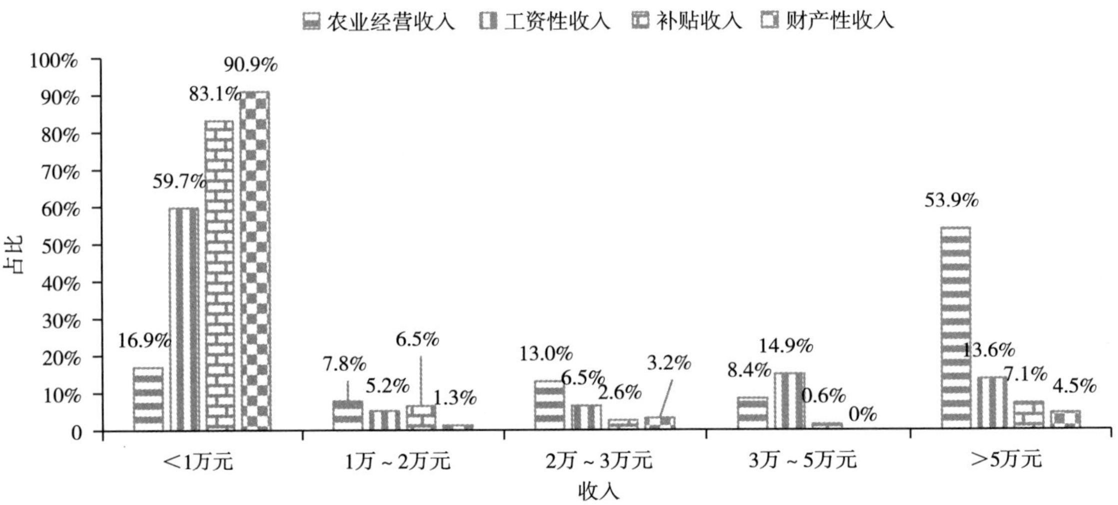

图 27　样本新型经营主体收入来源分布情况

3. 产业发展

西南丘陵区新型经营主体产业发展以种植业为主，占所有调研新型经营主体的 66.2%，10.4%的农户从事畜牧业，具体产业类型分布情况见图 28，西南丘陵区新型经营主体农产品销售模式多种多样，其中农贸市场售卖占比为 32.5%，有 20.8%为目标客户认购，其他销售方式见图 29；22.7%的新型经营主体有培育农业品牌；46.8%的新型经营主体对农业先进技术及科技成果的获取渠道来源于基层科技人员，20.8%来源于科研院所（图 30）。

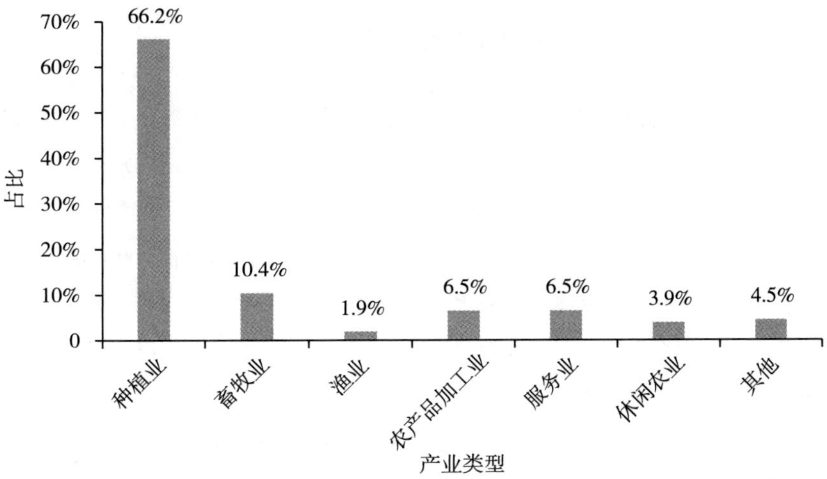

图 28　样本新型经营主体从事产业类型

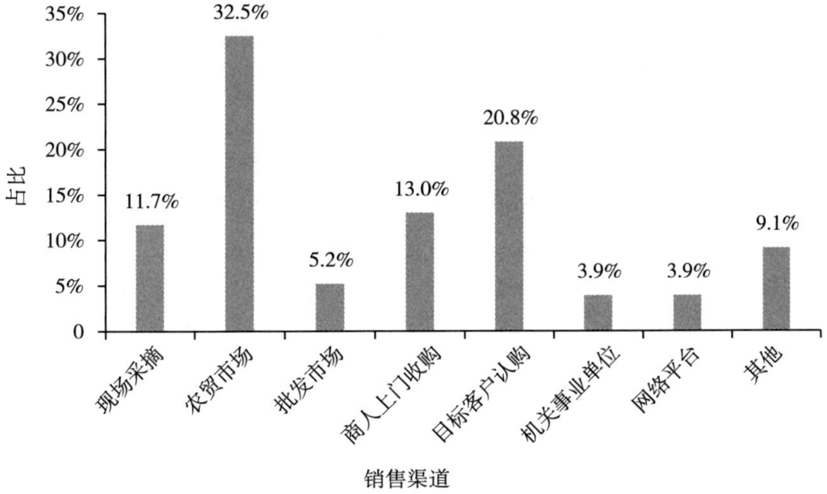

图 29　样本新型经营主体农产品销售渠道

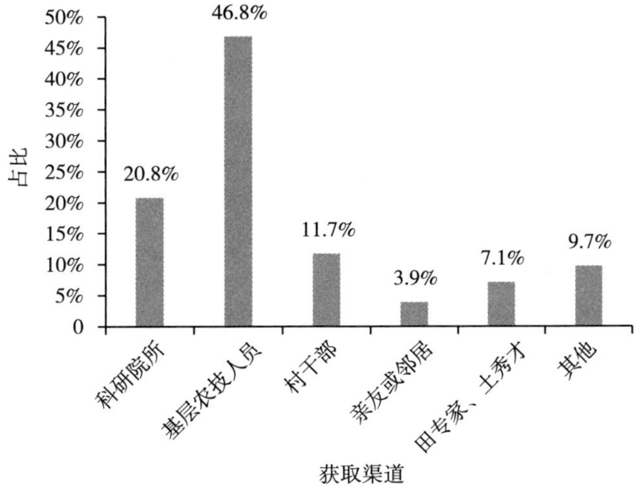

图 30　样本新型经营主体对农业先进技术及科技成果的获取渠道

青藏高原区

青藏高原区包括青海省和西藏自治区，是我国乃至全球海拔最高、生态最为独特的高原地区。该区域地势高峻，以高原、山地和盆地为主，耕地分布较为零散，主要集中在河谷地带。土壤类型以高山草甸土、寒漠土和高山草原土为主，土壤立地条件较为特殊，部分地区存在土壤贫瘠、冻融侵蚀等障碍因素。该区域属于高原寒带气候，夏季短暂凉爽，冬季漫长寒冷，年降水量在200~500毫米，水资源分布不均，农业生产高度依赖冰川融水和季节性降水。农作物以一年一熟为主，主要种植青稞、小麦、油菜和马铃薯，同时也是牦牛、藏羊等特色畜牧业的重要基地。尽管自然条件严酷，但青藏高原区凭借其独特的高原生态和资源优势，在特色农业和生态保护方面具有很大潜力。近年来，随着生态保护工程的推进和农业技术的改良，区域生态环境逐步改善，农业基础设施不断完善，农牧民生活水平稳步提高，乡村治理和可持续发展能力显著增强，为青藏高原区的生态保护和特色农业发展奠定了坚实基础。

（一）调研村

1. 基本情况

1.1 区位情况

样本村平均距离镇（乡）9千米、距离县（市、区）21千米，样本村具体分布见图1、图2。

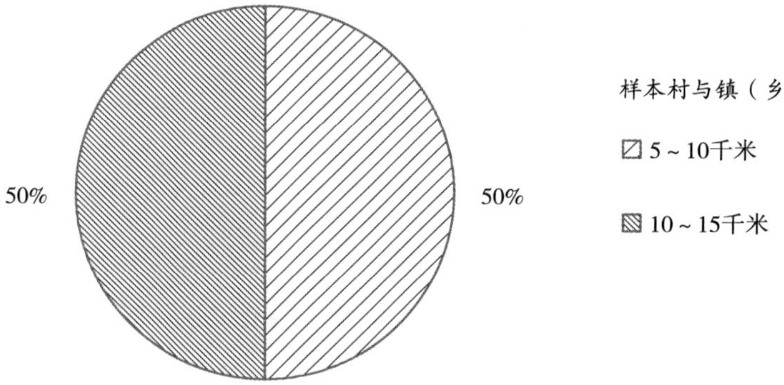

图1 样本村与镇（乡）距离

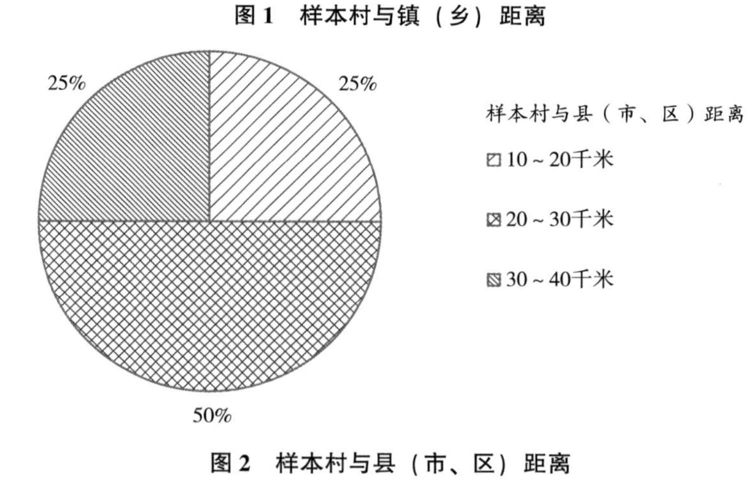

图2 样本村与县（市、区）距离

1.2 文旅资源情况

样本村中均有风景名胜或文物古迹；有自然保护区的村占比 75%。

1.3 人口情况

西南丘陵区样本村平均户数为 148 户；平均每村总人口为 688 人，如图 3 所示，大部分村的人口少于 1 000 人；平均每村农业劳动力为 250 人；平均每村常住人口为 494 人；样本村外出务工人数占比平均为 16.43%，有超过 70%的村外出务工人数占比在 20%以下（图 4）；样本村有大专学历及以上的每村平均为 35 人，有大专及以上学历人数占总样本村人数的 5.12%。

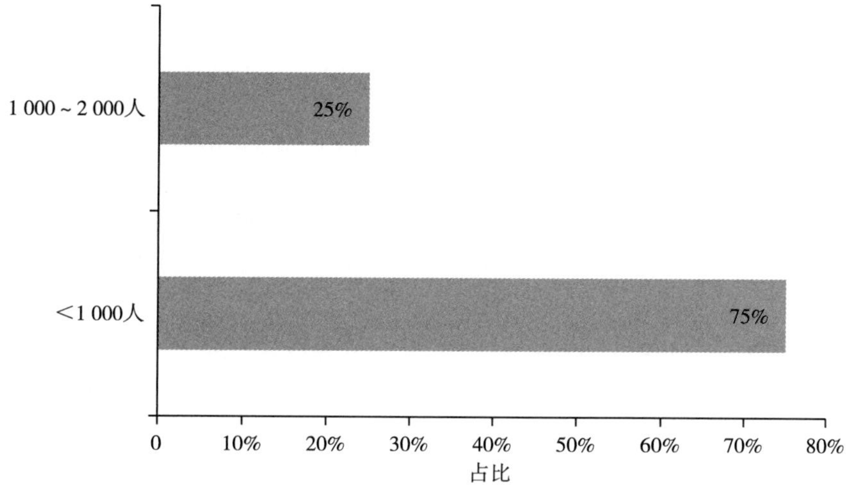

图 3 样本村总人口数量分布

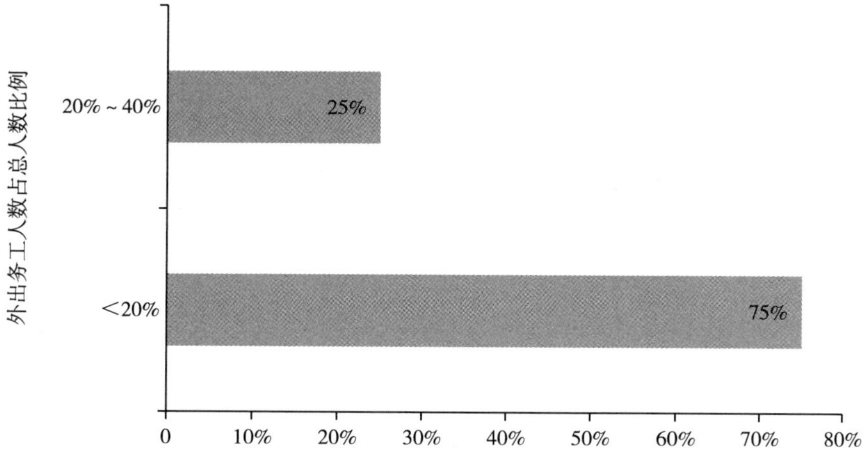

图 4 样本村外出务工人数占总人数比例分布

1.4 耕地资源情况

青藏高原区土地资源相对较匮乏，样本村平均耕地面积为 2 261 亩，人均耕地面积为 0.82 亩；样本村平均基本无园地；样本村平均林地面积 84 500 亩，人均林地面积 30.71 亩；样本村平均草地面积 10 875 亩，人均草地面积 3.95 亩（图 5）。

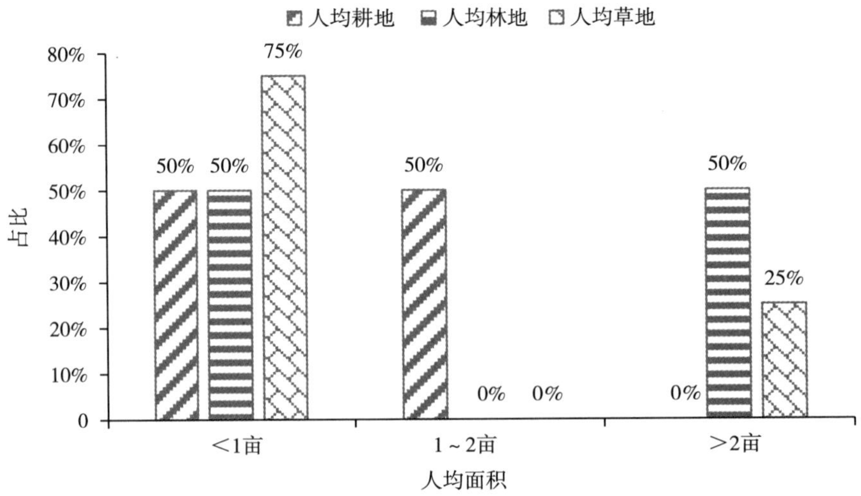

图5 样本村土地资源人均面积分布

1.5 交通情况

青藏高原区样本村平均距最近的高速入口94千米，距最近的汽车站20千米，距最近的火车站92千米，距最近的机场106千米。在通村公路方面，有50%的样本村为柏油路，50%的村为水泥路；在村内主要道路方面，有25%的样本村为柏油路，50%的村为水泥路，25%的村为石子路（图6）。

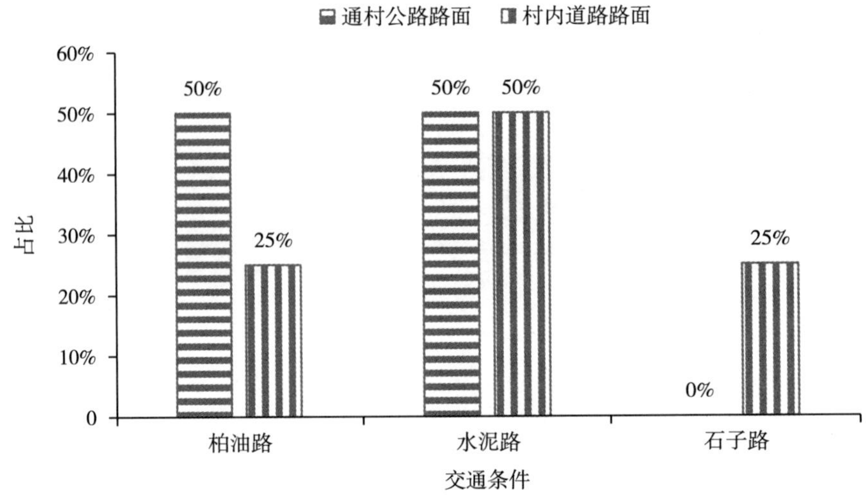

图6 样本村通村交通条件

1.6 科教文卫设施情况

青藏高原区样本村村内都有安装路灯，平均百货店数量1.5个，平均卫生院数量1个，平均药店数量1个，平均体育场数量1.5个，平均老年活动中心数量0.25个，平均敬老院数量0个，平均幼儿园数量0.75个，无中、小学（图7）。

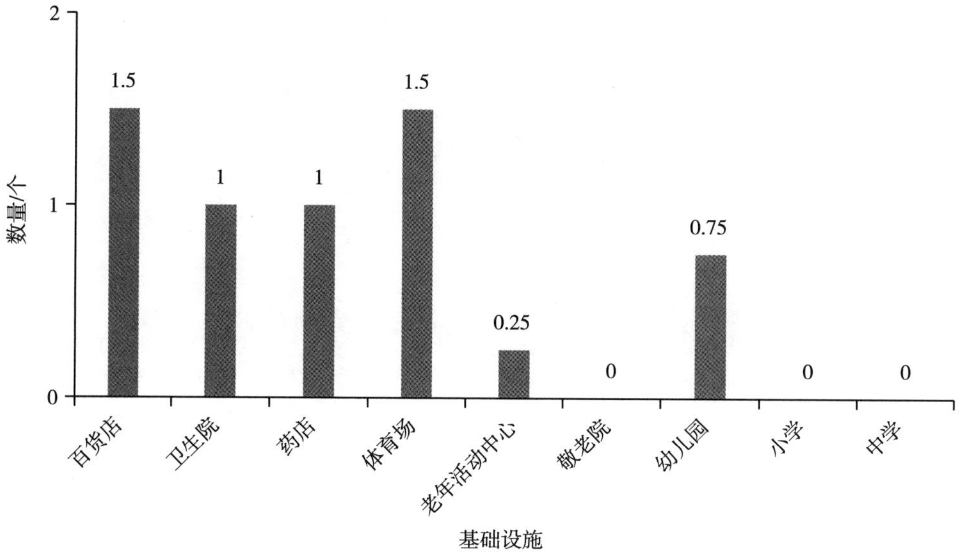

图 7 样本村基础设施情况

1.7 生活用水及燃料情况

青藏高原区样本村生活用水主要为自来水；燃料以煤气为主，占比为 75%，部分使用柴草。

2. 产业发展情况

2.1 合作社发展情况

样本村平均参加合作社的农户为 67 户，占总户数的 45.19%，各村入社农户占比差异较大，入社比例低于 20%和高于 80%的村分别占 25%和 50%（图 8）。

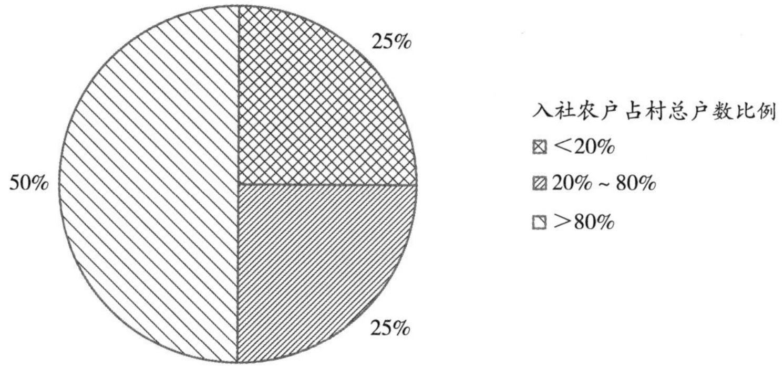

图 8 样本村入社农户占村总户数分布

2.2 特色产业发展情况

样本村中都有特色产业，主要发展牦牛肉和灵芝，具体分布见图 9。在样本村的特色产业中，有 50%的特色农产品有培育自己的品牌，有 50%的农产品开通了网上销售渠道，有 75%的村主要销往本市。

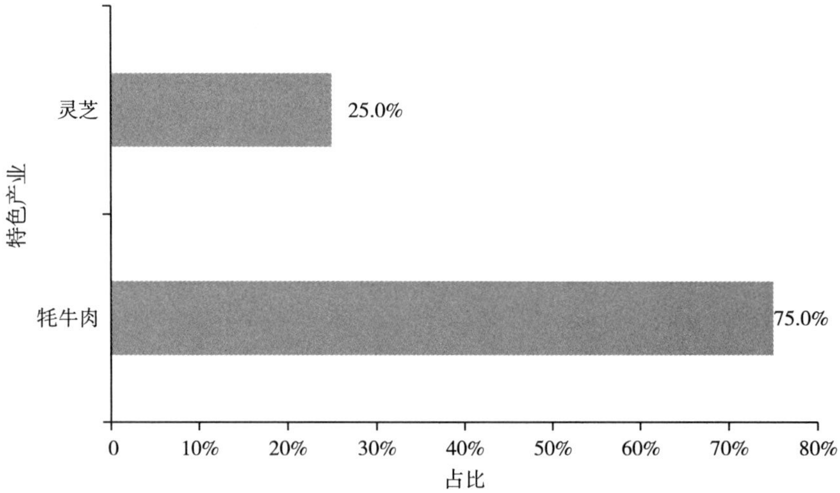

图 9　样本村特色产业发展情况

2.3　休闲农业和乡村旅游发展情况

青藏高原区因其交通、区位劣势，休闲农业和乡村旅游发展较为落后，样本村中暂无发展休闲农业和乡村旅游。

3. 生活水平

3.1　经济收入情况

样本村平均村集体经济收入为 111 万元；平均农村居民人均收入为 2.3 万元，其中农户人均收入在 2 万~3 万元的村占比为 25%，在 3 万元及以上的村占比为 50%（图 10）。

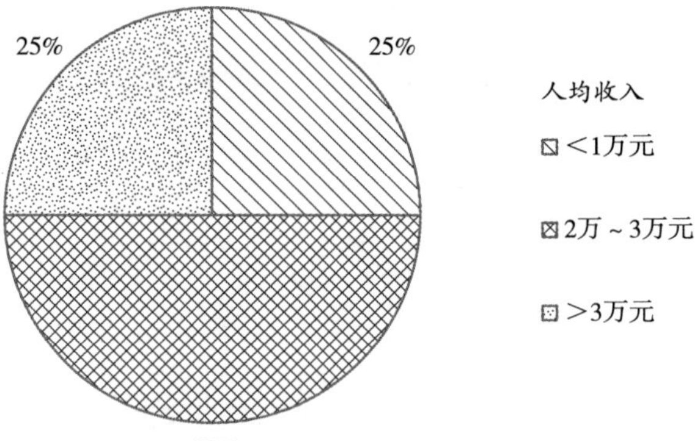

图 10　样本村人均收入情况

3.2　农户购买保险情况

样本村平均参加新型农村合作医疗的有 148 户，占总户数的 99.66%；样本村平均购买农村养老保险参保家庭户数为 100 户，占总户数的 67.62%；样本村平均购买农业保险的家庭户数为 145 户，占总户数的97.97%。

3.3　农户部分智能设备及资产情况

样本村平均使用有线电视户数为593户，占总户数的100%；样本村平均使用宽带网络户数为381户，占总户数的64.25%；样本村平均使用智能手机的户数为593户，占总户数的100%；样本村平均拥有私家车的户数为426户，占总户数的71.83%。

（二）农户

1. 基本情况

青藏高原区调研农户中62.2%为男性，37.8%为女性；年龄在36~59岁的比例达到了51.0%，60岁及以上的占29.6%。学历情况：有16.7%的农户为初中文化水平，81.3%为小学及以下文化水平，有高中或中专学历的农户仅占2.1%。职业类型：有89.59%为农户，6.25%为外出务工，具体情况见图11至图14。

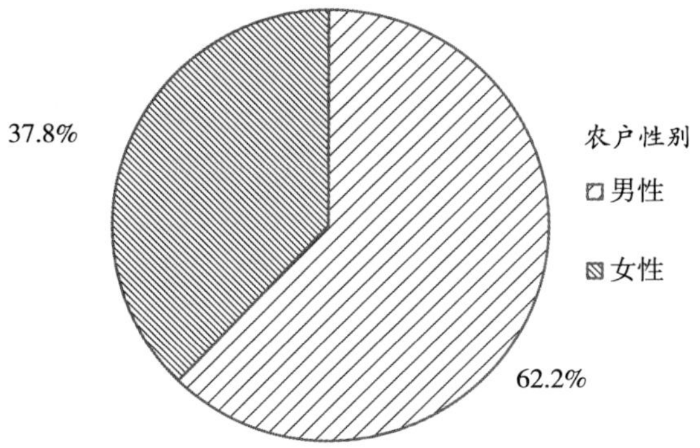

图11　样本农户性别情况

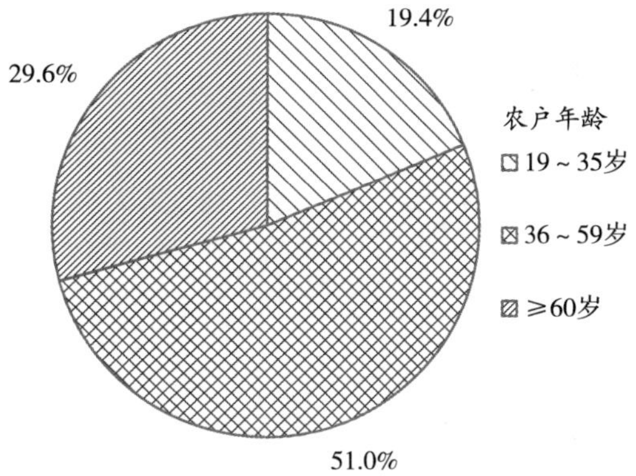

图12　样本农户年龄分布情况

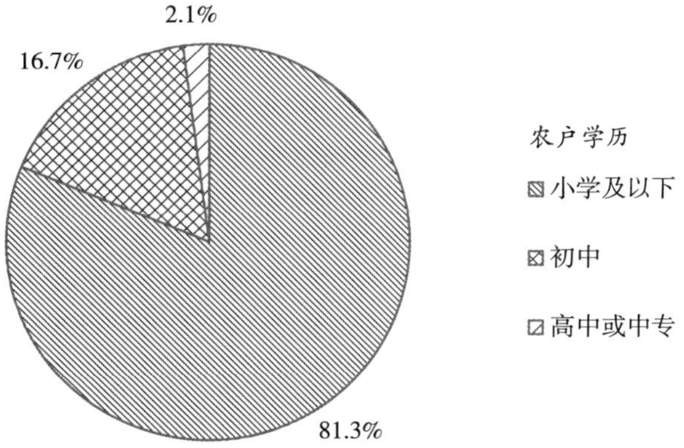

图13　样本农户学历情况

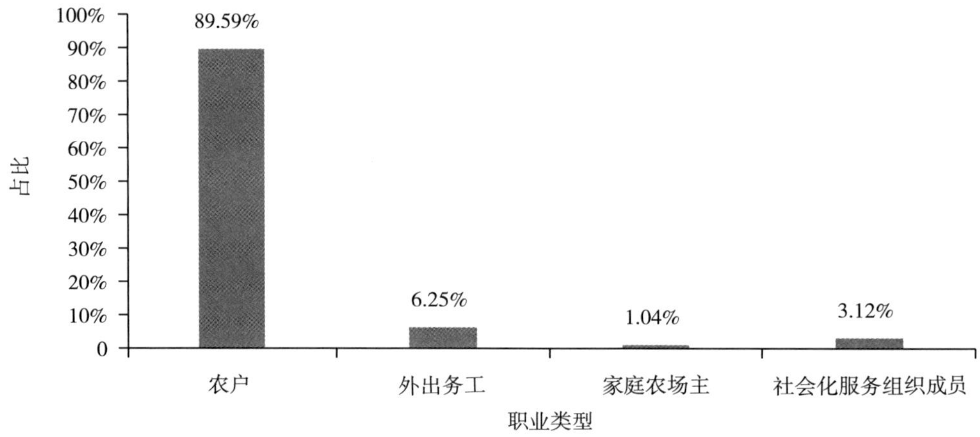

图 14　样本农户职业类型分布情况

2. 生活水平

青藏高原区调研农户年收入各个阶段占比差异不大，2 万~4 万元占比最多，为 37. 5%，超过 6 万元的占比达到了 17. 7%（图 15）；其中平均农业经营收入为 1. 94 万元，平均工资性收入 3. 47 万元，平均补贴收入 2. 38 万元，平均财产性收入 2. 64 万元，平均其他收入 0. 41 万元。

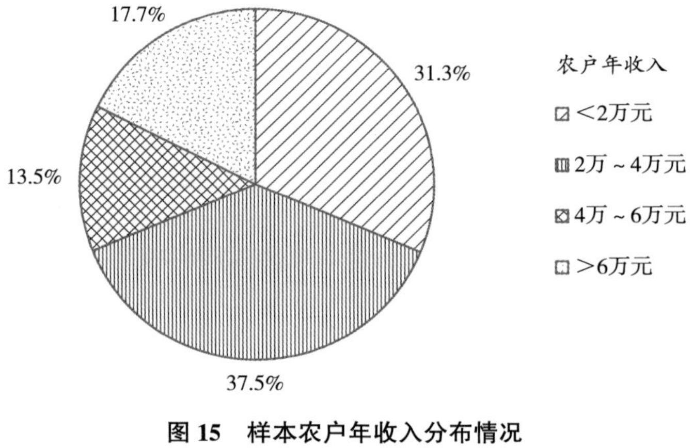

图 15　样本农户年收入分布情况

3. 产业发展

青藏高原农户产业发展以畜牧业为主，占所有调研农户的 59. 37%，20. 83%的农户从事种植业，具体产业类型分布情况见图 16，青藏高原区农户农产品销售模式多种多样，其中直接市场售卖占比为 41. 9%，有 15. 6%为商人上门收购，37. 4%选择农贸市场，其他销售方式见图 17。

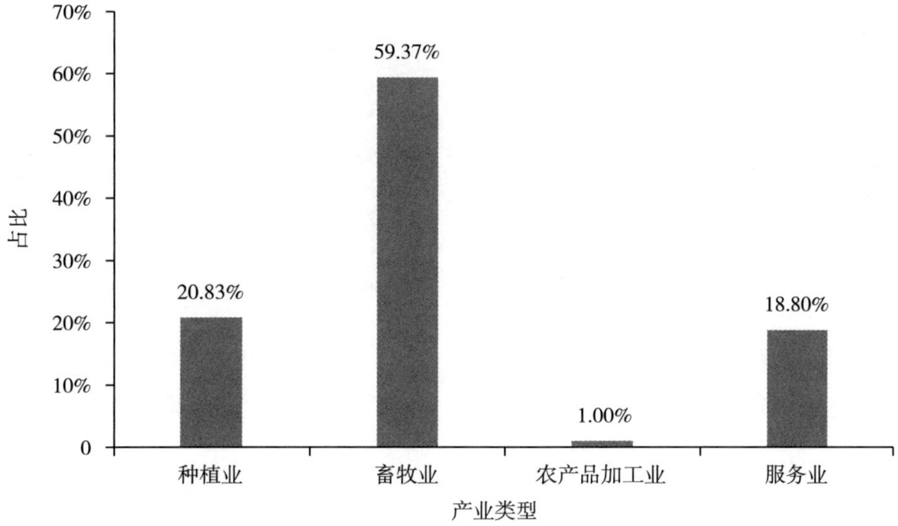

图 16　样本农户从事产业类型

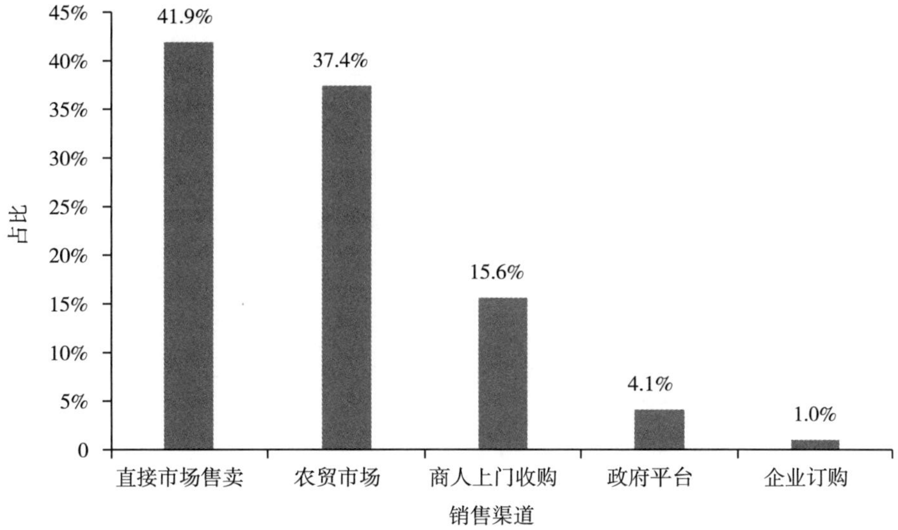

图 17　样本农户农产品销售渠道

（三）新型经营主体

1. 基本情况

青藏高原区调研新型经营主体中有 75%为男性，25%为女性；年龄在 36~59 岁的比例达到了 75%，19~35 岁的占 25%；学历情况：有 50%的新型经营主体为小学及以下文化水平，25%为初中文化水平，25%为高中或中专文化水平；职业类型：有 50%为农户，25%为家庭农场主，25%为合作社成员，具体情况见图 18 至图 21。

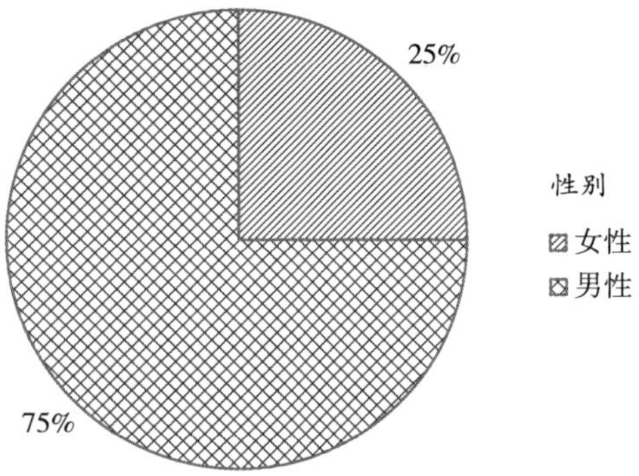

图 18　样本新型经营主体性别情况

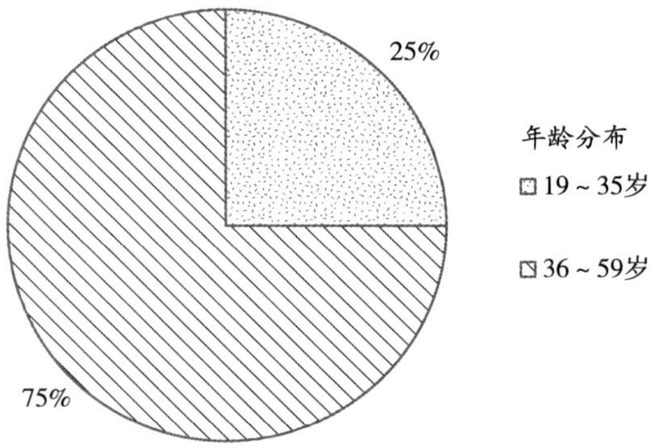

图 19　样本新型经营主体年龄分布情况

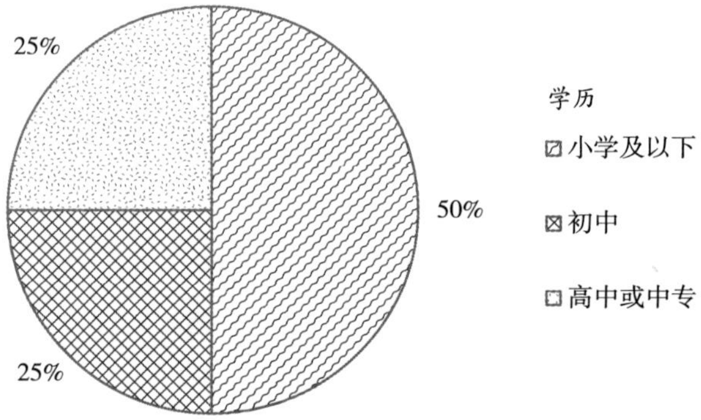

图 20　样本新型经营主体学历情况

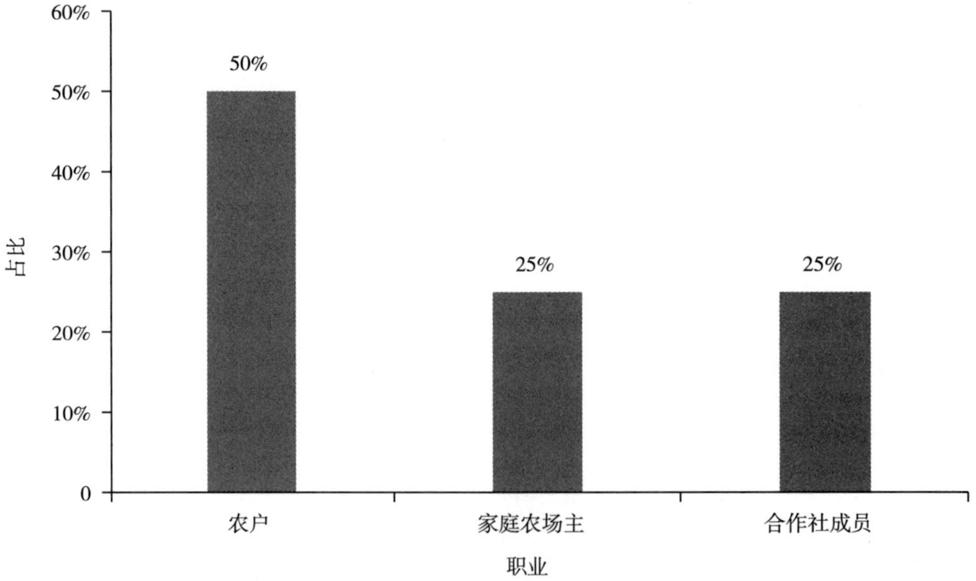

图 21　样本新型经营主体职业情况

2. 生活水平

青藏高原区调研新型经营主体年收入为 4 万～6 万元的占比最高，占调研总数的 50%，年收入超 6 万元的新型经营主体占 25%，具体情况见图 22。

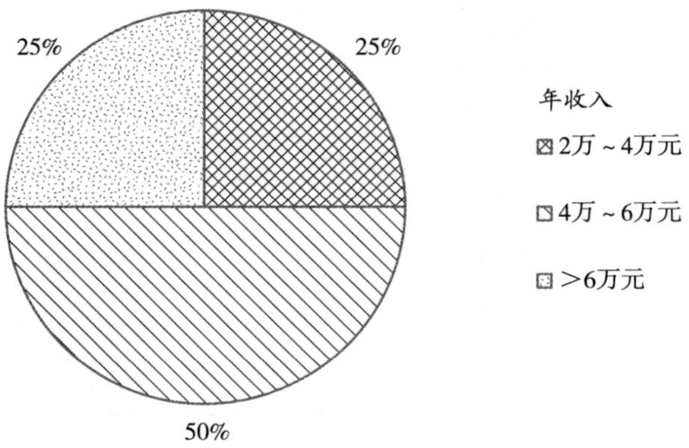

图 22　样本新型经营主体年收入分布情况

3. 产业发展

青藏高原区新型经营主体产业发展以畜牧业为主，占所有调研新型经营主体的 75%，25%的农户从事休闲农业（图 23）；青藏高原区新型经营主体农产品销售模式多种多样，但以直接市场售卖为主，占 75%，网络平台售卖占比为 25%（图 24）；所有调研新型经营主体目前没有培育农业品牌；50%的新型经营主体对农业先进技术及科技成果的获取渠道来源于村干部，25%来源于农技员（图 25）。

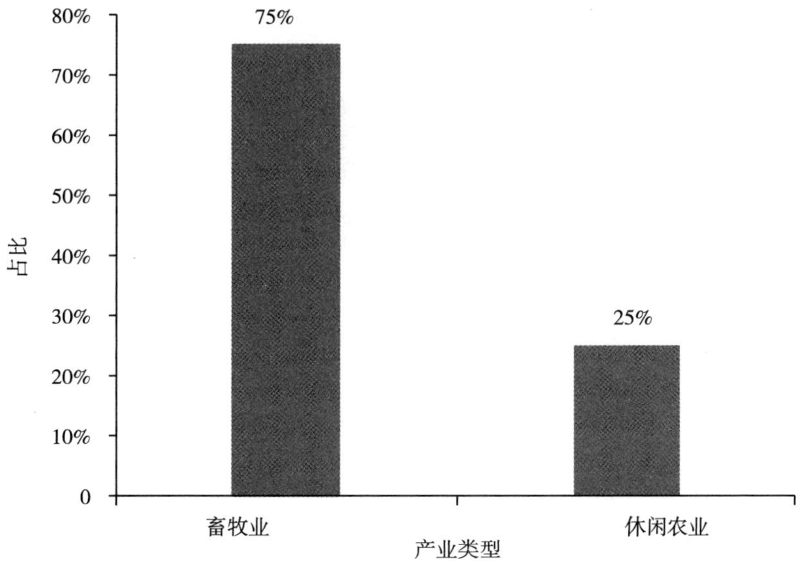

图 23　样本新型经营主体从事产业类型

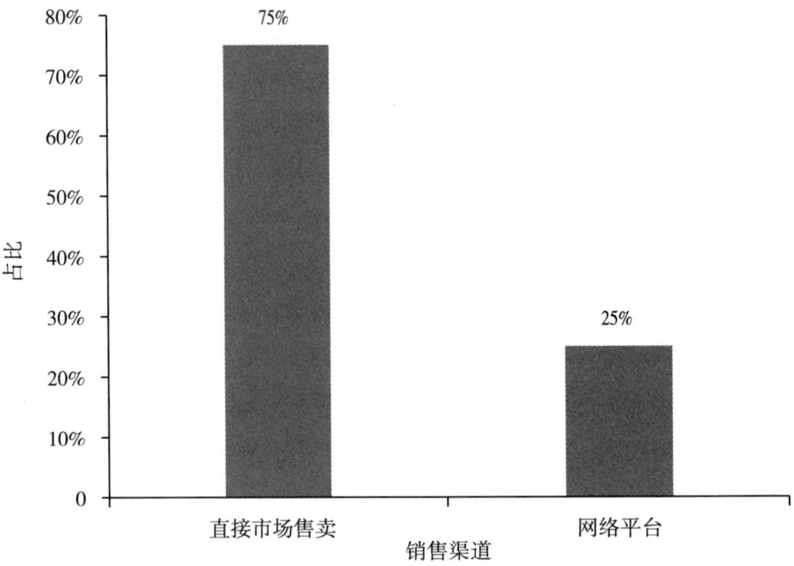

图 24　样本新型经营主体农产品销售渠道

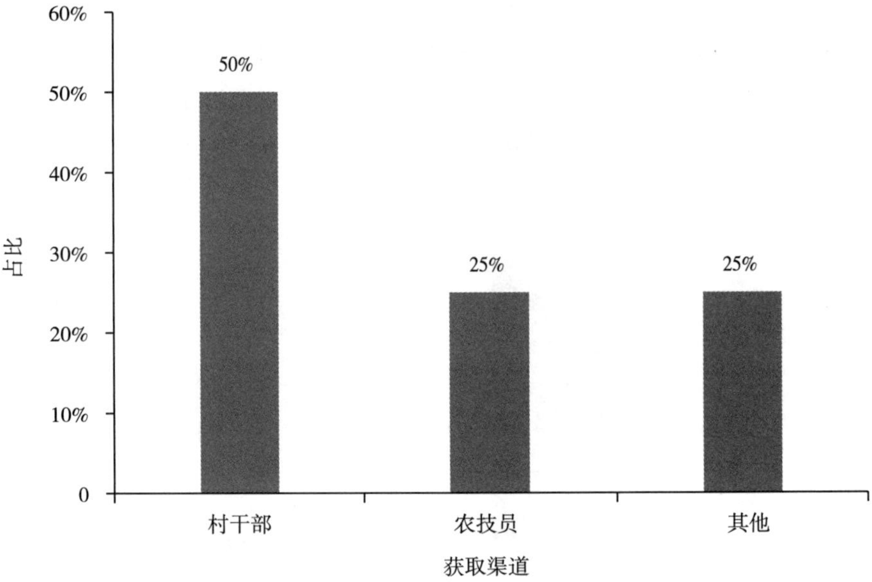

图 25　样本新型经营主体对农业先进技术及科技成果的获取渠道

新疆地区

新疆地区包括新疆维吾尔自治区的广大区域，是我国西北边陲重要的农业和生态区域。该区域地势多样，以盆地、山地和沙漠为主，耕地分布相对集中，主要集中于天山南北的绿洲地带。土壤类型以荒漠土、棕钙土和灌溉绿洲土为主，土壤立地条件差异较大，绿洲区域耕地质量较高，但部分地区存在盐碱化、风蚀沙化等障碍因素。气候上，该区域属于温带大陆性干旱气候，夏季炎热干燥，冬季寒冷，年降水量在100~300毫米，水资源极度匮乏，农业生产高度依赖雪山融水和灌溉系统。农作物以一年一熟为主，是小麦、玉米、棉花、甜菜和瓜果的重要产区，尤其是棉花和特色瓜果（如哈密瓜、葡萄）在全国享有盛誉。尽管自然条件严酷，但新疆地区凭借其独特的光热资源和绿洲农业优势，在现代农业和特色产业发展方面具有重要潜力。近年来，随着节水灌溉技术的推广和农业基础设施的完善，区域农业生产效率显著提高，农民生活水平逐步改善，生态环境保护和乡村治理也取得积极进展，为新疆地区农业现代化和乡村振兴奠定了坚实基础。

（一）调研村

1. 基本情况

1.1 区位情况

样本村平均距离镇（乡）4.75千米、距离县（市、区）27.5千米，样本村具体分布见图1、图2。

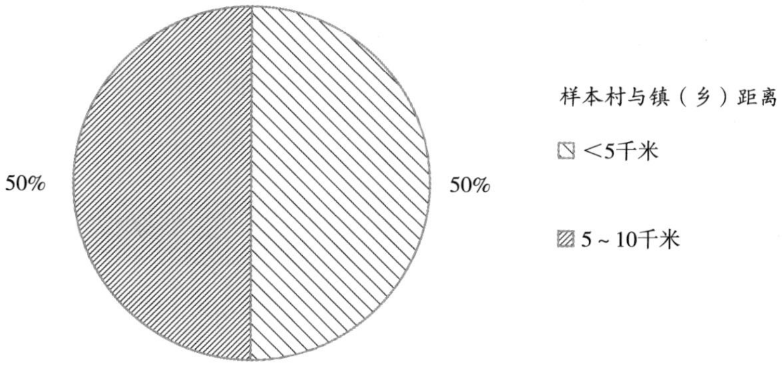

图1 样本村与镇（乡）距离

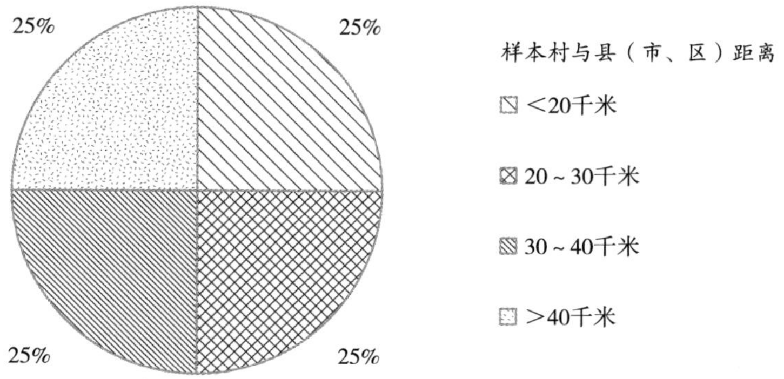

图2 样本村与县（市、区）距离

1.2 文旅资源情况

样本村中有风景名胜或文物古迹的村占比为25%，共有风景名胜或文物古迹2处；调研的样本村均无自然保护区。

1.3 人口情况

新疆地区人力资源较西部其他区域匮乏，据调研数据，样本村平均户数、总人口、常住人口、农业劳动力均低于其他区域。新疆地区样本村平均户数为450户；平均每村总人口为1 661人，大部分的村总人口在1 000~2 000人（图3）；平均每村农业劳动力为805人；平均每村常住人口为1 379人；样本村外出务工人数占比为11.28%，所有村外出务工人数占比在20%以下（图4）；样本村有大专学历及以上每村平均为45人，有大专及以上学历人数占总样本村人数的0.68%。

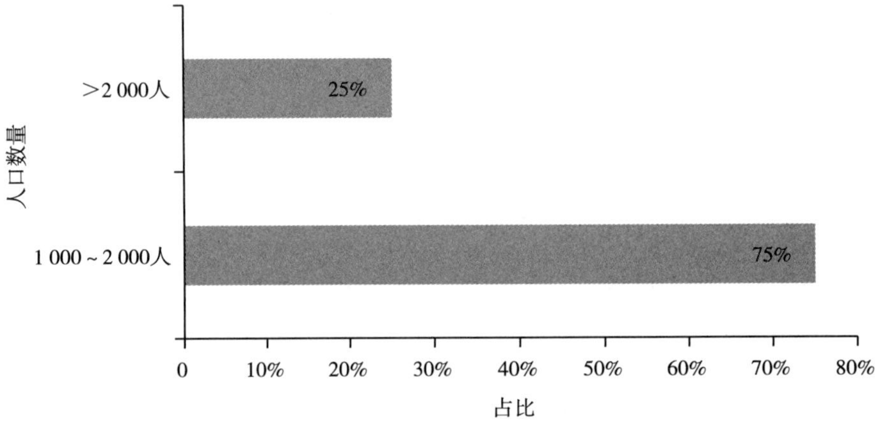

图3 样本村总人口数量分布

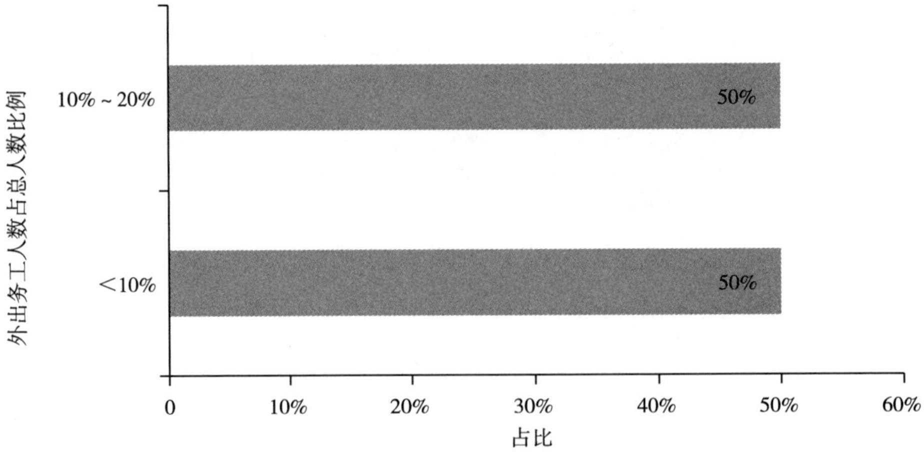

图4 样本村外出务工人数占总人数比例分布

1.4 耕地资源情况

新疆地区土地资源丰富，样本村平均耕地面积为33 719亩，人均耕地面积为22.54亩；样本村平均园地面积为2 357亩，人均园地面积1.43亩；样本村平均林地面积3 149亩，人均林地面积2.2亩；样本村平均草地面积 26 056 亩，人均草地面积 18.22 亩；样本村无湿地，具体分布见图 5。

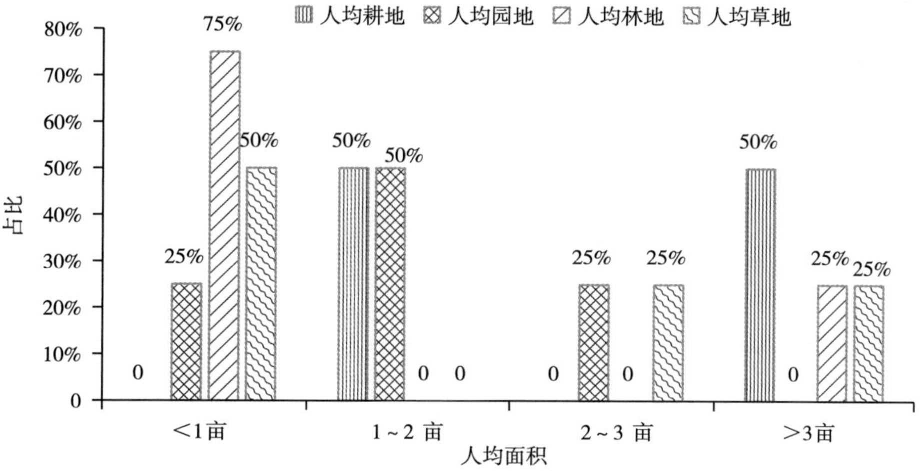

图 5 样本村土地资源人均面积分布

1.5 交通情况

新疆地区样本村平均距最近的高速入口 13 千米，距最近的汽车站 3 千米，距最近的火车站 36 千米，距最近的机场 63 千米。在通村公路方面，有 75%的样本村为柏油路，25%的村为水泥路；在村内主要道路方面，全都为柏油路（图 6）。

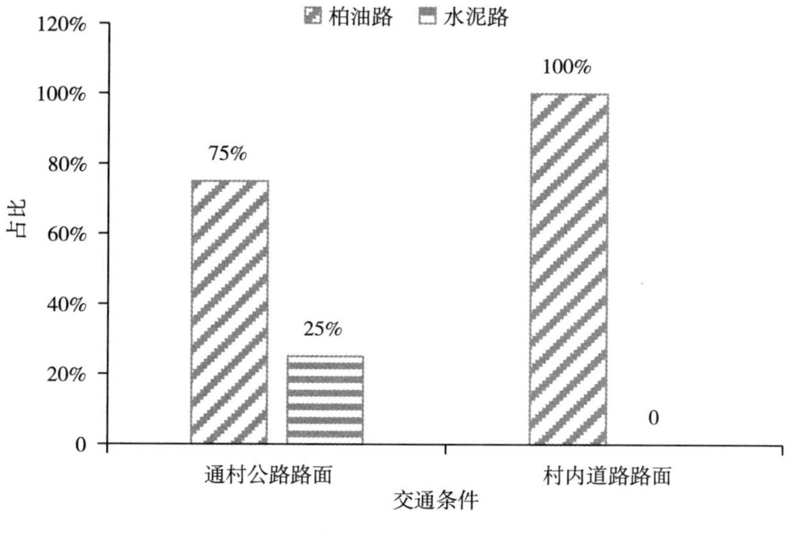

图 6 样本村通村交通条件

1.6 科教文卫设施情况

新疆地区样本村所有村村内都安装有路灯，平均百货店数量 13.75 个、平均卫生院数量 1 个、平均药店数量 0.75 个、平均体育场数量 1.5 个、平均老年活动中心数量 0.5 个、平均敬老院数量 0 个、平均幼儿园数量 0.25 个、平均小学数量 0.75 个、平均中学数量 0 个（图 7）。

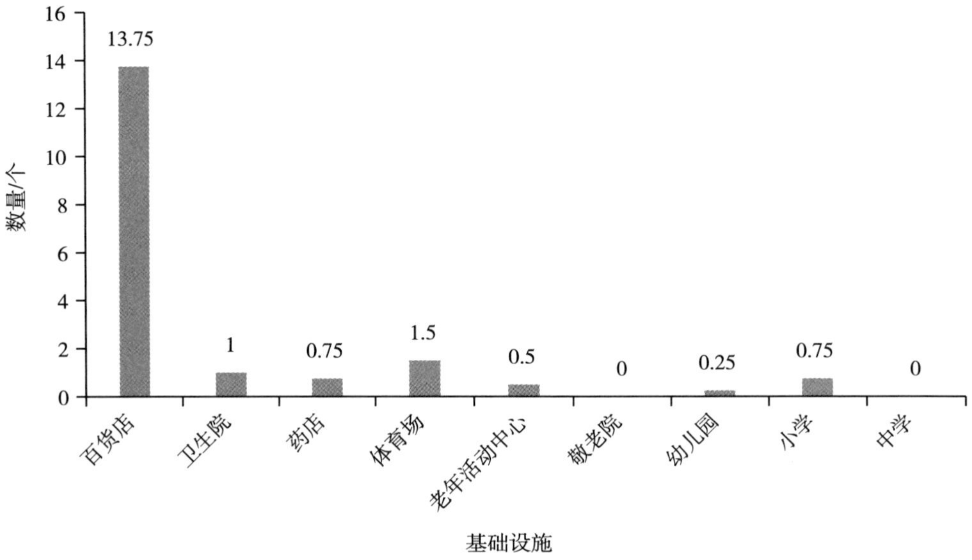

图 7　样本村基础设施情况

1.7　生活用水及燃料情况

新疆地区样本村生活用水都是自来水；燃料以电为主，占比为50%，部分样本村使用煤气和柴草。

2. 产业发展情况

2.1　新型经营主体发展情况

样本村平均新型经营主体数量为4.5个，有75%的村新型主体个数小于5个，具体分布见图8。有25%的村有国家级、市级龙头企业带动发展。

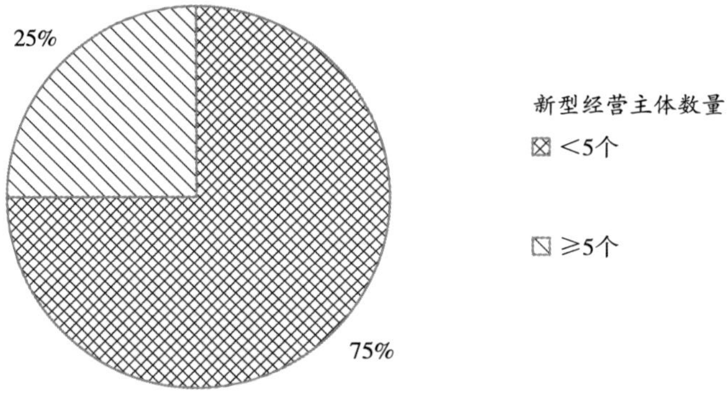

图 8　样本村新型经营主体数量分布

样本村平均参加合作社的农户为191户，样本数据中参与合作社的农户占总户数的42.5%，各村入社农户占比差异较大，各村入社比例区间段的占比都一样（图9）。

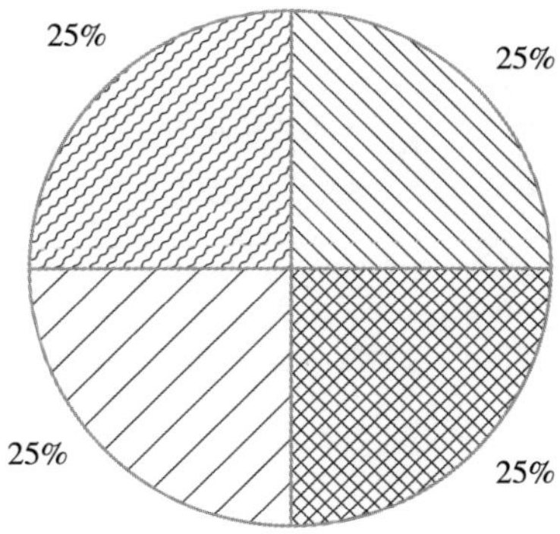

图 9　样本村入社农户占村总户数分布

2.2　农业发展情况

样本村平均每村整地环节服务购买率为 50%，平均每村病虫害防治服务购买率为 63%，平均每村施肥环节服务购买率为 49.5%，平均每村收割环节服务购买率为 74.5%；平均每村大型拖拉机 40.5 台，小型拖拉机 37 台；平均每村机播率 99%、机耕率 99%、机收率 68%。样本村农户对本村农业基础设施满意的占比为 75%，具体情况见图 10。

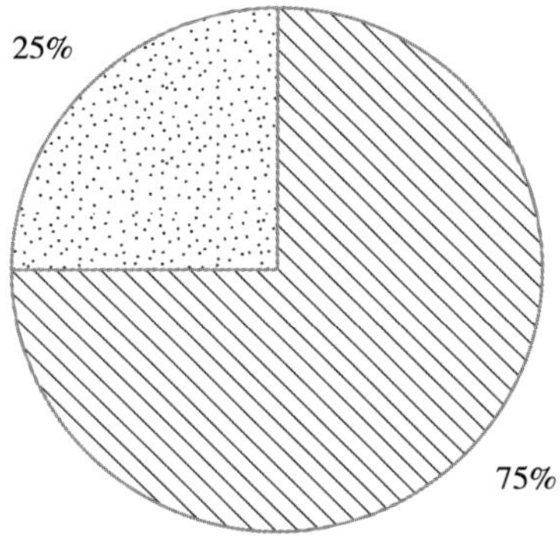

图 10　样本村农户对农业基础设施的满意度

2.3　特色产业发展情况

所有样本村都有特色产业，主要发展棉花、红枣，平均每村有 94 户居民参与特色产业，每村平均特色产业年收入 271 万元。在样本村的特色产业中，有 25%的特色农产品有培育自己的品牌，有 75%的村主要销往本市。

2.4　休闲农业和乡村旅游发展情况

新疆地区休闲农业和乡村旅游发展缓慢，仅有 25%的样本村发展了休闲农业和乡村旅游。平均每样本村休闲农业和乡村旅游接待能力达 5 000 人次/年，获得收入 30 万元/年。

3. 生活水平

3.1　经济收入情况

样本村平均村集体经济收入为 87.62 万元/年；农村居民人均年收入为 2.67 万元，其中农户人均年收入在 2 万~3 万元的村占比为 50%，有 25%的村农户人均年收入不足 2 万元，详见图 11。

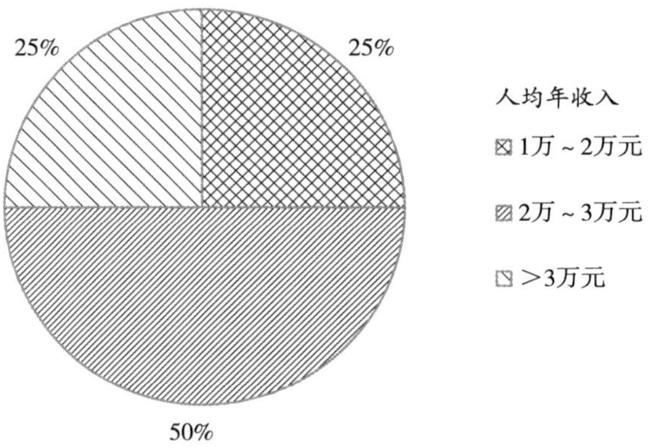

图 11　样本村人均年收入情况

3.2　农户购买保险情况

样本村平均参加新型农村合作医疗的有 440 户，占总户数的 97.88%；样本村平均购买农村养老保险参保家庭户数为 435 户，占总户数的 96.66%；样本村平均购买农业保险的家庭户数为 223 户，占总户数的 49.44%。

3.3　农户部分智能设备及资产情况

样本村平均使用有线电视户数为 377 户，占总户数的 80.96%；样本村平均使用宽带网络户数为 297 户，占总户数的 65.88%；样本村平均使用智能手机的户数为 422 户，占总户数的 93.78%；样本村平均拥有私家车的户数为 125 户，占总户数的 27.78%。

（二）农户

1. 基本情况

新疆地区调研农户中有 68.6%为男性，31.4%为女性（图 12）；年龄在 36~59 岁的比例达到了 75.7%，60 岁及以上的占 11.4%（图 13）；学历情况：有 51.4%的农户为初中文化水平，34.3%为小学及以下文化水平，有大专或本科文化的农户仅占 2.9%（图 14）；职业类型：有 71.4%为农户，8.6%为专业大户，14.3%为合作社成员（图 15）。

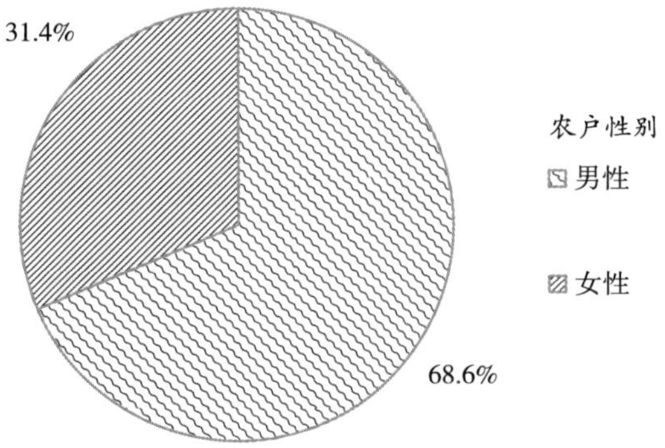

图 12　样本农户性别情况

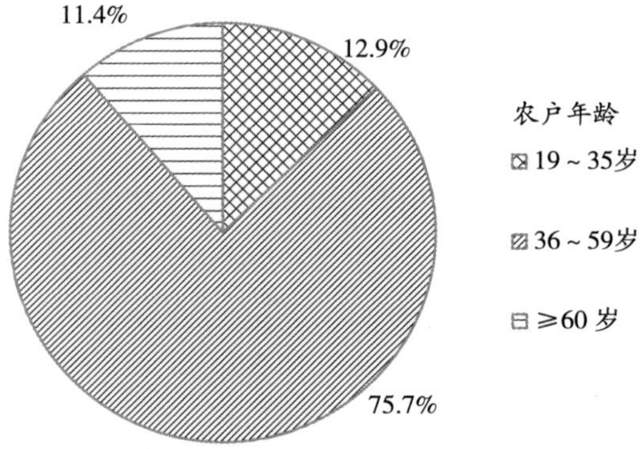

图 13　样本农户年龄分布情况

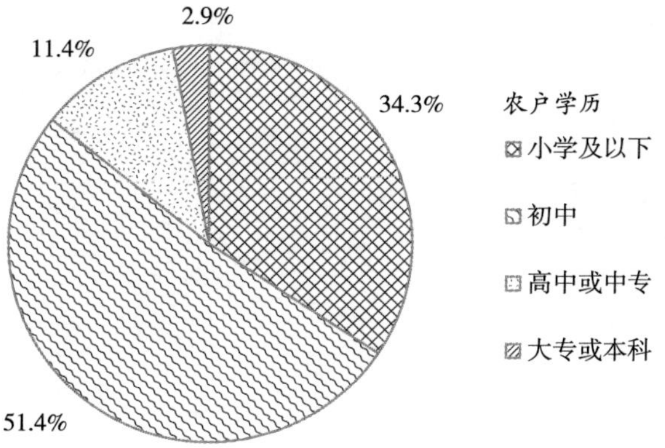

图 14 样本农户学历情况

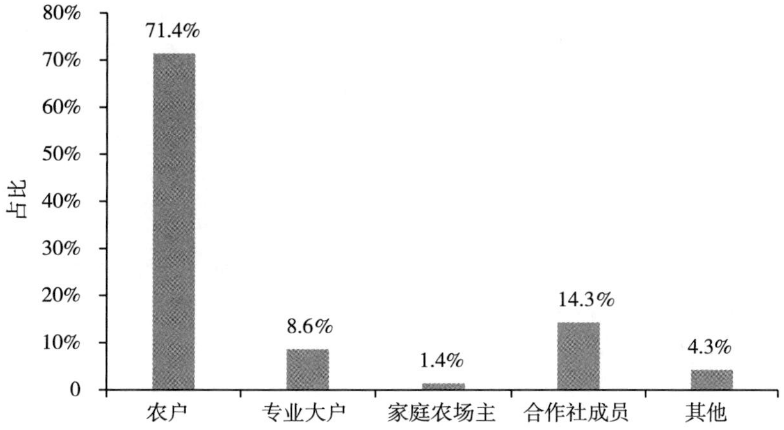

图 15 样本农户职业类型分布情况

2. 生活水平

新疆地区调研农户年收入主要分布在 6 万元以上区间，占 44.3%，年收入不足 2 万元的农户的占 17.1%，具体收入区间分布见图 16；其中平均农业经营年收入为 11.76 万元，平均工资性年收入 1.97 万元，平均补贴年收入 1.94 万元，平均财产性年收入 2.7 万元，各收入来源区间占比见图 17。

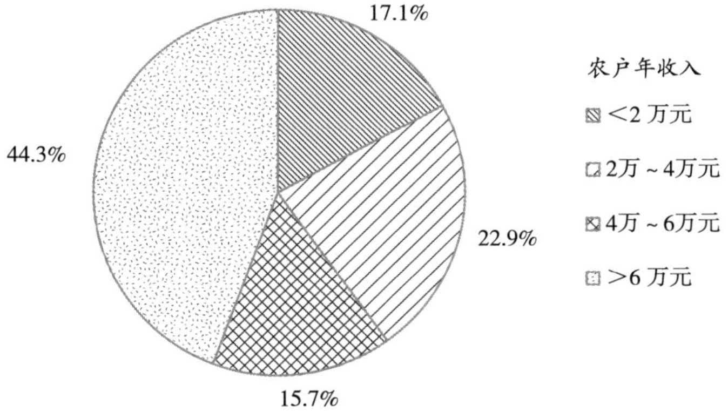

图 16 样本农户年收入分布情况

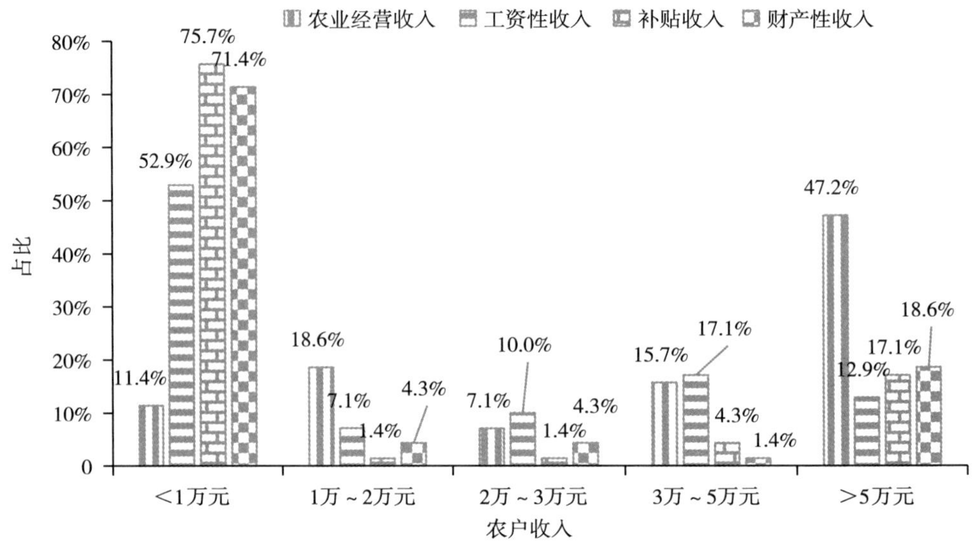

图 17　样本农户收入来源分布情况

3. 产业发展

新疆地区农户产业发展以种植业为主，占所有调研农户的 80.0%，18.6%的农户从事畜牧业，具体产业类型分布情况见图 18，新疆地区农户农产品销售模式以直接市场售卖和商人上门收购为主，分别占 57.1%和 22.9%，其他销售方式见图 19。

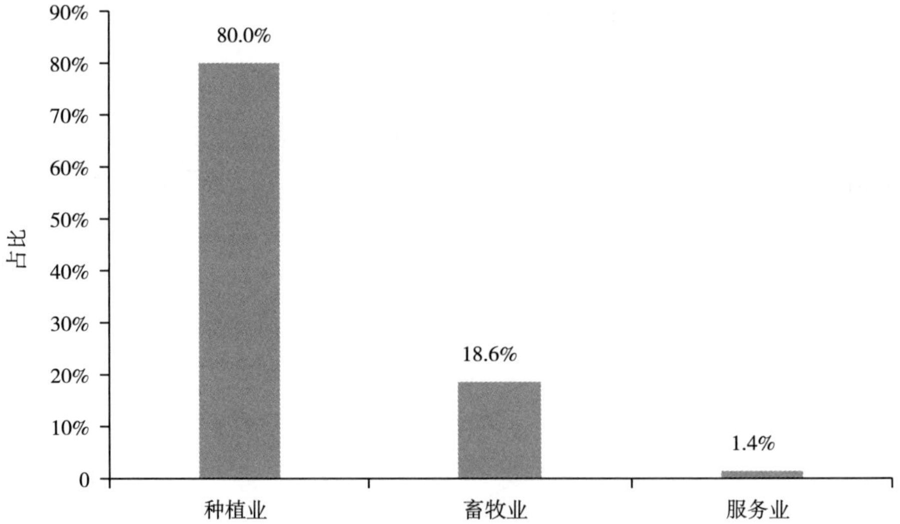

图 18　样本农户从事产业类型

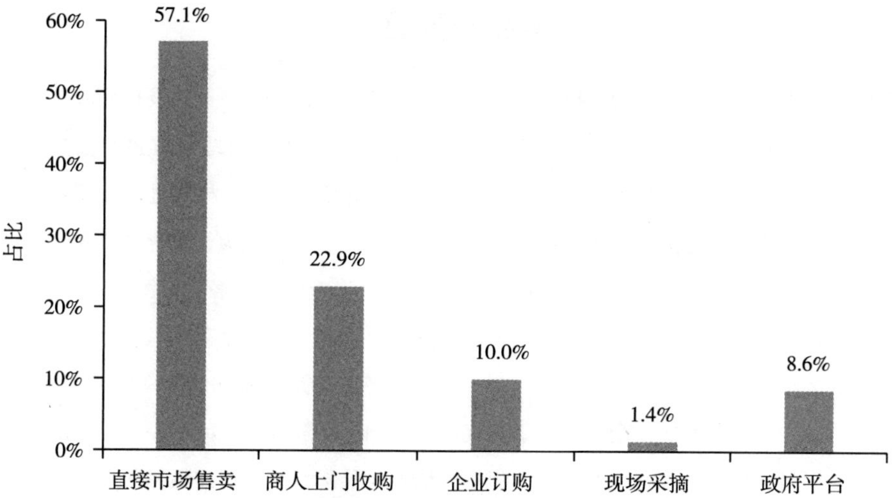

图 19 样本农户农产品销售渠道

云贵高原区

云贵高原区作为我国西南地区的关键组成部分，涵盖了云南省、贵州省以及广西壮族自治区的部分区域，在生态保护与农业生产领域占据着举足轻重的地位，是我国西南地区重要的生态屏障和农业区域。从地形地貌来看，该区域地势以高原和山地为主，地形起伏显著。这样的地形使得耕地分布极为分散，给大规模、集约化的农业生产带来了诸多挑战。在土壤方面，以红壤、黄壤和石灰土为主，土壤立地条件复杂多样。部分地区由于长期不合理的开发利用，面临着土壤贫瘠、石漠化等严重的障碍因素，对农业生产的可持续性构成了较大威胁。气候上，云贵高原区属于亚热带湿润气候，夏季温暖多雨，充沛的降水和适宜的温度为农作物生长提供了良好的条件；冬季则温和湿润。年降水量在 1 000~1 500 毫米，水资源总量较为丰富。然而，受地形和季风气候的影响，水资源在时间和空间上分布不均。在一些地区，季节性干旱时有发生，农业生产在很大程度上依赖天然降水和梯田灌溉系统。这种独特的灌溉方式，不仅是应对水资源分布不均的智慧之举，也成为云贵高原区一道独特的农业景观。农作物种植以一年两熟为主。凭借优越的自然条件，这里成为水稻、玉米、马铃薯、油菜和烟草等农作物的重要产区。同时，茶叶、甘蔗、柑橘等特色经济作物也在此广泛种植。丰富的农产品种类，不仅满足了当地居民的生活需求，还为区域经济发展提供了有力支撑。尽管地形条件复杂，给农业发展带来了不少困难，但云贵高原区凭借其独特的气候优势和丰富的生物多样性，在特色农业和生态农业发展方面展现出了巨大的潜力。近年来，随着生态保护与修复工程的大力推进，以及农业基础设施的持续改善，区域农业生产效率得到了逐步提高。先进的灌溉设施、优良的种子品种和科学的种植技术得以广泛应用，大大提升了农作物的产量和质量。农民生活水平显著提升，收入来源更加多元化，农村面貌焕然一新。在生态环境和乡村治理方面，也取得了显著成效。石漠化治理取得阶段性成果，生态环境逐渐恢复；乡村治理体系不断完善，基层组织的凝聚力和战斗力不断增强，为农业可持续发展和乡村振兴奠定了坚实的基础。

（一）调研村

1. 基本情况

1.1 区位情况

样本村平均距离镇（乡）8.06 千米、距离县（市、区）37.12 千米，样本村具体分布见图 1、图 2。

1.2 文旅资源情况

样本村中有风景名胜或文物古迹的村占比为 62.5%，共有风景名胜或文物古迹 14 处；有自然保护区的村占比为 50%，有自然保护区 7 处。

1.3 人口情况

云贵高原区人力资源较西部其他区域丰富，据调研数据，样本村平均户数、总人口、常住人口、农业劳动力均高于其他区域。云贵高原区样本村平均户数为 865 户；平均每村总人口为 3 573 人（图 3），大部分的村人口大于 1 000 人；平均每村农业劳动力为 1 352 人，平均每村常住人口为 1 933 人；样本村外出务工人数占比为 32.71%，有超过 80%的村外出务工人数占比在 20%以上（图 4）；样本村有大专及

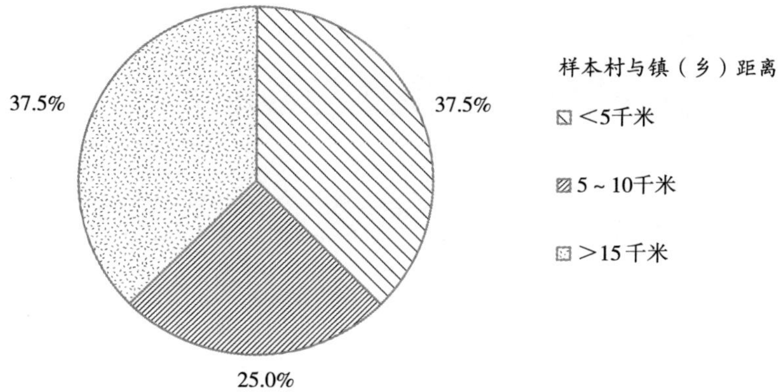

图 1 样本村与镇（乡）距离

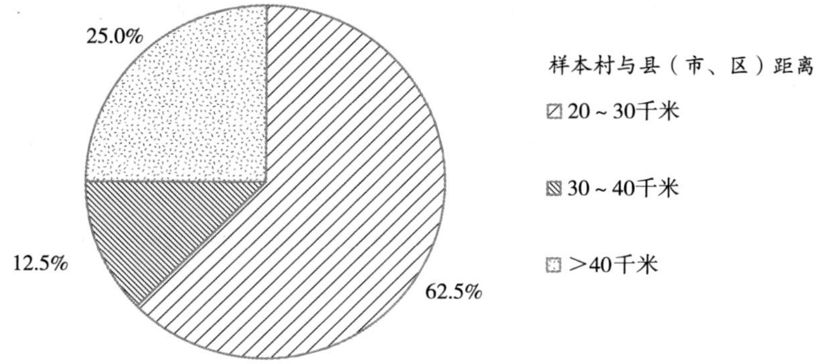

图 2 样本村与县（市、区）距离

以上学历的每村平均为 222 人，占总样本村人数的 5. 89%。

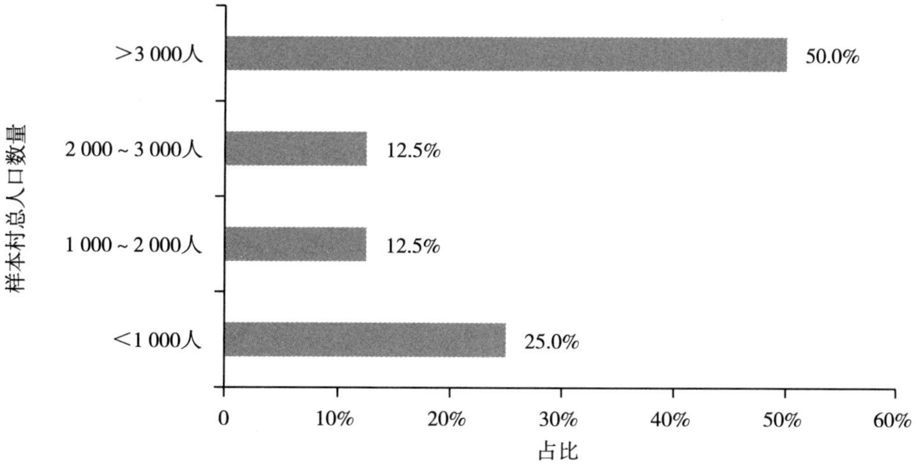

图 3 样本村总人口数量分布

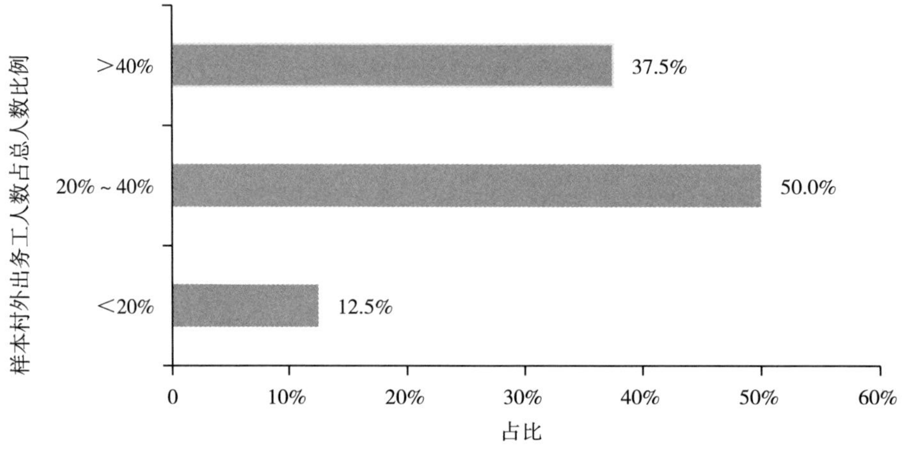

图4　样本村外出务工人数占总人数比例分布

1.4　耕地资源情况

云贵高原区土地资源丰富，样本村平均耕地面积为5 318亩，人均耕地面积为2.18亩；样本村平均园地面积为1 364亩，人均园地面积0.53亩；样本村平均林地面积8 727亩，人均林地面积3.26亩；样本村平均草地面积221亩，人均草地面积0.06亩；样本村平均湿地面积128亩，人均湿地面积0.04亩，具体分布见图5。

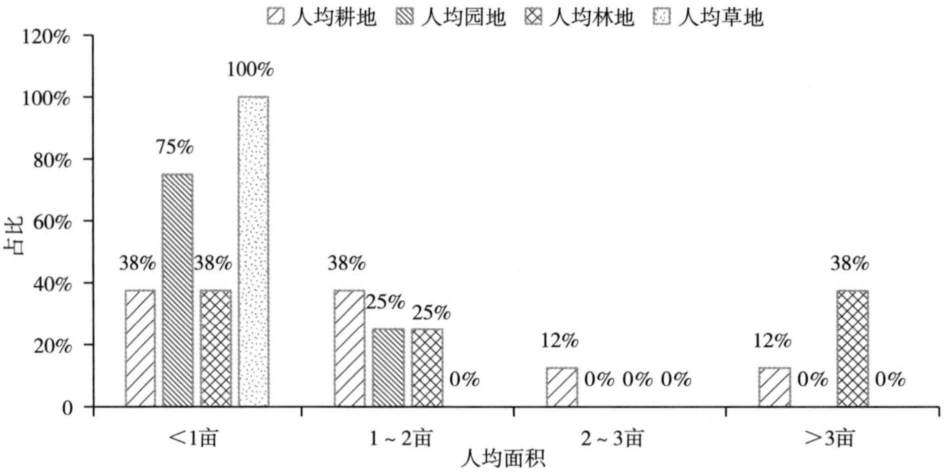

图5　样本村土地资源人均面积分布

1.5　交通情况

云贵高原区因其高原山地地形，道路设施状况较差，样本村平均距最近的高速入口22千米，距最近的汽车站14千米，距最近的火车站105千米，距最近的机场102千米。在通村公路方面，有50%的样本村为柏油路，37.5%的村为水泥路，12.5%的村为石子路；在村内主要道路全都为水泥路，见图6。

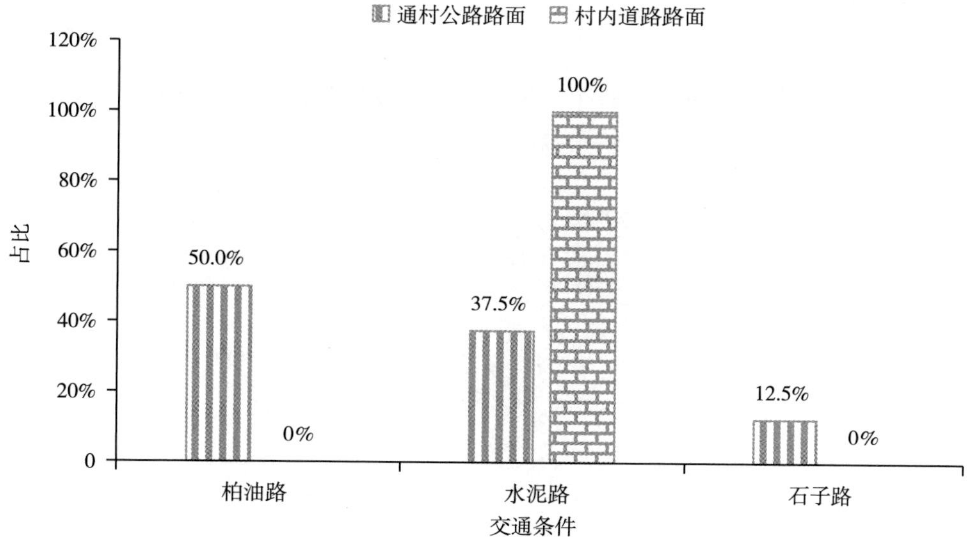

图 6　样本村通村交通条件

1.6　科教文卫设施情况

云贵高原区所有样本村村内都安装有路灯，平均百货店数量 11.75 个、平均卫生院数量 1 个、平均药店数量 0.75 个、平均体育场数量 1.5 个、平均老年活动中心数量 1.25 个、平均敬老院数量 0.25 个、平均幼儿园数量 0.65 个、平均小学数量 0.75 个、平均中学数量 0.13 个，见图 7。

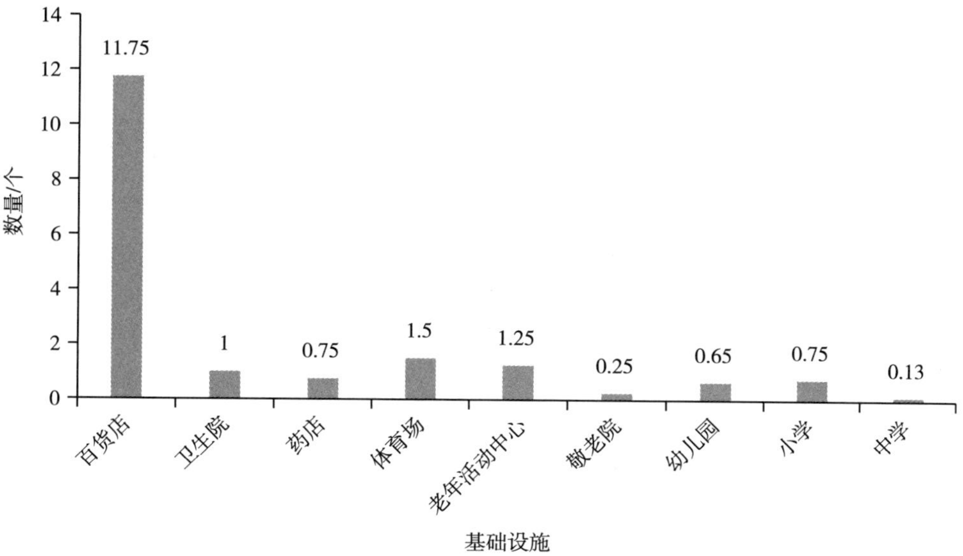

图 7　样本村基础设施情况

1.7　生活用水及燃料情况

云贵高原区样本村主要生活用水以自来水为主，占比 87.5%；主要燃料以电为主，占比 50%，部分使用煤气和柴草。

2. 产业发展情况

2.1 新型经营主体发展情况

样本村平均新型经营主体数量为7.85个，有37.5%的村新型主体个数小于5个，具体分布见图8。有37.5%的村有国家级、市级龙头企业带动发展。

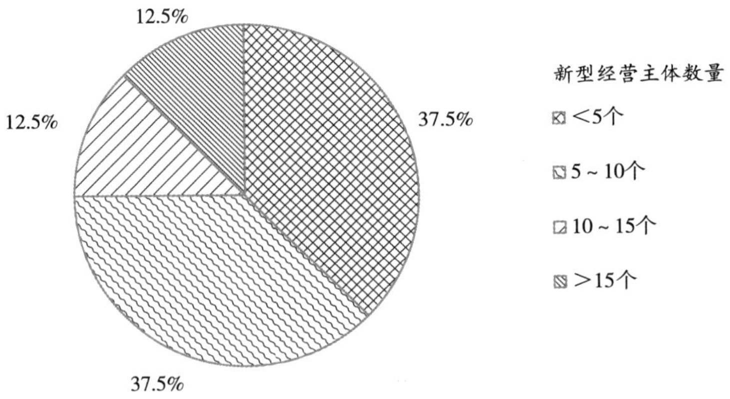

图8 样本村新型经营主体数量分布

样本村平均参加合作社的农户为469户，样本数据中参与合作社的农户占总户数的54.28%，各村入社农户占比差异较大，由图9可知，入社比例低于20%和高于60%的村分别占37.50%和37.50%。

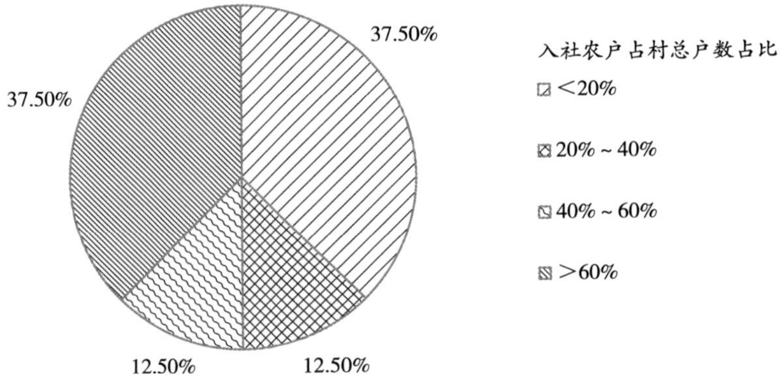

图9 样本村入社农户占村总户数分布

2.2 农业发展情况

样本村平均每村整地环节服务购买率为21%，平均每村病虫害防治服务购买率为8.75%，平均每村施肥环节服务购买率为6.87%，平均每村收割环节服务购买率为13%；平均每村大型拖拉机0.86台，小型拖拉机6.75台，农用排管柴油机88台；平均每村机播率10%、机耕率28.66%、机收率41%，详见图10。样本村农户对本村农业基础设施满意的占比为87%，具体情况见图11。

2.3 特色产业发展情况

样本村中所有村都有特色产业，主要发展桑蚕、茶叶，具体分布见图12，平均每村有206户居民参与特色产业，每村平均特色产业年收入1 210万元。在样本村的特色产业中，有25%的特色农产品有培

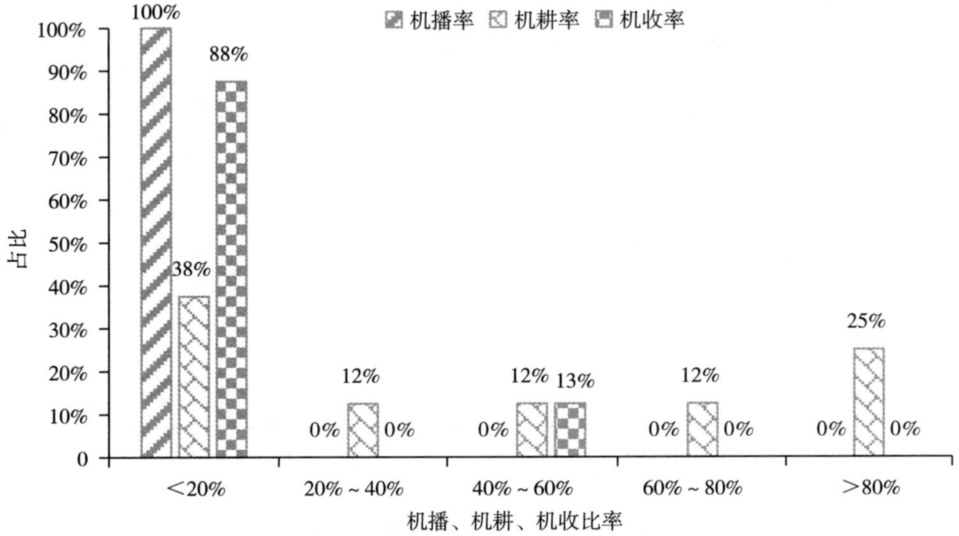

图 10 样本村机播、机耕、机收情况

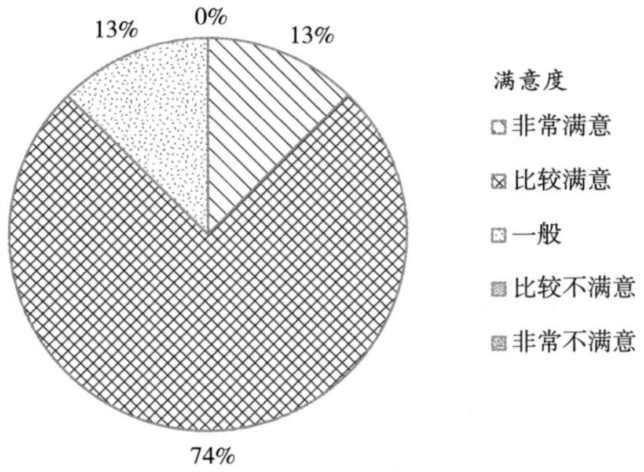

图 11 样本村农户对农业基础设施的满意度

育自己的品牌，有 50%的村主要销往本市。

2.4 休闲农业和乡村旅游发展情况

云贵高原区休闲农业和乡村旅游发展缓慢，有 37.5%的样本村发展了休闲农业和乡村旅游。样本村平均每村休闲农业和乡村旅游接待能力达 17 373 人次/年，获得收入 177 350 元/年。

3. 生活水平

3.1 经济收入情况

样本村平均村集体经济年收入为 39.49 万元；平均农村居民年人均收入为 1.43 万元，其中农户人均年收入在 1 万~2 万元的村占比 62.5%，有 25.0%的村农户人均年收入不足 1 万元，详见图 13。

3.2 农户购买保险情况

样本村平均参加新型农村合作医疗的有 840 户，占总户数的 97.25%；样本村平均购买农村养老保

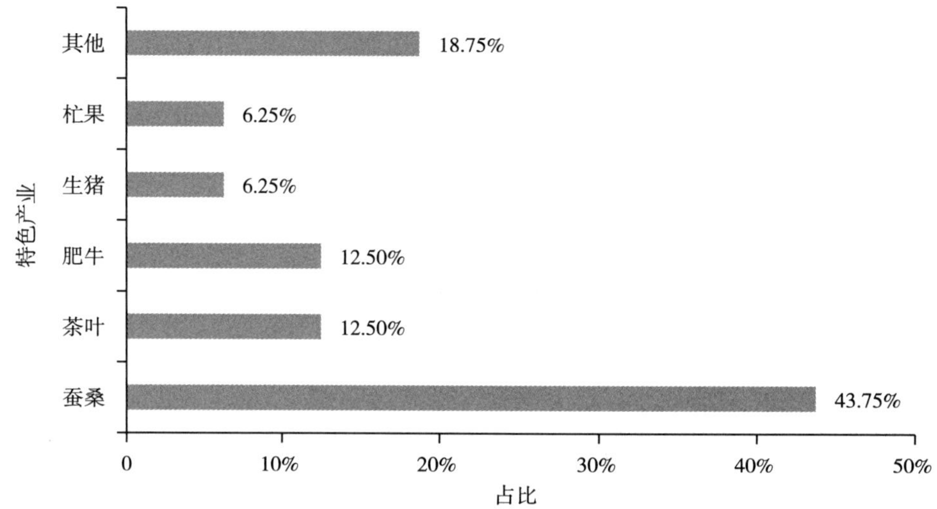

图 12　样本村特色产业发展情况

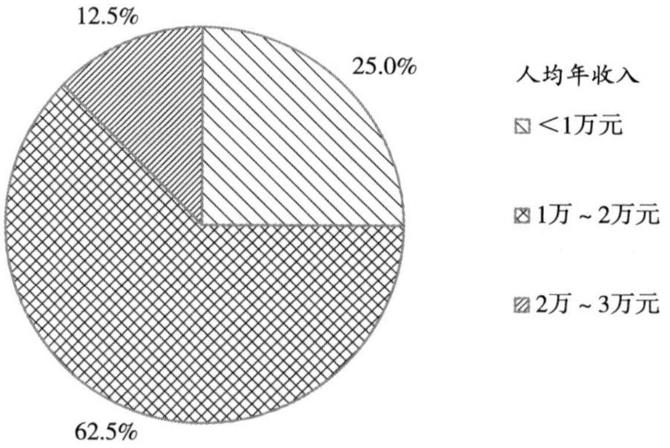

图 13　样本村人均年收入情况

险参保家庭户数为 777 户，占总户数的 89. 92%；样本村平均购买农业保险的家庭户数为 254 户，占总户数的 29. 48%。

3. 3　农户部分智能设备及资产情况

样本村平均使用有线电视户数为 514 户，占总户数的 54. 6%；样本村平均使用宽带网络户数为 614 户，占总户数的 71. 01%；样本村平均使用智能手机的户数为 801 户，占总户数的 92. 68%；样本村平均拥有私家车的户数为 480 户，占总户数的 55. 55%。

（二）农户

1. 基本情况

云贵高原区调研农户性别较均衡，其中男性占 47. 4%，女性占 52. 6%（图 14）；年龄在 36~59 岁的比例为 57. 9%，60 岁及以上的比例占到了 36. 8%（图 15）；学历情况：有 52. 6%的农户有初中文化水平，28.9%为小学及以下文化水平，有大专或本科学历的农户仅占2.6%（图16）。职业类型：有52.6%为农户，23.7%为专业大户，15.8%为家庭农场主，具体情况见图17。

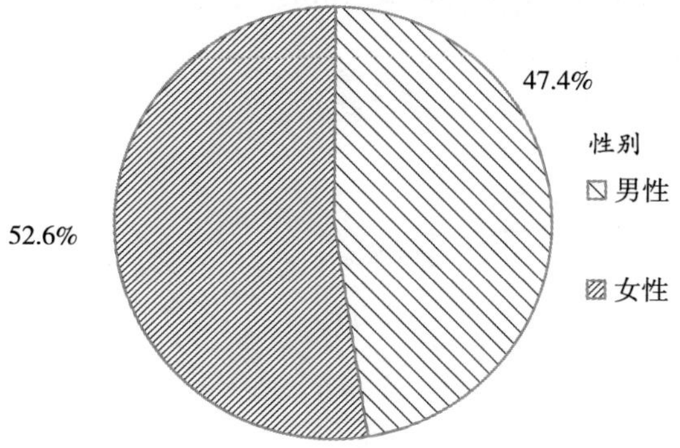

图14　样本农户性别情况

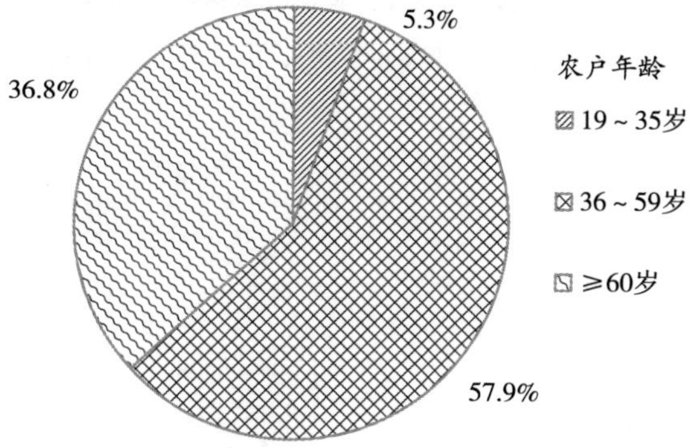

图15　样本农户年龄分布情况

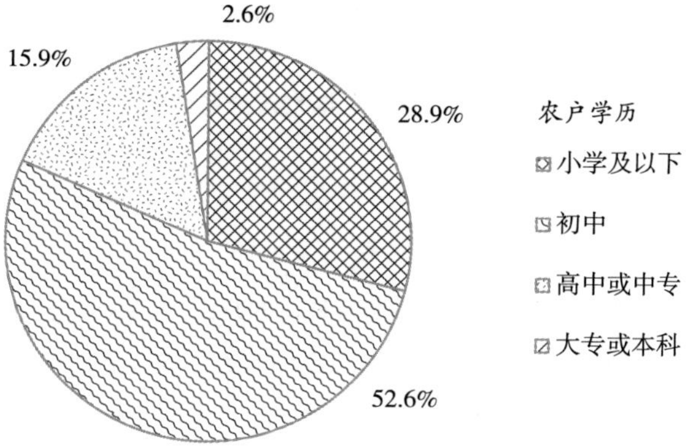

图16　样本农户学历情况

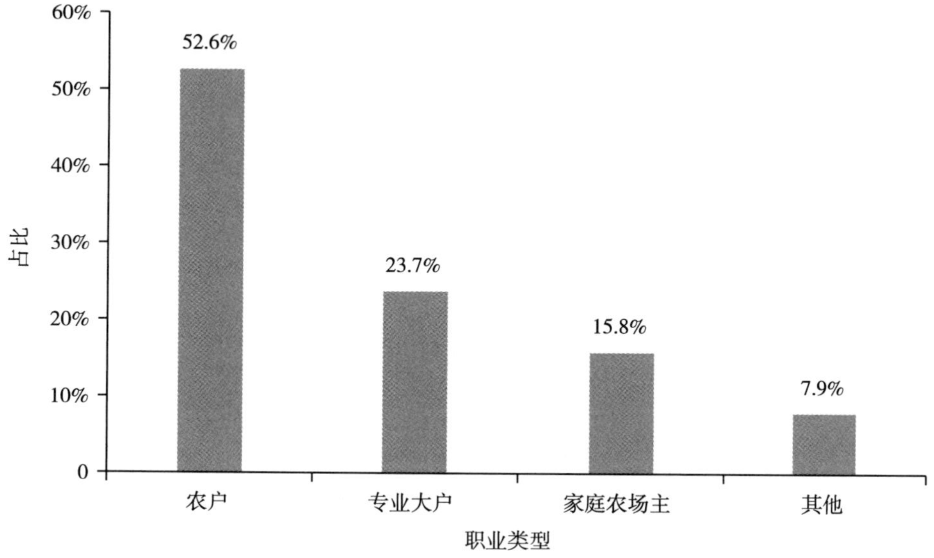

图17　样本农户职业类型分布情况

2. 生活水平

云贵高原区调研农户年收入主要分布在2万~4万元和4万~6万元，各自占31.6%，年收入不足2万元的农户的占21.1%，具体收入区间分布见图18；其中平均农业经营收入为10.65万元，平均工资性收入1.05万元，平均补贴收入0.03万元，各收入来源区间占比见图19。

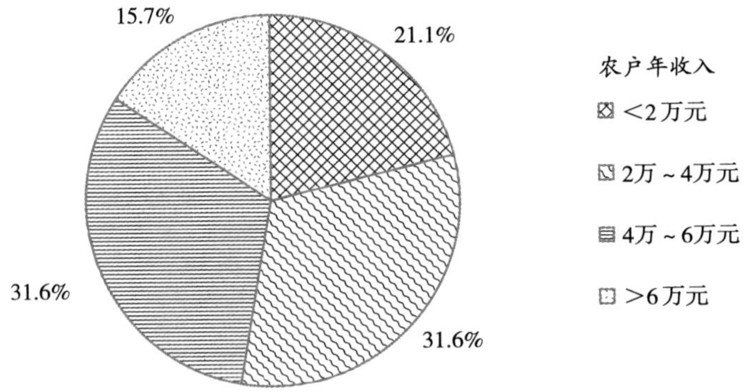

图18 样本农户年收入分布情况

3. 产业发展

云贵高原区农户产业发展以种植业为主，占所有调研农户的92.1%，另有少部分农户从事畜牧业和农产品加工业，具体产业类型分布情况见图20，云贵高原区农户农产品销售模式以直接市场售卖和现场采摘为主，分别占23.7%和36.8%，其他销售方式见图21。

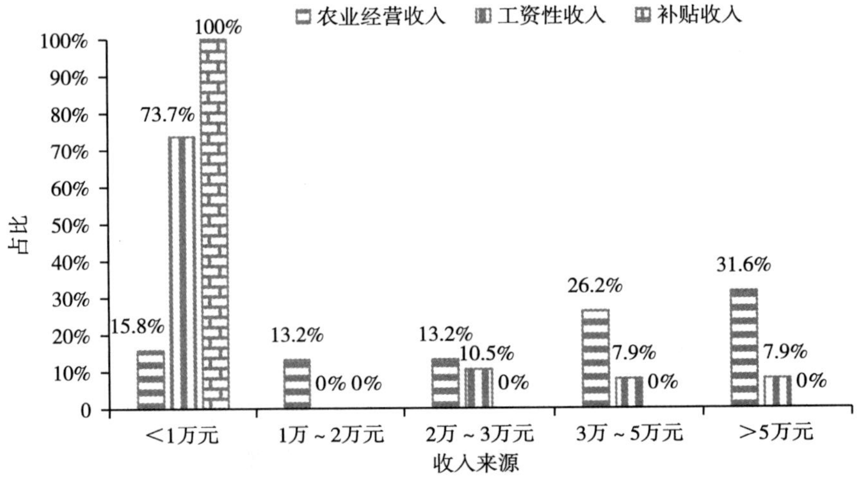

图19 样本农户收入来源分布情况

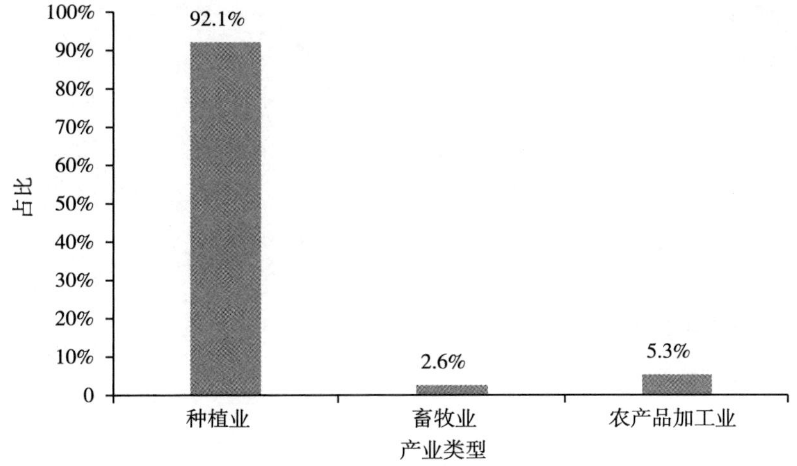

图 20　样本农户从事产业类型

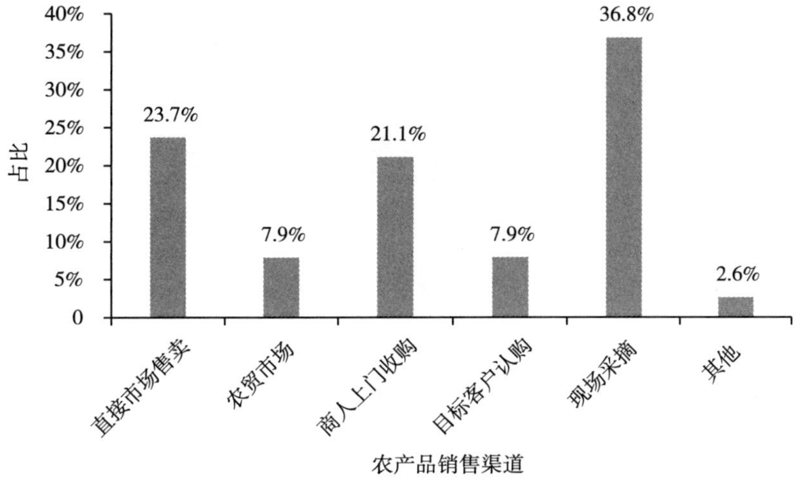

图 21　样本农户农产品销售渠道

（三）新型经营主体

1. 基本情况

云贵高原区调研新型经营主体中有 45%为男性，55%为女性（图 22）；年龄在 36~59 岁的比例达到了 80%，60 岁及以上的占 10%（图 23）；学历情况：有 40%的新型经营主体为大专或本科学历，35%为初中文化水平（图 24）。职业类型：有 50%为专业大户，25%为合作社成员，具体情况见图 25。

2. 生活水平

云贵高原区调研新型经营主体年收入均超过 4 万元，收入大于等于 6 万元的占调研总数的 95%（图 26）；其中平均农业经营收入为 6. 48 万元，平均工资性收入 1. 26 万元（图 27）。

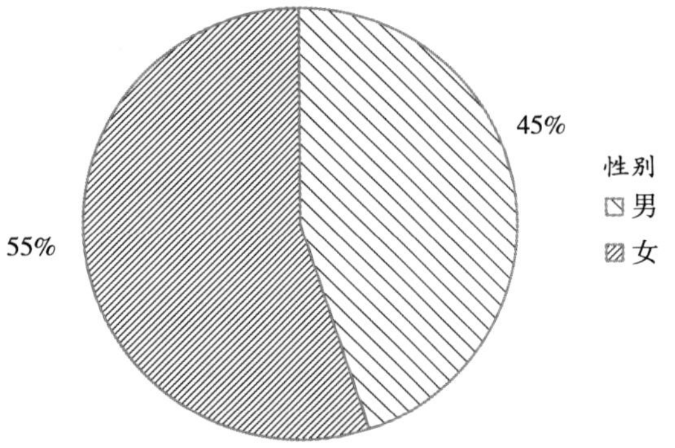

图 22　样本新型经营主体性别情况

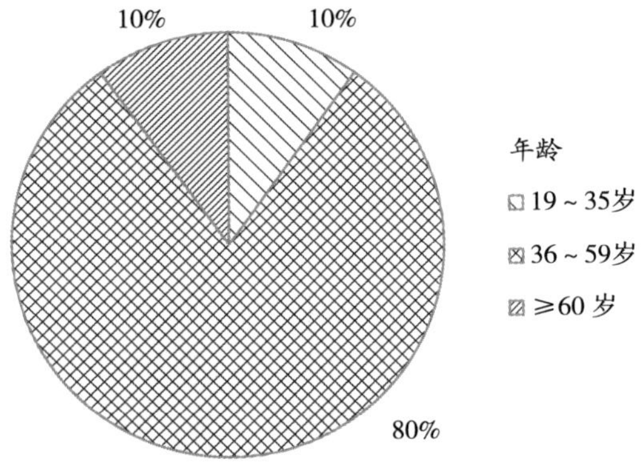

图 23　样本新型经营主体年龄分布情况

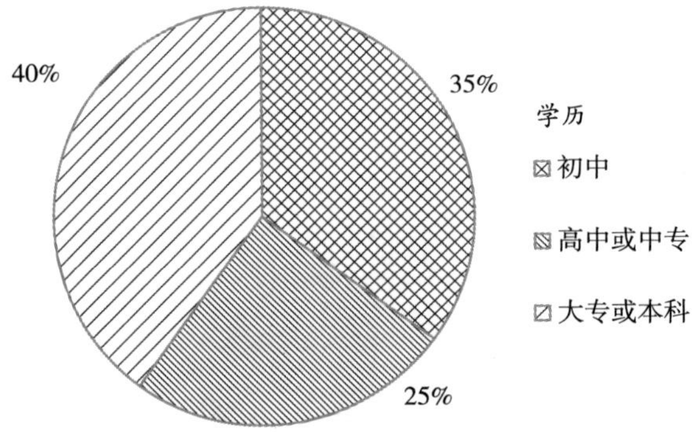

图 24　样本新型经营主体学历情况

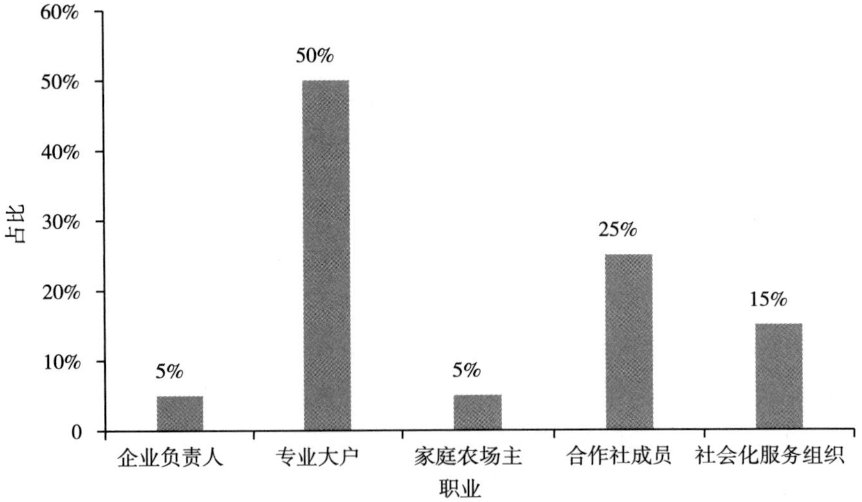

图 25　样本新型经营主体职业情况

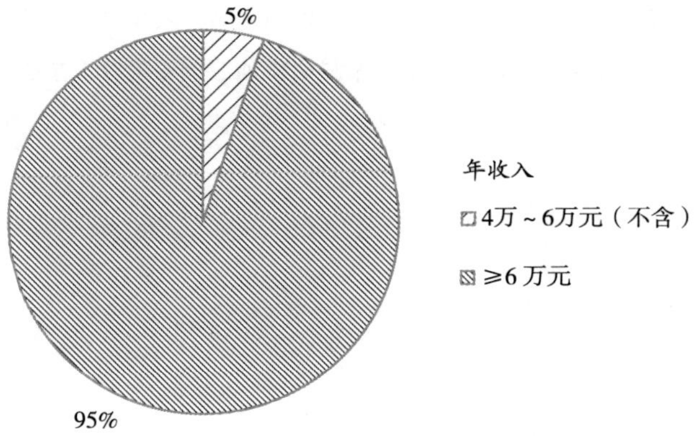

图 26　样本新型经营主体年收入分布情况

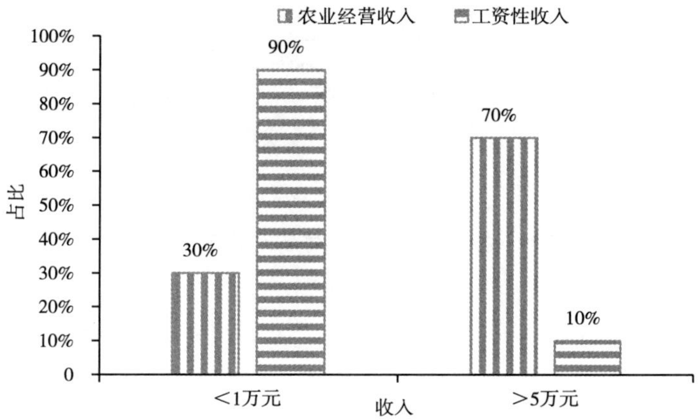

图 27　样本新型经营主体收入来源分布情况

3. 产业发展

云贵高原区新型经营主体产业发展以种植业为主，占所有调研新型经营主体的 85%，也有从事农产品加工业、服务业和休闲农业，具体产业类型分布情况见图 28，西南丘陵区新型经营主体农产品销售模

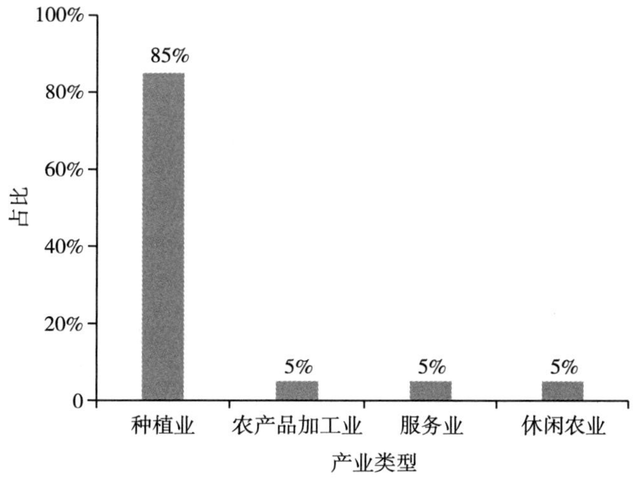

图 28　样本新型经营主体从事产业类型

式多种多样，其中，农贸市场售卖占比为35%，30%为现场采摘，其余销售方式见图29；40%的新型经营主体对农业先进技术及科技成果的获取渠道来源于科研院所，35%来源于基层科技人员（图30）。

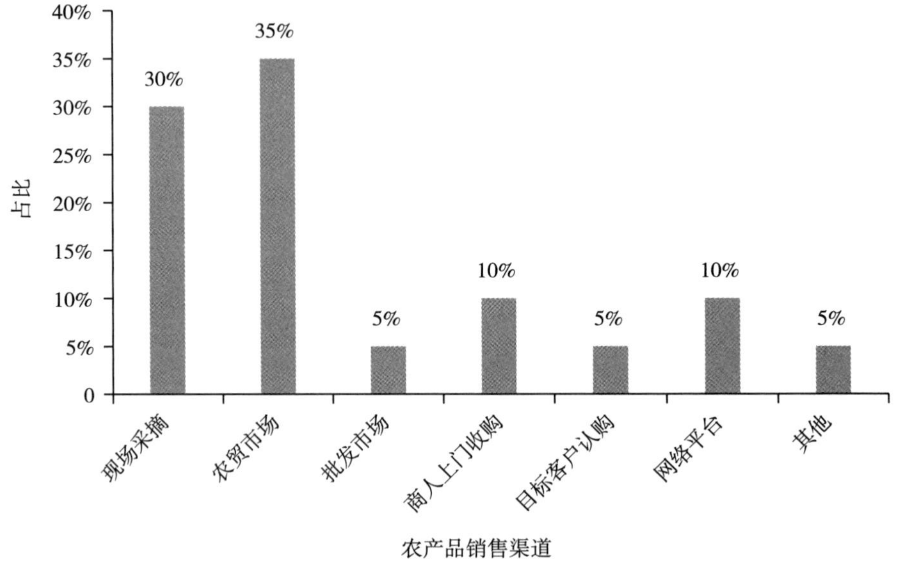

图29　样本新型经营主体农产品销售渠道

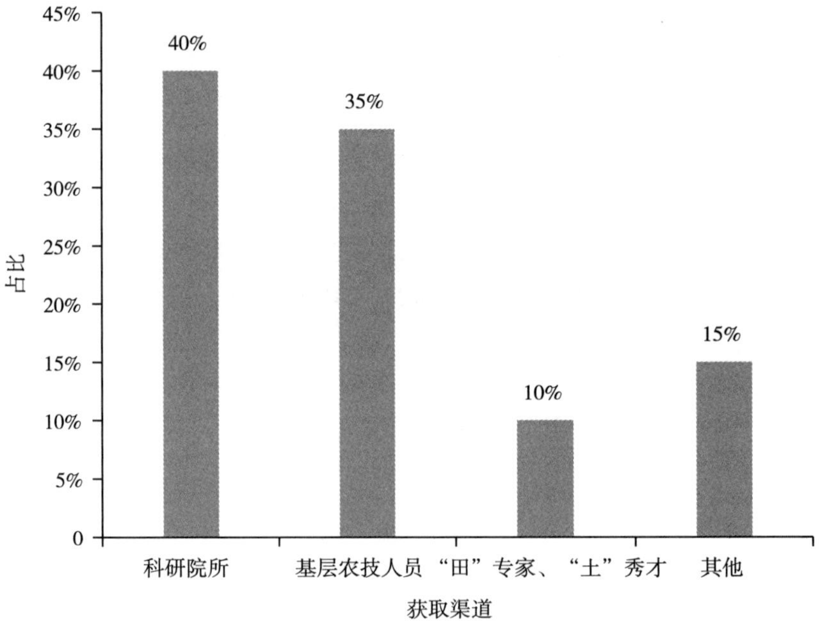

图30　样本新型经营主体对农业先进技术及科技成果的获取渠道